Minerva Shobo Librairie

越境と連動の日系移民教育史

複数文化体験の視座

根川幸男／井上章一［編著］

ミネルヴァ書房

はしがき

ブラジルと大東亜共栄圏、この一見無関係に見える二つのエリアは、近現代における日本人の移動の記憶のなかで深くつながっている。

筆者は二〇一三年までブラジルに住んでいたが、サンパウロ市の日本移民史料館の狭い閲覧スペースで埃と紙魚に苦しめられながら戦前の日本語新聞をめくっていた時、ふと目についた記事があった。一九四〇年頃、満洲国・新京動物園からブラジル・リオデジャネイロ動物園にアムール虎一つがいとウスリー鷲を贈り、ブラジルからは金剛いんこ二羽とハナ熊、花の女王カトリア、そしていく種類かの胡蝶蘭が返贈される、という記事であった。この交流が実現したという史料はまだ見ていない。しかし、日本帝国主義の〝あだ花〟満洲国と地球の反対に位置したブラジルの間に動植物を介した交流が持ち上がったことは帝国の内外のかすかな響き合いとして注目される。そして、それらの動植物大使たちを運ぶのは、大阪商船の移民船ぶりすべん丸とぶらじる丸であった。

また、サンパウロ郊外で養鶏場を営む日系人老夫婦を訪ねた時、養鶏に一生を捧げたご主人とそれを援けてきた夫人の半生をお聞きした。筆者にとって思いがけなかったのは、お二人とも戦前は満洲で幼少期を過ごしたことであった。ともにご両親は長野県出身だったように思う。満洲からの引揚げということが彼らの戦後のブラジル再移住を促し、渡航後に知り合った二人はお互いの満洲体験によって結びつけられたという。日本人の地球規模の移動から見える日本帝国の勢力圏と非勢力圏の連動というものを最初に「感じた」のはあの頃ではなかったか――。

石川達三がみずからのブラジル渡航を描いた小説「蒼氓」にも現れる移民船、大阪商船の貨客船は、日本帝国の海運の本拠地神戸とブラジルの入口《エントラーダ》サントス、満洲の玄関大連、南洋銀座サイパン、台北、香港、シンガポール、コロンボ、ケープタウン、リオデジャネイロ、ニューオリンズなど、世界各地をグローバルにつないでいた。銀座の柳の下や神戸のトアロードをモボ・モガが闊歩していた時代、満蒙の原野を駆け、喜望峰を回り、アマゾンのゴム林地帯にその足跡を残した日本人もいたのである。

本書は、人間文化研究機構国際日本文化研究センター（以下、日文研）において二〇一三年度に開催された共同研究「日本的教育文化の複数地域展開に関する比較研究――ブラジル・フィリピン・ハワイ・アメリカの日系教育史を中心に」（研究代表者：根川幸男、幹事：井上章一）をもとに編纂された。このプロジェクトでは、日本帝国の内外に拡散し、帝国の消滅によって再配置された近現代日本人のグローバルな活動をトータルにとらえようとした。

筆者はブラジルの大学に籍を置いていた二〇一〇年度に日文研に外国人研究員として招聘され、「新世界ブラジルにおける日本的教育文化の越境・再創・展開」をテーマに個人研究を行った。この時は、海外最大の日系社会を持つブラジルにおいて、戦前期に日系各コミュニティの核として機能した日系教育機関（日系諸学校および寄宿舎）の分類、日本との関係、教育内容、教材・教授法、日本語・日本文化継承などについての資料収集とその分析を試みた。また、それに先がけて二〇〇九～二〇一〇年度には、研究プロジェクト「子どもの移動と教育」（早稲田大学移民・エスニック文化研究所主催／国際交流基金他助成）が実施され、筆者も参画した。これは、「戦前期南米の日系移民子弟教育」と「在日外国人児童・生徒教育」を比較し、家族の移動性や越境性、子どもの複数言語・複数文化体験、二言語化・二文化化など共通点に着目し、マクロな歴史的視点から両者を一連の流れのなかでとらえるという主旨のもとに企画され、成果は森本豊富・根川幸男編著『トランスナショナルな「日系人」の教育・言語・文化――過去から未来に向って』（明石書店、二〇一二年）として公刊された。

本書のもとになった研究プロジェクトは、これらの先行プロジェクトや日文研での過去の共同研究の関心・成果・課題を引き継ぎ、また各共同研究者の取り組んでいる個々の課題と成果を活かしながら、近現代日本人の移民地と植民地の教育や文化活動を軸に日本帝国の勢力圏と非勢力圏の関係性・連動性に迫ろうというものであった。

筆者の立ち位置は、あくまでも歴史学を基盤とする近現代移植民史研究にあるが、本共同研究では、アメリカ史やブラジル史、キリスト教史、文学、社会学、日本語学、文化人類学、音楽学など多彩な専門分野から二〇人の研究者に集まっていただいた。彼／彼女らとの協働によって、創発的な成果が得られることを期待し、それは成功したと考えている。その成功の鍵は、各研究者たちの持つ問題意識と対象地域に対する当事者性の賜物と考えている。なお執筆にあたって、引用史料の新旧漢字やかなづかいの統一はあえて行わず、各研究者の意志に任せることにした。

来る二〇一八年は明治維新一五〇周年であるが、同時にハワイ「元年者」移民からも一五〇年に当る。明治維新から始まる日本人の海外移植民史を問いなおすことは、私たちの近現代の歩みをよりグローバルな視野で検証する大きな意味があると考える。海外日系社会ならびに旧植民地における生活体験やネットワークは、日本帝国が崩壊しても、戦後世界に脈々と生き続けてきたのであり、グローバルな「戦後」をより立体的に描くには、これを探り当ててその流れを遡るという作業が待たれている。本書は、そのための一つの試みである。

最後に、この「はしがき」の筆を擱くに当って、海を越えて行ったすべての先人たちに、このささやかな書を捧げたいと思う。

根川幸男

越境と連動の日系移民教育史——複数文化体験の視座【目次】

はしがき……根川幸男 i

序　章　近現代日本人の海外体験と日系移植民史の時期区分……根川幸男 1
——「連動史」を描くために
1 本書の目的——最遠隔地からみた日本列島、日本人、そして四重構造の帝国……1
2 歴史観と方法的課題——越境史、連鎖視点、跨境史、そして連動史観……7
3 近現代日本人の海外移植民史の時期区分……11
4 本書の内容……19

第Ⅰ部　近代日本人の越境教育と教科書

第1章　「帝国臣民」と「日系市民」の狭間で……森本豊富 33
——『米國加州教育局検定　日本語讀本』の編纂と内容分析
1 『加州日本語讀本』の復刻……33
2 『加州日本語讀本』の編纂方針……34
3 『尋常小學讀本』の教授禁止項目……36
4 『加州日本語讀本』の編纂……40

5　『加州日本語読本』の内容分析……42
6　「日系市民」育成のために……48
第2章　ブラジル『日本語読本　教授参考書』の児童用歌曲……伊志嶺安博　53
1　背景と問題提起……53
2　日伯における児童用日本語教育と唱歌教育……55
3　ブラジルの日本語教育における児童用歌曲の特徴……57
4　ブラジルの日本語教育における「唱歌」の到達目標……60
5　結論と課題……61
第3章　「渡航案内」にみる英語学習・異文化学習……東　悦子　71
――移住者のための水先案内書
1　一世の英語学習・異文化学習……71
2　「渡米案内」について……74
3　筋師千代市編著『英語獨案内　附西洋料理法』について……76
4　片山潜著『渡米案内』について……78
5　英語学習の書として……79
6　異文化学習の書として……84
7　渡米者の教科書として……87

第4章　国定教科書にみる移植民表象……石川　肇　91
――北南米と満洲の連動に着目して
1　国定教科書と日本の海外移植民……91
2　地理教科書の移植民記述……93
3　国定歴史教科書の移植民記述……98
4　国定国語教科書の移植民記述……100
5　国定教科書における帝国の勢力圏のウチ・ソトの相関性・連動性……105
第5章　戦前期南カリフォルニア地域の「二世教育」……松盛美紀子　109
――南加中央日本人会と南カリフォルニア大学東洋科を中心に
1　南加中央日本人会教育部と「二世教育」……110
2　南加中央日本人会青年部と「二世教育」……116
3　南カリフォルニア大学東洋科と日本人講師……119
4　戦略としての「二世教育」と越境性……123
第6章　北米日本人移民キリスト教会の越境教育活動と満洲……吉田　亮　129
1　北米・満洲間の越境教育史研究に向けて……129
2　越境キリスト者による満洲伝道――一九三〇年代……132
3　一九三〇年代の北米日系キリスト教会と満洲伝道……138

第7章　多文化カナダの「架け橋」たち……野呂博子 151
——カナダにおける日本語学習者の変遷
1 「架け橋」再考の試み…… 151
2 新渡戸稲造とカナダ日系社会…… 153
3 「架け橋」育成機関としての日本語学校——継承語から国際語へ…… 154
4 大学レベルでの日本語学習者——「インターカルチュラル」な日本語学習…… 161
5 「架け橋」の意味——変化と不変…… 164

第Ⅱ部　移民・越境者の文化・芸術・身体

第8章　文化使節と同胞慰問……細川周平 171
——ブラジルの藤原義江一人二役
1 「我等のテナー」の誇り…… 171
2 第一回旅行——一九三七年…… 173
3 移住地の歓迎…… 178
4 第二回旅行——一九三九年…… 182
5 我等のテナー、彼等のテナー…… 185

第9章　二世歌手の音楽歴……中原ゆかり　189
——ハワイ松竹楽団のチヨコ・イダを中心に
1　ハワイのカラオケと日系二世……189
2　子どもの頃の音楽経験——日本の歌を好きになる……193
3　ハワイ松竹楽団の青春時代——大戦後の二世楽団……195
4　カラオケの時代の懐メロ・ブーム——歴史に刻まれる二世楽団の時代……201

第10章　沖縄・日本本土・ブラジルを越境・還流する沖縄音楽レコード……高橋美樹　209
1　日本における沖縄音楽レコードの制作——レーベルの設立……210
2　ブラジルの沖縄系移民制作の海賊盤レコード……210
3　海賊盤レコード制作の背景……225
4　〈越境〉する沖縄音楽レコード……226
5　〈還流〉する沖縄音楽レコード……229

第11章　衣と身体技法からみるブラジル移民……西村大志　233
——下着としゃがむことを中心に
1　衣と身体技法から歴史を読み直す……233
2　『伯剌西爾時報』にみる初期の洋装……236
3　しゃがむことと下着と立小便……240

4　風俗改良への志向……244
5　移民への風俗教育としての移民収容所と『ブラジル』の質疑応答……247
6　身体技法と経済変動……252

第12章　戦前期ブラジルにおける武道と教育……小林ルイス　257
1　武道の意味とブラジルへの導入……257
2　ブラジルにおける第二次世界大戦前の武道の概要……258
3　武道関連の史資料の種類……260
4　武道の教育的役割……262
5　教育界における武道の普及……268

第13章　越境するスポーツと移民子弟教育……根川幸男　277
——太平洋戦争直前期ブラジルにおける日系少年野球を事例に
1　越境資源としてのスポーツ……277
2　ブラジルへの野球の越境と日系エスニックスポーツへの跳躍……278
3　ブラジルにおける日本語教育制限・禁止と野球の役割……283
4　二世、そして各種スポーツへのまなざし……291

第Ⅲ部　越境する人的資源の活用と政治経済的連動

第14章　ブラジル外国移民二分制限法前後の日系子弟教育……飯窪秀樹 297
――「日主伯従」に傾いた経緯について
1　移住史の叙述をたどりなおす……297
2　小学校に対する補助金交付の経過概略……300
3　ブラジル渡航情勢の変化と子弟教育……304
4　排日的傾向に直面してからの展開……308
5　子弟教育の維持と「日主伯従」化――一九三八、三九年……311
6　移民生活史と「おかみ」の視線を対照することの意義……314

第15章　戦間期ブラジルの独裁政権とナショナリズムの高揚……住田育法 319
1　「排日的」ではない関係……319
2　新指導者ヴァルガスの誕生……320
3　ヴァルガス独裁の展開……327
4　ナショナリズム高揚と国民統合の政策……331
5　自殺が高めた独裁者没後の評価……334

第16章　旧南洋群島民間人収容所における教育と軍政初期の沖縄教育……小林茂子　341
——主にテニアン島チューロ収容所の事例を手がかりに
1　収容所内の教育実態解明に向けて……341
2　テニアン島チューロ収容所の生活実態……342
3　テニアン島チューロ収容所の教育状況……346
4　軍政初期の沖縄での教育——英語教育の導入……353
5　旧南洋群島収容所と沖縄との教育的連関……354

第17章　移民的徳の誕生……佐々木剛二　361
——一九五〇～六〇年代の海外移民政策と政治的主体としてのブラジル日系人の形成
1　ブラジル日本移民の「徳」……361
2　ブラジル日本移民をめぐる三つの主体像の形成……363
3　「エスニシティ」や「同化」の物語を超えて……380

第18章　移住・引揚・国内定住地としての福島と原子力発電所……浅野豊美　387
——地元エリート・県人会移民ネットワークを中心に
1　原子力発電所導入の背景としての人口流動……387
2　引揚者定住と国内開拓地としての福島……389
3　地元の指導者と県人移民ネットワーク……400

4 移民・植民の根幹にあるもの――郷土の意味……405

第19章 一九三〇年代の福島県に在留した日系二世……坂口満宏 413
1 移民卓越県における日系二世の存在状況を把握する取り組み……413
2 一九三〇年代の福島県に在留した日系二世……415

資　料 移民関係事務担当局課の変遷――戦前期外務省機構図……柳下宙子 431
あとがき――身体と建築……井上章一 443
索　引

序章　近現代日本人の海外体験と日系移植民史の時期区分

――「連動史」を描くために

根川幸男

1　本書の目的――最遠隔地からみた日本列島、日本人、そして四重構造の帝国

本書の目的は、近現代日本人の越境移動と複数文化体験の諸相をグローバルな視点でとらえる序段として、ハワイ・アメリカ・ブラジルなど日本帝国の非勢力圏に力点をおきつつ、植民地・勢力圏との関係性や連動性を明らかにすることである。越境する日本人とその子弟の教育・文化・宗教・身体技法等を手がかりに、政治経済的連動にも焦点を当て、各研究者が個別的な事例を探究していく。

近現代日本人の越境移動や海外日系人をめぐる研究は、近年多くの成果をあげてきた。まず、日本人移民・日系人研究の枠組みでは、全米日系人博物館が中心となり一九九八～二〇〇〇年に実施した「国際日系研究プロジェクト」(International Nikkei Research Project＝INRP) があげられる[(1)]。その主たる成果は、*Encyclopedia of Japanese Descendants in the Americas* (Kikumura-Yano, Akemi Org. 2002＝2002) と *New Worlds, New Lives: Globalization and People of Japanese Descent in the Americas and from Latin America in Japan* (Hirabayashi, Lane Ryo, Kikumura-Yano, Akemi, Hirabayashi, James A. Org. 2002＝2006) の二著である。このプロジェクトの

キーワードは「グローバルに拡散する日本人・日系人の歴史とその多様性」であり(ベフ 2006:28)、従来の日本人移民・日系人研究の個別分散的状況を克服すべくアメリカ、カナダ、ブラジル、ペルー等一〇ヶ国の各国別に進められていた研究を集大成し、グローバル・ヒストリーやグローバリズム研究のなかに位置づけた点が最大の特徴である。従来の移民研究は、国別・地域別に対象地域を限定し、一国史的に研究が完結することによってタコ壺化する傾向も強かった[2]。堅実な実証研究のためには、対象地域をしぼり、専門領域を掘り下げていく必要はあろうが、地域間の交流や対話を欠いた研究は成果を国・地域別に限定し矮小化してしまう危険性もはらんでいる。

一方、日本では、一九九〇年に設立された日本移民学会が移民研究や日系人研究を先導してきた。同学会を中心とする諸研究は、主にハワイ、北南米、ヨーロッパ、大洋州等、かつての日本帝国の勢力圏外へ/での日本人移民や日系人の活動を網羅しており、先述のＩＮＲＰにも何人かの会員が参加している。『移民研究と多文化共生』(日本移民学会編 2011)では、日本の移民研究の集大成として、テーマや対象地域の多面化・多様化が確認され、その延長上に現代日本社会における多文化共生の可能性が模索されている。また、従来の移民研究の根本的な問題点として、「『出移民』を検証するグループと、渡航先での移民の定着プロセスを研究するグループ」という二分化の傾向が指摘され、両者の「建設的な交流や対話」の必要性が説かれている(東 2011:324-325)。ただ、同学会では、台湾・朝鮮・樺太・満洲などかつてアジアに分布した日本帝国の「外地」や勢力圏への移植民に関する研究や植民地研究者との交流は、近年になるまであまり活発とはいえなかった[3]。

こうした「日本帝国の勢力圏の内外」に関わる問題を、日本の歴史学界の一部も敏感にとらえている。坂口満宏は、国境を越えた人びとの移動問題が一九八〇年代に台頭した国民国家論と結びつき、移民が国民国家を相対化するものとして注目された点をふまえ、八〇年代後半からの移民史研究を概観している。すなわち、移民送出の構造を近世から近代への移行期の社会変動と労働市場の国際化から位置付け、日本人移民を世界史的な労働力移動の連鎖の中に位置付ける必要性を指摘し、移民史を「新しい複合的学問」として鍛え直すことを提議している（坂口 2004）。

実際、近年の日本の歴史学は、テーマや対象の広域化をめざして韓国や中国の研究者と連携した共同研究をさかんに行っている。近隣諸国の研究者との交流によるテーマの広域化は歓迎すべきであるが、新たな問題点も孕んでおり、各事例研究のテーマの有機的な関連性や事象の連動性への視点を欠いている感がある。(4) また、それらの論考の多くが対象とする「グローバルな世界」が台湾・朝鮮・満洲などの東アジア世界、あるいは旧南洋を加えた日本帝国の勢力圏内にとどまっている印象を受ける。

二〇一三年に刊行が始まった『岩波講座　日本歴史』もこうした歴史学的テーマの広域化の流れのなかに位置づけられる。同講座は、「全巻を通して日本史をアジアの中に位置づけようとすることにあるようだ。テーマ巻では、地域論や新しい歴史研究の潮流もバランスよく扱われている。従来の一国史的日本史を超えた新しい日本史が志向されている」（羽田 2014：4）と評価される。ただ、「日本歴史」という対象の限界はあろうが、「アジア」という広域に「日本」史を位置づけようという志向性を持ちながら、その圏外に移動した人びとやその子孫の存在は射程に入らず、「日本人」史とはなりえていない。日本（史）研究が「日本列島とそこに住む人びと（の歴史）についての研究」であるなら、特に近代史研究において、日本帝国の勢力圏外に移動した人びとの営みをその領域に包含し、帝国圏内との相互関係を検証して、はじめて十全な研究が可能になるのではないだろうか。(5) そこで必要とされるのは、移植民史研究者と研究の広域化を志向する日本／アジア史研究者、帝国史研究者等との交流と協働であろう。こうした近年の研究動向のなかで、注目すべき共同研究がいくつか見られる。

まず、蘭信三の主導する一連の共同研究は、沖縄・台湾・朝鮮・樺太・満洲・南洋群島・東南アジア等を対象とし、日本帝国の形成と崩壊、それ以後の人口移動の諸相を各地域の事例から明らかにしようとしている（蘭編著

2008, 2011, 2013)。これらは、日本帝国の形成と膨張、崩壊をめぐって移動する人びとの体験や記憶を、東アジア史の文脈に位置づけ、帝国の形成~崩壊期だけでなく、冷戦を経てグローバル化が進む現在までを考察する壮大な試みである。調査の過程やシンポジウムで引揚げ者たちの肉声を拾い、研究に反映させている点も見逃せない。蘭は、近代日本が帝国を形成していくなかで、内地・外地・勢力圏という「三重構造の帝国」として拡大していったことを指摘し、東アジアの人流をその形成と崩壊の過程においてとらえようとする（蘭編著 2008：xiv-xviii）。また、その領域での人口移動のベクトルを内地（中心）から外地・勢力圏（周縁）への移動だけではなく、外地・勢力圏（周縁）から内地（中心）、外地間の移動という双方向的・多方向的なものとしてとらえてようとしている。そしてそうした移動が、移植民や避難民だけでなく、引揚げや送還、残留や密入国というような複雑な越境形態をとっていることや人口還流あるいはその後の再移動の展開をも明らかにしようとする。総じて、さまざまな要因と多様なベクトルをもつ日本帝国をめぐる人口移動が互いにどのように連関しているのかを総体的にとらえるという困難な問題に挑戦している。

こうした日本帝国をめぐる双方向的・多方向的人流や物流をとらえようとする試みには、日露戦争をはさむ日本帝国の形成と膨張、崩壊に至る一世紀を「連鎖視点」から描こうとする『日露戦争の世紀——連鎖視点から見る日本と世界』（山室 2005）や第一次世界大戦の結果、日本の委任統治が実施された南洋群島の帝国内外との関係や戦後の引揚げとその影響を包括的にとらえようとした『南洋群島と帝国・国際秩序』（浅野編 2007）等が先行・並行する(6)。そのなかで蘭の主導する共同研究は、その規模や継続性、明らかにされた史実から見ても、現在日本の移植民史研究や帝国史研究の水準を示し、新たな可能性を展望する内容となっていることは疑いない。

蘭編著（2008）では、「いまだ目標に達していない」点について八つの課題が提示されている。そのなかで、帝国内の人口移動と日本内地からの北南米への移民との関連性を考察する必要性を指摘しながら、三部作中では勢力圏外への移植民が取り上げられなかった点を残された課題とする。(7) 実際、南米への移民は、『帝国以後の人の移動』（蘭編著 2013）でも取り上げられておらず、帝国の勢力圏内外の連動をとらえる研究は今後の課題として残されている。(8)

近年の帝国史研究でも明らかなように、近代日本は帝国を形成していくなかで、内地・外地・勢力圏という「三重構造の帝国」として拡大していったとされ、蘭編著（2008）は東アジアの人流をその形成と崩壊の過程においてとらえようとする（蘭編著 2008：xiv-xviii）。もちろんある領域内での人びとの移動や定着をきめ細かく掘り下げていく研究のあり方を否定するわけではない。しかしながら、近現代日本人の越境移動をめぐる研究が、その対象をアジアや帝国の勢力圏内に限定してしまうことには危険性がともなう。なぜなら、近現代日本人の移動の流れは、遠くアメリカ大陸に達しており、戦前・戦後にまたがって五〇万人を超える日本人が北南米諸国に移動した。こうした新大陸への人流は日本とブラジルといった二国間関係だけでなく、イギリスとアメリカという二つの帝国の動向とも連動しており、その総体的な状況をとらえるにはよりグローバルな枠組みが必要となる。そもそもブラジルへの日本人移民は一九〇七〜〇八年の日米紳士協約による北米への移民送出の自粛と連動している。日本移民学会編『移民研究と多文化共生』には、「現代移民の特徴」として、「中継国を経由する移民の増加」「二重国籍保有者の増加」が指摘されるが（竹沢 2011：3）、こうした傾向は転移民や二世の二重国籍など戦前期の日本人移民や日系人にも見られ、ハワイからアメリカ本土、アメリカ本土から満洲・中国、ブラジル、朝鮮や満洲から引揚げ後にブラジル再移住というような帝国の内外を越境する事例は十分に掘り下げられてきたとは言いがたい。

マクロレベルでは、一九一九年のヴェルサイユ会議における日本代表の「人種差別撤廃提案」が保留された背景に、旧ドイツ領南洋群島の委任統治による領土化という意図があった点を考えると、日本帝国の勢力圏拡大と勢力圏外の日本人の存在の相関関係が見えてくる。さらに、三〇年代ブラジルの知日家ミゲル・コート博士の「排日」

演説のように、日本の満洲侵攻が地球のほぼ反対に位置する同国の排日運動の要因となり、「日本人によるサンパウロ州の満洲化」への警戒感がその背景にあったことからすると（根川 2013：139）、日本人のグローバルな移植民研究の対象が勢力圏内にとどまるべきでないことは明白である。加えて言うと、戦前期に帝国臣民として朝鮮半島からブラジルに移民した少数の例が見られ（全 2012：222-224）、一九六〇年代にも台湾から日本経由でブラジルに移民した人びとが存在する（Negawa 2001：81-83）。帝国のネットワークは、朝鮮・台湾という「外地」と「勢力圏外」という帝国の周縁を結び、帝国崩壊後も生き続けたのである。

移植民史研究とも不可分の関係にある帝国史研究では、今後の課題として、第一に「帝国を構成する『中心』と『周縁』の双方に目を配るという」総体的な研究の推進が求められるとともに、「とりわけ、支配された側の視点を重視して帝国史を見直してみることが求められ」ている（木畑 2005：21）。このような視点から考えると、ブラジル日本人移民は日本帝国の最遠隔の周縁に存在した。三〇年代の移民の多くは、その子弟を「皇民」として教育することに熱心であったし、日中戦争勃発後は二世も含めて銃後運動に邁進した。総動員体制は、ブラジルをはじめ南米諸国の日系社会にまで深く浸透していた。そして、ブラジル国籍の二世（多くは二重国籍でもあったが）を含む日系人の一部は、太平洋戦争後でさえ、自らを「帝国臣民」と位置づけ、「大東亜共栄圏」の一翼を担う意識を持ち続けたのである（宮尾 2003：根川 2013：146-147）(9)。こうした「日本帝国」の総体性と複雑性を考える時、また、勢力圏の内外を行き来した越境移動の事例と人びとの複数文化体験のダイナミズムを俯瞰してみる時、近現代日本人の移植民研究はもはやアジアや帝国の勢力圏内にとどまっているべきではないという意識を持たざるを得ない。帝国の勢力圏外に越境した周縁を考えずして、私たちは帝国の総体を見ることはできないのである。こうした日本帝国の勢力圏の内外という、まるで巨大な城壁でも存在するかのように考えられてきた境界線を、移民の子弟教育あるいは文化、宗教、身体技法をめぐる問題を手がかりに越える、あるいは連動性を見出すということが本書の目的である[10]。近現代日本人のグローバル化と日本帝国の勢力圏の内外を一つの時間軸・空間軸のなかでとらえることを試みるのである。

本書は、近代日本の帝国形成における内地・外地・勢力圏という三重構造[11]に加え、帝国の勢力圏外において日本列島の人びとが移動・定着した地域や日本語による活動が共有されていた空間をも対象とする。この「移動・定着圏」とも言える地域は、ハワイ・南北アメリカ大陸・大洋州等を含んでおり、日本列島や朝鮮半島の人びとが移民し、内地・外地・勢力圏内と関係を維持しながら活動した地域である。移民の子弟教育や文芸活動の面からみると、日本語教育や日本語メディアを媒介とした日本語解釈共同体はこの地域にも広がっていた。したがって、本書では、内地・外地・勢力圏という三重構造に、近現代日本人の移動・定着した地域や日本語・日本文化の解釈共同体を加えて、「帝国の形成をめぐる四重構造」という枠組みを想定する。そして、その「四重構造の帝国」を対象としながら、近現代日本人をめぐる移植民史研究の新たな試みをめざすのである。

2　歴史観と方法的課題――越境史、連鎖視点、跨境史、そして連動史観

日本の歴史学においては、九〇年代初頭に木村健二が近代日本の海外への人口移動を取り上げ、植民地圏（勢力圏）への移動と非植民地圏（非勢力圏）への移動に二区分し、双方を総体的に把握することの重要性を指摘した（木村 1990）。北米移民と満洲移民の思想的関連性については、同じく木村によって指摘され（木村 1992）、日本の移植民奨励策からのブラジル移民と満洲移民の関連性もすでに明らかにされている（山田 1984；飯窪 2002）。また、アズマは、一九三〇年代の日本における膨張主義論の確立と発展の過程において在米日本人移民の「海外発展」が満洲農業移民の発案と正当化に連結していく点を指摘している（Azuma 2008）。帝国の勢力圏外に移民した日本人の存

在が勢力圏内への移植民政策に影響を与えた一例と言えよう。こうした歴史研究の進展のなかで、本書のテーマと関連する重要な概念枠組みとして、①「越境史」、②「連鎖視点」、③「跨境史」を取り上げたい。いずれも一九九〇年代から二〇〇〇年代に起こった歴史研究の新しい潮流を反映したものである。

まず、「越境史」(Transnational History)とは、九〇年代アメリカにおいて一国史や比較史に対する批判から起こった新しい歴史研究のパラダイムであり、複数国家・地域の関係・交差の視点から歴史を見直す方法である[(12)]。すなわち、複数国家や地域間に経済的、政治的、社会的、宗教的、血縁的、文化的ネットワークを構築・維持し、複数国家や地域に対して複合的な忠誠心や帰属意識を提示し、複数文化習得をともなう複合的アイデンティティを形成し、結果として複数国家や地域形成に対して実質的な影響力を及ぼす「越境移民」(transnational migration, transmigration)というニナ・シラーの提示した概念(Schiller et al. 1992)にもとづき、「地理的越境」にとどまらず、「政治的越境」「文化的越境」という枠組みを用いて一国史的視点に揺さぶりをかける。この視点から、『アメリカ日本人移民の越境教育史』(吉田編著 2005)所収の諸論考、園田(2009)、吉田(2011)等すぐれた論考が発表されている。さらに、東栄一郎が進めているカリフォルニア日本人移民の開拓農業を通じた満洲への「逆移動」研究もそうした越境性を色濃く反映したものである(東 2015)。吉田亮は、この越境史的方法による今後の日本人移民研究の検討課題として、「日米にまたがる越境教育ネットワークと満州、中南米、南洋などその関連国家・地域への影響」、「日本人移民の北米、中南米、日本帝国植民地、オセアニア、ヨーロッパなどへの世界的展開、受入国間のクロスナショナルな研究」をあげている(吉田 2005:17-18)。

本書は、この越境史の枠組みにもとづき、第1節で取り上げた先行研究を批判的に受け継ぎながら右のような課題に答える試みとなる。特に、越境史的方法による従来の移民研究はハワイ、北米を対象としたものが多く、ブラジルをはじめとする南米を対象としたものや複数地域横断的な視点でのアプローチは未開拓であった。こうした反省にもとづき、本書では複数地域横断的な事例研究が主となっている。

次の「連鎖視点」は、『日露戦争の世紀』（山室 2005）で提示されている概念枠組みである。山室は、「近代日本の歴史的位相をグローバルな視野の中で捉えていくためには、欧米やアジアさらにはアフリカなどと日本が実際にどう繋がっていったのか、またどう切れていったのか、を見きわめていくための視点が不可欠」であるとする。そして、それを「連鎖視点」と呼び、「あらゆる事象を、歴史的総体との繋がりの中でとらえ、逆にそれによって部分的で瑣末と思われる事象が構造的全体をどのように構成し規定していったのか、を考えるための方法的な視座」と定義する（山室 2005：v）。これは、越境史が一国史や比較史に対する批判から国境を越えたグローバルな対象を設定するのに対して、歴史的事件や事象の連鎖反応に注目し、時期を越境していく視点であるといえる。本書のように、一九世紀末から太平洋戦争を経て戦後へと続く時期を、日本人の越境と複数文化体験を手がかりに一連の歴史的事象としてとらえようとする研究にとっては、たいへん示唆的で有効な歴史観である。

一方、跨境史（跨境論）は、主に極東アジア、ロシア・スラブ研究の文脈のなかで育まれてきた概念である。北海道大学スラブ研究センターでは、近代東北アジアにおけるロシアとアジア諸国の相互作用を考察するなかで、ロシア史・アジア史双方からこれまでの歴史学の枠組みを見直し、ロシア極東史の可能性を拡げてきた[13]。「跨境」という概念の特徴としては、「①ともすれば一方通行的になる『越境』に対し、双方向的な性格、②境界の存在を認めた上で、それを跨いでいく動的な性格、③境界を内包する空間の面的な性格といった点の強調が挙げられる」とし、「これらの条件が整った空間として近代東北アジアを提示」しつつ、それを対象とした研究成果をあげている（左近 2007：2）。ただ、「越境史」概念は「一方通行的」ではないし、その研究の展開を見ると、むしろ「双方向的な性格」、「動的な性格」を志向している[14]。すなわち、「越境史」研究と「跨境史」研究は、前者がハワイ・北米、後者が極東ロシアを含む東北アジアというように、対象地域は相違するものの、それぞれの理念や方法自体は近接しているように考えられる。

こうした越境史や連鎖視点、跨境史という歴史観を通して、近現代日本人の海外移植民史の大きな流れがほの見えてくる。すなわち、日本人の海外移植民の渡航先は年を追って拡大したが、大きな流れとして、戦前はハワイ、アメリカ、ブラジル、満洲、戦後はふたたびブラジルをはじめとする南米へと移っていった。その変遷の理由は、「よりよい生活」という経済性（より多くの賃金・生活レベルの向上）と受入国の状況、とりわけ排日運動が大きな原因となっていると考えられる。例えば、ハワイからアメリカ本土への日本人の転移民は、一八九八年のアメリカのハワイ併合と本土の賃金高によると考えられ、ブラジルへの移民開始は一九〇七〜〇八年の日米紳士協約やルミュー協約の影響であり、またブラジル移民の国策化は明らかに一九二四年のアメリカ排日移民法成立によるものと考えられる。さらに、ブラジルから満洲への移民先の転針は、世界大恐慌と連動したコーヒー価格の暴落、同時期のブラジル・ナショナリズム台頭と表裏をなす一九三四年の外国移民二分制限法成立と日本の大陸侵攻が大きく影響している。こうした日本人移民の渡航先の変遷と受入国での排日運動、対抗策としての排日予防啓発運動、それらに影響されながらそれらを克服しようとした日本人移民と日本、受入国間には、グローバルな連鎖と出来事の連動が見られる。

戦前のブラジルの日本語新聞を読むと、一九二四年前後のアメリカ排日状況や新移民法に関する議論が逐次掲載されており、この問題について日系人だけでなく、ブラジル当局やジャーナリストが大きな関心が寄せていたことが知られる。また、一九三〇年代になると、日本の大陸侵攻の動きや転移民の可能性についての報道が目立ち、帝国の勢力圏への再移住論形成を促したと考えられる。一方、三〇年代の『力行世界』『海の外』など海外移民雑誌には、ブラジル移民とフィリピン移民の広告が同じ頁に並んでいる(15)。一方戦後は、本書第17章で明らかにされるように、一九五〇年代後半以降のブラジルにおいて戦前の排日や戦後の日系人嫌悪から一転してモデルマイノリティ的な理解がなされるようになった。こうしたホスト国の排日・嫌日から親日への転換も、その国への移民を促す大きな要因となっていたことが想像される。

つまり、世界史的でマクロな事象が連鎖しているとともに、各地域におけるさまざまな移民のミクロな体験は強く連動しているということができる。こうした「連鎖視点」にもとづき、マクロな世界史的事象からミクロな移民個人々々の地域を越えた諸体験に連動性を見出し、そのダイナミズムを把握する歴史観、これを仮に「連動史観」と呼びたい。本書は、このような連動史観のもと、「四重構造の帝国」としての日本帝国勢力圏の内外にわたる各地域の日本人移民／日系人をめぐる個別体験を手がかりに、彼／彼女らの渡航先の変遷とそれぞれの関係性・連動性を見出し、各地における複数文化体験とその今日への影響を明らかにしていきたいと考える。

3　近現代日本人の海外移植民史の時期区分

こうした「連動史観」から、近現代日本人の移植民史を素描すると、どのような姿が浮かび上がるだろうか。

近年の歴史研究の特徴は、「国家という空間枠組を歴史的に相対化して捉えなおす探求」に求められ、そこには、「国民国家論による国民国家の批判的再検討」と「国家を超えた、あるいは領域国家とはまた別の原理にもとづいて展開する、地域間の重層的ネットワーク関係に着目する歴史研究」という二つの方向が示されている（福井 2003：9, 12-13）。この評価は必ずしも移植民史に向けられたものではないが、二つの方向性は移植民研究が明らかにしてきた／明らかにしようとするものと見事に合致する。しかし、日本の移植民史研究は、空間枠組のとらえなおしには積極的であったが、時間枠組みの検討には必ずしも意識的ではなかったのではないか(16)。

近現代の日本人海外移植民史を一八六八年のハワイ「元年者」移民からとするると、この現象はおよそ一世紀半続いた歴史としてとらえることができる。本書で取り上げる時期は、ハワイ官約移民やアメリカ西海岸への出稼ぎ移民が始まる一八八〇年代から日本の海外移民送出事業が終わる一九七〇年代までのおよそ一世紀間であるが、日本人がグローバルに拡散・定着し、引揚げなどで凝縮してきた一世紀を時期区分することは容易ではない。近現代日本人の移植民史を総体的にとらえた著作は、入江（1938）、外務省領事移住部（1971）、若槻・鈴木（1975）、石川（1997）、岡部（2002）、東（2011）等数少ない。そのなかでも時期区分を明確に示したものは、管見の限りではほんの数例を数えるのみである。ここでは、本書の対象とする時期と重なる岡部（2002）、外務省領事移住部（1971）の時期区分を参照しながら、本書なりの時期区分を提示したい。

まず、岡部（2002：23）に掲載された次のような「移民史の時期区分」を検討してみよう。

第一期　一八八四年まで：端緒的移民期
第二期　一八八五～一九〇四年：移民活動の成立期
第三期　一九〇五～一九二四年：移民活動の社会化の時期
第四期　一九二四～一九四五年：移民活動の国策化と戦時化の時期

第一期は、明治政府とハワイ王国政府との条約にもとづくハワイ官約移民が始まる一八八五年までを区切りとしている。ハワイ官約移民が日本人にとって最初の組織的海外移植民であった点を考えると、一つの画期であったことはまちがいない。この時期の日本人移民は人数はわずかだが、幕末からの海外渡航者が見られ、一八六八年には「元年者」移民一五三人がハワイに渡航し、一八六九年には元会津藩士四十数名がカリフォルニアへ渡っている。アメリカ本土で日本人が最も多く渡ったのは、カリフォルニア州サンフランシスコ周辺であり、同地には一八七〇年に大日本帝国領事館が開設されている。サンフランシスコやワシントン州シアトル周辺にはハウスボーイやさまざまな労働に従事しながら通学する「苦学生」が増加していき、西海岸の日本人移民の始祖集団を形成していく。ちなみに、サンフランシスコ在住の日本人は、一八八〇年に二〇〇人、一八八五年には五五七人となっており、それら「日本人の過半は年齢十五より二十五の間」と報告されている（吉田 2005：30）。

一方、日本国内を見ると、一八六九年九月には、五〇〇人ほどの「東京府中非人乞食ども」と百数十人の大工・人夫が北海道に、三〇〇人の「もの乞い集団や農工民」が樺太に送られた（高崎 2005：vii）。そして、翌一八七〇年には、失業した士族たちが北海道への移住を開始した。近代化にともなう国内人口移動も始まり、特に北海道開拓移民は後の海外移植民の前段的役割を果たすことになる。

こうした戦前・戦中期に加えて、本書のように戦後期を扱う場合、第四期以降を加える必要がある。戦後期を含む時期区分を提示するのは、外務省領事移住部（1971）である。「わが国海外移住の消長」という明治元年から昭和四三年までの海外移民統計にもとづくグラフを付し移民数の推移によって、海外移植民史を次のように七区分している（外務省領事移住部 1971：53-57）。

①黎明期　一八六八～一八八四年：少数のハワイ及びアメリカ移住
②上昇期　一八八五～一九〇四年：ハワイ移住の盛期及びアメリカ移住
③低迷期　一九〇五～一九一二年：排日
④高潮期　一九一二～一九四〇年：ブラジル移住の盛期
⑤中断期　一九四一～一九五〇年：戦中戦後
⑥再興期　一九五一～一九六二年：アメリカ、ブラジル、その他

⑦低迷期　一九六三年以後

①期と②期の区分は、岡部（2002）の第一期、第二期と共通し、いずれもハワイ官約移民開始と日露戦争を画期とする。両著の三期目・四期目区分は異なるが、いずれも一九〇五年の日露戦争の勝利という「日本の衝撃」、アメリカでの排日動向、ブラジル移民急増を画期と考える点では共通する。とりわけ、日露戦争の勝利は重要で、日本の植民地帝国化の過程において、台湾に加え、南樺太・関東州（一九〇五）、朝鮮（一九一〇）、南洋群島（一九一九）、満洲・内蒙古（一九三二以降）と、その勢力圏を拡大していく契機となる。また、岡部（2002）が第四期の開始とする一九二四年は、アメリカ排日移民法成立にともない、南米行き日本人移民が国策化し、ブラジル移民が急増していく転回点になるので、やはり区切りとしておく必要がある。さらに、両著には見られないが、一九三四年ブラジルの外国移民二分制限法成立を日本の満洲侵攻とブラジル排日運動の連動の結果と考えると、一つの画期として注目すべきである。日本はブラジルへの移民送出を大幅に制限されると同時に、満洲という大量移民の受け入れ先を獲得し、一九三六年に「二十年で百万戸五百万人の移住計画」が開始され、移植民送出の比重はブラジルから満洲へ移っていく。そんななか、一九四一年に太平洋戦争が勃発し、ブラジルへの移民は完全に停止。一方、ソ満国境地帯防備の意味も兼ね、北満への武装移民が推進される。この時期、戦争初期は日本軍の占領地区の拡大により、後半期から末期にかけては日本軍の後退と連合軍の侵攻により、将兵・軍属を中心とした人びとの移動は、戦局の推移に合わせてアジア・太平洋の広大な地域をローラーする。そして、一九四五年八月の日本敗戦によって、日本からの海外渡航はきびしく制限される反面、約三六〇万人の将兵・軍属の復員と約三〇〇万人の一般人の引揚げが行われた。近年の復員・引揚げ研究の成果から、こうした日本人の大移動を考慮する必要がある。一方、海外からの引揚げ者は、本書第18章が記すように、福島県等へ再移住していく。一九五一年には、サンフランシスコ講和条

約が結ばれ日本は国際社会に復帰。翌一九五二年にはヴァルガス政権の大統領令による特例措置により、ブラジルへの移民が再開され海外移民が復活する。一九五五年には、外務省に移住局が設置され、引揚げ者の再移住も含めて、戦後の海外移民は南米を中心に進められていく。戦後の画期を、年間移住者数が五〇〇〇人を下回り、移民政策の目的が、国民に「日本とは事情を異にする海外における創造的活動の場を与え、これを通じて、直接、間接に国民の具有する潜在的能力をフロンティアにおいて開発」すること（海外移住審議会答申、17章参照）に改められる一九六二年とすると、外務省領事移住部（1971）の⑥、⑦期の区分は妥当と言えるであろう。

本書で取り上げる約一世紀を適切に時期区分することは容易ではないが、前掲二著を参考に、政治経済的背景と関連付けながら試みると、およそ次のような区分となる。

(1)一八六八〜一八八四年：明治維新と日本の世界システムへの参入の時期
(2)一八八五〜一九〇四年：ハワイ・アメリカ本土移民最盛期
(3)一九〇五〜一九二三年：「日本の衝撃」とその影響下の時期
(4)一九二四〜一九三四年：排日移民法とその影響下、ブラジル移民急増の時期
(5)一九三五〜一九四〇年：ブラジル排日移民法と満洲移民シフトの時期
(6)一九四一〜一九四五年：太平洋戦争期
(7)一九四六〜一九五一年：戦後移民停滞・復員・引揚げ期
(8)一九五二〜一九七〇年代：戦後移民再開期

(1)は、最初の海外契約労働移民である「元年者」がハワイに渡航した年である。彼らの一部が残留してハワイ日

系社会の始祖集団を形成した。この時期は、明治維新により幕府が瓦解し、明治政府が文明開化と富国強兵政策を進め、対内的には北海道開拓、沖縄併合（琉球処分）が行われ、日本の帝国化が開始された。対外的には、日本の世界システムへ参入した時期でもあった。⑵⑶は、朝鮮の処遇・権益をめぐって清国・ロシアとの間に行われた日清・日露戦争の勝利、その結果として、「日本の衝撃」が世界に共振した時期である。結果として、日本は、台湾および澎湖諸島、南樺太・関東州、朝鮮、南洋群島等を領有し、帝国の勢力圏を拡げて行った。日本人の人流もその版図内に広がっていく。特に⑶は、主に北米で日本人移民の入国が制限されていく時期であり、⑵⑶の日本の帝国化の反作用として惹起したものである。⑷この北米への移民停滞に連動して、南米への移民が国策化し、昭和恐慌、世界大恐慌と続く不況によって、特にブラジルへの移民が増加していく。満洲事変の勃発、満洲国成立、日本の国際連盟脱退という状況下でブラジルへの移民は一九三三年にピークを迎えるが、日本の満洲侵攻に連動し、ブラジルで排日運動が加速、一九三四年に排日的性格を持った外国移民二分制限法が成立する。⑸日本は満洲という大量移民の受け入れ先を獲得し、移植民送出の比重はブラジルから満洲へ移っていく。そんななか、⑹一九四一年の太平洋戦争勃発にともない、ブラジルへの移民が停止。一方、ソ連との国境地帯防備の意味も兼ねて、満洲辺境への武装移民が推進される。この⑹期の戦争初期は日本軍の占領地区の拡大により、後半期から末期にかけては日本軍の後退と連合軍の侵攻により、将兵・軍属を中心とした人びとの移動は戦局の推移に合わせて、アジア・太平洋の広大な地域をローラーする。そして、⑺戦後、一九五一年のサンフランシスコ講和条約の結果、⑻辻移民・松原移民といったヴァルガス政権の大統領令によってブラジルへの移民が再開され、海外移民が復活する。引揚げ者の再移住も含めて、戦後の海外移民は南米を中心に進められていくのである。この時期区分に海外日系子弟教育をめぐって生起したできごとを地域並行的に配置すると次のようになる。⒄

区分	年	日本	アジア・大洋州	北米	南米（ブラジル）
(1)	一八六八	明治維新・「元年者」移民			
	一八六九	北海道・樺太移民開始			
(2)	一八八五	ハワイ官約移民開始、アメリカ西海岸への出稼ぎ移民さかん		日本人のアメリカ西海岸出稼ぎ移民さかん	
	一八九五	日清戦争勝利	**↓日本の衝撃1**		
	一八九八	台湾公学校令（台湾児童に日本語教育）		アメリカ、ハワイ併合	ブラジル、日本と国交樹立
(3)	一九〇五	**日露戦争勝利**	**↓日本の衝撃2** **アジア諸国：近代化のモデルとしての日本**	**アメリカ：日本との太平洋覇権争いの始まり**	
	一九〇六	関東州小学校規則発令 満鉄設立		サンフランシスコ市日本人学童隔離教育決議（最初の排日）	
	一九〇七	日米紳士協約・ルミュー協約（北米への移民労働者送出制限）		日米紳士協約・ルミュー協約	
	一九〇八	第一回ブラジル移民送出			第一回日本人移民到着
	一九一四	第一次大戦開始			
	一九一五			布哇教育会設立	大正小学校創立
	一九一七			アメリカ第一次大戦参戦（ナショナリズム高揚↓米化運動へ）	
	一九一九	ヴェルサイユ会議、日本の人種差別撤廃法案保留			
	一九二一		台湾総督府、マニラ日本人小学校に経常費補助	加州議会：外国語学校取締法制定	外国移民取締法制定

	一九二二			米化運動活発化	
	一九二三	関東大震災			レイス移民法案提出
(4)	一九二四	**帝国経済会議**（南米移民国策化）	ダバオ・ミンタル日本人小学校創立	**「排日移民法」制定** 加州版『日本語讀本』刊行	アリアンサ移住地創設（力行青年呼応）
	一九二五		蘭領東インド・スラバヤ日本人小学校創立		文化植民地創設（力行青年呼応）・聖州義塾創立
	一九二七	海外移住組合法制定 金融恐慌始まる	英領マレー・セランゴール州に日本人小学校創立	アメリカ：最高裁で外国語学校取締法関係試訴に日本語学校側勝訴	ブラジル日本人教育会設立
	一九二八	国立神戸移民収容所設立			第一回信濃海外協会教員留学生到着
	一九二九	拓務省設置 世界大恐慌始まる			（社）サンパウロ日本人学校父兄会創立
	一九三一	**満洲事変**		アメリカ：移民法修正案頓挫	日系小学校の公立学校化（日ポ二言語教育）進む
	一九三二	満洲国建国、同国への国策移民開始			
	一九三三	国際連盟脱退	セブ日本人小学校創立		
	一九三四				**外国移民二分制限法制定**
(5)	一九三五				日本人移民急減・再移住論出現
	一九三六	満蒙開拓移民推進計画開始			
	一九三八			保科版『日本語讀本』刊行完了	日独伊を主とした外国語学校に閉鎖命令
	一九三九	ブラジル二世の日本留学さかん			二世の日本留学さかん

(6)	一九四一	太平洋戦争、アメリカ・カナダ・ペルー等で日系人強制収容			
	一九四四		旧南洋群島テニアン等でアメリカ軍による教育開始		
	一九四五				終戦（勝ち・負け抗争開始）
(7)	一九四六～	引揚げ・復員開始			
	一九五一	サンフランシスコ講和条約			
(8)	一九五二	ブラジル移民再開		マッカラン法成立	日本人移民受入れ再開
	一九七三	最後の移民船出港			日本からの最後の移民船到着

4　本書の内容

本書は、近現代日本人の越境と複数文化体験を日本帝国の勢力圏の内外の連動を意識しながら俯瞰するという意図から地域別の区分を取らず、全一九章を主題別に三分した。

第Ⅰ部「近現代日本人の越境教育と教科書」には、近現代日本人の越境教育・日系子弟教育と内外で編纂された教科書をめぐる諸問題を扱う七編の論文を収める。

まず、第1章森本論文は、アメリカのカリフォルニア州で一九二四年四月に発行された日本語教科書『加州日本語讀本』一六巻の編集・出版の経緯とカリフォルニア州教育局による国定教科書の教授禁止項目、同書の内容分析による教材の特徴を考察する。その結果、「サンフランシスコ」「ロサンヂエルス」「ハワイ」等日系人集住地域が巻五、六、七で、「加州ノ米作」が巻十で取り上げられた点や進級にしたがって国定教科書からの出典が増加する点、漢字や片仮名など文字表記や英語表記の工夫、挿絵が多くクイズ形式が取り入れられている点等を指摘し、同教科書の特徴について明らかにする。次の第2章伊志嶺論文は、ブラジルで使用された『日本語讀本』八巻とその教授参考書に掲載された児童用歌曲に注目し、日本国内の「国語」「唱歌」教科成立過程と海外学齢児童への日本語教育実践の両面から、ブラジル日本語教育における歌曲導入の意義に迫る。そして、これら歌曲導入の理由を、日本語の効果的指導法として、「唱歌」教育との関係を指摘する。先行研究の乏しい戦前期海外日本語教科書研究において、アメリカ・ブラジル両国日系子弟に対する日本語教育の意味や教科書の性格を対照する上で、価値ある取り組みといえよう。

これに対し、第3章東論文は、明治三〇年代頃に発行された『米国渡航案内』や『渡米案内』といった〈渡航案内〉を、一種の移民向け教科書ととらえ、それらの内容や性格を分析する。そして、それらがアメリカという異文化社会への適応を準備する一世の言語教育ならびに異文化教育の一端を知り得る素材として、移民研究における〈渡航案内〉解明の重要性を指摘する。

一方、第4章石川論文は、各期の国定教科書の特色を注視しながら、近代日本人が越境していった複数地域、特にこれまであまり主題化されてこなかった北南米と満洲に関する教材の連動性に着目する。日本の近代小学校教育において必要とされた海外知識とはいかなるものだったのか。地理・歴史・国語という三種の教科書を横断しながら北南米と満洲についての記述を検証し、国定教科書という近代日本人移植民史における未開拓領域の研究の可能性を提示している。

続いて、第5章松盛論文は、南カリフォルニア地域の南加中央日本人会を事例として、「二世教育」の位置づけや実践を明らかにし、同時期アメリカの大学における東洋科や日本講座開設との関係性について考察する。特に、二世教育に携わった指導者たちの日本を含む東アジア地域との関わりを示すとともに、二世をめぐる教育が日米二国間にとどまらず、中国を含めた複数国家間を舞台としたダイナミズムを有した点を明らかにしている。こうした越境教育のダイナミズムは、日系キリスト教伝道においても見られる。第6章吉田論文は、アメリカで活躍した日本人キリスト者たちが同国の排日運動に失望し、三〇年代に満洲（東亜）伝道に活路を見出していく過程と歴史的意義に注目する。日本人キリスト者の満洲伝道の開始は一九〇三年と早いが、満洲伝道会の設立（一九三二）後に加速し、東亜伝道会へ改組（一九三七）され、やがて満洲キリスト教開拓村建設へと発展していく。こうした活動に携わるキリスト者の足跡、東亜伝道会の日語学校や施療施設を通じた民衆教化、神道・仏教界との連携による日中共同宗教大会開催、現地宗教の調査と保護等、越境エージェントとしての職務拡大の過程とその意味が明らかにされる。海外日系移民研究が、移民地・日本間を中心としながらも、それら二地点に転移民地を加えた三地点間の相互作用を扱う越境史研究として、そのすそ野を広げる可能性を示唆するものである。

第7章野呂論文は、カナダにおける長年の聞き取り調査や日本語学校作文集の分析等を通じて、日本語学習者および日本語教育機関に関わる人たちが発した語りを手がかりに、「架け橋」としての日本語学習者の特徴、日本語学習の目的・意義が戦前・戦後でどのように変化したのかを明らかにする。

第Ⅱ部「移民・越境者の文化・芸術・身体」では、越境する日本人とその子弟をめぐる教育、文化、芸術、武道・スポーツなどに関わる六編の論文を収める。

第8章細川論文は、イギリス男性と日本女性の間に生れ、日本において「我等がテナー」と呼ばれた藤原義江の二度のブラジル訪問を取り上げ、日本語新聞とポルトガル語新聞の取り上げ方の違いから、英雄的同胞か異国の一テナーかという受容のずれに注目する。そこで、「普遍的な」西洋芸術を表現し解釈する「民族的」な歌手としての側面を描き、二年をおいた二度の訪伯の形態と待遇の違いを興行と国策の違いとして論じる。

続く第9章中原論文は、二世歌手チヨコ・イダの音楽歴を中心にすえ、長年の参与観察とインタビュー調査によって、ハワイで日本の歌を歌い続けてきた日系二世の音楽人生について再構成する。ハワイ松竹楽団等の活動を紹介し、二世歌手が多民族社会ハワイにおいて、言語や音楽、さまざまな文化を経験し、時代と世代、ハワイ・日本・アメリカという空間を越えた人間関係を媒介する役割を果たしてきたことを明らかにする。また、第10章高橋論文は、沖縄・日本本土・ブラジルを越境・還流する沖縄音楽レコードを介したネットワーク構築の過程とメカニズムの解明を試みる。さらに、ブラジルに移民した沖縄系の人びとが制作した海賊盤レコードを分析し、沖縄・日本本土・ブラジルという複数地域での越境を可能ならしめた方法とその意味を明らかにする。

第11章西村論文は、移民の複数文化体験や異文化適応を考える上で、衣や身体技法の変化を検討することの重要性を訴え、ブラジル日本人移民の性格を下着や立居振る舞いとの連関から考察する。『伯剌西爾時報』や雑誌『ブラジル』の記事を読み解きながら、移民をめぐる衣や身体技法の歴史に注目し、そこにブラジルと日本の関係やマクロとミクロ経済の結節点の存在を指摘する。人の移動が身体技法や衣類に及ぼす影響、一世から二世への身体や衣類に対する感覚の連続・不連続という問題は、近現代日本人の性格を考える場合に見過ごせないテーマである。

これと関連し、近代日本人が海外に移植した身体技法として柔道や剣道がある。第12章小林ルイス論文は、伯国柔剣道連盟機関誌『武徳』や新聞記事など戦前期ブラジルの武道に関する史料を発掘し、日系子弟教育との関係に迫る。三〇年代後半、ブラジル・ナショナリズム台頭を背景に外国語教育が禁止されるに至る。日系社会における日本語や日本文化の価値が動揺するなか、日本語教育に代替する武道の価値が再評価され、修養としての役割を期待されたことを指摘する。それは、戦前期ブラジルにおける日系野球の発展と教育的役割について論ずる第13章根川論文と共通する問題意識と成果を導き出す。この章では、戦前期ブラジルにおける、野球の汎日系社会的な発展過程をたどるとともに、越境教育の事例として、特に日系少年野球の性格と歴史的意味について考察する。

第Ⅲ部「越境する人的資源の活用と政治経済的連動」では、近現代日本人の越境をめぐって、二世を含む人的資源の戦前・戦後にわたる活用について考察した論文を収める。従来、ハワイのサトウキビ労働者やブラジルのコロノ移民など、「海外移植民＝無知無学な零細農民」というイメージが強く、移植民研究でもこうした出稼ぎ労働移民を扱うケースが多かったこともあり、中高等教育を受けた移民知識人や政治家という人的資源を扱った研究は豊富とは言い難い。

まず、第14章飯窪論文は、外務省や海外興業株式会社等の記録にもとづき、それら移植民事業を進めた主体側から、従来の移民知識人を書き手とする移民史言説を検証する。特に、外国移民二分制限法（一九三四）後のブラジル日系子弟教育史を再検討し、従来建前的にブラジル公教育を主としてきた教育方針が日本の国粋主義的イデオロギーの標榜へと変化する背景に迫っている。続く第15章住田論文は、一九三〇年代の世界情勢とブラジル・ナショナリズムの状況から、ヴァルガス独裁体制の実態と性格を解説する。同体制は移民同化政策から日本語教育を禁止し、排日状況を加速させた。しかし、戦後排日の機運が改善されないなか、ヴァルガス大統領の裁可によって一九五二年に日本からの移民受け入れ（辻移民・松原移民）が再開されたのはこの政権の複雑さを表しており、ヴァルガスが示した、曖昧さ（ambiguo）や矛盾（contraditório）を含んだ実用的（pragmático）政治姿勢と響き合い、日本人移民受け入れ復活にも生かされることになったと想像される。従来の「ヴァルガス＝排日の主謀者」的視点を批判し、同政権の性格の多面性を指摘する

第16章小林茂子論文は、アメリカ公文書館所蔵「海軍作戦部隊記録群」「太平洋地域信託統治領：高等弁務官庶務文書」中の史料を用い、旧南洋群島テニアン島チューロ収容所における戦中から戦後の教育活動の実態を明らかにする。戦中日本語教育が禁止されたブラジルで戦後に臣道連盟による日系子弟への皇民化教育が推進されたことを考えると、一九四四年一一月の時点において、軍政下テニアンでアメリカ型「民主主義」教育や英語教育が試みられ、その教師として日本人・朝鮮人・沖縄人・ハワイの二世が採用されたことは注目に値する。

第17章佐々木論文は、一九五〇年代から六〇年代日本の海外移住政策の変遷を概観しながら、ブラジルにおける

日本人移民が「徳」（virtude）という道徳的資質や歴史的貢献と結びつけられた政治的主体として構築されていく過程について論ずる。そして、二〇〇八年の「ブラジル日本移民百周年」において、移民の歴史的な達成を可能にした「徳」が、「日本人」の集団アイデンティティの境界を超えて拡がりうるものとしてとらえられたことを指摘する。こうした「努力」や「勤勉」という徳と結びつけられた「移民」像は、戦後の福島県人の再移民を「技術」とも結節しながら、「開拓事業を日本人の『天職』であり、日本人が贖罪をはたすための手段と位置付けた」とする第18章浅野論文での指摘ともつながる。二〇一一年三月の東日本大震災以後、人文社会科学がどのように災害や復興と向き合っていくのかということが強く問われている。原子炉溶融事故が起き、今なお立入り禁止区域となっている福島県浪江町や大熊町は有数の移民母村でもあった。この章は、福島原子力発電所の歴史的位置を移民や県人の海外体験という越境的な動きと結びつけ、戦後同県が引揚げ者を吸収する帝国の「折りたたみ」部分としていかに機能したのかを論じる。第19章坂口論文は、一九三〇年代の日本に在留した日系二世の存在状況を統計上把握しようという目的のもと、一九三三年八月に公表された福島県海外協会の資料を紹介し、来日日系二世研究の基礎資料を提示するものであり、第18章と相互補完的に読むことができる。

最後に、柳下の戦前期外務省機構図と解題を資料として収録した。これは、明治初年から太平洋戦争期にかけての日本外務省の移民関係事務担当の機構図であり、同省歴代の移民関係部署の変遷を網羅している。今後、近現代日本人の海外移植民史研究を進める上で、貴重な資料となる労作である。

以上、本書の諸論考は、先行研究を批判的に継承し、諸事例にもとづいた研究を展開している。もちろん取り上げられなかった地域や積み残した課題も多い。しかし、本書のように、「四重構造の帝国」へ対象地域を拡大し、帝国の勢力圏外を含めた近現代日本人の移動の諸相を明らかにしていく試みが、移植民史や帝国史、ポストコロニアル研究等の手法と成果を受け継ぎ、地域史や一国史とグローバル・ヒストリーを結節させる新しい「日本人をめぐる近現代史」を創発していくための小さな突破口となることを祈念している。

注

(1) 同プロジェクトについては、「国際日系研究プロジェクト」(http://www.janm.org/projects/inrp/japanese/index_ja.htm)に概要と経過が、英語・日本語・スペイン語・ポルトガル語によって報告されている。

(2) 例えば、移民研究会編(2008)では、「日系人、受け入れと定着に関する問題」として、八章から一三章までアメリカ本土・ハワイ・カナダ・ブラジル・中南米・大洋州と、国・地域別に研究成果が整理されている。

(3) 本章では、「外地」を「台湾」「朝鮮」「樺太」「南洋」等、かつて台湾総督府、朝鮮総督府、樺太庁、南洋庁等の日本帝国の植民地政庁があり、外地法令が適用されていた地域とする。また、「満洲」は、地理的には現中国東北地域を指し、戦前期にロシア帝国や日本帝国が関与しそれぞれの勢力圏とした時期の同地域の呼称としてこれを用いる。(以下、それぞれ括弧省略)

(4) 例えば、『史林』第九〇巻第一号(二〇〇七年一月)の特集「国境」では、専門化・タコ壺化した歴史研究の閉塞的状況を打ち破るため、考古学・日本史・東洋史・西洋史の各分野の専門家が寄稿している。しかし、この特集は、「『国境』というテーマ以外、それぞれの関連性は見えにく」く、「雑多な事例の束を作ることに終始してしまう」例として批判されている(左近 2007:19)

(5) 例えば、根川が南米の七夕祭りの再創造と拡散の研究で明らかにしたように、民俗事象の伝播はグローバル化しており、ブラジルをはじめとする海外日系社会は民俗学の格好のフィールドであるだけでなく、それらの民俗資料によって、日本の近現代史を書きかえる可能性さえ有している(根川 2008, 2009)。

(6) 浅野(2004)は、「折りたたまれた帝国」としての戦後日本という概念を使って、帝国各地に伸張された日本人社会が、引揚げによってブルドーザー的に戦後の日本と沖縄に投げ込まれた位相について論じている。

(7) 蘭(2013)に、岡部(2002)の数値を引いて示されるように、戦前・戦中期日本人の植民地・勢力圏への移動は三六〇万人にのぼり、南北アメリカ大陸への移民の六倍以上の規模であった(蘭 2013:16-17)。この数値に、陸海軍将兵の移動と復員まで含めると、日本帝国の勢力圏内の移動は圧倒的な数値に跳ね上がるであろう。ただ、これにしたがうと、同書が、南北アメリカ大陸への移民よりも、植民地・勢力圏へのあるいは勢力圏内での人の移動が数量的に大きいという理由で、対象地域を限定したととられかねない。

（8）南米地域を対象化する視点の欠如は、このような共同研究にとどまらない。吉原和男他編（2013）は、こうした移植民史や帝国史的な諸研究の蓄積上にある労作であるが、現代の在日南米人に関する情報は包含されるものの、アジア地域／日本帝国の勢力圏内での人の移動を主たる対象としている。

（9）戦後ブラジルの勝ち組組織の中で最大であった「臣道連盟」は、サンパウロ市中に本部を構え、サンパウロ州やパラナ州に組織網をめぐらし、構成員一〇万人を称した。この組織は、戦後の混乱した状況のなかで、「臣道」の実践を説き行動した。同連盟の目的は、ブラジル日系人の「日本精神ノ涵養」にあったことが知られるが、「日本精神」という観念は勝ち組が依拠しただけでなく、「認識派」と自称した負け組もその論理基盤として利用したことは、「日本帝国はいつ消滅したのか」という議論と相俟って注目されるべき点であろう。

（10）細川（2012：2013）や日比（2014）が明らかにしたブラジルやアメリカの日本語文学が日本の文学市場と密接につながっていた点、根川（2010）が明らかにしたブラジル日系子弟への教育勅語の浸透などを想起すればよい。

（11）九〇年代以降の研究では、こうした「内地」「外地」「勢力圏」という地域区分にも疑問が投げかけられている。例えば、北海道・沖縄は分析概念上「内国（国内）植民地」と分類されたり（大江 1992）、明治維新以降の日本の国境画定の過程で本土とは異なる支配領域となった北海道・沖縄・小笠原諸島を「属領」ととらえる議論があり（塩出 2014：168-169）、時系列的に伸縮した「勢力圏」の範囲とともに、「帝国」の版図のダイナミズムに配慮する必要がある。

（12）以下の「越境史」の概略は、「日本人移民の越境教育史に向けて」（吉田 2005）に拠る。

（13）北海道大学スラブ研究センター21世紀ＣＯＥ「スラブ・ユーラシア学の構築」（http://src-h.slav.hokudai.ac.jp/coe21/publish/op.html）において、その概要を知ることができる。

（14）例えば、吉田亮編著（2005）参照。

（15）実際、ある沖縄県のインフォーマント（フィリピン・ダバオ生れ）の証言では、伯父たちはそれぞれハワイやペルーに出稼ぎ移民を経験、夫人の父親の兄弟はブラジルに移民したという。そして、「こういうの（一家族構成員の多方向への移民：筆者注）は自分の周りではめずらしいことではない」ということであった。移民個人や家族のレベルにおいても、帝国の勢力圏の内外が有機的につながっている例である（沖縄県宜野湾市在住のＴ・Ｓ氏へのインタビュー、二〇一二年五月一五日による）。

（16）ベフは、ＩＮＲＰにおいて、日本のグローバル化を一五世紀に始まったと見、日本人のグローバルな人的拡散を次の三期に分けてとらえている。すなわち、第一期を一五世紀～一七世紀初頭、倭寇の活動期から江戸幕府による鎖国令まで、第二期を明治維新から一九四五年まで、第三期を一九四五年から今日までの時期としている（ベフ 2006：28-33）。

(17) 政治的事件や戦争を契機とする時代の変遷と個々の国・地域の移植民に起こった個別の事象をすり合わせながら、全体の枠組みを描こうというのはなかなか困難な問題ではある。本表に提示したものは、海外日系子弟教育をめぐる事象にもとづいた現時点での一つの試みにすぎない。なお、時期区分の契機となる事項はゴシック体で示した。

文献

浅野豊美、二〇〇四、「折りたたまれた帝国」細谷千博・入江昭・大芝亮編『記憶としてのパールハーバー』ミネルヴァ書房、二七三-三一五頁。

浅野豊美編、二〇〇七、『南洋群島と帝国・国際秩序』慈学社出版。

東栄一郎、二〇一一、「アメリカ移民史研究の現場から見た日本の移民研究」日本移民学会編『移民研究と多文化共生』御茶の水書房、三二〇-三三三頁。

東栄一郎、二〇一五、「開拓農業を通じた北米と満州のつながり――カリフォルニア日本人移民の逆移動と彼らの専門知識の移入過程について」埼玉大学研究機構『ワークショップ〈間にあるもの〉の現代史』配布資料（二〇一五年三月）。

蘭信三編著、二〇〇八、『日本帝国をめぐる人口移動の国際社会学』不二出版。

蘭信三編著、二〇一一『帝国崩壊とひとの再移動――引揚げ、送還、そして残留（アジア遊学 145）』勉誠出版。

蘭信三編著、二〇一三、『帝国以後の人の移動――ポストコロニアリズムとグローバリズムの交錯点』勉誠出版。

飯窪秀樹、二〇〇二、「ブラジル移民から満洲移民への結節点」『アジアと経営――市場・技術・組織』（下）東京大学社会科学研究所、一〇三-一二九頁。

石川友則、一九九七、『日本移民の地理学的研究――沖縄・広島・山口』榕樹書林。

移民研究会編、二〇〇八、『日本の移民研究――動向と文献目録Ⅰ　明治初期――1992年9月』明石書店。

入江寅次、一九三八、『邦人海外発展史』移民問題研究会。

大江志乃夫、一九九二、「まえがき」『岩波講座　近代日本と植民地Ⅰ――植民地帝国日本』岩波書店、v-xvi頁。

岡部牧夫、二〇〇二、『海を渡った日本人』山川出版社。

外務省領事移住部、一九七一、『わが国民の海外発展――移住百年の歩み』

木畑洋一、二〇〇五、「現代世界と帝国論」歴史学研究会編『シリーズ歴史学の現在10　帝国への新たな視座――歴史研究の地平から』青木書店、三-二八頁。

木村健二、一九九〇、「近代日本の移民・植民活動と中間層」『歴史学研究』六一三号、一三五-一四三頁。

木村健二、一九九二、「戦前期の海外雄飛と思想的系譜」『研究年報経済学』東北大学経済学会、五三号、二九-四〇頁。

坂口満宏、二〇〇四、「移民史研究の射程」『日本史研究』五〇〇号、一三一-一五一頁。

左近幸村、二〇〇七、「東北アジアから見える世界」『近代東北アジアの誕生——跨境史への試み』北海道大学出版会、一-二二頁。

塩出浩之、二〇一四、「北海道・沖縄・小笠原諸島と近代日本」『岩波講座　日本歴史15——近代Ⅰ』岩波書店、一六五-二〇一頁。

園田節子、二〇〇九、『南北アメリカ華民と近代中国——19世紀トランスナショナル・マイグレーション』東京大学出版会。

高崎宗司、二〇〇五、「まえがき」『岩波講座　近代日本と植民地5——膨張する帝国の人流』岩波書店、v-xiv頁。

竹沢泰子、二〇一一、「移民研究から多文化共生を考える」日本移民学会編『移民研究と多文化共生』御茶の水書房、一-一七頁。

全淑美、二〇一二、「ブラジル韓人コミュニティの発生とその変容——三期の移民の融合と葛藤を中心に」マイグレーション研究会編『エスニシティを問いなおす——理論と変容』関西学院大学出版会、二一九-二四八頁。

根川幸男、二〇〇八、「ブラジルにおけるエスニック日系新伝統行事の創出——七夕祭りの再創と展開を中心に」『移民研究年報』第一四号、七一-八二頁。

根川幸男、二〇〇九、「忘れられた日系人——民俗学のフィールドとしてのブラジル日系社会」『現代民俗学研究』第一号、六五-七七頁。

根川幸男、二〇一〇、「海を渡った日本の教育・第13回——御真影・教育勅語・修身」ディスカバー・ニッケイ（http://www.discovernikkei.org/ja/journal/2010/9/10/nihon-no-kyouiku）。

根川幸男、二〇一三、「第二次世界大戦前後の南米各国日系人の動向——ブラジルの事例を中心に」『立命館言語文化研究』第二五巻一号、一三七-一五四頁。

羽田正、二〇一四、「Global History, グローバルヒストリーと日本史」『岩波講座　日本歴史——月報』11、岩波書店、四頁。

日比嘉高、二〇一四、『ジャパニーズ・アメリカ——移民文学・出版文化・収容所』新曜社。

福井憲司、二〇〇三、「総論国家論・権力論の変貌」歴史学研究会編『国家像・社会像の変貌——現代歴史学の成果と課題　１９８０-２０００年Ⅱ』青木書店、八-二三頁。

ベフ・ハルミ、二〇〇六、「グローバルに拡散する日本人・日系人の歴史とその多様性」レイン・リョウ・ヒラバヤシ他編『日系人とグローバリゼーション——北米、南米、日本』人文書院、二一八-五六頁。

細川周平、二〇一二、『日系ブラジル移民文学Ⅰ――日本語の長い旅［歴史］』みすず書房。
細川周平、二〇一三、『日系ブラジル移民文学Ⅱ――日本語の長い旅［評論］』みすず書房。
宮尾進、二〇〇三、『臣道連盟――移民空白時代と同胞社会の混乱』サンパウロ人文科学研究所。
森本豊富・根川幸男編著、二〇一二、『トランスナショナルな「日系人」の教育・言語・文化――過去から未来に向って』明石書店。
山田宙子、一九八四、「昭和前期ブラジル移民の諸問題」『立教大学ラテンアメリカ研究所報』創立二〇周年記念号、一八二―一九六頁。
山室信一、二〇〇五、『日露戦争の世紀――連鎖視点から見る日本と世界』岩波新書。
吉田亮、二〇〇五、「日本人移民の越境教育史に向けて」吉田亮編著『アメリカ日本人移民の越境教育史』日本図書センター、三―二五頁。
吉田亮、二〇一一、「一九一〇年代カリフォルニア日本人移民キリスト教会の越境的リーダーシップ」『移民研究年報』第一七号、三―二二頁。
吉原和男他編、二〇一三、『人の移動事典――日本からアジアへ・アジアから日本へ』丸善出版。
若槻泰雄・鈴木譲二、一九七五、『海外移住政策史論』福村出版
Azuma, Eichiro, 2008, "Pioneers of Overseas Japanese Development: Japanese American History and the Making of Expansionist Orthodoxy in Imperial Japan", *The Journal of Asian Studies* (67: 4).
Hirabayashi, Lane Ryo, Kikumura-Yano, Akemi, Hirabayashi, James A. (Org.), 2002, *New Worlds, New Lives: Globalization and People of Japanese Descent in the Americas and from Latin America in Japan*, Stanford Univ. Press.（＝レイン・リョウ・ヒラバヤシ他編（移民研究会訳）『日系人とグローバリゼーション――北米、南米、日本』人文書院、二〇〇六）
Kikumura-Yano, Akemi (Org.), 2002, *Encyclopedia of Japanese Descendants in the Americas*, Altamira Press.（＝アケミ・キクムラ＝ヤノ編（小原雅子他訳）『アメリカ大陸日系人百科事典――写真と絵で見る日系人の歴史』明石書店、二〇〇二）
Negawa, Sachio, 2001, "Formação e Transformação do Bairro Oriental: um Aspecto da História da Imigração Asiática da Cidade de São Paulo, 1915-2000," Dissertação de Mestrado da Pós-Graduação na Faculdade de Filosofia, Letras e Ciências Humanas da Universidade de São Paulo, São Paulo.
Schiller, Nina Glick et al., 1992, *Towards a Transnational Perspective on Migration: Race, Class, Ethnicity, and Nationalizm Reconsidered*. New York, The New York Academy of Sciences.

第Ⅰ部　近代日本人の越境教育と教科書

第1章　「帝国臣民」と「日系市民」の狭間で

——『米國加州教育局検定　日本語讀本』の編纂と内容分析

森本豊富

1　『加州日本語讀本』の復刻

戦前、カリフォルニア州で編纂された日本語教科書の大半は、日米開戦後の強制収容で多くの和文書籍とともに焼却、廃棄され、散逸したと思われていた。しかし、『米國加州教育局検定　日本語讀本』（以下、『加州日本語讀本』）が山口県立山口図書館他、国内外の図書館に残されていることが明らかになり、二〇一四年七月に文生書院から復刻版が出版された。資料の所在と書誌情報に関してはエドワード・マックによる復刻版の解題に詳しい（マック 2014）。また、ハワイとシアトルの『日本語讀本』については坂口満宏による解題がある（坂口 2014）。筆者も「米國加州の日本語学校と『日本語讀本』」と題した同書解題において、当時の日本語学校をめぐる状況と『加州日本語讀本』について解説した。本章では、「解題」をふまえて①編集から出版に至るまでの経緯、②カリフォルニア州教育局による国定教科書『尋常小學讀本』の教授禁止項目、③『加州日本語讀本』全一六巻の内容の三点について考察する。

2 『加州日本語讀本』の編纂方針

一九一二年四月四日、在米日本人会によって第一回教育者大会がサンフランシスコの在米日本人会会堂で開催され、在米日本人教育会設置が決議された。これを受けて翌一九一三年、在米日本人教育会第二回総会において、文部省の国定教科書に代わり北米独自の教科書編纂に着手することが決められた。「精神的修養の上より言っても、実物教授の上より言ってもさうである故に新に教科書を編纂して兒童の環境に適するものたらしめたい」という理由からであった。一九一四年七月にサンフランシスコの桑港西本願寺仏教会堂で行在米日本人教育会第三回総会開催時には、教科書編纂の件として次の二点が議事録に収められている。

一、先づ大體の方針を定め愈々編纂に着手し巻一、二は既に假印刷に附し巻三、四は目下編纂中なり。
二、一九一四年八月二十二日、委員及有志在桑中の志賀重昂氏を聘して教科書編纂に關する同氏の意見を聞き後に相互の意見を交換したり、又同氏は新教科書を日本にて印刷する場合には充分盡力すべきことを約されたり。（北加日本語學園協会編 1930＝2007：55）

また、「斎木氏編纂讀本巻の一出來、諸校に分配して批評を乞ひたり」ともある（北加日本語學園協会編 1930＝2007：58）。したがって、すでにこの時点で巻一はできあがっており、いくつかの日本語学校に配布され意見を求めたことが記されている。しかし、この巻一が、一九二四年に出版されたものと同じ内容であったかどうかは確認できていない。

一九一六年一二月開催の第五回教育会総会において、教科書出版について議論は百出した。出版しても売れないのでは困るとの意見を勘案し、前もって各学園当事者に稿本を示して意見を求めることになり、①審査委員を八名設けて編纂委員と合議の上進めること、②写本を各学校に配布し意見を聴取した上で審査委員は役員と編纂委員と合議の上で推薦することが決まった（北加日本語學園協会編 1930＝2007：70）。一九一七年の第六回教育会総会においても教科書出版の件は議題には上がったが、研究委員を設けることで議論は先送りされた。第七回総会においても教科書編纂の研究委員の選定は新幹部に一任され、桑港（サンフランシスコ）および湾東（オークランド、バークレー等）地方の日本語学校関係者が担当することが決まった。委員は月一回委員会を開催し、讀本の巻一から順次吟味研究することになった（北加日本語學園協会編 1930＝2007：82）。しかし、教科書編纂について本格的に始動したのは、提案がなされてからすでに五年が経過した一九一九年一〇月、スタクトンで開催された第八回在米日本人教育会総会においてであった。

この当時、アメリカが第一次世界大戦に参戦したこともあり、米化運動（アメリカニゼーション）の社会的風潮の中で、日本語学校に対して皇民化教育推進の疑義が抱かれた。そのことが具体化したのが一九二一年六月にカリフォルニア州上下両院で通過した「私立外國語學校及教授取締法」であった。その第五項において「州學務監督官は臨時外國學校の教授課目及教科書を認定する全權を有し同校經營者又は其教師は監督官に於て斯く認定せられたる教授課目又は教科書以外のものを課し又は使用する事を得ず。」と定められた（北加日本語學園協会編 1930＝2007：157）。

編纂委員会での作業が始まった。しかし、実質、編纂委員の中島五十治が一手に引き受けていたようである。そのこともあってか、一九二一年外国語学校取締法で求められた教科書の提出には間に合わず、暫定的に当時使用していた国定教科書『尋常小學讀本』を英語に翻訳して提出し州教育局の許可を受けることになった。しかし、『尋常小學讀本』の内容すべてを教授してよいというわけではなかった。州教育局は「米国市民」には不適切であると判断した箇所の教授禁止を求めることになる。具体的にどのような点に検閲の手が入ったのであろうか。

3 『尋常小學讀本』の教授禁止項目

カリフォルニア州教育局検閲による教授禁止項目を次に紹介する。（　）内は、『羅府新報』に掲載の通り。（　）の下に『尋常小學讀本』における該当する表記を記す。＊は不明箇所。

巻一　ハタ、ハオリハカマ、アメ、タケニスズメ、キクノゴモン、八頁の一部、モリノナカ、オヤイヌガ、ヘイタイガ、ネズミガ、ヒケシガ、トビグチガ、コブトリ、カアカアカラス、＊カッパフキフ

巻二　ナゾ、シンネン、天ジンサマ、（私ノホン）ワタクシ　ノ　ホン

巻三　オミヤ、虫ボシ

巻四　（十月卅一日）十月三一日、のし

巻五　（天の岩戸）天の岩屋、神武天皇、（祭）マツリ

巻六　日本、（物さしと枡とはかり）物サシトマストハカリ、豊臣秀吉、大阪、＊（かぞむねあげ）かぞへ歌

巻七　楠正行、家の紋、（西洋紙と日本紙）西洋紙ト日本紙

巻八　皇大神宮、（参宮日記）参宮日記の一節、＊（花てあみ）花ごよみ、藤原鎌足、橘中佐

巻九　草薙劔、利根川、水兵の母、我が陸軍、靖國神社、（箱根）箱根山、かぶりもの、坂上田村麻呂、菅原道真

巻十　日本一の物、（入營する友に贈る手紙）入營する友に送る、兵營内の生活、松の下露

巻十一　（児島高徳）児島高徳、（我が海軍）我ガ海軍、出征兵士、樺太より台灣へ、（同胞すべて六千万）同胞こゝに五千萬

これらの項目は、『尋常小學校讀本』第二期から第三期に含まれており、『尋常小學校讀本』（第一期）『尋常小學國語讀本』ではないことは、それぞれの読本と照らし合わせると明らかである。ただし、第二期から第三期（一九一〇～三二年）にかけては、複数回にわたって改訂されており、巻によって多少内容が異なる。例えば、第二期『尋常小學讀本』巻一と巻三は一九〇九年、巻二は一九一〇年に出されている。第三期『尋常小學讀本』も巻によって改訂版の発行年が異なり、一九一八年、一九一九年、一九二〇年、一九二一年、一九二二年、一九二三年、一九二六年、一九三〇年、一九三一年と幾度も改訂版が出版されている。したがって、カリフォルニア州教育局に提出された原本が何年に出版された版であるかは、現在のところ判明していない。例えば、『加州日本語讀本』巻四の「十月卅一日」は第二期『尋常小學讀本』（一九一〇年）では、「十一月三日」という課になり、第三期『尋常小學讀本』（一九一八年）において「十月三十一日」と変更されているため、第三期を使用したと推測されるが、一方で、同じ巻四にある「のし」は第二期『尋常小學讀本』には第十三課に含まれているが第三期には含まれていない。州教育局に提出された『尋常小學讀本』は、第二期、第三期のいずれかの改訂版なのか、いくつかの版を混ぜたのかは明らかではない。また、『加州日本語讀本』の出典は『羅府新報』に記載されたものであり、誤記と推測されるものもある。教授禁止項目は、次の四つに大きく分類できる。

①地理的・文化的相違＝ハオリハカマ、アメ、タケニスズメ、コブトリ、カアカアカラス、ナゾ、シンネン、虫ボシ、のし、物さしと枡とはかり、家の紋、西洋紙と日本紙、花てあみ

②皇室、神道、修身＝キクノゴモン、天ジンサマ、私ノホン、オミヤ、十月卅一日、天岩戸、神武天皇、日本、豊臣秀吉、大阪、楠正行、皇大神宮、参宮日記、草薙剱、藤原鎌足、靖國神社、坂上田村麻呂、菅原道真

③軍事的・国家主義的内容＝ハタ、ヘイタイガ、橘中佐、水兵の母、我が陸軍、日本一の物、入營する友に贈る手紙、我が海軍、出征兵士、樺太より台灣へ、同胞すべて六千万

④その他＝オヤイヌガ、ネズミガ、トビグチガ、カッパフキフ、かぞむねあげ

これらの分類にしたがって①～③について詳しく述べてみたい。

地理的・文化的相違

日本に特徴的な衣類としての「ハオリハカマ」は、カリフォルニア州で実際に着ているのを目にすることはほとんどないとの判断で削除の対象になった可能性がある。「アメ」は、カタカナのア、サ、ラを学習する項目としてアメ、カサ、カラカサが挿絵とともに紹介されており、そのうち挿絵のカラカサが日本独特のものとして見なされたと思われる。「タケニスズメ」は、同じ頁にヤナギニツバメも載っておりカリフォルニアの風土では見かけないものとして削除の対象となったのであろう。巻二のナゾは、謎かけである。シンネンは、「ドコ　ノ　イヘ　ニモカドマツガ　タテテ　アリマス　コクキ　ハ　ヒラヒラト　カゼニ　ウゴイテ　ヰマス」という文章で始まり、挿絵に日章旗が含まれていることから削除の対象になったものと思われる。物差し、枡とはかりも、日米で単位が異なることから検閲の対象となったものと推測される。

皇室、神道、修身

皇室を象徴する「キクノゴモン」は「キリノゴモン」とともに掲載されている。「天岩戸」「神武天皇」「藤原鎌足」「草薙劔」「菅原道真」「坂上田村麻呂」「豊臣秀吉」「楠正行」「松の下露」「児島高徳」なども天皇に直接、間接に関わるものとして検閲されている。巻九の「草薙劔」の課では、「代々の天皇の御位に即かせ給ふ時には、必ず三種の仁義を受けつぎ給ふ」とある。巻十の松の下露は、「笠置の山の行在所、寄する雲霞の敵兵に、行く方も知らず落ち給ふ。君の御供に仕へしは藤房・季房唯二人」と後醍醐天皇が、逃れる途中で大きな松の下で休まれた際に詠じ歌にちなんだ内容になっている。後醍醐天皇に関しては児島高徳も忠君の士として讃えられている。その他、「オミヤ」「天ジンサマ」「皇大神宮」「参宮日記」「靖國神社」など神社に関する記述や挿絵のあるものは削除の対象となっている。また、巻六の「大阪」は、「大阪ハ昔ハ難波トイヒテ、仁徳天皇ノ都シタマヒシトコロナリ」という記述が検閲の対象となっている。

軍事的・国家主義的内容

ハタは日章旗であり、第二期『尋常小學讀本』巻一の最初の頁に掲載されている。軍国主義的色彩の濃い内容は、学年が上がるごとに増加傾向にあるが、巻一においても二八頁に「ヘイタイ　ガ　ナランデ　キマス。アノ　ハタ　ヲ　ゴラン　ナサイ。　アレ　ガ　グンキ　デス」という記述が軍の行進の描写とともに、背景に旭日旗が挿絵として挿入されている。軍関連の単元は、兵士やその家族の天皇や国家への忠誠心や犠牲心を説いたものが多い。「橘中佐」「水兵の母」「入営する友に贈る手紙」「出征兵士」などがそうである。「我が陸軍」「我が海軍」「日本一の物」は、「日本一の高山は台灣の新高山なり……昔より富士は日本一の高山と稱せられしが、明治二十七八年戰役の後、台灣の我が領土となりしより、富士は第二位に落ちたり」とあり、「樺太より台灣へ」「同胞すべて六千万」などとともに、日本の植民地主義に関連する課が教授項目から削除を指示されている。

なお、巻十二以降が対象となっていないのは、この時点で検閲にまだかかっておらず準備中であったことが記事の最後に記されている。巻十二には「天皇陛下の御製」「日本海海戰」「南満洲鐵道」「軍人に賜はりたる勅諭」などの項目があり、これらは検閲の対象になったことが推測される。

4　『加州日本語讀本』の編纂

一九二四年に『加州日本語讀本』が発行され、編集責任者であった中島五十治が『羅府新報』に一九二四年（大正一三）九月二〇日から二四日まで四回にわたって「日本語讀本に就いて」との見出しで回顧録を寄稿している。中島によると『加州日本語讀本』発行に十数年要したのは主に費用の点であったこと、外国語学校法案がきっかけで本格的に編纂作業が始まったことが吐露されている。しかし、編纂委員と方針は決まったものの、「初め島野氏に押附けようとしたが、同氏は學園から一年以上も手を援《ぬ》くことは出来ないといふ理由で体よく斷られた。面倒な仕事なので佐野氏も逃げ鈴木氏も斷り暫くは決定をみるに至らなかつたが、遂にその年の暮れに至つて私が貧乏籤をひくことになつた」との編纂経緯を明らかにしている。中島の述懐をまとめると次のようになる。

・『讀本』に使用する漢字数は、当初一二〇〇字と決められていたが、編纂作業を進めていく中で、さらに二〇〇字が必要になり、北・南カリフォルニア教育会の許可を得て増やした。しかし、それでも国定教科書に比較すると遙かに少ない。
・内容については、物語の他に理科や商工業の内容も盛り込むため、カリフォルニア州教育局のコーン氏を通じてアメリカの小学校から教科書や参考書を借り入れた。借り入れたり購入したりした書籍の数は六七〇〇冊に及んだ。その中から八〇〇余を選定、さらに三〇〇余を精選し一六巻に配当した。

・材料の選定にあたっては、児童が興味を持って読むことができる内容のものを主とした。

・編纂期間は一年しか与えられず、昼夜兼行で作業を進めてもさらに半年余計にかかった。短期間で編纂したものであり、決して完全なものではなく、今後改善していきたい。

・体裁、活字ともに編纂部の希望はかなえられず遺憾である。しかし、関東大震災の影響で出版社も精一杯であったので致し方ない。

・ローマ字表を取り入れなかったのは、ヘボン式か新式にすべきか決定に至らなかったためであり、ローマ字不採用論者の勝利ではない。別途、ローマ字教授のための小冊子を作成するということが教育会で決定されたので従った。

・外（来）語の表記は、原音に近いものを採用した。

・新聞や雑誌が読めるように、略式ではなく本式の仮名遣いをした。

・木偏と手偏の違いなど誤植が明らかになっている点は後日改訂する。

以上は、中島が新教科書に対する批判に答える形で回顧したものである。編纂にとりかかるまでに一〇年以上、しかし、本格的な編纂が始まってからは一年半というあわただしい作業であったことがよくわかる。実際、『加州日本語讀本』に対する批判は少なくなかった。そのため何度も改訂が行われた。復刻版出版のために調査した八三冊（一三の国内外の異なる図書館・資料館に所蔵された教科書の奥付を調査）について、マックは、一九二五年、一九二八年、一九三〇年（二回）、一九三一年（二回）、一九三五年（二回）、一九三八年、一九三九年に改訂されていると述べている（マック 2014：7）。ただし、これらの改訂は一六巻すべてについて行われたわけではない。

次に『加州日本語讀本』の内容について、『尋常小學讀本』（第三期）との比較において、形式面（文字表記）、続いて内容面を見ていきたい。

5　『加州日本語読本』の内容分析

形式面（文字表記）

漢字が最初に現れるのは、巻二の第二課「ニハツクリ」の「上」である。以下、初出の漢字は本文上の欄外に記載される。第三課「日」、第四課「目」、第七課「木」、第八課「大」「又」「太」以降、毛、耳、色、皮、見、犬、小、山、下、花、白、子、水、中、口、何、手、人、川、鳥、小石、入の合計二九の漢字が文中に記載されている。

カタカナ、ひらがな表記についてはどうであろうか。巻一の導入はカタカナで始まっている点は、『尋常小學讀本』も『加州日本語讀本』も同じであるが、後者では「ハナ　トリ　アリ　コマ　マリ」で始まっているのに対して、『尋常小學讀本』は「ハタ　タコ　コマ　ハト　マメ」で始まっている。国定国語教科書第三期には、『尋常小學国語讀本』が同時に出版されていた。こちらの方では、巻一は「ハナ　ハト　マメ　マス　ミノ　カサ　カラカサ」で始まっている。

前述の日本語學園教科書編纂委員会の方針にあったように、カタカナから導入し約一七週かけて教授した後に、ひらがなを教えている。具体的には、巻四からひらがなが導入されている。第四課「ろびん　の　むね　が　赤くなつた　はなし（一）」からひらがな表記が主になってくるが、カタカナ表記がなくなったわけではない。『尋常小學讀本』では、巻三からひらがなが導入されている。次に、巻四以降で本文がカタカナ表記になっている課を挙げる。巻の後の（　）内は、カタカナ表記の課数／巻の総課数を示す。

巻四　（六／二十二）　第一課「サル　ト　月」、第二課「木　ノ　オンガヘシ」、第三課「クリ　ノ　木」、第十二課「子ドモ　ヲ　スクツタ　犬」、第十四課「コーコ」、第十八課「コロンバス」

巻五　（六／二十一）　第五課「トンボ」、第六課「日　ノ　カゾヘ方」、第十課「トケイ」、第十三課「サンフランシスコ」（一）、第十四課「サン　フランシスコ」（二）、第十八課「ネズミ」

巻六　（四／二十二）　第四課「クモ」、第十五課「大キナカブ」、第十六課「輕氣球」、第十九課「ロサンヂエルス」

巻七　（五／二十）　第三課「蟻」、第八課「ハワイ（布哇）」、第十一課「ペンギン鳥トトビノ魚」、第十二課「空氣」、第十六課「動物園ヲ見ル」

巻八　（七／二十二）　第四課「象」、第六課「革」、第十一課「奈良ノ大佛」、第十四課「海ノ生物（一）」、第十五課「海ノ生物（二）」、第十七課「塙保己一」、第二十一課「ホコリト雨」

巻九　（七／二十一）　第三課「ソールト　レイク」、第七課「地球」、第八課「海ト陸」、第十二課「鉛筆」、第十五課「ピルグリム」（一）、第十六課「ピルグリム」（二）、第十七課「ピルグリム」（三）

巻十　（六／二十二）　第二課「牡蠣」、第五課「ロバート　フレトン」、第十課「ナイヤガラ瀑布」、第十四課「加州ノ米作」、第十五課「分業」、第二十課「軍馬ノ物語」

巻十一　（四／二十一）　第五課「瀬戸内海」、第七課「コーフィ」、第十六課「マッチ」（一）、第十七課「マッチ」（二）

巻十二　（五／二十）　第三課「養生」、第八課「花ノサマ〴〵」、第十一課「時間」、第十六課「ミシシピ河」

（一）、第十七課「ミシシピ河」（二）
巻十三（三／二十）第三課「動物の體色」、第九課「錦」、第十六課「森林」
巻十四（三／二十）第四課「物ノ價」、第十五課「熱帯地方ノ果樹」、第十九課「電氣ノ世界」
巻十五（三／二十）第三課「蜜蜂」、第十一課「望遠鏡ト顯微鏡」、第十四課「パナマ運河」
巻十六（三／十八）第二課「マーコ　ポーロ」、第八課「社會奉仕ノ精神」、第十四課「金剛石」

巻四～巻十六までに占めるカタカナ表記の本文の数は六二課で、全体の約二三％となっている。内容的には理科系、アメリカの地理に関する題材が多いが、理科、地理に関する課がすべてカタカナ表記となっているわけではない。『尋常小學讀本』との比較において際だっているのは、日本人移民・日系人の集住地域である「サン　フランシスコ」「ロサンヂエルス」「ハワイ（布哇）」が巻五、六、七で連続して取り上げられ、さらに巻十で「加州ノ米作」という課が含まれている点である。また、アメリカの地理・歴史関連で「ソールト　レイク」「ピルグリム」「ナイヤガラ瀑布」「ミシシピ河」「パナマ運河」も教材として扱われている点が特徴的である。

英語表記は、その多くが人名や地名などの固有名詞であるが、普通名詞でもTableなどは九回掲載されている。外来語、外国地名・人名のカタカナ表記から原語を読み取るのが二世にとっては難しいことから、これらの英語表記が欄外に記載されたと推測される。中島の回顧でも、できるだけ原音に近いカタカナ表記を心がけたとあった。例えば「エイシア」（Asia）、「イジプト」（Egypt）は「アジア」「エジプト」よりは原音により近い表記となっている（各巻に掲載されている英語表記については、章末の資料を参照）。

題材分析

次に『加州日本語讀本』の内容について、教材の選択と出典から見てみよう。『加州日本語讀本』で取り上げられている内容は、日常的な話題や動物などの生き物を扱った単元が大変多い。動物は擬人化されていたり、人間や神と会話をしたりする形で登場している。例えば、「ネッド　ト　コ犬」「白うさぎ」「かぐや姫」「ねずみのさうだん」「蟻とバッタ」などがある。その他の特徴としては、次のような点を挙げることができる。

・手紙文がすべての巻に掲載されている（巻六第十二課「友をまねく手紙」、巻七第五課「桃を送る手紙」、巻八第十二課「寫眞を送る手紙」等）。なお、手紙には必ず返信の手紙が続いている。日記（巻六第七課「友吉の日記」等）も頻出する。

・絵葉書で日本人在住者の多い地域（巻六第十九課「ロサンヂエルス」、巻七第八課「ハワイ（布哇）」、巻九第三課「ソールトレイク」等）、日本の観光地（巻八第十課「日本の繪葉書」、第十一課「奈良ノ大佛」）などが挿絵を多くいれて紹介されている。

・日本人移民と関わりの深い農業についても児童に親しませる工夫が見られる。例えば、巻六第十課では、「キャリフォルニアデ出来ル砂糖ハ、多クハ砂糖大根カラ取リマス」といったような記述が見られる。

・理科・生物に関する内容も随所で取り上げられている。例えば、巻六第十六課「輕氣球」、巻七第三課「蟻」、第十一課「ペンギン鳥トトビノ魚」、巻八第十四、第十五課「海ノ生物」、巻八第二十一課「ホコリト雨」、巻九第七課「地球」等である。

・日米の人物を扱った伝記も頻出する（巻六第二十一、第二十二課「二宮金次郎」、巻八第十七課「塙保己一」、巻七第十八課「ワシントンと斧」、巻八第二十二課「ポカホンタス」、巻九第十三課「ヂエナー」等）。

題材の典拠

『加州日本語讀本』には、出典を示した課と示していない課がある。『尋常小學讀本』『尋常小學国語讀本』『高等小學讀本』『尋常小學校唱歌』などについては、適宜、文章末に出典が示されている。

『尋常小學讀本』

巻二　第二十課「ヒカウキ」
巻三　第二課「小馬」、第九課「ウチ　ノ　子ネコ」第十六課「カヘル　ト　クモ」
巻五　第十一課「時計　の　うた」
巻六　第二課「船の上と床の上」、第五課「春が來た」、第十五「大キナカブ」
巻七　第六課「水のたび」、第七課「波」、第十三課「扇のまと」、第十四課「船」、第十七課「虎ト猫」
巻八　第十二課「寫眞を送る手紙」、第十七課「塙　保己一」、第十九課「かぐや姫」、第二十課「星」
巻九　第五課「病氣見まひ」、第七課「地球」、第十八課「何事も精神」
巻十　第十三課「舞へや歌へや」、第十五課「分業」、第十六課「たしかな保證」
巻十一　第五課「瀬戸内海」
巻十二　第三課「養生」、第三課「動物の體色」、第十一課「時間」、第十三課「近江八景」
巻十三　第一課「アラビヤ馬」、第二課「動物と植物の関係」、第八課「花サマ〴〵」、第六課「辻音楽」、第八課「眞の知己」、第十課「蟲の農工業」、第十三課「勇ましき少女」
巻十四　第四課「物ノ價」
巻十五　第三課「蜜蜂」、第八課「畫工の苦心」、第十七課「人の身體」

巻十六 なし

『尋常小學国語讀本』

巻五第九課「わうちゃくもの」

『高等小學讀本』

巻十三第八課「眞の知己」、巻十四第十課「手紙」、第十四課「海の朝」、第十五課「熱帯地方ノ果樹」、第十九課「電氣ノ世界」、巻十五第五課「太古の洪水」、第十一課「望遠鏡ト顕微鏡」、第十二課「バクテリヤ」、第十九課「足柄山」、巻十六第一課「イジプトの遺跡」、第二課「マーコ ポーロ」、第四課「母の愛」、第八課「社会奉仕ノ精神」、第九課「讀書」、第十二課「月光の曲」、第十八課「進取」

『國語讀本』

巻五第九課「わうちやくもの」、巻九第一・二課「親子の縁」

『尋常小學校唱歌』

巻四第十一課「おや の おん」、巻五第十七課「よく まなび よく 遊べ」、巻六第一四課「汽車」、巻八第七課「朝の歌」、巻九第九課「雲」、第十六課「港」、第十八課「何事も精神」

その他の典拠として、『高等女學校讀本』『日本實業讀本』『日曜讀本』『西國立志編』や唱歌教科書、課外読本、なゝし草など、また坪内雄蔵、島崎藤村、芳賀矢一、高山樗牛らによる執筆が典拠となっている。以上から、『加州日本語讀本』は、特に高学年用の巻においては国定教科書に限らず日本の著名な著述家の文章を題材として取り上げていることがわかる。一方、低学年用の巻においては、様々な工夫がなされている。例えば、『加州日本語讀本』には挿絵が多い。特に巻一においてはほぼ毎頁に挿絵が挿入されている。また、練習帳も兼ねたような○に適当な語を入れさせたり、文字の代わりに絵を入れたりして、その絵に相当する語を答えさせるクイズ形式の工夫がなされている。「ワタクシ　ハ　ナン　デセウ」というなぞなぞ形式は『尋常小學讀本』にも見受けられる。さらに、実用的な内容の課も散見される。巻八第十八課「本を註文する手紙」では、「先日送っていただいた小學課外讀本は、大そう面白うございました」という文章がある。

6 「日系市民」育成のために

『加州日本語讀本』は数回にわたって改訂されている。特に一九二八年に大幅な改訂がなされている。戦前最後の改訂は一九三九年版の巻二、十一、十二の奥付に記されている（マック 2014：8）。この頃には日本の国定教科書も第四期となり軍国主義の色彩がより強くなっていた。したがって、一九三九年に北加、中加、南加の日本語學園協会がフレスノで連合会議を開き、新たな教科書編纂が決定された。編集の責任は南加學園協会が引き受けることになり、分担経費捻出のために全南加日本語學園連合運動会を開催し、七〇〇〇ドルの余剰金を得て教科書編纂に取り組むことになった。人的、財政面での準備は整ったが、一九四一年一二月、日米開戦となり多くの日本語学校関係者はＦＢＩに連行され、新訂版『日本語讀本』の編纂計画は水泡に帰した（南加州日本人七十年史刊行委員会 1960：288）。

「帝国臣民」の育成のために編まれた国定教科書は、時代状況の変化に応じて日常的な内容から軍国主義的な内容まで多様な題材を扱っていた。しかし、日本語が理解できないカリフォルニアの扇情的な政治家やジャーナリストたちは、帝国臣民育成のための国定教科書を部分的にでも借用した『加州日本語讀本』は、教育局の検閲を通らねば使用を認めないという立場を貫いた。同化圧力に対する対応と「日系市民」の育成に腐心した一世教育者たちの苦心の跡が『加州日本語讀本』には刻まれている。しかし、一九三〇年代には多くの日本語学校で『加州日本語讀本』から国定教科書に「回帰」していたとされている。それが事実であるとすれば『加州日本語讀本』編纂の意義そのものが問われることになる。国定教科書への回帰傾向が、どの程度広がりを見せていたのか、また、いずれの教科書を用いたにしろ、どのように使われていたのか。一九二〇年代の外国語学校取締法の影響、その後の外国語学校側の勝訴、一九三〇年代の日本留学等々、時代のうねりのなかで「帝国臣民」と「日系市民」の狭間に揺れた一世教育者と二世の子どもたちを読み解くための素材を『加州日本語讀本』の編纂過程とその内容は提供してくれている。しかし、カリフォルニアで、シアトルで、ハワイで、あるいはブラジルでの『日本語讀本』を用いた日本語教育の実相はどうだったのか、未踏査の領域は未だ多く残されている。

文献

北加日本語學園協会編、一九三〇、『米國加州日本語學園沿革史』北加日本語學園協会（【初期在北米日本人の記録】第二期：《北米編》第五〇冊、文生書院　二〇〇七年）。

海後宗臣編、一九六三a、『日本教科書大系　近代編　第七巻　国語（四）』講談社。

海後宗臣編、一九六三b、『日本教科書大系　近代編　第八巻　国語（五）』講談社。

海後宗臣編、一九六四、『日本教科書大系　近代編　第九巻　国語（六）』講談社。

マック、エドワード、二〇一四、「序説」『米國加州教育局検定　日本語讀本　解題』文生書院、一－一七頁。

文部省、一九一九、『漢字整理案』（http://rarebook.dl.itc.u-tokyo.ac.jp/ogai/data/D30_220.html）。

文部省、一九二四、『尋常小學讀本修正趣意書・尋常小學書キ方手本修正趣意書』国定教科書共同販売所（復刻版『国定教科書編纂趣意書　第三巻』国書刊行会、二〇〇八年）。

森本豊富、二〇一四、「米國加州の日本語学校と『日本語讀本』」『米國加州教育局検定　日本語讀本　解題』文生書院、一八－二八頁。

Morimoto, Toyotomi, 1997, *Japanese Americans and Cultural Continuity: Maintaining Language and Heritage* (Studies in the History of Education). New York & London: Routledge (Garland Publishing).

南加州日本人七十年史刊行委員会、一九六〇、『南加州日本人七十年史』南加日系人商業会議所。

坂口満宏、二〇一四、「ハワイとアメリカ本土西北部の日本語学校と『日本語読本』」『米國加州教育局検定　日本語讀本　解題』文生書院、二八-三九頁。

佐藤傳、一九三二、『米加に於ける第二世の教育』自彊堂（【初期在北米日本人の記録】第二期：《北米編》第五一冊、文生書院　二〇〇七年）。

帝都教育研究会編纂、一九三二、『国定教科書　編纂趣意書修正』教育書院。

『羅府新報』一九二四年（大正一三）九月二〇日〜二四日。

資料

ここでは本文上の余白に記載された英語表記をすべて列挙する。重複分も含む。（　）内はページ。

巻一　Asparagus (39), Bell (42), Table (43), Cup (43), Circus (49)

巻二　Rake (3), Picnic (3), Pink (6), Bed (7), Present (7), Polly (8), Cracker (8), Ned (19), Ribbon (31), Grace (35), Mary (35), Baby (36), Jimmy (37)

巻三　John (1), Mile (1), Roy (2), Grain (3), Yard (7), Mary (9), Eskimo (13), Lamp (14), Bread (15), Cake (15), Candy (15), Soup (15), Pail (18), Ned (20), Kitty (20), Ned (20), Washington (27), Game (28), President (30), Roller-skate (36), Cheese (51), Ida (61), Lamp (64), Rat-tat-tat (72)

巻四　Brown (13), Table (13), Robin (14,18), Swing (22,26), Picnic (27,30), Bruce (48), Roy (48), Sack (53), Cocoa (58), Brown (59), Coffee (60), Chocolate (60), Wool (66), Indian (69), Tent (69), Table (71), Columbus (72), America (72), Lincoln (75), Milk (80)

巻五　Fairy (1), Glass (2), Christmas (5), Ham (6), Table (10), Band (26), East (26), Cook (29), Hee-Haw (34), Door (37), Knife (38), San Francisco (51), Ferry-building (52), Oakland (52), Sausalito (52), Ferry-boat (52), Market Street (52), City Hall (54), Twin Peak (54), Golden Gate Park (56), Cliff House (59), Gray (71), Corn (75), Cake (75)

巻六　Robert Bruce (7), Tunnel (17), Yard (18), Ball (18), Rain-Coat (18), Spelling (19), Table (22), Glass (22), Plate (24), Knife (24), Fork (24), Napkin-ring (26), Brown (30), California (32), Cheese (36), Piano (37), Tunnel (43), France (47), Gas (49), Andernack (50), Lintz (51), Hans (52), Fritz (52), City Hall (55), Los Angeles (56), Hotel (57), Griffith Park (58),

Elysian Park (58), Exposition Park (59), Long Beach (59), Europe (61)

巻七 Hawaii (27), San Francisco (27), Coffee (28), Banana (28), Pineapple (29), Honolulu (29), Penguin (37), Pound (37), Vest (38), Tent (39), Yard (41), Glass (43), Stove (44), Sweden (52), Denmark (52), Pistol (54), Card (57), Kangaroo (58), Bucket (60), Washington (66), Wittenton (69,75), England (69), Dick (69), London (70), Cook (75), Mile (76), Africa (78), Table (80)

巻八 Midas (1,7), Marigold (1), Table (4), Glass (5), Asia (16), Africa (16), Cocoanut (22), Roller (24), Bell (55), Pocahontus (82), John Smith (82), Indian (82)

巻九 Brown (1), Daniel (5), Salt Lake (10), Utah (10), Pound (10), Snake River (12), Table (16), England (19), Alfred (19), Denmark (20), California (26), Asia (26), Europe (26), Africa (26), San Francisco (27), Siberia (27), England (28), France (28), Italy (28), Germany (28), Suez (29), Spain (29), Gibraltar (29), Panama (29), Knife (34), Solomon (37), Stove (47), Massachusetts (47), England (47), Concord (48), Monroe (48), Thoreau (49), Cedar (51), Jenner (52), England (52), London (53), Pilgrim (59), England (59), Holland (59), Mayflower (60), America (60), Screw (60), Cape Cod (61), Virginia (61), Plymouth Rock (63), Pilgrim (64), Indian (64), Miles Standish (66), Welcome (67), Englishmen (67), Corn (71), Pie (73), Cake (73), Racket (78), Match (80), Slipper (80), Stove (85), Table (86), Knife (86), Fork (86), Christmas-tree (87)

巻十 Greek (1,3,4), Troy (1,2,4), Rome (8), New England (8), America (9), Chesapeake Bay (9), Robert Fulton (24), America (24), Pennsylvania (25), Europe (26), England (26), Benjamin West (26), Fulton (27), Watt (28), France (28), Seine (28), Hudson (28), New York (29), Albany (29), Long Island (30), Brown (32), Wind-mill (42), Apricot (42), Niagara (46), Erie (46), Ontario (46), Goat (46), America (46), All Fool's Day (50), April Fool (50), Noah (52), Huli (53), Fish (54), Scotland (54), Lorraine (55), Nantes (55), Texas (61), Louisiana (61), Arkansas (61), South Carolina (61), Sacramento (62), Marysville (62), Bushel (64), Abraham Lincoln (73), Spelling (76), Lamp (78), Washington (79), Cup (91)

巻十一 Italy (1), Arabia (9), Hassan (9), Ali (10), Tent (11), Lawn (16), Dahlia (17,36), Coffee (23), Brazil (24), Roller (26), Roaster (27), Label (28), Alcohol (30), Nicotine (32), Potato (35), Tomato (35), Grapefruits (36), Orange (36), Boy Scout (40), Camp (41), Albert (42), Frank (42), Scout Master (46), Howe (46), Canvas (48), Gulliver (53), Cup (58), Yard (62), Bed (64), Match (67), Indian (69), Mast (77), Blow-blow-blow (77), Boat (78), Thomas Edison (81), Ohio (81), Gibbon (84), Roman (84), London Times (86), Arc (90), Lamp (92), Gas (92), Flanders (93), Antwerp (93), Nero (98)

巻十二　England (1), John (1), Canterbary (1), Oxford (5), Cambridge (6), Roosevelt (20), Lincoln (24), Freesia (42), Rose (44), France (48), Alps (48), Italy (48), Pale (49), McDonal (51), Mississippi (80), Minnesota (80), Itasca (80), Mexico (80), Minneapolis (81), St. Anthony (81), Dakota (82), St. Paul (82), Pepin (83), St. Louis (83), Missouri (84), Ohio (85), Illinois (85), Memphis (86), Arkansas (88), Vicksburg (88), Delta (88), Louisiana (89), New Orleans (89), Pontchartrain (90), American Indian (91), Robinson Crusoe (91), Boat (91), Tent (97), Hammock (97)

巻十三　Arabia (1), Turkey (1), Bush Street (19), Lincoln Street (20), Violin (21), Austria (21), Vienna (21), France (26), Italy (29), Sicily (29), Asia (35), Africa (35), America (35), Pound (37), Massachusetts (37), Whitney (37), Ross (43), Betsy Ross (45), Philadelphia (45), Delaware (47), George Washington (48), England (53), Grace Darling (53), Boat (55), Canada (70), Washington (71), Oregon (71), California (71), Yellowstone (72), Pitcher (78), Olive (89)

巻十四および巻十五には英語表記なし。巻十六にも英語表記の注はないが、巻末にDECLARATION OF INDEPENDENCE（アメリカ独立宣言）およびCONSTITUTION OF THE UNITED STATES（アメリカ合衆国憲法）の英文原文が掲載されている。

第2章　ブラジル『日本語読本　教授参考書』の児童用歌曲

伊志嶺安博

1　背景と問題提起

日本からブラジルへの家族単位による集団移住は一九〇八年（明治四一）から進められ、一九七〇年初頭まで延べ三〇万人の日本人が農業労働者として渡っていった（外務省通商局 2002：付録）。海外への移民送出は外貨獲得や人口問題の解決など、日本国の近代化において重要であった。また、日本の学校教育も近代化がめざされて、一九〇八年に義務教育の修業年限が四年から六年に延長され、学齢児童の就学率も九七〜九八％にまで高まっていた（文部省編 1981）。ブラジルへ家族単位で渡航した日本人移住者にとって、学齢児童の教育はその成長につれて大きな問題となっていった。なぜなら、ブラジルでは学校へ行かない子どもたち、不就学児童数の学齢児童数における割合が、一九二一年（大正一〇）の調査によるとサンパウロでは七九・二％で、ブラジル全体では八四・二％であったからである（外務省編 1969：323-325）。この状況から見れば、ブラジルの日本人移住者コミュニティ（以下ブラジル日系コミュニティ）においてそれぞれの移住地に学校が開かれるのは当然の流れだったのかもしれない。ブラジル日系コミュニティにおける最初の小学校は、一九一五年（大正四）にサンパウロ市に設立された大正小学校とされている（日本移民五〇年祭委員会編 1958：81-82）。そして、こうした日系小学校は植民地ごとに創設され、日本語教育が行われた。

ブラジルの日本語教育のこれまでの歴史のなかで、国語教科書から外国語としての日本語教科書へと移行する間に二つの教科書が発行された。一つは一九三六年（昭和一一）一一月から一年をかけてブラジル日本人教育普及会によって全八巻が発行された『日本語読本』[1]（以下、伯版『日本語読本』）で、もう一つは一九六一（昭和三六）年から一九六四年（昭和三九）にかけて日伯文化普及会によって全一二巻が発行された初等（一～八年生）・中等（九～一二年生）用教科書『日本語』[2]である。前者は日系ブラジル人児童（ブラジルに移住した、またはブラジルで生まれた、親が日本人の子ども）のために日本の国定国語教科書を参考に編集したもの、後者は日系ブラジル人児童（ブラジルで生まれ育った二世より後の世代）を中心としたブラジルの日本語学習者のためにブラジル独自の日本語教科書として編集したものである。

本章では、この伯版『日本語読本』指導書に掲載された児童用歌曲に注目する。拙稿（伊志嶺 2012）では伯版『日本語読本』指導書の内容的特徴を示したが、本章では、ブラジルの日本語教育における児童用歌曲導入の意義を、その内容と時代背景の分析から明らかにする。すなわち、日本国内において教科としての「国語」と「唱歌」が成立する過程における面と、日本国外において学齢児童に対する日本語教育を実践していた状況における面との両面から、ブラジル日本語教育における日本の児童用歌曲の意義に迫りたいのである。

「唱歌」と「国語」を学校教育の教科として確立される過程で比較すると、唱歌は言葉の暗記を促す「装置」としての機能を持っていた（山東 2008：162-163）。これは台湾や朝鮮、そして南洋などでも、唱歌が言語普及に効果を上げたという評価を根拠にしたものである。その中でも、朝鮮における「学校唱歌」は文体・内容・発音などから日本語教育を補完しながら、レコードなども作られ、同化イデオロギーの宣伝に使われていた（林 2010：106）。つまり、近代日本の学齢児童が学ぶべき「国語」と「唱歌」という教科は、日本国内のみならず、植民地・占領地においてもその効果は大きかったと言える。これに比して、同時期に日本人海外移住者によって日系人児童に対して行われていた日本語教育における唱歌の意義については、これまでほとんど議論がなされてこなかった。特に、ブラジル日系コミュニティには現在も継承されている大規模な日本語教育がある。外国における日本語教育の一事例としてだけでなく、継承語教育の面でも重要な研究対象であると言える。

2　日伯における児童用日本語教育と唱歌教育

日本人の海外移住は、一八六八年（明治元）のハワイから始まり、その後の北米（アメリカ・カナダ）や一八九八年（明治三一）のペルーをはじめとした南米へと続く歴史がある。日本人移住者には、自分たちの共同体の次世代を担う、日系人としての児童たちにコミュニケーションやそのルーツ理解のために日本語教育を行ってきた人たちが多い。しかし、アメリカのように直接敵国になったり、台湾や朝鮮・満洲などその土地から引揚げたりするなどの理由から、現在では学齢児童に対する日本語教育がブラジルほど大規模に残っている地域はほとんどない。

このような観点から、アメリカとの敵対や台湾・朝鮮などからの引揚げという転機の前、すなわち戦前のブラジルの日本語教育を研究する意義は大いにある。

本節では、まず発行された一九三六年（昭和一一）までの教科教育としての「国語」と「唱歌」の成立過程を述べ、そして伯版『日本語読本』指導書に挙げられた歌曲と日本の唱歌科の教材である「唱歌」を比較する。

日本における国語教育と唱歌教育

日本における近代の学校教育は、制度はフランス、内容はアメリカに多大な影響を受けたものであった。制度としては、一八七二年（明治五）に学区、学校、教員生徒および試業、海外留学生規則、学費などを網羅し、一〇九章から成る「学制」が頒布された。小学校は人口六〇〇人に一校の割合で置かれ、尋常小学では六歳から九歳までの下等小学に一五科目、一〇歳から一三歳までの上等小学はそれに六〜一〇科目を加えた教科が規定されていた。[(3)]「国語（読書）」は当初から必修科目として組み入れられていたが、「唱歌」は下等小学からの科目に挙げられたものの、音楽教材が皆無であり、音楽の教員がいないことから「当分これを欠く」という措置がなされた（日本教育音楽協会編 1938：61–65）。

一八七九年（明治一二）一〇月に、「東西二洋の音楽を折衷して新曲を作る事」と「将来国楽を興すべき人物を要請する事」「諸学校に音楽を実施する事」を目的に、音楽取調掛《おんがくとりしらべがかり》が創設された。そして、一八八一年（明治一四）一一月に『尋常小学唱歌集初編』、一八八二年（明治一五）四月に『唱歌掛図《かけず》初編』『唱歌掛図続編』が編纂され、文部省から刊行された。その後、文部省発行以外にも、さまざまな音楽図書が民間の出版社からも発行されるようになった（松村 2011：90–94）。

このように「唱歌」科の基礎が築かれていった結果、一九〇八年（明治四〇）三月二一日（勅令五二号）の「小学校令中改正」において、修業年限が延長された尋常小学校の必修科目として「唱歌」が入れられたのである。教科書も、一九一一年（明治四四）から一九一四年（大正三）にかけて文部省から発行された『尋常小学読本唱歌』は初めて学年別に分けられた。一九三二年（昭和七）発行の『新訂尋常小学唱歌』には、「電車ごっこ」「ラジオ」など時代に合わせた二七曲が増補された。

ブラジルの日本語教育における唱歌

伯版『日本語読本』で児童用歌曲が扱われているのは教科書本冊ではなく、伯版『日本語読本』指導書（全八巻）である。その巻頭にある「編纂の方針」には、「本書は立派な日系伯国市民の養成を目的とする」と明記され、「日本精神と伯国精神との融合を図り、より高き伯国文化を創造させる点」がねらいだともある。しかし、実状としては、外国語教育への規制が厳しくなる中、日本政府の援助を受け、日本語教育の継続のために発行されたのが伯版『日本語読本』だった（伊志嶺 2012）。(4)

とは言うものの、戦前のブラジルでは入学率が最も高いとされるサンパウロ州でも約半数の児童は小学校に通っていないという状況であった。日本人農業移住者にとっては、特に出稼ぎ意識が強ければなおさらに、児童の教育問題は重大であったに違いない。

伯版『日本語読本』指導書が発行された時期には、日本では「唱歌」が必修科目として教えられてすでに約三〇年経っていた。この指導書にある児童用歌曲は、ブラジル移住の初期に渡航した者を除けば、日系コミュニティでは義務教育を受けた者が大多数だったはずなので、既知の歌曲だったに違いない。

3　ブラジルの日本語教育における児童用歌曲の特徴

伯版『日本語読本』が発行された一九三六年（昭和一一）当時、日本で使用されていた唱歌教材『新訂尋常小学唱歌』(5)（第一～六学年）と伯版『日本語読本』指導書に挙げられた唱歌を以下に挙げる。

まず、伯版『日本語読本』指導書で紹介された唱歌四五曲の中で、『新訂尋常小学唱歌』（明治四四～大正三年発行）にあるのは三四曲であった。日本の唱歌教育教材になかったものは以下の一一曲である。

巻一　：兎と亀
巻二　：（無）
巻三　：赤いとり、なはとび、ひよこ、かくれんぼ、土
巻四　：トウモロコシ、一足々々、羽衣
巻五～七：（無）
巻八　：人と火、振子時計

「兎と亀」とは作詞が石原和三郎、作曲が納所弁次郎《のうしょべんじろう》の 出だしが「もしもし かめよ かめさんよ……」という現在まで歌われている、いわゆる童謡(6)である。納所弁次郎と田村虎蔵が共編した『教科適用　幼年唱歌　二編上巻』(7)で発表されたもので、文部省が「唱歌」科目教材としているものではない。巻三の「なはとび」も伯版『日本語読本』指導書には「野口雨情作詞『なはとび』や河井酔名作詞『とべよはしれよ』という童謡を補充教材として読み聞かせる」ように書いてある。「かくれんぼ」も同様に、補充教材として内田美和作「かくれんぼ」と西條八十作「ジャンケンポン」が紹介されている（ブラジル日本人教育普及会 1937b：10-11）。そして、巻八の「人と火」「振子時計」も、補充教材として北原白秋作の童謡「ペチカ」「ぼんぼん時計」(8)がそれぞれ挙げられている。

ブラジルの日本語教育に導入しようとした児童用歌曲は、発行当時に日本の唱歌科で教えられていた「唱歌」に、一般的に馴染み深い「童謡」を補充した内容だったと言える。

それでは、「唱歌」科で教えられていたもので、ブラジルの日本語教育に導入しようとしたものはどんな歌だったか。巻一から巻八までの唱歌は次の通りである。

巻一：かたつむり、〈僕の弟〉、日の丸の旗、桃太郎
巻二：ヒヨコ、ワタシノニンギョウ、小馬、セミ、〈コダマ〉、花サカヂヂイ
巻三：牛若丸、汽車、浦島太郎、うさぎ、雨の糸、〈かげぼうし〉
巻四：富士の山、〈ゆめ〉、〈夏休〉
巻五：日本三景、〈ひなまつり〉、〈波〉、虹
巻六：かがやく光、八幡太郎、〈動物園〉、菅原道真、扇の的、〈風鈴〉
巻七：雲の峰、広瀬中佐
巻八：〈滝〉、〈瀬戸内海の歌〉、水師営の会見

この中には、日本で必修科目になった後、『尋常小学読本唱歌』（一九一一～一九一四年発行）から『新訂尋常小学唱歌』（一九三二年）に増補されたもの（上記の〈　〉表記）が一一曲含まれている。これらの唱歌は、一九三六年発行の伯版『日本語読本』指導書に採用したのだから新しい歌ということになる。つまり、伯版『日本語読本』指導書にある全四五曲は、「唱歌」科で教えられてきた二三曲と新しい「唱歌」一一曲、そして日本の「唱歌」科にはない童謡一一曲という構成になる。

内容的には、自然に関するもの（かたつむり、虹など）や身近な生活にあるもの（海外移住者の植民地への移動に使われた汽車、飼育された動物の鑑賞など）、そして寓話や故事（桃太郎、扇の的など）などに分けられるが、日本についての理解（日の丸の旗、富士の山など）の促進も含まれている。しかし、巻七や巻八に軍人（広瀬中佐）や軍事的出来事（水師営の会見）についての文章や唱歌があるのは、帝国主義が蔓延していた時代背景から考えると日本の一側面であるという理解になるのかもしれない。巻五には「ラッパ兵ジェズース」というブラジルの兵士（当時の「修身」科にあ

ったラッパ手木口小平、日清戦争での白神源次郎の話に類似）についての話もあるので、他国に対する軍事・政治的干渉という思惑はないはずである。

4　ブラジルの日本語教育における「唱歌」の到達目標

伯版『日本語読本』の巻八の最終課は、「第二一　ブラジル開拓の歌」である。三句構成の一句であるが、この教科書の学習到達目標としての歌曲として確認してみる。

大天地《おほあめつち》に照《て》りわたる
朝日仰ぎて、今日もまた
誓《ちか》ふ楽しさ、ほこらしさ。*
　日のごと、　正しく、　明らけく、
たゞましくらに進みなん。
　家の為、*　はた国の為、*
　此の世の為に、*　人の為に。*

該当課の「教授事項」に、この教え方が次のように示されている。

一．ブラジル開拓の使命とその楽しさ

二．韻文形式の面白さ
三．語句意
四．読み書き
五．朗読練習
六．全文の口語化

「要旨」にもある「朗読を第一とし、感情に訴へてこの熱烈雄大なる精神を把握させねばならぬ。全文の口語化もあまりくどくならぬようにしたい」という点から、この歌には曲がないことになる。「教材解説」の「構成」には、この歌は「大ブラジル開拓の精神を七五調でうたい上げている」韻文で「各句四行五行を一段下げ、決意の程をあらわしている。尚又各句六行七行は尚一段下げ……行進曲風な勇壮さを持たせているのである」ということから、日系ブラジル人としての気概を示している。

以上から、唱歌や童謡を使った教育は、歌唱活動自体が目的だったのではなく、それを通して言葉の響きや意味の美しさを鑑賞し、その言葉の意味を理解することが学習のねらいだったと言える。

5　結論と課題

日本では昭和二二年（一九四七）三月二九日に制定された「教育基本法」「学校教育法」によって国民学校は小学校に、「唱歌」科は「音楽」科になった。しかし、伯版『日本語読本』発行当時でも、唱歌科と音楽教育とは目的が異なっていたようである。

唱歌科の『新訂尋常小学唱歌』は国定教科書ではないので、府県知事の採定があれば使用できる教科図書にすぎなかった。言い換えれば、唱歌は漠然とした目標でただ教材を与え、覚えさせ、歌わせるのでは意味はなく、「しっかりと体得させる」という確実な目標に向かって努力するところに活気も熱意も生まれるのである（井上 1938：79）。その具体的な方法として、一年で「声音の模唱による音程練習」、二年で「音階図の視唱による音程練習」といった段階的な方法もある（井上 1938：82）。

また、音楽教育には「即ち古代希臘の詩人が同時に音楽家たりしが如く、又、国語教育に於て読み方と綴り方とを併授するが如く、子供の持つ楽想を自由に表現させ、その楽想を直に歌わせるならば、ダルクローズ[9]の言う通りに、之こそ真の自己表現であり立派な創造の生活である」という目的もある（青柳 1927：124）。

これらをまとめると、唱歌科では教育活動に「活気と熱意」を生み出すこと、そして現代に続く音楽科では自由な「自己表現」を実現することが重要なことになる。国語科という学習の積み重ねにより養成された高度な言語能力によって、自由な自己表現を可能にするという考え方である。つまり、伯版『日本語読本』では「唱歌」科と「国語」科の相乗効果が期待されたのである。

伯版『日本語読本』指導書が唱歌を「補充教材」として言語教育に利用しようとした背景には、日本の「国語」教育と「唱歌」科が大きく影響していた。伯版『日本語読本』は外国語教育と音楽教育との融合が志向された日本語教科書として、情操教育[10]をめざす教材だったとも言えるだろう。伯版『日本語読本』指導書の巻頭にある「編纂の方針」にある「日系伯国市民の養成を目的とする」、「日本精神と伯国精神との融合を図り、より高き伯国文化を創造させる」という目的は、ブラジルで生まれ育つ日系人児童に日本語によって日本文化を理解させ、日系ブラジル人としての個性を確立・表現させようとするものだった。

ブラジルの日本語教育は、伯版『日本語読本』発行の直後に情勢の悪化によりしばらく禁止される結果になった。

しかし、情操教育の重要性については、それからおよそ一世代、四〇年後に議論されることになる。一九八一年（昭和五六）七月三一日から八月一日にかけてブラジルで開催されたシンポジウムでは、基調講演の斉藤広志に加え、第一分科会の元田道郎によってもブラジルの日本語教育における情操教育の特長が強調された（シンポジウム組織委員会 1982）。このような議論は、ハワイやアメリカ、カナダなど継承語として日本語教育を大規模に続けられなかった日系コミュニティでは見られないものである。また、一九八九年（平成元）一月二七日から二八日にかけて開催された日本語普及センター「シンポジュウム」『世界の日本語』第一分科会の基調報告では、雑誌『のうそん』編集発行人の永田久は期待する日本語教育として、日本人移住者が七〇年間信頼を培ってきた日本人の心すなわち「精神文化」を伝えることだと強調した（日本語普及センター 1989：21-22）。伯版『日本語読本』指導書が進めようとした言語教育による情操教育は、日系ブラジル人コミュニティの日本語教育の方向性を示していたのかもしれない。

伯版『日本語読本』指導書において児童用歌曲が扱われたのは、発行当時は日本人移住者が次世代の日系ブラジル人「第二世」に国語教育の指導法で効果的に日本語を教えようとするためであった。世界的な戦争により日本人移住者のブラジル人への同化が強行されたことで、ブラジル日系コミュニティの日本語教育は帰国に向けた出稼ぎ日本人の国語教育から日系ブラジル人が継承する外国語教育へと変容してしまった。その結果、ブラジルの日本語教育は情操教育、日本人移住者「第一世」たちが日系ブラジル人たちに残してもらいたい「日本人としての心」を言明できる象徴になったと言える。

今後、同時期のハワイや北米、そして中南米諸国の日系コミュニティのみならず、植民地・占領地における日本語教育の歴史においても、言語教育と歌曲の関係性は教育目的を究明するための視座になりうるだろう。

注

(1) 一九一六年（大正五）と一九二八年（昭和三）にはハワイで、一九二四年（大正一三）にカリフォルニア州で『日本語読本』が発行されている（関 1997：106–114）。
(2) 伯剌西爾（ブラジル）国の略。
(3)「小学校は、教育の初級にして、人民一般必ず学ばずんばあるべからず」と規定され、尋常小学（上等・下等）、女児小学、村落小学、貧民小学、小学私塾、幼稚小学などの区別があった（文部省 1981）。
(4) 引用史料の旧字体を適宜新字体にあらためた（以下＊印を付した文字）。
(5) 一九三二年（昭和七）、文部省発行。
(6) 本章では「唱歌」を学校教育用歌曲、「童謡」を大正時代から作られてきた子ども用の創作歌曲とする。
(7) 一九〇一年（明治三四）八月二八日、十字屋発行。
(8) いずれも童謡集『子供の村』からのものだとある。
(9) エミール・ジャック＝ダルクローズ（Émile Jaques-Dalcroze 原文はダルクローツェ。一八六五年七月六日～一九五〇年七月一日）はウィーン出身のスイスの作曲家・音楽教育家。「動きを通じて音楽の諸概念を教える」という理論を示した。
(10) 本章では、情操教育は社会的価値観を養成するための教育とし、（知育・体育に対する）徳育教育の人間性を養成するための教育と区別する。

文献

青柳善吾、一九二七、『音楽教育』東洋図書。

ブラジル日本人教育普及会編、一九三六、『日本語読本　教授参考書』巻一、ブラジル日本人教育普及会。

ブラジル日本人教育普及会編、一九三七ａ、『日本語読本　教授参考書』巻二、ブラジル日本人教育普及会。

ブラジル日本人教育普及会編、一九三七ｂ、『日本語読本　教授参考書』巻三、ブラジル日本人教育普及会。

ブラジル日本人教育普及会編、一九三七ｃ、『日本語読本　教授参考書』巻四、ブラジル日本人教育普及会。

ブラジル日本人教育普及会編、一九三七ｄ、『日本語読本　教授参考書』巻五、ブラジル日本人教育普及会。

ブラジル日本人教育普及会編、一九三七ｅ、『日本語読本　教授参考書』巻六、ブラジル日本人教育普及会。

ブラジル日本人教育普及会編、一九三七ｆ、『日本語読本　教授参考書』巻七、ブラジル日本人教育普及会。

ブラジル日本人教育普及会編、一九三七g、『日本語読本　教授参考書』巻八、ブラジル日本人教育普及会。

外務省編、一九六九、『日本外交文書　大正一一年第一冊（大正期第三三冊）』外務省（http://www.mofa.go.jp/mofaj/annai/honsho/shiryo/archives/t11-1.html）

外務省通商局編、二〇〇二、『編集復刻版　海外各地在留邦人　職業別人口表』第一-五巻・付録、不二出版。

林慶花、二〇一〇、「歌で習う『国語』――植民地期朝鮮における唱歌と言語教育」『日本研究』四一、国際日本文化研究センター、一〇三-一三五頁。

井上武士、一九三八、『音楽教育読本』共益商社。

伊志嶺安博、二〇一二、「ブラジルの『日本語読本　教授参考書』における唱歌教育」中国赴日本国留学生予備学校日本語教育研究会編『日本語教育論集』第八号、（中国・長春）東北師範大学出版会、一二一-一三二頁。

松村直行、二〇一一、『童謡・唱歌でたどる音楽教科書のあゆみ――明治・大正・昭和初中期』和泉書院。

文部省編、一九八一、『学制百年史』帝国地方行政学会（http://www.mext.go.jp/b_menu/hakusho/html/others/detail/1317552.htm）

日本語普及センター、一九八九、『第三回シンポジュウム　世界の日本語』（ブラジル国サンパウロ市）日本語普及センター。

日本移民五〇年祭委員会編、一九五八、『物故先駆者列伝　日系コロニアの礎石として忘れ得ぬ人々』（ブラジル国サンパウロ市）日本移民五〇年祭委員会。

日本教育音楽協会編、一九三八、『本邦音楽教育史』音楽教育書出版協会。

サンパウロ日本人学校父兄会、一九三〇、『在伯日本人教育会の創立よりサンパウロ日本人学校父兄会の設立まで』（ブラジル国サンパウロ市）サンパウロ日本人学校父兄会。

山東功、二〇〇八、『唱歌と国語――明治近代化の装置』講談社。

関正昭、一九九七、『日本語教育史研究序説』スリーエーネットワーク。

シンポジウム組織委員会（日伯文化連盟内）編、一九八二、『日伯文化連盟創立二五周年記念シンポジウム――伝承への道：ブラジル社会が要求する日本語教育とその展望』ブラジル国サンパウロ市・日伯文化連盟。

参考資料「唱歌教材の日伯比較」

学年	尋常小学読本唱歌	尋常小学唱歌	新訂尋常小学唱歌	日本語読本	巻
第一学年		日の丸の旗	日の丸の旗	日の丸の旗	巻一
		鳩	鳩		
			兵隊さん		
		おきやがりこぼし	おきやがりこぼし		
			電車ごっこ		
		人形	人形	ワタシノニンギョウ	巻二
		ひよこ	ひよこ	ヒヨコ	巻二
			砂遊び		
		かたつむり	かたつむり	かたつむり	巻一
		牛若丸	牛若丸	牛若丸	巻三
			朝顔		
		夕立	夕立		
		桃太郎	桃太郎	桃太郎	巻一
	アサガホ	朝顔			
			僕の弟	僕の弟	巻一
		池の鯉	池の鯉		
		親の恩	親の恩		
			一番星みつけた		
	カラス	烏	烏		
		菊の花	菊の花		
	ツキ	月	月		
		木の葉	木の葉		
			つみ木		
		兎	兎	うさぎ	巻三
			雪達磨		
		紙鳶の歌	紙鳶の歌		
		犬	犬		
		花咲爺	花咲爺	花サカヂヂイ	巻二
第二学年		桜	桜		
			ラヂオ		
		二宮金次郎	二宮金次郎		
		よく学びよく遊べ			
		雲雀	雲雀		
			折紙		
	こうま	小馬	小馬	小馬	巻二
		田植	田植		
			竹の子		
		雨	雨	雨の糸	巻三
			金魚		
		蝉	蝉	セミ	巻二
	かへるとくも	蛙と蜘蛛	蛙と蜘蛛		

			こだま	コダマ	巻二
		浦島太郎	浦島太郎	浦島太郎	巻三
			ポプラ		
			かけっこ		
		案山子	案山子		
			がん		
	ふじの山	富士山	富士山	富士の山	巻四
		仁田四郎			
			影法師	かげぼうし	巻三
		紅葉	紅葉		
		天皇陛下			
	とけいのうた	時計の歌	時計の歌		
			うちの子ねこ		
		雪	雪		
		梅に鶯	梅に鶯		
	母の心	母の心	母の心		
		那須与一	那須与一	扇の的	巻六
第三学年	春が來た	春が来た	春が来た		
		かがやく光	かがやく光	かがやく光	巻六
			摘草		
			木の芽		
		茶摘	茶摘		
		青葉	青葉		
		友だち			
			蛍		
		汽車	汽車	汽車	巻三
			燕		
		虹	虹	虹	巻五
			夏休	夏休	巻四
			波	波	巻五
			噴水		
	蟲のこゑ	虫のこゑ	虫のこゑ		
		村祭	村祭		
		鵯越	鵯越		
	日本の國	日本の国	日本の国		
		雁	雁がわたる		
			赤とんぼ		
		取入れ	取入れ		
			麦まき		
			飛行機		
		豊臣秀吉	豊臣秀吉		
		皇后陛下			
		冬の夜	冬の夜		
		川中島	川中島		

		おもひやり			
		港			
			私のうち		
	かぞえ歌	かぞへ歌	かぞへ歌		
第四学年		春の小川	春の小川		
		桜井のわかれ			
			かげろふ		
	ゐなかの四季	ゐなかの四季	ゐなかの四季		
		靖国神社	靖国神社		
		蚕	蚕		
			五月		
		藤の花	藤の花		
			動物園	動物園	巻六
			お手玉		
		曽我兄弟	曽我兄弟		
	家の紋	家の紋			
			夢	ゆめ	巻四
		雲	雲	雲の峰	巻七
		漁船	漁船		
			夏の月		
			牧場の朝		
	何事も精神	何事も精神			
			水車		
		広瀬中佐	広瀬中佐	広瀬中佐	巻七
	たけがり	たけがり	たけがり		
			山雀		
		霜	霜		
		八幡太郎	八幡太郎	八幡太郎	巻六
		村の鍛冶屋	村の鍛冶屋		
			餅つき		
		雪合戦	雪合戦		
	近江八景	近江八景	近江八景		
		つとめてやまず			
			何事も精神		
		橘中佐	橘中佐		
第五学年		（みがかずば）	みがかずば		
		（金剛石・水は器）	金剛石・水は器		
		八岐の大蛇	八岐の大蛇		
	舞へや歌へや	舞へや歌へや	舞へや歌へや		
		鯉のぼり	鯉のぼり		
			忍耐		
			朝日は昇りぬ		
			朝の歌		

		運動会の歌			
			日光山		
			山に登りて		
		海	海		
		納涼	納涼		
		忍耐			
			風鈴	風鈴	巻六
		加藤清正	加藤清正		
		鳥と花	鳥と花		
		菅公	菅公	菅原道真	巻六
			大塔宮		
	三才女	三才女			
			秋の山		
		日光山	いてふ		
		冬景色	冬景色		
		入営を送る	入営を送る		
	水師營の會見	水師営の会見	水師営の会見	水師営の会見	巻八
		斎藤実盛	児島高徳		
		朝の歌	三才女		
		大塔宮	進水式		
			雛祭	ひなまつり	巻五
		卒業生を送る歌	卒業生を送る歌		
第六学年		明治天皇御製	明治天皇御製		
		児島高徳			
		朧月夜	朧月夜		
			遠足		
			我等の村		
			瀬戸内海	瀬戸内海の歌	巻八
			四季の雨		
			日本海海戦		
	われは海の子	我は海の子	我は海の子		
		故郷	日本三景	日本三景	巻五
			風		
			蓮池		
			森の歌		
			瀧	滝	巻八
	出征兵士	出征兵士	出征兵士		
		蓮池			
			故郷		
		燈台	燈台		
		秋	秋		
		開校記念日			
			天照大神		

	同胞こゝに	同胞すべて			
	五千萬	六千万			
			鷲		
		四季の雨			
			鎌倉		
		日本海海戰	霧		
	鎌倉	鎌倉			
			鳴門		
		新年			
			雪		
	國産の歌	国産の歌			
			スキーの歌		
		夜の梅	夜の海		
		天照大神	斎藤実盛		
	卒業	卒業の歌	卒業の歌		
他	タコノウタ				
				兎と亀	巻一
				赤いとり	巻三
				なはとび	巻三
				ひよこ	巻三
				かくれんぼ	巻三
				土	巻三
				トウモロコシ	巻四
				一足々々	巻四
				羽衣	巻四
				人と火	巻八
				振子時計	巻八

第3章　「渡航案内」にみる英語学習・異文化学習
——移住者のための水先案内書

東　悦子

1　一世の英語学習・異文化学習

一八六八年（明治元）、サトウキビ耕地の労働者として、一五三人の日本人がハワイへ渡った。後に「元年者」と呼ばれた人々は、日本で最初の集団での海外移民とされる。その後、一七年の空白期間を経て、一八八五年二月、第一回の官約移民がハワイに渡った。そして一八九四年までの間に二六回にわたり、約三万人の労働者がハワイに渡っている。一八八四年の予備協定と一八八六年の日本政府とハワイ王朝との移民協定にもとづき、人びとは砂糖耕地で三年間働く契約でハワイに渡り、契約期間の満了後は、帰国する者、ハワイに残る者、あるいはアメリカに転航する者に分かれた。一八九八年、ハワイがアメリカ合衆国に併合されて以降、賃金がハワイより高く、開拓の途上にあり労働力が不足し、それを補うために移民を歓迎したカリフォルニアへの渡航者がしだいに増えた(Ichioka 1988＝1992：49：横田 2003：44-47)(1)。

アメリカでの仕事について、『在米日本人史』では、修学を目的とした学生の他に、何事か成さんと志を懐き渡米したパイオニアたちについて、彼らの多くが、学僕的家庭内労働に従事する、農園入りする、あるいは小規模の雑貨店やその他の商店を開いていたとしている（在米日本人會 1940：46）。職種としては、農業、鉄道、鉱山労働者、漁業、商工業が主なものであった。当時の渡航者の多くは単身で、永住を希望したわけではなく、故郷での生活を向上させることを目的に、ある程度のお金を稼げば帰国しようという出稼ぎ移民であった。

このようにアメリカ本土への移民は個人渡航が多いとされる。したがって、ハワイのような集団的移民でない場合、渡航先の情報を得ることが、さらに困難であったことが予想される。カリフォルニアを中心としたアメリカ本土への初期移民たちは、言葉も文化も異なる渡航先の情報をどのように入手したのだろうか。

また、これまでの研究において、日系人と言語の教育を考える時、多くの場合、二世を中心とした日本語教育（日本臣民としての教育、あるいは、一世とのコミュニケーションのツールとしての継承語教育）が主要なテーマとなっているが、二世の教育問題が一世たちの間に浮上する背景をとらえる場合、その前提として、一世が渡航先の言語や文化などの知識をどのようにして得たのかという背景が、一世の二世に対する教育への思いを形成することに、何らかの影響をおよぼしてはいないだろうか。こういった点もふまえることが必要ではないだろうか。

それでは、一世と呼ばれるパイオニアたちは、渡航先のアメリカの言語である英語をどのように学んだのであろうか。また、どのようにして異文化に適応する方法を身につけたのであろうか。

これらの疑問に対して、例えば、イチオカは、初期の苦学生の留学生活について、キリスト教会が重要な役割を果たしたとしている。第一に、どこでも英語授業を行ったこと、第二に、部屋と食事を提供したことである。苦学生の言語の状況に関して、「上陸した時に通じる英語を話せる苦学生はほとんどいなかった。一八八八年に尾崎行雄が軽蔑的に述べているところでは、大多数は渡航前に英語を学ぶことすらしなかったという。実際、片山潜はアルファベットの初歩の知識すらもちあわせていなかった。日本で英語を学んだものもいたが、その知識も悲惨なほど用をなさなかった」とある（Ichioka 1988＝1992：25）。

在米日本人最初の組織である福音会も、重要な役割を果たした組織の一つであった。一八七七年にサンフランシスコに設立された福音会は、在留日本人の大半を占める「出稼ぎ書生」たちがアメリカで就学を続ける環境を提供し、「福音会は書生を護り育てて異文化受容を援助するゆりかごとなった」とされる（吉田 1997：128）。福音会の活動は、例会、夜学校、寄宿舎、就職斡旋、支会ネットワークなどであり、キリスト教をはじめとするアメリカ文化を学習するプログラムを用意し、英語学習を含む多様な教育プログラムを提供した（吉田 1997：126-128, 143-144）。以上のように、渡航後に苦学生が英語を学び、異文化に適応するための学習の場が、キリスト教会によって提供されていた。

では、渡航前に関してはどうであろうか。渡航案内書が一定の重要な役割を果たしたのではないかと考えられる。一八八〇年代には苦学生向けに、赤峰瀬一郎『米国今不審議』（一八八六）、富田源太郎・大和田弥吉『米国行独案内　一名、桑港事業』（一八八六）、石田隈治郎・周遊散人『来たれ、日本人』（一八八六）が著され、これらは、「サンフランシスコで生活した苦学生、あるいは現に生活している苦学生が著したもので、日本人によくある綿密さをもって、学校、雇用、生活状態に関する情報を提供し、日本の若者が仕事と勉学を両立しえる場所としてサンフランシスコをばら色に描き出した。しかも、誇張は頻繁に行われた」（Ichioka 1988＝1992：13）。また、島貫兵太夫が一八九七年に創立した力行会も貧しい学生の海外渡航を援助し、一八九七年から九八年冬にかけてアメリカを旅した島貫は、『成功之秘訣』（一九〇二）、『渡米案内』（一九〇二）、『最新渡米案内』（一九〇四）を著している（Ichioka 1988＝1992：15）。

以上のような先行研究から、アメリカへの初期日本人移民が、いかにして渡米の情報を得て、異文化環境での生活に備えることができたのかの一端をうかがい知ることができるが、渡米を志す移民が言語や異文化を学ぶための「教科書」としての渡航案内書そのものの研究は、横田が、「栞」が元来持つ「道しるべ」の意味をふまえ、「栞」

の研究として取り上げているものの、未だ未開拓の領域といえるだろう（横田 2003：60）。

本章では、後に一世と呼ばれるアメリカへの初期移民であった人びとが、渡航前に必要な情報を得る手段の一つであったと考えられる渡航案内書に着目することにより、一世のための渡航前教育という点をとらえてみたい。

先述のように、渡航案内書は、『渡米案内』や『米国今不審儀』など、さまざまな書名で、アメリカへの渡航を志す者に対して、あるいは渡航を推奨する意図を持って、アメリカ渡航のパイオニアと称される人びと、つまり渡航の経験者によって出版されている場合が多い。内容の詳細は後述するが、渡航手続き、現地で得られる仕事、現地の言葉である英語の会話など、渡航先国の情報を提供する重要な水先案内書であった。この点から、広義には、海外雄飛を志す者が、異文化社会への旅立ちを準備するための「教科書」ということができるのではないだろうか。(2) 渡米者を対象とした渡航案内書の例を取り上げ、それが、初期移民にとって、異文化社会に関するどのような情報を提供し、異なる言語を学ぶための手だてとなったのか。一世の言語教育ならびに異文化教育の一端を知り得るものとして、その内容を具体的に取り上げ、分析していきたい。

2　「渡米案内」について

渡米案内書や渡米雑誌のような書物は、一九〇〇年（明治三三）頃から、一九〇六年頃に集中して発行されている。この期間に、このような書物の出版が多かった背景として、この頃には、数年の労働契約を終えて、アメリカに関する生の情報を持ち帰った者が帰国していることが挙げられる。また、移民数がピークに達する時期とは重ならないが、渡航熱がピークに達していた時期とされる。一九〇八年以後は、紳士協約により容易に移民を奨励することができなくなった（横田 2003：60）。

先述の時期に出版された各種の渡米案内書は復刻版が出版されている。それらを概観すると、その内容は、横田が指摘したように、労働者向けのものと、留学希望者を対象にしたものに大別されるが（横田 2003：60）、さらに、対象者を細分化し、女性の渡米も含んだ、より広範な対象に向けて出版された内容のものもある。

各種渡米案内書の執筆者の中には、日本の労働運動の先駆者であり、社会主義者であった片山潜も含まれる。片山は一八八四年に渡米し、苦学してイェール大学など複数の大学に通った。渡米時は、「サンフランシスコの親友からの手紙で、働きながら教育が受けられると知ると、駆り立てられるように太平洋を渡ったのである。かれ以上に典型的な苦学生はあるまい。かれは渡航費だけでなく、古着の洋服の代金でさえ、借金しなければならなかった。上陸したとき、ポケットにはメキシコの一ペソ、約六〇セントしかもっていなかった」という（Ichioka 1988＝1992：14-15）。片山は、十数年にわたる滞米生活を送り、一八九六年に帰国している（片山 1954）。このような自身の渡米の経験から、『渡米案内』と『学生渡米案内』（一九〇一）、『続渡米案内』（一九〇二）、『渡米之秘訣』（一九〇六）と複数の案内書を執筆している。

一方、労働を目的として渡米した者も、渡米案内と位置づけられる本を出版している。例えば、全国有数の移民輩出県である和歌山県の太地村（現東牟妻郡太地町）から、一八九二年に一六歳でカリフォルニアに渡った筋師《すじし》千代《ちよ》市《いち》は、九年にわたる滞米生活の経験から、後進の移民のために、一九〇一年に『英語獨案内 附西洋料理法』を自費出版している。

筋師は、太地村からの初期北米移民の一人で、『和歌山県移民史』の記述によれば、一八九二年（明治二五）四月八日、農業を目的としてアメリカ合衆国に渡航している。太地からは藪内音之助、角川謙二、和田新太郎、山下忠六、筋師千代市、衣笠米蔵らの人びとが勇躍渡米して行ったとあり、太地村における北米移民の草分け的存在だといえる（和歌山県 1957：199）。

いずれの執筆者にも共通する点は、自身の経験にもとづき、後進が渡米する際に困らぬようにとの思いから、渡米に際し事前に知っておくべき情報や、渡米後に生活するために必要な知識を提供しようとしたことである。一方、片山と筯師の案内書には、想定する利用対象者の違いから、提供すべき内容に違いも見られる。言語学習および異文化社会への適応の方法を伝授するという観点から、同時期に出版された片山と筯師の書を比較してみたい。

3　筯師千代市編著『英語獨案内　附西洋料理法』について

筯師千代市編述『英語獨案内　附西洋料理法』（以下、『英語独案内』とする）[3]は、現在、次の三冊の所在を確認している。①『英語独案内』初版（国立国会図書館所蔵）[4]、②求光閣書店発行『英語独案内』（個人所蔵）[5]、③井上一書堂発行『英語独案内』（国立国会図書館所蔵）。

初版の筯師千代市編述『英語独案内　附西洋料理法』は二〇一頁で、扉の英文タイトルは ENGLISH-JAPANESE DIALOGUE AND ENGLISH-COOKERY ／ COMPILED BY C. SUJISHI である。発行されたのは、一九〇一年（明治三四）で、著者兼発行者は筯師千代市である。定価の記述はない。

次に、一九〇六年発行の、求光閣書店発行の『英語独案内』（図3-1）は、表紙と奥付以外の内容は、すべて一九〇一年版と同一である。表紙に、横書きで、ENGLISH JAPANESE DIALOGUE AND ENGLISH-COOKERY と記され、その下に『初等英語独案内』とのタイトル、またその下に COMPILED. BY C. SUJISHI. TOKYO KYUKOKAKU と印刷されている。奥付には、「明治三十九年十二月十日印刷、明治三十九年十二月十五日発行、大正五年十二月二十日第十版発行、著者筯師千代市、発行者服部喜太郎（東京市京橋区本材木町三丁目二十番地）とある。定価は三五銭である。「附西洋料理法」の副題は削除され、書名には「初等」の文字が加えられている。大阪だけ

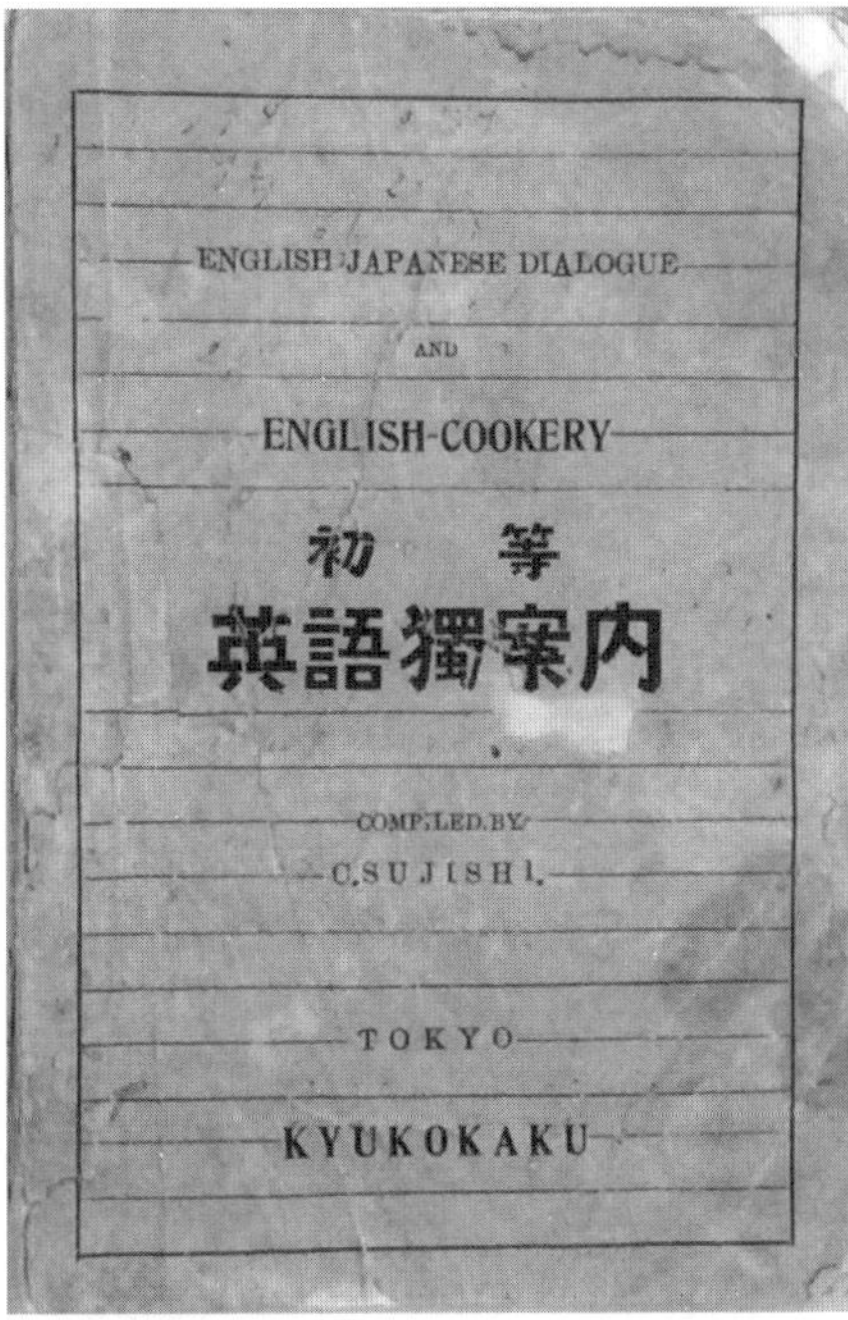

図3－1　筋師千代市編述『初等英語獨案内』
出所：個人所蔵。

でなく東京の出版社からも再発行され、求光閣版が一〇版も再版を重ねている。

一九〇七年発行の、大阪の井上一書堂発行『英語独案内』も、扉の英文タイトルをはじめ、緒言から本文に至るまですべて一九〇一年版と同一であるが、表紙が英語研究会編纂『英語独案内』となり、求光閣書店版と同様に、筋師千代市の名前と副題の「附西洋料理法」は記載されていない。また奥付には著者名はない。定価は三五銭となっている（東・江利川 2004：4-5：東2005：54-55）（図3－1）。

以上の刊行状況から、『英語独案内』が、地域的にも読者層においても広い範囲で流布していたと考えられる。このことは、本書の利用者が、移民を志す者から語学学習者へと対象を変えつつ、出版社によって英語学習のための語学書として、新たな価値づけがなされたといえるだろう。

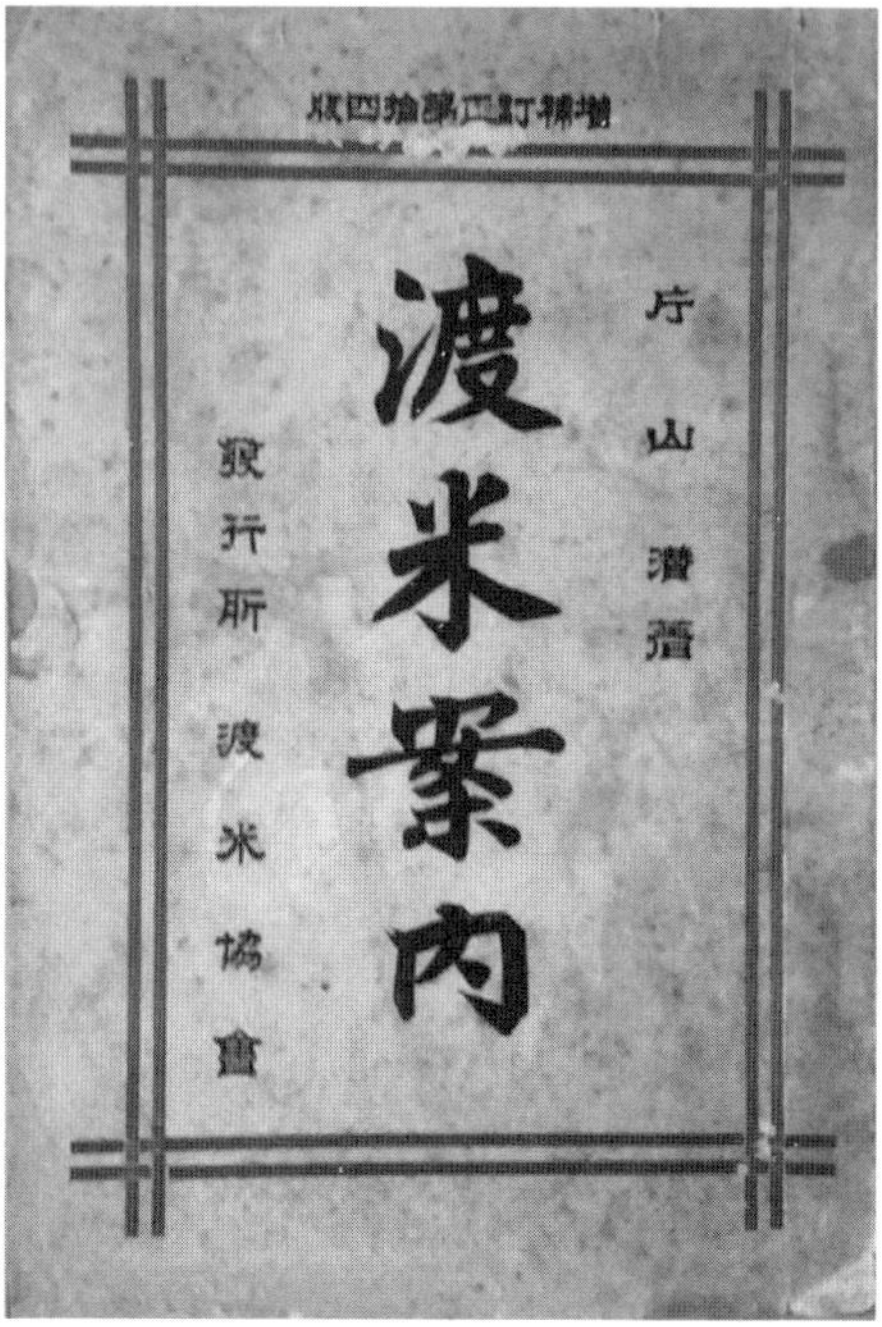

図3-2　片山潜著『渡米案内』
出所：個人所蔵。

4　片山潜著『渡米案内』について

片山潜著『渡米案内』の初版（国立国会図書館所蔵）は、六八頁の本文と一一頁の附録で構成され、一九〇一年（明治三四）に発行されている。[6] 発行所は、労働新聞社で、定価の記述はない。筆者が原本を確認できたのは明治三九年発行の第一四版で、表紙には、『渡米案内』の題目の上に「増補訂正第拾四版」と記されている[7]（図3-2）。発行所は、渡米協会となり、定価は一五銭となっている。初版と本文の内容はほぼ同一であるが、表紙の裏や目次と総論の間、また奥付の後や裏表紙にまで、広告が印刷されている。広告は、洋品店や旅館の広告に加えて、書籍については、「渡米者必携書籍割引取次広告」との見出しで、日英会話や西洋料理法などの書籍が定価および郵税とともに一覧となっている。こうした広告からは、当時、渡航者にとって渡航の準備に何が必要とされたかの状況がうかがわれる。また、片山潜の著した『新渡米』『続新渡米』『渡米之秘訣』の広告が掲載され、『渡米の秘訣』に関しては、新刊として紹介され、裏表紙に次のような推薦文が記されている。

片山潜氏の渡米案内は世人の歓迎する所となり版を重ぬる既に十四版発行部数万部其続渡米案内亦七版となり需要益増加せり然るに両著の読者は尚ほ渡米に関して続々質問し来る過去七年間に答ふる渡米の疑問は積んで山を為す今茲《ここ》に後進渡米期《ママ》望者の種々なる疑問を氷解せんが為めに一書を著はされたり実は渡米者の為めを計らんと誠意に出でたる良書なり……。（片山 1906：裏表紙）（ルビは引用者による）

片山の書籍が、渡米を希望する読者からの継続的な質問という形での反響を得た結果、渡航を希望する読者のために一冊の書にまとめられたことがわかり、情報を欲する読者が多数存在したことが推察される。また、読者である渡米希望者に役立つようにという、片山の思いもうかがわれる。

5　英語学習の書として

英語学習のための書籍という観点から、『英語独案内』と『渡米案内』を比較検討してみる。

まず、「独案内《ひとりあんない》」とは、英語では self-taught の意味で、独習書などの書名につけられ、明治時代には、さまざまな「独案内」が出版されている（東・江利川 2004：4）。移民として単身渡米する者が多かったことを考えると、筋師が、書名として「独案内」という言葉を用いたことがうなずける。

緒言において、筋師は同書を著した経緯を次のように示している。

予は米国に滞在せしこと九ヵ年間の長きに至れり其間家内的労働に或は農業に月日を消費しぬ然れども渡米最初英語の不通なるを以て日々の困難一方ならず苦心のあまり両眼より流涙せしことさへある而己ならず自己の目的を達せんには是非とも英語を学ばざるべからずの必要を感じ依て米国公立小学校へ入学せしも渡米最初のことにてA.B.C.の文字さへ弁へざる者故に誠に不自由且困難を極めたるを以て暫時にして該学校を廃し其れより労働の休間に夜学校に通ひ或は各学者の著述せし書籍を求めて之を学びつゝ労働に従事せり又は日記帳を求めて日々に用ふる語を書き記し置き今回之が積りて新たに英語独案内なるものを編輯するに至りぬ。（筋師 1901：1）

米国での九年間の生活の様子といかに英語を身につけたかということへの言及が見られる。当時の多くの移民がそうであったように、筋師も家内労働や農業に従事したようである。その九年間の滞米生活において、言葉の通じない困難さに涙が落ちることさえあった。英語を必要と感じ、ＡＢＣから学ぶ努力を重ねている。日々用いる語を日記帳に書き留めて、それがまとまって、『英語独案内』となったのである。英語を身につけるため並々ならぬ努力を重ねる日々であったことがうかがえる。

さらに緒言には、後進の渡米希望者に対して、「之より外国へ渡航せんと欲する多くの我邦民高尚なる学芸研究を目的となす者の外は速成活用の方法を選び英語操縦の実を以て……実用現益の業務を執り堅忍不抜前途大望の成功を期すること大和民族の本分なれ」と記し、外国への渡航目的は学問的研究ではないのであるから、実生活で使える実用英語を短期間で身につけることで、大望の成功が期待できるとしている（筋師 1901：2）。

このため、その内容は、「実地研究して自ら使用したるもの」を編集している。現地の生活で必要とされた語いや会話をふんだんに取り上げている。また、「米国移住者にして英語を弁ぜざる者又は之より渡航せんと欲する青年諸君のために必読すべき一書なり」と述べているように、渡航者だけでなく、すでにアメリカに移住しながら、英語が話せない人も対象としている。そのため、実生活で役に立つ英語で速習できる内容を提供しようとしている(筋師 1901：2)。

その内容は、語いの提示から始まる。目次(同書では「目録」)は、「英語二十六文字」と「日本五十文字」そして「濁音」に始まり、「時及び気候」「親族之部」「日用道具之類」など二二項目にわたる範疇を取り上げ、総語数は、八二二語に及ぶ。その後に実用英会話、手紙の見本・書類作成見本・求職広告の見本などが、英語と日本語を対比する形式で掲載され、英語には、耳から聞き覚えたであろうと推測される発音が、カタカナで示され、漢字表記には、ほぼすべてにひらがなでルビが付けられている。

語いの範疇は二三種類にわたるが、特徴的な点としては「宗教」がある。「宗教」に関しては、二一語が取り上げられ、その中には、Christ(救主)、Bible(聖書)、Hymn(賛美歌)、Baptize(洗礼)などが含まれている。渡航先の宗教についての語いを知り、その意味を理解することは異文化に適応するための必須条件であっただろう。

さらに特徴として、各範疇に示される語いが非常に詳細である。顕著な例は、「数字」一一〇語、「食物之部」八六語、「獣及鳥魚類」八五語、「日用道具之類」六四語である。これらの語いは北米における移民生活と特に密接に関わっている。なぜならば、日常生活に必要だったばかりでなく、当時の移民の代表的な仕事がコックやハウスキーパーだったからである。コックとして職を得るために、食物や食材の英語名を熟知しておく必要があった。このように、英語学習には異文化学習も含まれていることが見てとれる(東・江利川 2004：9-10)。

一方、片山の『渡米案内』は、どうだろうか。本文の最終章である第十章の後に、一から一五頁にわたり、「渡

米案内附録　渡米に必要なる英語」として、「汽船会社」「於船中」「上陸」「於食堂」「宿屋」「朝食」「普通の言葉」といった場面別に使用する英語の文例を示し、乗船から上陸までの時系列で、使用する可能性の高い五三の文例が列挙されている。例えば、「船は何時に入港しますか」「ホエン、ウイル、ゼ、スチーマー、ビー、アット、ゼ、ハーバー?」や「何々旅館まで乗せて（馬車《ママ》）行って下さい」「ドライヴミー、ツー、ホテル……!」のように示されている。

　このような文例の後に単語が掲載され、総語数は四三語である。その内容は、豚肉、七面鳥、人参、桃などの食物と筆、枕、封筒などの文具と日用品の語いである。すべて日常生活に関わる語であり、その語いの中には、タルキー（七面鳥）、ダック、ビーフ、ラム、ポークなどの肉の種類を表す語が多くあり、食生活にも異文化を感じとることができる。筋師ほどの語い数は取り上げていないが、渡航先の生活文化を彷彿とさせる語いの選択に両者の共通性が見られる。

　さらに、片山は自身の経験にもとづき、英語をいかに学ぶかについて考えを示している。文字に頼らず音声を拾いあげ記憶していくのが実用に即し、文字を書くことで英語を記憶するよりも、外国人に理解されるとしている。

……吾人は経験に依つて外国の言葉を習ふには成《ママ》りたけ文字に依らず言調にて記憶するの迅速にして且つ実用に適するを知る者なり故に左に掲くる英語は英字を用ゐず何人も知る我文字にて英語を記載して研究者の便利に供す英語は文字を覚て自ら綴りて話す人は自らは分るもかんぢんの英人には悟解されず唯外人間で（ピックドアップ）拾ひ上げた言葉は文字は知らざるも又不完全ながらも彼等外人には解せられて用を達すべし是れ吾人か英字を用ゐずして渡米者に英語を示さんとする所以なりとす読者請ふ之を諒せよ。（片山 1901：附録）

そのため、会話は、日本語に相当する英語のフレーズをすべてカタカナで記述している。すでに文例で示したが、一例として、「桑港迄の切符をください」に対して「ギブ、ミー、ア、チッケット、フヲアー、サンフランシスコ」としている。このような示し方は、やはりアメリカに渡り、英語が話される言語環境の中で英語を身につけていった、その過程での苦労が考え方に影響をおよぼしていると推測される。すなわち、コミュニケーションを図るための実用性を重視している。

以上のように、『英語独案内』と『渡米案内』は、執筆者らがアメリカ生活の中で、耳から学んだ英語の発音を聞き取れたままにカタカナで表記した点に共通点が見出せる。移民としてアメリカで家内労働や農業に従事した筋師はもちろんのこと苦学生であった片山にとっても、仕事上および生活上、聞く・話すことを中心としたコミュニケーションを図ることが必須であったことから、両者は、渡米者のために、学問としての読み書きではなく、生活するための手段としての実用的な英語を伝授することを重視している。

『英語独案内』に関しては、英語教育の立場から、明治期の「学校教育とは系譜を異にする民衆レベルの自立的で自主的な教育活動であった」とされ、移民として渡米を志す者にとって、仕事を得るための手段として英語を学ぶことを目的とした自学自習の教科書であったといえるだろう（東・江利川 2004：12；江利川 2008：214-215）。さらに本書の重要性は、学習者が英語を学ぶうちに、移民として労働に従事するために必要な諸要素がおのずと学べる内容であった点にあるといえるだろう。

一方、『渡米案内』は、主として苦学生として渡米を志す者が、いかにしてそれを実現することができるかについて、渡航までの手続き的な知識、乗船の方法や船中の過ごし方、現地での留意点、仕事を得る方法などを伝授し、渡航前から到着後に至るプロセスにおいて必要となる英語会話を附録として紹介している。

『英語独案内』と同様に、渡米のための自学自習のための教科書といえるが、渡米のための実際的な手続き的知識や渡米に際しての姿勢や意識づけに重点が注がれている。英語会話の内容もそれに準じて、乗船時や船中で、あるいはアメリカに上陸直後に必要な会話例となっている。

『英語独案内』は漢字のほぼすべてにルビがつけられている。一方、『渡米案内』は漢字にルビはなく、各章ともに文章自体が長文でつづられている点に、両書を手に取る対象者の違いを見てとることができる。

6　異文化学習の書として

『英語独案内』は、英語の語い、文例、英会話、手紙や手形などの書式の例をふんだんに示している。まさに英語学習の教科書である。また、語いの種類や文例をはじめとする内容に焦点を当てるならば、働き口を求める新聞広告、ビジネス・レターや注文書の例、故郷に送金するための書式の例などが具体的に示されて、異文化社会で労働に従事する移民が困らぬように、必要不可欠の内容が取り上げられている。

その例として、「命令を受けるための言葉」や「何かを尋ねるための言葉」が挙げられる。「Get some wood.」（薪を少し持て来い）、「What shall I do?」（私は何を為しましょうか）などである。また、「交渉のための言葉」も示されている。「If you can't raise my wages then please give me two hours rest in the afternoon.」（若し増金が出来なければ午後に二時間の休暇を下さい）などである。このような例文を示すことにより、仕事を円滑に進める助けとし、時には必要であった交渉にも困らぬようにと配慮がなされているといえる。

さらに興味深いのは、「Thiedes《ママ》 can get no wealth.」（盗人は富者になれない）のような教訓的な言葉が示されている点である（東 2005：59-60）。異文化社会にあって、人としてのモラルを忘れないことを説いている。異文化社会に受け入れられるためには、英語を話せることが必要であるとともに、人として、日本人として、信用を得ていくことも重要であっただろう。

加えて、『英語独案内』の最大の特徴は、日本語で（一部英語で）、西洋料理法が紹介されている点である。その理由は、先述したように移民の仕事の代表的なものの一つがコックであったからである。コックやハウスキーパーとしての職を得るために、西洋料理ができることが不可欠であっただろう。家人の食事やゲストを迎えた時にも対応できるようにという必要性から、スープ、サラダ、メインディッシュ、ソースの作り方、そしてデザートに至るまで、料理名、食材、料理方法が幾種類も紹介されている。仕事を得るために必要な技能としての西洋料理法を伝授し、異文化社会で生き残る方法を示しているともとれる。したがって、同書を手にする者は、アメリカで仕事を得て生活するための手段を学び、アメリカという異文化社会を意識することができただろう。

他方、異文化学習の書として、片山の『渡米案内』はどのようであったか。

目次を見ると、第一章から十章まであり「渡米の準備」「船中の心得」「上陸の心得」「職業の選定並に在米中の方針」「学生渡米の心得」「実業家の渡米」「著者在米中の経験」「渡米せる苦学生の最近書簡」「著者在米の学校生活」「最近在米日本人の状況」となっている。アメリカ上陸までの渡航の準備に関して、具体的に「第一は二百十円第二は旅行免状なり」とし、二百十円の内訳は、六十六円の船賃と一百円の上陸金（見せるだけなり《ママ》）で一六六円となり、その残金は渡米の支度と船中のこづかいとなる。加えて、旅行免状を得るには日数を要するので手遅れにならないようにと注意を与えている。旅費と旅行免状が得られた後は、シャツ二三枚、ハンケチ六つ位というように、行李に入れる携帯品を詳細に示している。英和辞書や手帳も携え、常に日記を書くことが必要だとすすめている（片山 1901：10–11）。

英語学習に関しては、筋師とは少々考え方が異なるようで、次のように指摘している。

英語はしらさるも左程の差支はなかるべし英書を少し位ひ読み且つ字引位ひ用ゐ得ることは必要なり少し困難せは我邦て三年英語を学ぶと彼の地で三ヶ月学ぶと比等すべし何を苦しんで語学を我邦で学ぶの必要あらんや宜しく便利なる彼他《ママ》へ行きて学ぶべし知って損はなしと雖《いえど》も英語を知らざるが為めに渡航を躊躇し又は金を出して準備の一とするか如きは得策にあらず必要なる言葉は船中十四五日　て充分なるべし商等《ママ》学校卒業生も二三ヶ月は英語に困難するが常なりとか故に彼地で学ぶにしくはなかるべし是れ吾人が彼の労力と耐忍と熱心を資本として渡米する人に向つて云ふ忠言なりとす（片山 1901：11–12）（ルビは引用者による）

辞書を引くことができ、英書が少し読めれば差支えがないとしている点は、労働を目的とした移民ではなく、留学を目的とした学生を対象として書かれているからであろう。日本で英語を学ぶことにお金を費やすより、アメリカに行き学ぶ方が効率がよいとし、渡航を奨励している。同書で「渡米に必要なる英語」を「附録」として扱っているのは、このような考え方によるのかもしれない。労力と耐忍と熱心を備えるなら、英語を知らないという理由で渡米を躊躇しないように勇気づけている。

片山は、外国に渡航しようとする人が最も注意をすべき点は、身なりをよくすることだと述べている。衣服は人々の思想を現すとして、時に暑さのために、船中で裸体となることのないようにと戒めている。

……凡そこの衣服たるものは、其人々の思想を現はす所のものなるが故に、第一西洋に行く目的なるを以て、其西洋人の如き衣服を着けることは、郷に居て郷に従ふの道に均しきなり、又航海中は時期より最も熱さを感ずることありと雖も、然れ共日本人の悪習たる、裸体となり、船中を走《ママ》け廻はり、或は帯をも為さずして居るが如きことは注意して慎む可きことなり……。（片山 1901：15）

さらに、十四~五日を要する船中では、まず西洋人の風習を見倣うことをすすめている。清潔さを重要とし、起居動作に規律を求めている。西洋人から軽蔑されないように注意し、酒を飲み歌を歌い、浄瑠璃や落語で大声をだすようなことは謹むべきだとしている。また、船中での過ごし方として、一日二語を覚えれば三十語を使えるようになり、一日二十語を覚えれば三百語を学ぶことができる。このように過ごせば、アメリカ上陸後に、職を求める上で、これが力となるのは明らかであるとしている（片山 1901：14-18）。英語を知らないからといって渡米をあきらめないよう鼓舞するとともに、船中での英語の学習方法を具体的に教示している点は、自身の渡米の経験と苦労にもとづくものであろう。

以上のことから、同書を手にする者に対して、船そのものがすでに異文化空間であり、西洋基準のマナーが求められることを意識づけていることがわかる。西洋人と同船で過ごす中、軽蔑されないよう振る舞いに留意するとともに、船中の過ごし方の一つとして、上陸後に役立つのであるから、英語を学ぶよう奨励している。振る舞いに留意することも、英語を学ぶことも、異文化社会への適応の準備として重要であっただろう。

7 渡米者の教科書として

英語を教える中等教育機関がまだ普及していなかった時代、移民たちはどのように英語を身につけたのであろうか。それへの答えの手がかりを『英語独案内』や『渡米案内』に見て取ることができる。学校教育とは系譜を異にする民衆レベルの自律的で自主的な教育活動として、渡米経験者によって執筆された渡米案内書は、後進のための「教科書」の役割を果たしたといえるだろう。それは自費出版の場合もあれば、渡米協会などの機関が発行したものもあった。流布状況としては、それぞれに再版を重ねていることや、版を重ねる中で、版権が譲られたと推測されるが、定価が示されて販売されるようになったことから、広く需要があったと考えられる。『英語独案内』のように、『初等英語独案内』と書名が改変されている例を見ても、渡米経験者による実践的な会話教材として位置づけられたのであろう。

『英語独案内』によって、移民を志す者は、異文化社会の宗教や食文化に触れ、英語をコミュニケーションのツールとして、アメリカで職を得る方法を知り、故郷への手紙の投函や送金ができるようになり、故郷日本ともつながりを保つことが可能となった。さらに西洋料理の方法を知ることは、職を得ることに役立っただろう。

『渡米案内』は、日本出発からアメリカ上陸までの移動空間である船中で、西洋基準のマナーを模倣し、暑さで裸体になることを戒め、娯楽に興じて騒ぐのではなく、英語の学習に時間を費やすことを奨励し、渡米する者が異文化社会へ適応するための準備を整えるのに有用な書となったであろう。

筋師や片山が、後進の渡航者のための書を執筆したのは、自らのアメリカにおける英語学習の経験や仕事上での苦労が背景にある。『英語独案内』や『渡米案内』が渡航者にとって有用な学びの教科書の役割を果たしたと推測される一方、それを入手し、独学で学ぶことができた人はどれほどいたかという疑問は残っている。たとえ英語を独習していたとしても、それを母語とする人びとと対面する時、相当な苦労があったにちがいない。英語という言語の壁にはばまれた一世たちの苦労の体験が、アメリカで生まれ育ち、流暢に英語を話す二世に対する言語教育への複雑な思いの背景にありはしないか。日本人として、二世も日本語をしっかりと身につけるべきだとする考え、現地社会に適応するために英語が優先されるべきとする考え、一世たちの間に生じた見解の相違と、一世自身のうちなる葛藤の背景に、異言語・異文化社会で生活することの並々ならぬ苦労や忍耐の経験が少なからず影響していたのではないだろうか。

注

（1）人口の増加については、アメリカ国政調査にもとづき在米邦人の増加が次のように示される。出所は、在米日本人會（1940：46-47）。

一八八〇年（明治一三年）　一四八
一八九〇年（明治二三年）　二〇三九
一九〇〇年（明治三三年）　三四三二六
一九一〇年（明治四三年）　七二一五七

（2）デジタル大辞泉では、教科書は次のように定義される。「1　教科の主たる教材として用いられる図書。教科用図書。2　あることを学ぶのに適している本」。本章では、2の意味から、渡航案内書を、移民を志す者にとっての「教科書」と位置づけた。

（3）正式には、『英語獨案内　附西洋料理法』であるが、旧漢字「獨」は新漢字「独」と表記した。本章では、一部を除き、旧漢字は新漢字にあらためる。

（4）本章は、国立国会図書館・近代デジタルライブラリーに掲載されている『英語独案内附西洋料理法』（一九〇一）を底本とした。（http://kindai.ndl.go.jp/info:ndljp/pid/869735/8）

（5）江利川春雄氏所蔵。和歌山大学教授。

（6）本章は、国立国会図書館・近代デジタルライブラリーに掲載されている『渡米案内』（一九〇一）を底本とした。（http://kindai.ndl.go.jp/info:ndljp/pid/767375）

（7）江利川春雄氏所蔵。和歌山大学教授。

文献

江利川春雄、二〇〇八、『日本人は英語をどう学んできたか』研究社。

東悦子・江利川春雄、二〇〇四、「紀州太地村で刊行された移民用の英語教材――筋師千代市『英語獨案内』の文化史的価値」『和歌山大学紀州経済史文化史研究所紀要』第二四号。

東悦子、二〇〇五、「移民用英語教材――筋師千代市『英語獨案内』――再考」『和歌山大学紀州経済史文化史研究所紀要』第二六号。

片山潜、一九〇一、『渡米案内』労働新聞社、国立国会図書館、近代デジタルライブラリー（http://kindai.ndl.go.jp/info:ndljp/pid/767375）。

片山潜、一九〇六、『渡米案内』第一四版、渡米協会。

片山潜、一九五四、『自伝』岩波書店。

筋師千代市、一九〇一、『英語独案内附西洋料理法』、筋師千代市国立国会図書館・近代デジタルライブラリー（http://kindai.ndl.go.jp/info:ndljp/pid/869735/8）。

和歌山県、一九五七、『和歌山県移民史』和歌山県。

横田睦子、二〇〇三、『渡米移民の教育――栞で読む日本人移民社会』大阪大学出版会。

吉田亮、一九九七、「サンフランシスコ福音会の異文化受容教育活動」同志社大学編『同志社大学人文科学研究所研究叢書ⅩⅩⅦ　在米日本人社会の黎明期　『福音会沿革史料』を手がかりに』現代史料出版、一二五-二四四頁。

Ichioka, Yuji, 1988, *The Issei*, A Division of Macmillan, Inc.（＝一九九二、富田虎男・粂井輝子・篠田左多江訳『一世――黎明期アメリカ移民の物語』刀水書房）

在米日本人會、代表　畠山喜久治、一九四〇、『在米日本人史』。

第4章　国定教科書にみる移植民表象

――北南米と満洲の連動に着目して

石川　肇

1　国定教科書と日本の海外移植民

戦前・戦中期に用いられた日本の国定教科書は、一九〇四年から一九四五年という約四〇年もの間、全国一律で用いられた小学校用の教科書であり、教科ごとに使用時期など多少異なるが、国語教科書の場合は次のように大きく五期に区分して考察することができる。

Ⅰ期国語教科書　一九〇四～〇九年（明治三七～四二）　資本主義興盛期の近代的教科書
Ⅱ期国語教科書　一九一〇～一七年（明治四三～大正六）　家族国家観にもとづく帝国主義段階の教科書
Ⅲ期国語教科書　一九一八～三二年（大正七～昭和七）　大正デモクラシー期の教科書
Ⅳ期国語教科書　一九三三～四〇年（昭和八～一五）　ファシズム台頭期の教科書
Ⅴ期国語教科書　一九四一～四五年（昭和一六～二〇）　超国家主義・ミリタリズムの教科書(1)

これら教科書の中には、北南米および満洲に関する教材が含まれており、それは年々増え続けていった日本の植民地や海外移植民について、児童・生徒に「知っておいて欲しい知識」を取捨選択し、植え付けたと言ってよい。周知のように、日本人の海外移植民の移動は、アメリカとの日米紳士協約（一九〇七～〇八）や排日移民法（一九二四）など、移民に関連する法律が制定されたことにより、北南米から満洲へと海をまたいで大きく移行していくが、ここではそうした現象に着目し、日本の近代小学校教育において「知っておいて欲しい知識」とはいかなるものだったのか、移植民という視点から教科書をとらえなおした際に立ち現れてくる表象を、教科書各期の特色との関係に注意を払いつつ、「地理」「歴史」「国語」といった三教科を横断的に検討することによって総覧していく。特に、「地理」は目次と記述の変化に、「歴史」は記述のあり方に、「国語」は該当教材における言説に着目して分析を行う。これらの手続きをふむことにより、国定教科書の記述という近代日本人移民史における未開拓領域の研究の可能性を提示することにしたい(2)。

近年、こうした帝国日本の勢力圏の内外に移り住んだ移植民の言語や文化を、その海外子女教育や教科書という視点からとらえなおした研究が増えている。例えば、安田敏朗『帝国日本の言語統制』（安田 1997）は、近代以降の日本の帝国的膨張と言語政策の全体像を描くものであり、金暁美「大日本帝国『国語』教科書における欧米──『内地』と『朝鮮』の地理・風俗教材の比較を中心に」（金 2011）は、日本内地と朝鮮の国語教科書掲載の地理・風俗教材の内容分析から、「欧米」の表象を探ったものである。これらに対して、伊志嶺安博「近代における初等教育段階の日本語教科書――ブラジルの日本語教科書の位置づけをめぐって」（伊志嶺 2010）は、戦前期ブラジルの日本語教科書『ブラジル読本』の分析から、植民地日本語教育と日本人移民の海外移住地での日本語教育との関係性や相違を考察したものであり、帝国の勢力圏の内外を射程に入れた数少ない研究である。しかしながら、日本の国定教科書における移植民表象を、教科書各期の特色との関連に注意を払いつつ、「地理」「歴史」「国語」といった三教科を横断的に対象としたのは、管見の限り、本章が初めての試みとなる。

2　地理教科書の移植民記述

まずは、地理教科書を検討していく(3)。

地理教科書は表4-1に示した通り、戦前・戦中期において六期に区分されており（唐澤 1956：419-430）、その目次を見ることによって移植民地に対する変化を知ることができる。国語教科書の区分とはやや異なるが、その使用年次における教科書の特質は同様と見てよい。

Ⅰ期には外国地理はなく（台湾は日本に組み込まれている）、Ⅱ期から外国地理として詳細なものではないが、「関東州付満洲」から「世界四」までが入る。このⅡ期は目次数こそ多いが、Ⅰ期よりもページ数の少ない教科書であり、日本地理を縮小した分だけ外国地理にあて、両方を簡潔に記している。Ⅰ期とⅡ期との間にはポーツマス条約（一九〇五）の締結がなされ、ロシアやアメリカとの関係を理解する必要からも外国地理が導入されたと推定されるが、こうした外国へのまなざしは、逆に日本という国の性格をより浮き彫りにすることになった。Ⅲ期ではページ数が増加され、日本地理が詳細化し、外国地理として「アジヤ洲」「ヨーロッパ洲」「アフリカ洲」「北アメリカ洲」「南アメリカ洲」「太平洋洲」などの項目が入り、Ⅰ期、Ⅱ期に比べてより充実したものとなった。第一次世界大戦（一九一四～一八）など、国際問題を通して世界的視野が大きく開けたこのⅢ期は、地理教科書の転回点と言われている（唐澤 1956：421）。Ⅲ期からその形式が引き継がれたⅣ期では、満洲事変（一九三一）などの影響もあり、「アジア洲」に関する記述が増加している。また、パリ講和会議（一九一九）によって日本に赤道以北のドイツ領南洋諸島が委託されたことから、「我が南洋委任統治地」が入った。この形式はⅤ期に引き継がれるが、満洲開拓移民推進計画

表４－１　国定地理教科書目次

	Ⅰ期		Ⅱ期		Ⅲ期		Ⅳ期		Ⅴ期		Ⅵ期	
使用開始年度	1904年（明治37）		1910年（明治43）		1918年（大正７）		1936年（昭和11）		1939年（昭和14）		1943年（昭和18）	
	巻一	総論	巻一	大日本帝国	巻一	大日本帝国	巻一	日本	巻一	大日本帝国	上	日本の地図
		関東地方		関東地方一		関東地方		関東地方		関東地方		本州・四国・九州
		奥羽地方		関東地方二		奥羽地方		奥羽地方		奥羽地方		帝都のある関東平野
		本州中部地方		奥羽地方一		中部地方		中部地方		中部地方		東京から神戸まで
	巻二	近畿地方		奥羽地方二		近畿地方		近畿地方		近畿地方		神戸から下関まで
		中国地方		中部地方一		中国地方		中国地方		中国地方		九州とその島々
		四国地方		中部地方二		四国地方		四国地方		四国地方		北陸と山陰
		九州地方		近畿地方一	巻二	九州地方		九州地方		九州地方		中央の高地
		北海道		近畿地方二		台湾地方	巻二	北海道地方	巻二	北海道地方		東京から青森まで
		台湾		中国地方一		北海道地方		樺太地方		樺太地方		北海道と樺太
		地球		中国地方二		樺太地方		台湾地方		台湾地方		朝鮮と関東州
			巻二	四国地方一		朝鮮地方		朝鮮地方		朝鮮地方		台湾と南洋群島
				四国地方二		関東州		関東州		関東州	下	大東亜
				九州地方一		大日本帝国総説		我が南洋委任統治地		我が南洋群島		昭南島とマライ半島
				九州地方二		アジヤ洲		日本の総説		日本の総説		東インドの島々
				台湾地方一		ヨーロッパ洲		アジヤ洲		アジヤ洲		フィリピンの島々
				台湾地方二		アフリカ洲		ヨーロッパ洲		ヨーロッパ洲		満洲
				北海道地方一		北アメリカ洲		アフリカ洲		アフリカ洲		蒙疆
				北海道地方二		南アメリカ洲		北アメリカ洲		北アメリカ洲		支那
				樺太地方		大洋洲		南アメリカ洲		南アメリカ洲		インド支那
				朝鮮地方一		世界と日本		大洋洲		大洋洲		インドとインド洋
				朝鮮地方二		地球の表面		世界と日本		世界と日本		西アジヤと中アジヤ
				関東州付満洲				地球の表面		地球の表面		シベリア
				世界一								
				世界二								
				世界三								
				世界四								
				帝国地理概説								

注：表における教科書タイトル中の「漢数字」は，例えば『よみかた四』を『よみかた４』とするように，「算用数字」を用いた（以下同）。
出所：筆者作成。

（一九三六）や日中戦争勃発（一九三七）の影響が大きく反映されたものとなっている。Ⅵ期は太平洋戦争勃発（一九四一）の影響を強く受け、Ⅰ期からⅤ期とはまったく違った教科書となった。すなわち、外国地理は全体として大東亜共栄圏思想にもとづいた「大東亜地理書」とでも言うべき様相を呈しており、Ⅵ期下巻の教材「大東亜」の冒頭は、次のように始まっている。

日出づる国日本の東海岸に打ち寄せる波は、そのまま続いて、はてしもない太平洋を越え、はるかにアメリカの岸部を洗つてゐます。同じ波が、北は霧のアリユーシャンに連なり、南は熱帯の海を越えて南極に達し、更にインド洋の荒波にもつながつてゐるのです。西にはまた、日本海・支那海など、ひとまたぎの内海をへだてて、高山・大平原・大砂漠を抱く広大なアジヤ大陸が横たわはつてゐます。／日本は、この大海洋と大陸とを結ぶ位置にあつて、一見小さな島国のやうに思はれますが、よく見ると、北東から南西にかけ、あたかもみすまるの玉のやうにつながり、いかにも大八洲の名にふさはしい、頼もしい姿をしてゐます。北へも南へも、西へも東へも、ぐんぐんのびて行く力にみちあふれた姿をしてゐます。(4)

こうした教科書各期の様相をふまえ、Ⅱ期以降、各期各地域における教科書の移植民記述がどのように変化したのかを検討するため、「北米」「南米」「関東州・満洲」「ハワイ」「東南アジア」の五つに分け、表4-2に整理してみた。

表4-2を見れば、先に挙げたポーツマス条約（一九〇五）や太平洋戦争勃発（一九四一）などの影響はもちろん、それ以外にも、移植民に直接的な影響を及ぼす協約や法制定の影響が、移植民記述に強く反映されていることがわかる。

表4－2　各期各地域における移植民記述の比較（地理）

	Ⅱ期	Ⅲ期	Ⅳ期	Ⅴ期	Ⅵ期
使用開始年度	1910（明治43）年	1918（大正７）年	1936（昭和11）年	1939（昭和14）年	1943（昭和18）年
北米	サンフランシスコ⇒我が国人の在留するもの甚だ多し。 加奈陀⇒バンクーバー附近に本邦人多く在留す。	太平洋沿岸の地方には我が国人の在留するもの少からず。	太平洋方面には我が国人の在留してゐるものが約十万人あって，多くは農業に従事してゐる。	太平洋方面には我が国人の在留してゐるものが約十万人あって，多くは農業に従事してゐる。	
南米		ブラジルの南部，ペルー等には我が国人の在留するもの少からず。	我が国民の数も年々増加し，中でもブラジルに在留してゐるものは約十二万人。	我が移民の数も年々増加し，中でもブラジルに在留してゐるものは約十九万人。 我が国の移民の大部分は珈琲の栽培に従事してゐる。	
ハワイ		我が国人の此の諸島に在留するもの十万余，多くは甘藷の栽培に従事す。	住民の四割は我が国人で，その数約十四万人。	住民の約四割は我が国人で，その数約十五万人。	
満洲 関東州	満洲の最南端なる遼東半島に関東州を租借。	満洲の最南端なる遼東半島に関東州を租借，旅順に関東都督府を置く。	満洲の最南端なる遼東半島に関東州を租借。	南満洲鉄道の沿線には都邑が多くて，我が内地人の在住してゐるものが多い。	新京・奉天⇒内地人十五万人をこえてゐます。 満洲⇒おほよそ内地人八十万余。 蒙疆⇒特に張家口には，日本人がたくさん住んでゐます。
東南アジア			マレー諸島は近年我が国人の渡航するものが次第に多くなり，その事業も発展。	我が国人の在住するものも少なくない。マレー諸島は近年我が国人の渡航するものが次第に多くなり，その事業も発展。	マライ⇒日一日と日本人の数が増加。昭南市中部に日本の大商店があり，島内の岡の上に昭南神社。

注：下線は筆者による。
出所：筆者作成。

具体的に言えば、北米の日本人移民を制限する日米紳士協約（一九〇七〜〇八）やカナダの日本人移民を年間四〇〇人に制限するルミュー協約（一九〇八）が制定されたことにより、両国における移民が著しく抑えられ、第一回ブラジル移民（一九〇八）以降、日本はその移植民送出先を南米へと大きく転換させていく。そしてその影響はⅢ期以降の教科書に色濃く反映され、北米の移民数がⅡ期の〈西海岸のサンフランシスコ（桑港）は太平洋岸の重要なる港にして、其の付近には我が国人の在留するもの甚だ多し。／加奈陀は亜米利加合衆国の北に横たはり、英国に属す。太平洋に臨めるバンクーバーは海陸交通の要点に当り、附近に本邦人多く在留す〉[5]（傍点は引用者による）からⅢ期の〈港市の主なるものには、大西洋方面に此の大陸第一の門戸たるニューヨークを始とし、ボストン合衆国《ママ》・フィラデルフィヤ並びにニューオルリヤンス合衆国《ママ》等あり。太平洋方面にはバンクーバーカナダ《ママ》・シヤトル合衆国《ママ》・サンフランシスコ（桑港）合衆国《ママ》・等あり。パナマ地峡を通ずるパナマ運河は近年開通し、スエズ運河と共に世界交通の要路に当れり。／我が国も以上の諸港と航路相通じて、彼我の貿易益〻発達し、又太平洋沿岸の地方には我が国人の在留するもの少なからず〉[6]（傍点は引用者による）へと変化、Ⅴ期の一〇万人で頭打ちとなっている。[7] また、明治初頭から行われていたハワイやアメリカ本土への移民も排日移民法（一九二四）の影響を受け、Ⅳ期の〈四割〉[8]というラインから住民数が増えることはなかったが、その反面、南米のブラジル移民が飛躍的に伸び、Ⅳ期以降、北米を上回ることになる。しかし、そのブラジル移民も日本移民制限法とも言われる外国移民二分制限法（一九三四）が制定されて以降は減少し、日本との国交断絶（一九四二）により、Ⅵ期において北米・ハワイともども、遂にはその記述自体がなくなる。[9]

このように、北南米への日本人入植者数は段階的に制限を加えられたわけだが、そのため日本は移植民送出先を満洲およびその周辺へと移すことにした。それが広田内閣の満洲開拓移民推進計画（一九三六）であり、Ⅴ期からⅥ期の満洲における日本人の在住数の変化として現れている。これまで自明とされてきた「北米から南米そして満洲へ」

といった日本人の移植民移動の歴史的様相を、地理教科書の記述からあらためて検証することができたことになる。

3　国定歴史教科書の移植民記述

では、歴史教科書の場合はどうだろうか。

歴史教科書も地理教科書同様、六期に区分されているが、こちらは日露戦争（一九〇四～一九〇五）後の「ポーツマス条約」を反映したⅡ期、パリ講和会議（一九一九）後の「南洋諸島委任」を反映したⅢ期、満洲事変後（一九三一）の「満洲国独立」を反映したⅣ期、日中戦争勃発（一九三七）後の「満洲国との親善」を反映したⅤ期、太平洋戦争勃発後（一九四一）の「戦時体制下の日本」を反映したⅥ期といった、歴史的出来事がメルクマールとなっていることが表4-3から読み取ることができる。

それらを具体的に見てみれば、まず、日露戦争に関するⅡ期の教材「平和克復と戦後の経営」には、次のように記されている。

北米合衆国大統領ルーズベルトは、日本海海戦の後、日露両国の政府に講和を勧告せり。我が政府は乃ち之に応じて、外務大臣小村寿太郎・特命全権公使高平小五郎を講和全権委員とし、露国の全権委員ウヰッテ・ローゼンの二人と米国のポーツマスに会して談判せしめ、三十八年九月遂に平和條約を締結せり。其の結果露国は我が国が韓国に対して政治上・軍事上に卓絶なる利益を有することを承認し、樺太の南半を我に割き、又其のかねて清国より得たる旅順・大連等の関東州の租借権と、長春以南旅順に至るまでの鉄道等とを我に譲れり。

（文部省編国定歴史教科書『尋常小学日本歴史』巻二、東京書籍、一九一〇年）(10)

表4－3　各期各地域における移植民記述の比較（歴史）

Ⅱ期		Ⅲ期		Ⅳ期		Ⅴ期		Ⅵ期	
1912（大正1）年		1921（大正10）年		1934（昭和9）年		1940（昭和15）年		1943（昭和18）年	
巻2	平和克復と戦後の経営	下	今上天皇	下	大正天皇	下	昭和の大御代	下	昭和の大御代
ポーツマス会議 ①韓国に対する政治・軍事上の利益 ②樺太の南半分 ③旅順・大連等の関東州の租借権 ④長春以南旅順までの鉄道等の権利。		ドイツ領南洋諸島の統治委任		ドイツ領南洋群島中，赤道以北を統治		満洲事変 満洲国の独立 国際連盟離脱 満洲国との親善 溥儀 支那事変 日満一体 （東亜要地図）		満洲事変 満洲国の独立 国際連盟離脱 満洲国との親善 溥儀 大東亜戦争 汪精衛新国民政府 真珠湾爆撃	
				下	今上天皇の即位				
				満洲事変 満洲国の独立 国際連盟離脱 溥儀					

出所：筆者作成。

次に、パリ講和会議に関するⅢ期の教材「欧州の大戦と我が国」には、〈かくて大戦は五年の久しきにわたりしが、大正七年ドイツは遂に力つきて和を請へり。……又、我が国は、ドイツがかつて支那より得たりし膠州湾および其の他山東省に於ける一切の権利を得、我が占領せるものとのドイツ領南洋諸島を統治する委任を受くるに至れり〉(11)と記されており、満洲事変後に関するⅣ期の教材「今上天皇の即位」には、〈満洲国は、建国以来まだ日がたゝないのに、国内の秩序もだん〳〵《ママ》整ひ、九年三月、執政溥儀は、人民に推立てられて帝位に即き、満洲帝国がはじめて建設された。わが国は、これからいつそう満洲帝国の健全な発達を助けてゆくとともに、進んで支那とも親しく交際をして、互に助けあひ、とも〴〵に東洋永遠の平和をうちたてることにつとめてゐる〉(12)とそれぞれが時代の影響を受けたものであることが明白である。

こうした記述からもわかるように、戦前日本の歴史教科書は国家などの政治的まとまりを単位とした「一国史」であり、地理的まとまりを単位とした「地域史」ではないため、帝国日本の勢力圏外となる北南米に関する記述はない。また、満洲も対国家レベルの話として登場するものの、移植民という視点から取り上げられてはいない。

4　国定国語教科書の移植民記述

最後に国語教科書の内容を検討していく。

こちらは表4-4にあるようにⅤ期に分けられており、これまで述べてきた二種の教科書と区分は違うが、移植民に関する知識を付けるための教材が地理教科書同様に含まれており、それは指導書に記載されていることからも明らかである。

例えば、南米ブラジルへ視察に行った父親から我が子にあてた書簡形式の教材「ブラジルから」（Ⅱ〜Ⅲ期）の指

表4－4　各期各地域における移植民記述の比較（国語）

	Ⅰ期	Ⅱ期	Ⅲ期	Ⅳ期	Ⅴ期
修身	1904年(明治37)	1910年(明治43)	1918年(大正7)	1934年(昭和9)	1941年(昭和16)
国語	1904年(明治37)～ 1909年(明治42)	1910年(明治43)～ 1917年(大正6)	1918年(大正7)～ 1932年(昭和7)	1933年(昭和8)～ 1940年(昭和15)	1941年(昭和16)～ 1945年(昭和20)
	尋常小学読本	尋常小学読本	尋常小学国語読本	小学国語読本	コトバノオケイコ1·2，ことばのおけいこ3·4 ヨミカタ1·2，よみかた3·4，初等科国語1～8
			1918年(大正7)～1940年(昭和15) 尋常小学読本		

■1907年(明40)
日本紳士協約
(日本人移民を制限)
アメリカ・ハワイ

■1908年(明41)
第1回ブラジル移民

■1924年(大13)
排日移民法
(指導書には「ハワイを含めると24余万もの邦人が住んでいるが，今は移住が禁止されている」とある)

■1941年(昭16)
太平洋戦争勃発
国民学校令公布

北米

- 尋常小学国語読本　巻8　アメリカだより（サンフランシスコ・シカゴ・ニューヨーク）→ 小学国語読本　巻9　アメリカだより（サンフランシスコ・シカゴ・ロスアンゼルス・ニューヨーク（ホノルヽの一日）の続き　5年生）
- サンフランシスコだけでなく，ロスアンゼルスに立派な日本人町があると細かな情報を盛り込む
- 小学国語読本　巻8　ホノルヽの一日（ハワイに於ける日本人の活躍を知らせる(4年生)）

■1934年(昭9)
外国移民二分制限法
(日本移民制限法)

■1942年(昭17)
伯剌西爾，日本と国交断絶

■1936年(昭11)
満洲開拓移民推進計画
北アメリカやブラジルなど南米諸国へ日本人移民の入植移民数に段階的制限が加えられたことにも関連している。

南米

- 尋常小学読本　巻10　明治43年～大正10年まで　ブラジルから（5年生対象(口語文)　邦人の移民・開拓事業について知らしめる）
- → 尋常小学国語読本　巻11　大正11年～昭和12年まで　南米より(父の通信)（6年生対象(候文)　最も有力な植民地たる南米，特にブラジルを知らしめる）

満蒙

- 尋常小学読本　巻12　南満洲鉄道（門司から乗船　大連起点の満洲鉄道）
- 尋常小学国語読本　巻7　大連だより（日本人が年々ふえるばかり）→ 小学国語読本　巻8　大連だより（満洲国が出来てからは，ここが玄関）→ 初等科国語4　大連から（大連，満洲，「あじあ」，旅順のこと）
- 小学国語読本　巻8　朝の大連日本橋（大連の詩（「大連だより」からの連続教材））
- ヨミカタ 2　ラジオノ コトバ（ラジオの言葉が「マンモウニモ トドキマス」）
- 小学国語読本　巻10　「あじあ」に乗りて（大連駅からハルビン駅まで）→ 初等科国語5 附録　「あじあ」に乗りて（大連駅からハルビン駅まで(左と同教材)）
- よみかた 4　満洲の 冬（満洲に住んでいる日本の子どもたち）
- 初等科国語4　早春の満洲（冬から春とうつる満洲模様）
- 初等科国語5　草原のオボ（蒙古人が備えた一種の土饅頭）
- 初等科国語5 附録　大地を開く（北満での開拓）
- 初等科国語7　黒龍江の解氷（黒龍江の詩）
- 初等科国語8　シンガポール陥落の夜（満洲国皇帝溥儀の行動）
- 初等科修身2　大陸と私たち（溥儀や満洲，東亜の立て直し，満人·蒙古人·ロシア人）

■1905年(明38)
ポーツマス条約

■1931年(昭6)
満洲事変
■1932年(昭7)
満洲国建国

出所：筆者作成。

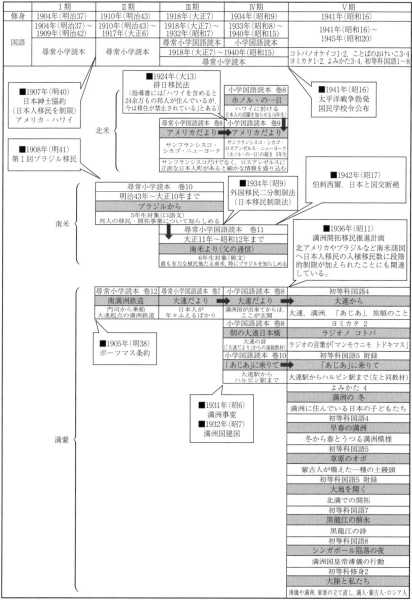

導書には、〈形式上では、新文字の読み方、書き方、難語句の意義、語法に関する知識等を授けて本文の読解に習熟させる。／内容上では、ブラジルの都邑・気候・名所・産業・邦人の移民・開拓事業等について知らしめ、兼ねて世界的思想を養ふ一端に資するを以て要旨とする〉[13]（傍点は引用者による）とその教育目標が記されている。

このような教育目標を持った「ブラジルから」は、一九一〇年（明治四三）から一九二一年（大正一〇）の間、五年生を対象として使用され続けた教材で、ブラジルの地理の紹介から書き出されている。

> 此の間は手紙を有難う。……此のブラジル国は、広さが日本の十三倍もあつて、大部分熱帯に属してゐますが、中央の高地や、海岸地方の大部分は割合に涼しく、殊に温帯地に属する南部の諸州では、四季の変化なども、日本のやうにはつきりしてゐるさうです。たゞをかしいのは、日本の秋が春で、日本の冬が夏といふやうに、あべこべなことです。[14]

そして、さらに、〈コーヒー園には、日本人がたくさん働いてゐますが、中には十三四の子供も居ます。そんな小さい子供が、外国人の間に立ちまじつて、かひがひしく働いてゐるのを見ると、如何にも健気に思はれます〉（文部省編 1918：131-133）と児童に労働精神を植えつけようともしている。またこの教材はⅢ期からⅣ期、一九一八年（大正七）から一九四〇（昭和一五）の間、「南米より（父の通信）」と改題され、六年生を対象として使用もされた。しかしそれは、〈御手紙拝見致候……此のブラジル国は、広さ我が国の十三倍もこれあり、其の大部分は熱帯に属し居候へども、中央の高地や海岸地方の大半は割合に涼しく、殊に温帯に属する南部の諸州にては、四季の変化も日本の如くはつきり致居候由、唯をかしきは日本の秋が春、日本の冬が夏といふ様に季節の相反する事に候[15]〉というように、「ブラジルから」を候文体にあらためたものであり、「南米より（父の通信）」の指導書を見てみれば、〈義務教育最終学年の児童としてこの位のものは進んで読みこなすやう導く〉（田巻 1930：315）という目標を合わせ持った教材となっていた。さらに〈本課は最も有望な植民地なる南米、特にブラジル国の一端を知らしめ、海外思想を鼓吹しようとするのが主題である〉とも示されている。こうした移植民に関する知識を付けるための教材としては、サンフランシスコなどに立派な日本人町があるなどの情報を盛り込んだ「アメリカだより」（Ⅲ～Ⅳ期）や、ハワイにおける日本人の活躍を知らせる「ホノル、の一日」（Ⅳ期）といった「アメリカ教材」もある。また、表には入れてないが、ロンドンやパリの様子を記した「ヨーロッパの旅」（Ⅲ期）といった「ヨーロッパ」教材も登場している。こちらは移植民ものではないが、地理教科書同様、第一次世界大戦（一九一四～一八）など、国際問題を通して世界的視野が大きく開けた影響と考えてよい。ところが、こうした教科書作成や使用の流れも、北南米における各種移民法の制定や太平洋戦争の勃発によって途絶え、Ⅴ期の「満洲教材」へと一気に移行していくことになる[16]。

「満洲教材」が最初に教科書に採録されたのはⅡ期であるが、Ⅱ期からⅣ期が大連や南満洲鉄道を中心とした教材だったのに対し、Ⅴ期は満洲開拓移民推進計画（一九三六）や大東亜共栄圏思想（一九四〇）が色濃く反映された教材となっている。そのため超国家主義・ミリタリズムの教科書と評されるものとなったが、しかし、たしかに全体からすれば戦争に関する言説は増えたものの、また、それこそが大東亜共栄圏思想の反映と言えるものではあるのだが、「満洲教材」自体は楽しげに満洲で暮らす子どもたちを描くなど、その表現は朗らかで温かく、また、多民族および文化に対する理解度の高い、抒情的な教材が多かった。

例えば、「満洲の冬」では、氷の上で夢中になって遊んでいる日本と満洲の子どもたちの姿が生き生きと描かれている。

満洲に　住んで　ゐる　日本の　子どもたちは、いくら寒くても、元気よく　スケートをします。／さいしょは、スケートを　つけて　氷の　上に　立つ　ことも、なかなな　むづかしいの　ですが、そのうちに　一

図4‐1　「大陸と私たち」より
注：左からロシア人，満洲人，日本人，支那人，韓国人。
出所：『初等科修身２』。

メートル、五メートル、二十メートルと、だんだん　うまく　すべれるやうに　なるの　です。……満洲人の　子どもは、木で　こしらへたこまを、氷の上で　まはして　遊びます。細い　棒の　先に　ひもをつけて、その　ひもで　こまの　腹を　たたきます。すると、こまは勢よく　ぐんぐん　まはります。ほっぺたを　つめたい　風に　赤くしながら、む中に　なって　まはします[17]。

また、「大陸と私たち」では、〈満洲国には、いろいろの民族が集つて暮らしてゐます。顔かたちや、ならはしの違つた人々ではありますが、みんな満洲国をりつぱな国にしようと、心をあはせ、日本にならつて、仕事に励んでゐます。／満人の子どもは、からだも大きく、力も強く、蒙古人の子どもは、かんげきする心が深く、またロシア人の子どもは、きまりのよい生活をします。これらの子どもたちと、日本の子どもは、しつかり肩を組んで進まなければなりません。／満洲国のおとなりは、支那です。／支那は、日本の十五倍もある大きな国です。日本では見ることのできない、広々とした畑や、大きな川がいくらもあります。こんな広い土地に生まれ育つた支那の子どもは、心持もいつのまにか大きくなつて、ゆつたりしてゐます[18]〉という本文に、図4‐1のような民族の協調を唱える挿絵もついていた。

国語教科書においても地理教科書同様に、移植民に関する知識を付けるための教材が含まれていたことを検証してきたわけだが、その移植民表象は、「地理」とは若干違って南米が早く、次に北米、そして満洲へと移行していった。それはアメリカ・ハワイが「日米紳士協約」（一九〇七～〇八）によって日本人移民を制限したのに対し、ブラジル第一回移民（一九〇八）を決行した日本が、ブラジルを〈単に貿易上の関係のみでなく、また我が国移民との関係もある国だから、我が国民殊に未来の国民にあつては、是非知つて置くべき対者国〉（野澤 1923：270）（傍点は引用者による）としていた国家的認識を、編年的に作成せずともよい国語教科書の特質のなかで、児童・生徒たちに伝えようとしたためと考えられる。

5　国定教科書における帝国の勢力圏のウチ・ソトの相関性・連動性

このように、「地理」「歴史」「国語」といった三教科の記述を横断してみると、「地理」と「国語」は移植民に関する知識を増やすための導きがなされており、両方を読むと互いに知識を深め合うことができるものとなっていたことが判明した。

たしかに、帝国日本の非勢力圏にあるアメリカやハワイ、ブラジルに移り住んだ移民と、帝国の勢力圏にある満洲へ向かった植民とは、その根本がまったく違う。また、そうした移民と植民の違いは、授業において教師が説明していたと推測される。しかし、移植民表象という視点から教科書をとらえなおし、日本の近代小学校教育において「知っておいて欲しい知識」とはいかなるものだったのかという問いを立てた時、そこに浮かび上がってきたものは、移民と植民の差異というよりもむしろ、各時期における日本人の海外雄飛の姿を、未来を担う児童・生徒たちに、時に「地理」における明確な数値でもって、時に「国語」における抒情的な物語でもって教え伝えていた「教科書的事実」であった。当然ながら、その時期によって濃淡はあったにせよ、アメリカやハワイ、ブラジルそして満洲も、教科書という一冊のテキストの中において、「日本人が生活している海外」として児童・生徒に受容されていたのであり、彼らはそこを自由に行き来できたわけである。

これを本章のテーマとなっている帝国の勢力圏のウチ・ソト（植民地・移民地）の相関性・連動性の問題としてあらためて考えてみよう。

「地理」の表4-1と「国語」の表4-4を合わせ見るとわかるように、地理教科書においては、帝国の勢力圏のソトにあった移民の人数やそれに関する教科書ごとの記述が、一九三一年の満洲事変や一九四一年に勃発した太平洋戦争に向かうにつれて減少していき、その代わりに、帝国の勢力圏のウチにあった植民の人数やそれに関する記述が増加していった。国語教科書においては、移民から植民へと記述の比重の移行は緩やかに進むものの、V期教科書において急転換する。それは完全に植民に関する記述の肥大化であった。

結局、近代の日本人の海外移植民は、帝国の勢力圏内にしろ圏外にしろ、「より豊かな生活」の実現を目的とするものであった。しかし、一九三〇年代後半は、世界各地でナショナリズムが台頭し、北南米では排日の嵐が吹き荒れた。二〇年代までにアメリカで活躍した日本人キリスト者が大陸伝道に向かい、ブラジルでは日本語教育が制限・禁止され、満洲への再移住論がさかんになる。ブラジル日系移民の帝国の勢力圏への再移住はほとんど実現されることはなかったが、V期国語教科書の植民に関する記述偏重の傾向は、はからずもこうした勢力圏外の日系移民の「より豊かな生活」実現の夢を表象する結果となったと言えよう。

注

（1）国定教科書研究の基本書となっている唐澤（1956：227-553）による区分を用いた。また、一九〇四年から一九四五年に至る国定教科書の使用年度は、中村（1997）に一覧が作成されており詳しいので、そちらを参照のこと。

（2）海外移植民教材と言った場合、当然のことながら「台湾・樺太・朝鮮・南洋」など他地域教材も含まれるわけだが、本章では、北南米と満洲との連動に着目することから見えてくる移植民表象に焦点化したため、基本的に他地域は除外した。今後の課題としたい。

（3）移植民教材の全体の変化を知るため、ここでは考察の対象から外している他地域（台湾・樺太・朝鮮・南洋）も含めた。
（4）原典はⅥ期国定地理教科書。文部省編（1944）。引用は海後・仲編、第十六巻（1983：55）。
（5）原典はⅡ期国定地理教科書。文部省編（1910）。引用は海後・仲編、第十六巻（1983：424）。
（6）原典はⅢ期国定地理教科書。文部省編（1918）。引用は海後・仲編、第十六巻（1983：478）。
（7）原典はⅤ期国定地理教科書。文部省編（1938）。引用は海後・仲編、第十六巻（1983：657）。
（8）原典はⅣ期国定地理教科書。文部省編（1938）。引用は海後・仲編、第十六巻（1983：569）。
（9）原典はⅥ期国定地理教科書。文部省編（1944）。
（10）原典はⅡ期国定歴史教科書。文部省編（1910）。引用は海後・仲編、第十九巻（1983：558）。
（11）原典はⅢ期国定歴史教科書。文部省編（1921）。引用は海後・仲編、第十九巻（1983：732）。
（12）原典はⅣ期国定歴史教科書。文部省編（1935）。引用は海後・仲編、第二〇巻（1983：119-120）。
（13）野澤（1923：266）。「ブラジルから」の指導書だがⅢ期のもの。Ⅱ期の指導書が入手できず用いた。
（14）Ⅱ期国定国語教科書『尋常小学読本』巻十。引用は文部省編（1918：131-133）。
（15）原典はⅢ期国定国語教科書。文部省編（1922）。引用は海後・仲編、第七巻（1983：512）。
（16）Ⅴ期は「満洲教材」だけが採録されていたわけではない。植民的思想を啓培する目的などを持った「南洋教材」も少数ではあるが採録されていた。注（2）を参照。
（17）原典はⅤ期国定国語教科書。文部省編（1941）。引用は海後・仲編、第八巻（1983：414-415）。
（18）原典はⅤ期国定国語教科書。文部省編（1941）。引用は海後・仲編、第八巻（1983：429-430）。

文献

伊志嶺安博、二〇一〇、「近代における初等教育段階の日本語教科書——ブラジルの日本語教科書の位置づけをめぐって」中国赴任日本国留学生予備学校日本語教育研究会編『日本語教育論集・国際シンポジウム編』第七号（294-303）、東北師範大学出版社。

海後宗臣・仲新編、一九八三、『日本教科書大系』第七、八、十六、十七、十九、二〇巻、講談社。

唐澤富太郎、一九五六、『教科書の歴史』創文社。

金暁美、二〇一一、「大日本帝国『国語』教科書における欧米――『内地』と『朝鮮』の地理・風俗教材の比較を中心に」『日本比較文学会東京支部研究報告』第八号（4-11）。

中村紀久二（研究代表者）、一九九七、『教科書の編纂・発行など教科書制度の変遷に関する調査研究』（科研費研究課題番号：07300008）。

野澤正浩、一九二三、『修正尋常小学読本教授細案』目白書店。

田巻素光、一九三〇、『尋常小学国語読本研究の新資料』巻の十一。

安田敏朗、一九九七、『帝国日本の言語統制』世織書房。

第5章　戦前期南カリフォルニア地域の「二世教育」

――南加中央日本人会と南カリフォルニア大学東洋科を中心に

松盛美紀子

二〇世紀に入ると、日本から北米・南米・中国大陸などへの移動がさかんになり、日本人の定住が進む中、在外子弟の教育は現地日本人だけでなく日本政府においても大きな関心事であった。アメリカ合衆国の日本人移民社会では、アメリカ市民権を持つ二世が誕生すると、一世は子どもたちの将来、二重国籍の問題、教育など二世特有の新たな問題である「第二世問題」に直面した。アメリカでは、子どもたちは現地の公立学校に通うようになり、そのため「二世教育」は個人的問題からしだいに日本人移民コミュニティ全体で取り組むべき大きな課題となっていった。

これまで多くの研究者が、戦前の在米日本人移民子弟の教育、すなわち「二世教育」に関する研究を行っている。日本語学校に関する研究（坂口 2001：森本 2005：賀川 1999：Yoo 2000）では、日本語学校の設立、カリキュラム、教材である日本語読本などを丹念に分析することで、「二世教育」を実践する場であった日本語学校がアメリカ社会の状況に対応せざるを得ない様子を明らかにするとともに、日本語学校が学校としての機能だけでなく社会福祉的な機能を持ち合わせ、ホスト社会との架け橋としての役割を担っていたことが示された。また「二世教育」を日米の国際関係の中でとらえ、日本政府の対応を明らかにした研究もある（粂井 2003：128-156）。例えば粂井輝子は、日本政府が展開する在外日本人子弟の国民化・臣民化教育の中にアメリカ合衆国の「二世教育」を位置づけ、「二世教育」に関わる文部省と外務省の関係や態度、そしてアメリカにおける「子弟教育」政策の特質について考察した。粂井は、アメリカの在外子弟教育に対して日本政府は排日運動の影響を考慮せざるを得ず、それゆえ文部省も外務省も「二世教育」に直接関与することは困難な状況にあったため、「二世教育」は現地領事の判断に委ねられたと指摘した（粂井 2003：132-134）。

本章は、南カリフォルニア地域の在米日本人移民社会で大きな力を持っていた南加中央日本人会を事例として、在米日本人移民による「二世教育」の位置づけや実践を明らかにするとともに、同じ時期にアメリカ国内の大学に東洋科や日本講座が設置され始めたことに注目し、これらの動きと「二世教育」の関係性について考察する。特に、大学の東洋科や日本講座の設置には日本政府の支援もみられることから、粂井のいう「二世教育」に対する日本政府の対応について再考する。

1　南加中央日本人会教育部と「二世教育」

一九一〇年代に在米日本人移民社会では学齢期を迎える二世人口が急速に増加し、日本語教育機関としての日本語学校が次々と開校した。「二世教育」に関する人びとの関心は急速に高まり、邦字新聞でも「二世教育」をめぐる報道がさかんに行われるようになった。カリフォルニアの日本人移民社会では、各地の日本語学校の連絡や統一を図る必要性がでてきたことから、一九一二年（明治四五）四月に在米日本人教育者大会が開催され、日本語学校をめぐるさまざまな問題を解決しようとした（南加州日本人七十年史刊行委員会編 1960：279：北加日本語学園協会編 1930：26）。一九一五年（大正四）八月にロサンゼルス領事館が設立されると、日本人会だけでなく教育会も南カリフォルニア独自の組織が創設され、サンフランシスコを中心とする北カリフォルニア地域からの分離独立する動きが加速した。南加中央日本人会は、南カリフォルニア各地の日本人会を取りまとめ、領事館と各地域をつなぐ連絡団体としての役割を担い、一世の教育者たちが二世の教育問題について議論する場として南加日本人教育会が創設された。当初は移民コミュニティの経済・社会に関する問題と教育に関する問題は別組織で扱われていた。ところが一九一七年（大正六）二月になると、南加中央日本人会定期代表者会議において、日本人会内部に教育部を設置することが決議され、南加日本人教育会は南加日本人会教育部に吸収されることとなった。これまで、南加中央日本人会は南加日本人教育会への資金援助や二世学童の就学状況を調査するなど、あくまでも補助的な役割を担うに止まっていた。ところが、教育部の設置により、南カリフォルニア各地域の日本語学校の指導や教育方針の決定など「二世教育」にまつわる事柄は、すべて南加中央日本人会教育部が担うことになった。

南加中央日本人会教育部の委員は、表5-1のように日本あるいは日本とアメリカでの教育経験を持つ人材に比較的多く選ばれ、在米日本人移民社会の中でも少数派の知的エリート達で構成されていたと言える(1)。当時の日本人会は出身地による優位性から要職は同郷で固められる傾向が強かったが、教育部委員は出身地に関係なく人材が登用された。ただし、羅府日本人会関係者の登用が目立ち、教育部はロサンゼルスを拠点とする委員によって構成されており、地域的なバランスをやや欠いているとも言える。

イチオカや森本ら多くの研究者が指摘するように、一九一〇年代（明治末から大正期）におけるカリフォルニア地域の「二世教育」は、アメリカに永住し将来アメリカで活動できるような人材の育成へとしだいにシフトしていった（北加日本語学園協会編 1930：6-8；Ichioka 1988＝1992：744；南加州日本人七十年史刊行委員会編 1960：286；森本 2005：98）。いわゆる「日主米従」教育から「米主日従」教育への転換である。この教育方針は、「徳育は教育勅語の御趣旨に対し国民性の長所を涵養し米国精神の長所を兼ね備へ」ることにあった（北加日本語学園協会編 1930：6-8）。南加中央

表5－1　南加中央日本人会教育部委員の教育経験

年	氏名	教育経験	出身地
1917年（大正６）	遠山則之*		岩手
	橋井榮太郎*		鳥取
	金子眞成*		新潟
	平井由太郎*		奈良
1918年（大正７）	田中重平*		
	茅野恒司*		
	藤岡紫朗*	早稲田大学，コロンビア大学（財政学）	青森
	島野好平	高等師範学校，スタンフォード大学（教育学，心理学），南カリフォルニア大学（文学，歴史）	静岡
	皆角美之吉		
	柴田道成		福岡
1919年（大正８）	藤岡紫朗*	前掲	前掲
	田中義一	明治学院（神学部）	群馬
	中木清秀	東京慈恵院，ワシントン州立大（化学），オレゴン州立大（専攻不明。学位取得）	京都
	森　羆《ひぐま》		
	杉山重俊		
	乾　精末	関西学院（政治，経済），南カリフォルニア大学東洋科講師	兵庫
	島野好平	前掲	前掲
	寺畑輝一		
1920年（大正９）	島野好平	前掲	前掲
	藤岡紫郎	前掲	前掲
	中木清秀	前掲	前掲
	伊藤竹次郎	済生学舎（医師）	千葉
	中村順三		
	田中義一	前掲	前掲
	安西清春	南カリフォルニア大学	宮城
1921年（大正10）	島野好平	前掲	前掲
	馬場日良		
	川島末之進	長崎鎮西学院，シカゴ神学校，ユニオン神学校（新約聖書専攻）	福岡

	平井山太郎		
	中村順三		
	安西清春	前掲	前掲
	吉永善次	ベニス市小学校，サンタモニカ高等学校，カリフォルニア大学（商科）中退，南カリフォルニア大学（商科）	熊本
1922年（大正11）	島野好平	前掲	前掲
	原　初治	ワラワラ大学豫修科，ローマリンダ医科大	岡山
	伊藤竹次郎	東京済生学舎（医学）	千葉
	川島末之進	前掲	前掲
	阿部祿次郎		福島
	平井山太郎		
	高岡今平		
1923年（大正12）	島野好平	前掲	前掲
	小野助四郎		鹿児島
	伊藤清富		和歌山
	仲村権五郎	桑港美以英和学校，マッキンレー・グラマースクール（バークレー），羅府高校，南カリフォルニア大学（法律）	沖縄
	佐藤信義		
	葛西治三郎	安中中学，青山学院から明治大学（法律）	群馬
1924年（大正13）	赤司　郁*		福岡
	石崎千松		
	葛西治三郎	前掲	前掲
	島野好平	前掲	前掲
	山本新一		広島
	佐藤信善		
	林　三郎		
1925年（大正14）	原　初治	前掲	前掲
	荒谷浮太郎*		広島
	島野好平	前掲	前掲
	平塚増雄*		
	山本金太郎		
	葛西治三郎	前掲	前掲

	荒川義雄		広島
	仲村権五郎	前掲	前掲
1926年（大正15／昭和元）	畑下一三平		和歌山
	瀧口喜造		山梨
	笹原芳太郎		広島
	葛西治三郎*	前掲	前掲
	赤司　郁*		前掲
	渡邉松蔵（渡邉松三？）		新潟？
	井上太郎		

注：*は，当時，南加中央日本人会幹事であった委員。
出所：藤岡（1940），松本（1929），日米新聞社（1922），南加州日本人七十年史刊行委員会編（1960）から筆者作成。

日本人会教育部では、一九一八年（大正七）六月八日の教育者大会で「米化運動に対する日本語学園の執るべき態度」を決定した（藤岡 1940：58-60）。この決議を受けて、教育部委員会では早速「ローマ字委員」を設置し、各学園に配布する機関誌を日英両語で作成し、日本語教科書を米化主義に基づいた解釈で使用することになった（藤岡 1940：62-63）。そして公立学校での教育を第一と考え、日本語学校での教育はあくまでも補習教育と位置づけた。このように「二世教育」の方針は「米化」を念頭に置いたものへと転換された。

この時期、アメリカ国内では国民統合のためにアメリカ的価値観やアメリカ的生活習慣を身につけることを強く求めた「一〇〇%アメリカ化」運動が展開されていた。しかしながら、日本人移民はその対象から除外されてしまったことから、自らで同化可能な人種であることを証明しなければならなかった。南カリフォルニア地域では、南加中央日本人会が主導する形で日本人移民の道徳向上、日曜労働の禁止、貯蓄の奨励、家庭教育の重視など「米化運動」が積極的に展開された。「二世教育」もこの動きと連動し、教育方針に「米化」を掲げることで、在米日本人移民社会全体の啓発運動に最大限活用された(2)。例えば教育部が地域住民を集めて積極的に取り組む講演会や映画鑑賞会は、日本語学校以外の場で子どもたち、さらに両親の「米化」を促す目的があり、二世を対象とした教育活動でありながら、同時に一世を対象とした教育活動という側面も持ち合わせていた。さらに、こうした催しに地域のアメリカ人を招待することで、日本人が積極的に「米化」に取り組んでいる姿勢を対外的に示し、日本人が「同化不能な民族」ではないことを効果的にアピールする場としても活用された（藤岡 1940：68-70）。

その後、南カリフォルニア地域における「二世教育」の方針は一九二〇年（大正九）八月に開催された第四回南加教育会で「米化」の促進に加え、二世を「善良なるアメリカ市民」として育成することが決定した（『羅府新報』一九二〇年八月一四日付）。

在米日本人移民社会の中で「善良なるアメリカ市民」にするための「二世教育」の必要性は、排日運動が激しくなるに従って、しだいに強調されるようになった。排日運動家は、日本人移民とその子弟たちのアメリカ社会への同化が遅いことを激しく攻撃した。彼らは「二世教育」に対しても疑念を抱き、攻撃の矛先を「二世教育」に向けるようになった。一世指導者たちは、この非難が、二世に対する日本語教育や二世を日本に帰国させて教育しようとする態度に要因があると考えた。そのため彼らは、日本人移民社会で平然と行われている賭博や飲酒などアメリカ的道徳観念に抵触する行為や、日曜労働をはじめとした「アメリカ的生活様式」から逸脱した行為に対して「吾々は排日の非を鳴らす前に排斥さるる懸る材料を先づ改良しなければならない」と訴えると同時に、子どもたちを日本に帰国させる家庭の教育方針にも警鐘を鳴らし始めた（『羅府新報』一九二二年四月二二日付）。『羅府新報』では、「子供を帰すな膝許《ママ》で育てよ」（一九二〇年（大正九）一〇月七日付）、「児童の将来　米国で教育を続けよ」（一九二一年（大正一〇）二月三日付）、「児童を帰国せしむるな」（一九二二年（大正一一）四月二十二日付）という見出しで始まる記事が掲載され、我が子を日本に帰国させることは「打算」であり、そうした行為は「吾子の将来を過つ」ことにつながり「最も愚の事」であると強く非難した（『羅府新報』一九二二年四月二二日付）。さらに、「今市民権を有する者を例へ一人たりとも此米国から去らしむるのは同胞の発展を切崩す様なもの」であると指摘し、「此の際子供を日本に帰そうかと云ふ考へを持つて居る両親は大いに反省して思ひ止まる様にして貰ひたい」と両親に警告を発した（『羅府新報』一九二一年四月二二日付）。

一九二一年（大正一〇）に外国語学校取締法が可決されると、二世を善良で優秀な「日系の米国市民」として養成する必要がある、との論調は高まりを見せた（『羅府新報』一九二一年四月二三日、一九二一年五月二二日付）。これ以後「二世教育」は「我が子にして我子にあらず。北米大陸に於ける我が民族発展の先駆者」（『羅府新報』一九二一年五月二二日付）として二世を位置づけ、一世指導者たちが考える「善良なるアメリカ市民」の要件に高等教育を受けることが付加され、二世の高等教育が推奨されるようになった。一九二〇年（大正九）八月、南加中央日本人会によって、二世の高等教育を推奨する目的で「市民奨学協会」（the Citizen Educational Aid Society）と称する奨学金制度が創設され、一九二四年（大正一三）からこの奨学金制度は本格的に始動した(3)。

2　南加中央日本人会青年部と「二世教育」

在米日本人移民社会の指導者たちが二世の高等教育にも力を注ぎ始めた頃、コミュニティ内では「青年指導」についての議論も同時に持ち上がった。ここでいう青年とは、一〇代後半から二〇代にかけての若者をさし、在米日本人移民社会ではこうした若者たちによって青年会が自然発生的に組織された。南加中央日本人会では一九二一年（大正一〇）二月二八日の理事会で、正式に各地日本人会の下部組織として青年会を設置することを決議した。これ以降、日本人会が青年会の設立を主導し、さらに南加中央日本人会は、青年指導について議論するために、青年部を新たに設置した。青年部の委員には、島野好平、遠山則之、藤岡紫朗、藤井整ら、教育部委員としてこれまで二

表5-2　南加中央日本人会青年部委員（1921～26年）

年	委員
1922年（大正11）	藤岡紫朗，遠山則之，島野好平，茅野恒司，藤井整，赤星一次，乾精末，近藤長衛
1923年（大正12）	遠山則之，仲村権五郎，矢崎作平，平塚増雄
1924年（大正13）	遠山則之，畑下一三平，野口議蔵，島野好平，藤井整，葛西治三郎，木村末喜，矢崎作平，鈴木博
1925年（大正14）	富尾友造，多嶋軍次郎，藤井整，遠山則之，大野時郎
1926年（大正15）	遠山則之，多嶋軍次郎，清水延吉，野口議蔵，安倍俊吾，杉山茂俊，遠藤幸四郎

出所：藤岡紫朗（1940）。

世の教育方針を決定するのに中心的な立場にあった人たちが選任され、青年指導を行った（表5-2）（藤岡 1940：93, 94, 107）。

南加中央日本人会青年部の発足に見られるように、一九二〇年代（大正期）の在米日本人移民社会は、学齢期と青年期に達した子どもたちが混在し、彼らを同時に指導しなければならない状況にあった。それゆえ、「二世教育」も一〇代から二〇代にかけての幅広い年齢層を対象として議論する必要性が出てきた。当時の日本人移民社会では、学齢期の児童たちがそうであったように、青年期に達した若者の中にも、アメリカ生まれ（二世）と、日本からの呼び寄せ（一世）の二つの異なるグループが存在した。彼らはアメリカ市民権を保有するか否かで大きな違いがあるものの、幼少期に呼び寄せられた子どもたちはアメリカの公教育を受けて育ったことから、考え方、行動、精神面においてアメリカ生まれの二世たちとさほど大きな違いはなかったと言える。しかしながら、日本で教育を受けて一〇代半ば以降に呼び寄せられた子どもたちもいたことから、青年部では「青年」をアメリカ生まれと日本生まれに区分し、それぞれのグループを異なる教育方針のもとで指導することにした。青年部はアメリカ生まれの青年は「将来天晴米国市民として、他国民系の市民と伍して毫《すこし》も遜色なきは勿論、総ての点に於て優勝者の地位に立ち得る方針」のもとで教育されるべき存在ととらえた。そのため「祖国の事を標準とせず、総てを米国本位」でなければならないと考え、アメリカ人の特性や理想に合致するように彼らを指導した。他方、日本から呼び寄せられた青年については、彼らの一部が賭博場に通い親の無責任な態度によって堕落していたことから、「同胞社会にとって由々しき問題」や「不祥事」を起こす存在としてとらえる見方が強かった。それゆえ、呼び寄せ青年に対しては「啓蒙善導」が必要で、「先づ充分に教育を施し米国の美点長所を教え、其の短所欠点に感染せしめざるやう注意せねばならぬ」という立場をとった（『羅府新報』一九二二年二月五日付）。

呼び寄せ青年に向けられたまなざしは厳しいものであったが、一世たちは彼らには彼らなりの使命があると考えていた。それは、コミュニティにおける労働者不足の解消と一世が築いてきた事業の継承であった。さらに呼び寄せ青年を、日本人移民社会が一世からアメリカ生まれの二世へと移る過渡期にあっては、二つの世代をつなぐ仲介者として重要な存在であると位置づけた（『羅府新報』一九二〇年七月三一日付）。

このように、当時の「二世教育」は、アメリカ生まれの二世に対してはいかにして「善良なるアメリカ市民」として教育するか、そして呼び寄せ子弟たちに対しては彼らの役割をいかにして自覚させ「啓蒙善導」するかという二点にあった。アメリカ市民であるか否かという大きな違いを持つ「青年」を抱えた在米日本人移民社会にとって、排日運動の理由となる芽を少しでも取り除くためにも、青年たちを統制することは急務であった。そのため、南加中央日本人会青年部は、各地の青年会を通して「適切な」青年指導を行い、青年部が掲げた教育の指針を効果的に実践することにした。青年部の規約に掲げられているように、青年部では、青年たちにアメリカ市民権の有無にかかわらない「在米同胞の青年」としての意識や連帯を求め、さらに「国際的青年」としての役割を与えることで、日米親善に貢献する使命を持たせようとした。青年指導の最大の目的は、一世指導者たちやアメリカ社会が求めるような理想的な人格を育成することであった（藤岡 1940：108-109；南加日系人商業会議所 1956：43；越智編 1957：467；『羅府新報』一九二二年三月五日付）。

実際の青年指導では、一九二二年（大正一一）一月に南加中央日本人会青年部の設立と同時に創設された各地青年会の中核組織である南加日本人青年会同盟が大きな役割を果たした（『羅府新報』一九二二年一月三一日付：藤岡1941：105-106）。南加日本人青年会同盟には、南カリフォルニア各地の基督教会や仏教会付属の青年会など一一団体が加盟し、青年部と連携を取りながらさまざまな活動を行った。なかでも、南カリフォルニア各地を巡回して行われる講演会は同団体の中心的な活動であった。彼らは「巡回講演は中央日会啓発講演と行動を共にすること」（『羅府新報』一九二二年三月二八日付）を信条としていたことから、南加中央日本人会教育部と同様に、一世指導者層が推し進める「啓発活動」であり排日予防策である「米化」運動と連動していた。その他の活動には、青年たちの指導や啓発を目的として機関雑誌『在米青年』の発行、スポーツを通して南カリフォルニア地域の青年男女の親睦を深める「青年大運動会」の実施、一世と二世の交流を目的とした「青年週」の開催があった。青年指導は居住地域、世代、ジェンダー、宗教を超えた日本人移民社会全体を巻き込んだ大規模で多様な活動となった。

3　南カリフォルニア大学東洋科と日本人講師

日本人移民社会が子どもたちの教育について熱心に取り組んでいた時期は、アメリカ各地の大学に日本に関する講座が開講し始めた時期でもあった。アメリカの主要な大学では一八七〇年代後半から東アジア関連の史料や書籍の収集が行われ、東洋研究が進められるようになった。東洋研究は主に中国が対象であったが、しだいに日本も研究対象に加えられ、場合によっては日本政府が資金を提供するなどして関連する講座が開講されるようになった。これらの講座は日本人が講師を務めることも多く、例えば東部のイェール大学では早稲田大学出身の朝河貫一、ハーバード大学では東京帝国大学出身の姉川正治と岸本英夫、シカゴ大学では家永豊吉が講師を務めた。西部では、カリフォルニア大学バークレー校では久野喜三郎、ワシントン大学では帰米二世のヘンリー・S・タツミ、スタンフォード大学では市橋倭、南カリフォルニア大学では坂本義孝、乾精末、中澤健がそれぞれ講師を務めた。ワシントン大学のタツミを除く西部諸大学の日本人講師はいずれも、中等教育レベルの教育を日本で受け、渡米後にアメリカで高等教育を受けた経験を持つ。そして彼らは、現地の日本人移民社会と密接な関係を築いていた。南カリフォルニア大学東洋科の三人の日本人講師を取り上げながら、彼らと移民社会そして日本政府との関係を見ていきたい(4)。

南カリフォルニア大学の東洋科は、東京帝国大学で一三年間教壇に立ち、アメリカへ帰国したジェームス・M・ディクソン博士を学部長に迎えて創設された。同学科は「米国学生をして東洋事情に通暁せしめ、批判的同情を抱懐せしむる」という目的のもと、日本と中国の文化、哲学、宗教、経済に関する講座を開講した（帆足 1912：12, 13)。設立当初は、日本と中国それぞれの歴史、経済、言語、文学に加え、フィリピンやインドの歴史、さらに東アジア地域におけるキリスト教の布教史や太平洋問題など多岐にわたるテーマを扱い、一四講座が開講された。第二次世界大戦以前は坂本義孝、乾精末、中澤健が講師を歴任し、学部長のディクソン教授とともに大学教育に従事した。

同大学東洋科で最初の日本人講師を務めたのは、国際政治学者坂本義和の父・坂本義孝であった。坂本は福島県出身のキリスト教信者で、磐城中学を卒業後、中国・上海に創設された東亜同文書院に第一期生として入学した。東亜同文書院を卒業後、南カリフォルニア大学で経済学の修士課程を、コロンビア大学で経済学の博士課程を修めた（坂本 2011：213)。坂本は南カリフォルニア大学在学中の一九一一年（明治四四）九月、同大学に東洋科が設立されると講師として迎えられ、主に中国経済や中国語などの講座を担当した（*El Rodeo* (vol. 7), 1913：251；*Daily Southern California*, September 17, 1913, February 12, 1914)。また彼は、日本人留学生によって設立された南カリフォルニア大学日本人学生会（一九一一年設立）のアドバイザーも務め「坂本義孝兄」と慕われるなど、公私ともに日本人学生の良き相談役であった（南加大学日本人学生会 1913：90）。坂本は南カリフォルニア大学を卒業後、コロンビア大学進学のためニューヨークへ移り、同大学卒業後に再び南カリフォルニア大学東洋科の講師として迎えられた。その後、坂本は中国大陸へと渡り、東亜同文書院の教授、上海日本人ＹＭＣＡの理事、上海日本総領事館嘱託職員、上海のキリスト教系大学であるセント・ジョーンズ（聖約翰）大学の教授などを歴任した（坂本 2011：10-13：池田 1995：238）。

坂本の後任として講師を務めたのは、乾精末であった。神戸出身（本籍地徳島県）の乾は、関西学院高等科、ミシガン大学、南カリフォルニア大学で学んだ後、南カリフォルニア大学やオクシデンタル大学で講師としての職を得た。南カリフォルニア大学では政治経済学部に所属し、日本史、日本文明論、東アジアの国際政治・外交・貿易、日本人移民に関する講義を担当した（井上・高橋・比留井 2005：290：JACAR Ref. B12081901500）。乾はサンフランシスコで河上清とともに太平洋通信社の運動員として活動し、さらに在米日本人会の書記長も務めた（辻 2010：127-129）。一九一七年（大正六）前後にロサンゼルスに移住した乾は、南加中央日本人会の活動にも積極的で、同会青年部の立ち上げにも関わり、さらに青年部委員として青年指導に携わる中で、南加中央日本人会主催の教育講演会や時局講演会などにもたびたび登壇し、在米日本人移民社会で展開された「米化」運動や教育活動にも熱心であった。乾は南カリフォルニア地域においても、こうした日本人会の活動を通して一世指導者層と深いつながりを築いていった。大学講師としての乾は、授業や課外活動を通して学生たちと大学内で交流を持つ一方で、移民社会にも積極的に足を運び、一世指導者とともに日本人移民の啓発活動に携わった。例えば「二世教育」の教育方針が高等教育重視へと大きく転換する際には、一世を前にした講演会でユダヤ人の成功を例に挙げながら高等教育と社会上昇の相関について説明し、「此際日本魂を振ひ起して困難に抵抗し新運命を開拓して子孫の為めに徐ろに百年の計を画せられんことを望む」と訴えかけた（『羅府新報』一九二〇年七月一一日付）。

一世指導者層がアメリカ社会の排日的状況を見極めながら日本人移民社会のかじ取りを行わなければならなかった状況において、乾の研究者としての学識や最高学府の教育者という立場は、一世指導者たちが移民社会で展開する「米化運動」やそれと関連して掲げられた教育方針の主張に強い説得力を持たせた。乾は、一九二四年（大正一三）の移民法の成立を受けて南カリフォルニア大学を去り、一九二五年（大正一四）から二年間早稲田大学で教壇に立った。その後、中国大陸に渡り、坂本義孝同様に上海日本領事館の嘱託職員となり、上海日本人ＹＭＣＡでは一九三四年（昭和九）に理事長に就任するなど、活躍の場を中国大陸に移した（井上・高橋・比留井 2005：292；池田 1995：469）。

乾が南カリフォルニア大学を去った後、後任を務めたのは中澤健であった。中澤は、オレゴン大学大学院で学び、ウィラメット大学、パシフィック大学、フォレスト・グローブ大学で日本文化に関する講座を担当した。一九二六年（大正一五）頃南カリフォルニア大学東洋科に迎えられた。前任の坂本や乾は東アジアにおける国際関係論や経済学の講座を担当していたが、中澤は主に東洋美術や東洋文学に関する講座を担当した。中澤が講師として就任した時期は、二世の大学進学者が急増した時期でもあり、新聞紙上や二世団体主催の討論会などで二世の言論活動が活発になった時期でもあった。中澤は、一九三四年（昭和九）から始まった日米学生会議の準備に携わったり、学内の日本人学生会やコスモポリタン倶楽部が主催するジャパンナイトなどの文化活動を支援したり、邦字新聞の英語欄にエッセイを寄稿し二世に向けたメッセージを送ったりした。そういった意味で、中澤は前任の坂本や乾と異なり一世というよりもむしろ若い二世たちのアドバイザーとしての役割を担っていた。大学講師として次世代の移民社会を担う若い二世たちと交流を深める中澤であったが、一方でロサンゼルス領事館の嘱託職員として、現地社会における日本理解の促進にも努めた。

……僕が大学に教鞭を執る傍ら、領事館でやって居た仕事は秘密任務でも何でもなく、日米振興促進のための啓発事業であつて、肩書も嘱託となつて居り、大つぴらに教育局の日本研究部を改善したり、公立学校教師用の日本文化に関する参考書を書いたり、学校や倶楽部などで文化講演をやつたりしたのである。（中澤 1943：6）

中澤は当時の活動をこのように振り返り、日米関係が悪化する中アメリカ社会に向けて日本政府の立場を代弁する役割を担っていた。彼の活動は、結果として日本の大陸侵攻を肯定するプロパガンダ活動の一端を担ったと言わざるを得ないものであったが、彼自身は「論戦の真只中に飛込んで報酬一文貰ふわけではなし、時には不眠不休、旅費、宿料自弁で天下の疎まれ者」になりながらも、「善良なる居留民として多年米国に貢献して来た」と、自身の活動がプロパガンダ活動と評価されることに反論している（中澤 1943：5, 7）。中澤は太平洋戦争が勃発するとFBIに連行されて捕虜収容所に抑留された後、第一回交換船で日本に帰国することになった。

4　戦略としての「二世教育」と越境性

在米日本人移民社会がアメリカ社会の状況に対応しながら「二世教育」を展開する中で、日本政府はアメリカの在外子弟教育に関しては、アメリカ社会の状況や国際関係の点からも消極的な態度を取らざるを得なかった（粂井 2003：133）。しかしながら、当時の日本政府は「アメリカ化」されていない日本人移民に向けられた排日運動の矛先が、日本民族の批判へと拡大し、さらに東アジアに進出する日本国家そのものにまで批判が及ぶことを避けねばならなかった。そのため、日本政府は官民協同で「対米啓発運動」と呼ばれる広報活動を繰り広げた。その一つの活動が、アメリカ各地の大学に東洋科や日本講座を設置するための人的支援と経済的支援であった（辻 2010：127-

137）。

もともとアメリカ国内の大学、特にミッション系の大学は中国・日本・韓国など東アジア伝道との関係から東洋研究への関心が高く、南カリフォルニア大学のように東アジア伝道経験者が教授や学長として迎えられるケースがあった（Wu 1996：1；Klein 1993：71-72）。しかし東洋研究が始まった当初は、日本というよりもむしろ中国が重要視されていた。日本に関心が向けられるようになったのは一九一〇年前後、さらに一九二〇年代からである。一九三〇年代に入ると、満洲事変（一九三一年〔昭和六〕）や盧溝橋事件（一九三七年〔昭和一二〕）をきっかけに、中国や日本に関する文化・社会研究や言語教育は一層さかんになった（Klein 1993：73）。大学当局やアメリカ政府にとって日本に関する講座の開設は、東アジアをめぐる利権と関連した動きであり、国際情勢の把握という側面があった。一方、日本政府としては、大学の講座が日本理解の窓口として機能することを期待すると同時に、アメリカ社会で将来活躍する親日家を育成したいとの思惑があった。アメリカ国内における「正しい」日本理解の浸透は、日清戦争や日露戦争に勝利して中国大陸への侵攻を加速させる日本に対する列強諸国の非難を和らげるためにも急がねばならなかった。日本政府はこうした国際情勢を見据えて、アメリカ各地の大学に日本研究の講座の開設や拡張に資金を援助する方針を示したといえる。そして、日本人あるいは帰米二世の大学講師を通して日米親善や日米交流の芽を育てようと試みた。

一九一〇年代以降、在米日本人移民社会はアメリカ社会への定住戦略として、日本政府は領土拡大に対する非難を回避する戦略として、アメリカ国内で教育活動を展開した。両者の教育活動は、排日予防という点では動機の一致を見たが、教育対象、教育方針、実際の活動において大きく異っていた。それゆえ、一見すると両者の間には関係性が無いように思われる。しかしながら、排日運動の激しい西部では、領事館の嘱託職員を兼務する日本人大学講師がアメリカ現地社会だけでなく日本人移民社会とも深く関わる姿が見られた。南カリフォルニア大学東洋科の日本人講師たちは、在米日本人移民社会の教育政策や教育活動に深く関わり、坂本や乾は将来二世の親となり「二世教育」の方針を決定する立場となる一世の若者を指導し、中澤は将来の移民社会を担う二世の若者を指導した。この点において、大学の日本人講師たちも「二世教育」の重要な担い手であったと言えるだろう。また、彼らが領事館の嘱託職員であった点に着目するならば、日本政府は彼らを介して日本人移民の啓発や二世の教育に携わっていたとも言える。

最後に、南カリフォルニア大学東洋科の坂本や乾が同大学を退職後、中国大陸へと渡り、現地の教育活動に尽力したこと、さらにアメリカの大学、特にミッション系の大学では教員人事や東洋科の開設が伝道との関係から日本を含む東アジア地域と深く関わっていたこと、これらの点は「二世教育」に直接あるいは間接的に携わった指導者たちの越境性を示している。つまり、二世をめぐる教育が日本とアメリカの二国間だけでなく、中国を含めた複数国家間、あるいは日本の帝国圏内外を視野に入れた越境教育史のダイナミズムの可能性を示唆しており、筆者の今後の研究課題としたい。

注

（1）南カリフォルニア地域の各地日本人会、県人会、各種組合などで活躍した指導者たち三三五人のうち、中学校卒業以上の教育歴を有する人は八〇人であった（藤岡［1940］1991、松本［1929］2003、日米新聞社編［1922］2003）。

（2）一九一〇年代にアメリカ政府主導で展開された国民統合の運動を「アメリカ化」運動とし、日本人移民自らが行った「アメリカ化」を証明するための運動を「米化」運動として区別している（松本 2007：72-89、廣部 2003：72-89）。

（3）市民奨学協会については、松盛（2013：109-112）を参照。

（4）東アジア関連の史料や書籍収集の開始は、一八七八年（明治一一）イェール大学、一八七九年（明治一二）ハーバード大学、一八九六（明治二九）カリフォルニア大学バークレー校と続く（Wu 1996：1）。日本講座の開講は、東部ではイェール大学（一九〇七年（明治四〇））、ハーバード大学（一九一一年（明治四四））、コロンビア大学（一九二〇年（大正九））、ニューヨーク大学（一九二一年（大正一〇））で、西部ではカリフォルニア大学バークレー校（一九〇一年（明治三四））、スタンフォード大学（一九一三年（大正二））、南カリフォルニア大学（一九一一年（明治四四））と続く（帆足 1912：12, 13：山内 2008：11, 314-316：高橋 2008：153-169：奥山 2008：19-34：Ichioka 1988＝1992：215：Ichioka 2006：227-257：辻 2010：127-137：University of California (System) Academic Senate 1941：13-15を参照）。その他、外務省外交史料ならびに各大学ホームページを参照。

文献

藤岡紫朗、一九四〇、『米国中央日本人会史』米国中央日本人会（＝一九九一、『日系移民資料集　北米編第2巻（北米移民史 2）』日本図書センター）。

廣部泉、二〇〇三、「アメリカニゼーションと『米化運動』――一九一〇年代後半カリフォルニアにおける日本人移民の矯風運動」油井大三郎・遠藤泰生編著『浸透するアメリカ、拒まれるアメリカ――世界の中のアメリカニゼーション』東京大学出版会、七二-八九頁。

帆足理一郎、一九一二、『南加学窓』第一巻、南加大学日本人学生会。

北加日本語学園協会編、一九三〇、『米国加州日本語学園沿革史』北加日本語学園協会。

Ichioka, Yuji, 1988, *The Issei*, A Division of Macmillan, Inc.（＝一九九二、富田虎男・粂井輝子・篠田左多江訳『一世――黎明期アメリカ移民の物語り』刀水書房）

Ichioka, Yuji, Gordon H. Chang and Eiichiro Azuma eds., 2006, *Before Internment: Essays in Prewar Japanese American History*, Stanford, Calif.: Stanford University Press.

池田鮮、一九九五、『曇り日の虹――上海日本人ＹＭＣＡ四〇年史』教文館。

井上琢智・高橋正・比留井弘司、二〇〇五、「一〇　乾精末」『関西学院史紀要』第一一号、二八九-二九九頁。

賀川真理、一九九九、『サンフランシスコにおける日本人学童隔離問題』論創社。

Klein, Ken, 1993, "The Early Development of East Asian Studies in Southern California," *Journal of Eastern Asian Libraries*, No. 101, 70-74.

粂井輝子、二〇〇三、「親交の連鎖――アメリカの二世教育と外務省」小島勝編著『在外子弟教育の研究』玉川大学出版部、一一八-一五六頁。

松盛美紀子、二〇一三、「在米日本人移民社会における高等教育推奨の動き――南カリフォルニア地域を中心に」『中・四国アメリカ研究』第六号、一〇九-一一二頁。

松本本光、一九二九、『加州人物大観（南加之巻）』昭和時報社（奥泉栄三郎監修、二〇〇二、『初期在北米日本人の記録　北米編　第10冊』文生書院）。

松本悠子、二〇〇七、『創られるアメリカ国民と「他者」――「アメリカ化」時代のシチズンシップ』東京大学出版会。

森本豊富、二〇〇五、「エスニックコミュニティ母語学校としての日本語学校――カンプトン両学園を例に」吉田亮編著『アメリカ日本人移民の越境教育』日本図書センター。

中澤健、一九四三、『アメリカ獄中より同胞に告ぐ』鱒書房。

南加大学日本人学生会、一九一三、『南加学窓』第二巻、南加大学日本人学生会。

南加大学日本人学生会、一九一九、『南加学窓』第八巻、南加大学日本人学生会。

南加日系人商業会議所、一九五六、『南加日本人史　上巻』南加日系人商業会議所。

南加州日本人七十年史刊行委員会編、一九六〇、『南加日本人七十年史』南加日系人商業会議所。

日米新聞社編、一九二二、『在米日本人人名事典』日米新聞社（奥泉栄三郎監修、二〇〇三、『初期在北米日本人の記録　北米編　第7冊』文生書院）。

越智道順編、一九五七、『南加日本人史　下巻』南加日系人商業会議所。

奥山倫明、二〇〇八、「岸本英夫の昭和二〇年」『東京大学 宗教学年報 XXVI』一九-三四頁。

坂口満宏、二〇〇一、『日本人アメリカ移民史』不二出版。

坂本義和、二〇一一、『人間と国家――ある政治学徒の回想　上』岩波新書。

高橋原、二〇〇八、「東京大学宗教学科の歴史――戦前を中心に」『季刊日本思想史』七二、一五三-一六九頁。

辻直人、二〇一〇、『近代日本海外留学の目的変容――文部省留学生の派遣実態について』東信堂。

University of California（System）Academic Senate, 1941,（http://texts.cdlib.org/view?docId=hb3199n7tr;NAAN=13030&doc.view=frames&chunk.id=div0005&toc.depth=1&toc.id=&brand=calisphere（二〇一四年一一月八日閲覧）

Wu, Eugene W., 1996, "Organizing for East Asian Studies in the United States: the Origins of the Council on East Asian Libraries, Association for Asian Studies," *Journal of Eastern Asian Libraries*, No. 110, 1-14.

山内晴子、二〇〇八、「朝河貫一論――その学問形成と実践」（博士学位論文）。（http://www.wul.waseda.ac.jp/gakui/honbun/

4693/4693.pdf)

Yoo, David K., 2000, *Growing Up Nisei : Race, Generation, and Culture among Japanese Americans of California, 1924-49*, Urbana; Chicago: University of Illinois Press.

第6章　北米日本人移民キリスト教会の越境教育活動と満洲

吉田　亮

1　北米・満洲間の越境教育史研究に向けて

一九九〇年代末に本格化する海外日系移民の越境史研究は、移民地・日本間を中心としながらも、それら二地点に転移民地を加えた三地点間の相互作用を扱うものに、視野を拡大しつつある。北米を起点とする場合、転移民地である南米や満洲他を含む研究となる。すでに当該領域の先行研究については、北米からブラジルに転移民した日本人キリスト者による教育活動、ハワイから満洲に移民した日本人移民とその子孫（二世）の活動などが知られている（根川 2012：2013：Stephan 1997-1998）。本章は、特に北米と満洲をつなぐ事例を取り上げることで、越境史研究のすそ野を広げることを目的としている。

北米と満洲が一つにつながるのは、北米社会による排日の制度化によって、日本人移民がその人的・経済的・政治的・社会的・文化的基盤を脅かされていた一九二〇年代である。それは、一九一九～二四年にかけて連邦、州レベルで制定・裁定された、「写真花嫁」の規制法（一九一九）、排日土地法（一九二〇）、市民権取得規制（小沢孝雄判決、一九二二）、外国語学校取締法（一九二三）、移民規制法（一九二四）にあらわれた。なかでも、北米太平洋岸地域の日

表6-1　渡満した元米国日本人移民教会牧師一覧

名　前	北米の赴任教会	そ　の　後
小林　誠	須市長老教会	朝鮮大邱日本基督教会（1917）→両国日本基督教会（1920）→満洲基教開拓村委員および中支宗教大同聯盟総長
小平　国雄	桑港基督教会	神田日本基督教会（1918）→満洲伝道会常務
今井　三郎	王府美以教会	青山学院教会（1923）→日本美以教会伝道部長（1936）→東亜伝道会常務理事
古屋孫次郎	羅府組合教会	上海中日組合教会（1920）→東亜伝道会理事，中支宗教大同聯盟理事
齊藤　末松	羅府美以教会	熊本美以教会（1927）→大連美以教会（1934）→中支宗教大同聯盟主事
田中　茂甫	王府美以教会	奉天美以教会（1934）→奉天満人教会
甲賀　綏一	華村長老教会	満洲安東基督教会（1925）

出所：新里（1939），甲賀（1968），『満洲（東亜）伝道会報告書』（1934，1935，1941），『中支宗教大同聯盟年鑑』（1940）他をもとに筆者作成。

本人移民は、農業従事者が圧倒的多数を占めていたために、土地法をはじめとする一連の排日規制は、北米を捨てて帰国または転移民に向かわせる誘因となった。これら転移民者たちは、中南米、満洲に新天地を求めて旅立っていったのである（東 2014：145-148）。

一九二一年、千葉豊治（加州中央農会理事、サンフランシスコ組合教会信徒）は、排日法（一九二〇）が制定されたのを契機に、アメリカを棄てて渡満し、南満洲鉄道に勤務しながら、カリフォルニア日本人移民に対して満洲開拓事業への転業斡旋を行った(1)。それは、満洲の地でカリフォルニア・モデルを実践するものであり、大農場経営や、その農場で就労する「移民」労働者の教育を特徴としていた。典型例とされるのは、元カリフォルニア農業移民であった粟屋萬衛で、彼は千葉の助言通りに渡満し、大連においてリンゴ園経営に大成功をおさめた。千葉の案は、後に満洲基督教開拓村建設構想（一九三九、後述）に引き継がれることになる。

北米日本人移民の満洲への転移民は、北米移民を対象としたキリスト教伝道活動に従事していた日本人移民牧師の帰国、渡満を刺激するものとなった。表6-1のリストはその代表例にすぎない。

本章では、北米から満洲に活動拠点を移動させた日本人移民キリスト教牧師による越境教育活動を取り上げる。北米日本人移民（日系）史の先行研究では、ステファンによるハワイの事例（前掲）を除いては、米大陸から満洲に渡った日系二世個人の事例研究にとどまり（Ichioka 2006）、キリスト者（教会）を取り上げたものはない。しかし、キリスト者（教会）は、他集団以上に、日本キリスト教界が日本帝国内に構築したネットワークを容易に活用し、「非勢力圏」から「勢力圏」に移動できたのである。北米日本人移民（日系）キリスト教史においては、北米日本人移民史と日本近代史（日米関係史）との関係史上で、キリスト教史も類似の傾向が指摘されているが（Hayashi 1995）、具体的な地域間をつなぐ関係史を考察したものはない。本章では、特に一九三〇年代、北米と満洲（中国）間の越境教育活動を、北米日本人移民キリスト者（教会）の視点・活動を中心に以下の節立てで見ていく。

2節では、満洲に先鞭を付けた日本キリスト教界による満洲（後の東亜）伝道について概観する。満洲（東亜）伝道の開始（一九〇三）、満洲伝道会の設立（一九三三）とその特徴、東亜伝道会への解消（一九三七）とその性格、そして満洲基督教開拓村の建設への流れを観た上で、それらの動向に北米日本人移民キリスト者がどのように関与していたかを検討する。3節では、北米日本人移民キリスト者による満洲（東亜）伝道について、特に中支宗教大同聯盟（一九三九）を介した宣撫活動を事例に、聯盟内でのキリスト教会の役割、特に北米日本人移民キリスト者による活動の特徴を、古屋孫次郎を中心に分析する。また、一九三〇年代の北米日本人移民社会が満洲事変後に行った銃後支援活動を概観し、こうした移民キリスト教会が満洲伝道を支援するようになった過程について、ハワイ、カリフォルニア、ブリティッシュ・コロンビア（カナダ）を事例に検討する。

2　越境キリスト者による満洲伝道——一九三〇年代

日本キリスト教界による満洲（東亜）伝道

日本キリスト教界による満洲在住邦人への伝道は、一九〇三年、日本基督教会（日基）、日疋信亮（満洲軍倉庫長）の依頼による、日本の租界地（天津）在住日本人への伝道開始を嚆矢とする[2]。その後、日基は大連、旅順、奉天、長春等、南満洲各地に教会を設立し、一九一二年に満洲中会を組織した。日本聖公会は一九一三年、メソジスト教会は一九一九年に満洲邦人伝道を開始することになる。一九三三年五月に、日基富士見町教会内に満洲伝道会が設立し、日疋が委員長に就任して伝道が組織化されることになる。同会規約によると、「本会は満洲国に於て満洲人に対する基督教の伝道を目的とす　右の外日語教育又は医療其他慈善事業をも行ふ」とある[3]。同会は、設立当初は日基支援の事業であったが、一九三五年に日本の全プロテスタント諸派から委任されるものとなった。伝道展開としては、奉天（一九三三）、新京（一九三三）、大連（一九三三、ハワイからの援助）に最初の伝道拠点を設け、そこからハルピン（一九三五）、熱河（一九三五）、洮南（一九三五）、チチハル（一九三五）に教会を設立していった。同三五年に、伝道地域拡大にともない、教区制（南・北教区）を採用した。伝道内容としては、設立した教会に満洲人牧師を招聘（熱河は日本人のみ）し、経済的支援を行うほか、貧困者への福祉活動や日本語教育も重視した。満洲基督教会牧師や有力者の日本視察を奨励することで、日満キリスト教界の意思疎通・連携を強化する企画も実施した。ちなみに、日疋信亮（委員長）、山本水光（満洲の伝道会代表）は、満洲国政府や関東軍と密なパイプがあり、同会の伝道活動にはそれらからの支援があったといわれている。

一九三七年一一月、近衛文麿内閣が東亜新秩序建設を宣言し、一二月（〜一九四三年五月）以降日本の支配が中国全土に広がったため、同会は東亜伝道会と改称することになった。同伝道会は、外国人（特に隣邦満洲国人および中華民国人）伝道を目的とする、日本人により組織された東洋に於ける唯一最初の伝道機関とされていた。同会は、日本プロテスタント諸派から中国伝道の委託を受け、会長日疋信亮、委員長松山常次郎（組合教会信徒、国会議員）を幹部に据え、伝道地全体を三教区に分割（南・北・中教区）する伝道を展開した。中国人への伝道教化活動を中心とし、必要に応じて日語学校、医療や難民慰藉等の事業を行った。また同会は日本軍部の命令下に置かれ、宣撫活動に関与したため、一九四一年からは、外務省の財政支援を受けた。一九四〇年の段階で、伝道地七九ヶ所、北支、中支、南支、満洲の四教区に分かれ、教役者数一〇九人、会員数三一〇七人、受洗者は創立以来、少ない年でも二〇〇人前後、多い年で六〇〇人を数えたといわれている。

中国大陸伝道を担うこれら二つの会に、元カリフォルニア日本人移民キリスト教牧師である小平国雄（元サンフランシスコ基督教会牧師）は満洲伝道会常務として、今井三郎（元オークランド美以教会牧師）は東亜伝道会常務理事として、古屋孫次郎（元ロサンゼルス組合教会牧師）は東亜伝道会理事として深く関与した。小平はオークランド組合教会牧師時代（一九一一〜一四）に、在米日本人の地位向上のために、日本人会に協力して賭博撲滅（道徳改良）運動を指導した(4)。一九一三年排日移民法制定後、北カリフォルニア地域の日本人キリスト教会が超教派による基督教伝道団を組織し、排日運動を抑止するための啓発運動に乗り出した際、小平は対米人啓発担当者に任命されている(5)。同年、欧米の教派主義を越えて教派合同による日本人民族教会を設立しようとする運動が起こると、小平は賛同し(6)、翌一四年、サンフランシスコに設立された長老・組合両派の教派合同教会である日本人基督教会の牧師に着任した（一九一五〜一八）。彼は伝道団を中心とした教派協力活動に熱心で、同胞の精神力を高めるために救世軍指導者山室軍平をカリフォルニア州に招聘し、救霊運動を奨励した(7)。一九一八年帰国後は日基神田教会牧師に就任している。満洲伝道会設立の翌年（一九三四）、小平は満洲伝道の実態を調査する視察に出掛け(8)、伝道会が教派協力組織となった翌三五年には伝道会常務に名を連ねている[9]。小平は『満州伝道会報告書四』（一九三五年一〇月）に「満州人伝道の急務に就きて」を掲載し、伝道会の目的が「満洲に神国建設」であること、従来外国人（例えば米国人）によって主導されてきた外国伝道を日本プロテスタント教会が担当することにあると述べ、そのキリスト教海外伝道史上に満洲伝道を意味づけ、満洲とソ連国境地域への開拓伝道を指揮した。

一方、元カリフォルニア日本人移民牧師は満洲での別企画（満洲基督教開拓村の建設）にも関わっていた。一九三八年、賀川豊彦が満洲伝道に出かけた時、満鉄から開拓村実現の要請を受けたため、賀川は同案を基督教聯盟に持ちかけた。一九四〇（～一九四五）年、基督教聯盟が企画した「満洲基督者村開拓」案は、小林誠（元ストックトン長老教会牧師）が実現に当たり、千葉豊治が協力をした。企画は順調に進み、開拓地は関東軍がハルピン郊外と決定し、一四五人が入植した。小林はワッソンビル（一九〇二）、サリナス（一九〇三～〇五）、ウィンタースバーグ（一九〇八）、ストックトン（一九一二）、ロサンゼルス（一九一四）長老教会、朝鮮大邱日基教会（一九一七）を経て帰国し、両国日基教会（一九二〇～四〇）牧師を歴任した。小林は満洲基督教開拓村建設に従事する開拓民に対する第二回訓練が武蔵野訓練所で一九四一年二月一五日から約一ヶ月間開催された際、会計を担当し、さらに「世界移民史話」と題する講演を行った[10]。甲賀綏一（元ワッソンビル長老教会牧師、一九二一～二五）の伝記によると、小林はまた日基総主事時代に、「植民地気風が米国大陸と相似た点のある満州安東県」の安東教会を紹介し、甲賀は一九二五年に着任したと記している（甲賀 1968）。

越境キリスト者による満洲伝道の例——中支宗教大同聯盟を介した宣撫活動

日本軍は中国大陸統治において宗教政策を重視した。その代表例が中支宗教大同聯盟であり、一九三九年二月、陸軍特務部に、華中（中国占領地区）での日本の宗教政策を推進する機関として設立された。その特色は、神道、仏教、基督教の三部制をとり、日本宗教の大同団結強化、統制連絡と併行し、中国宗教団体との連携、大同団結の促進を進めたところにある[11]。また同聯盟は各宗教団体を督励して、小学校日語学校施療施設を通じて民衆教化を行い、日中人共同の宗教大会を開催して双方の融和をはかる他、宗教調査、中国宗教の保護をも職務としていた[12]。小林誠総長（元ストックトン長老教会牧師）によると、キリスト教部が行った実際の活動は、中国伝道の一括統制機関として伝道希望団体の審査・許諾、中国人教会への復興援助・指導、在中国日本人伝道の担当、中国に進出した諸教会の役割分担（教育・社会事業）への指導であったという[13]。役員には、総裁近衛文麿、副総裁大谷光瑞、総長兼基督教部長小林誠、仏教部長福田闡正、神道部長畑一が並んだ。聯盟の一翼を担うキリスト教会は、基督教会（二教会）、組合教会（一）、きよめ教会（三）、聖教会（三）、東亜伝道会（五）から構成されていた。その傘下にはキリスト教系諸団体として、上海日基幼稚園、中日組合教会幼稚園、昆山《ママ》中日小児園、東伝善隣日語学院、東伝太倉日語学園、東伝蘇洲日語学校、東伝呉江日語学校、東伝太倉農事指導研究所、東伝太倉無料施療院、日本人基督教青年会杭洲中日語学校、上海基督教聯盟難民収容所、上海愛隣園（日本基督教婦人矯風会）など、教育・医療・福祉活動を担う諸組織が名を連ねていた。また、キリスト教会は、「対第三国人関係基督教工作ニ於テ欧米依存ノ彼等教徒ヲシテ其ノ迷夢ヨリ覚醒セシメ漸次日華基督教提携ノ途ヲ講」ずるという特別な役割が期待されていた[14]。こうした宣撫活動を担っていたのが表6-2の牧師たちであった。

　表6-2には出ていないが、小林誠は先述のように中支宗教大同聯盟総長兼基督教部部長を、齊藤末松（元ロサンゼルス美以教会）牧師は同聯盟主事を務めた[15]。

　これらの聯盟関係者の一人、上海を拠点に長きにわたり日中友好親善活動を主導した古屋孫次郎について取り上げたい[16]。古屋の地道でありながら突出した活動の故である。古屋は一八八〇年山梨県生まれ、小学校卒業後、一九〇〇年に移民として渡米した。ロサンゼルスでキリスト教に改心、大和商会を経営しながら伝道活動に従事した。

表6－2　宣撫活動を担当した日本人キリスト教牧師一覧

上海特務機関	前田彦一（組合）
蘇洲特務機関	清水久男（組合）
南通特務機関	石田　締（元同胞）
杭洲特務機関	堺　利武（美以）
丰埠特務機関（2月迄）	齊田　晃（基督）
南京特務機関	安村三郎（浸礼）
軍特務部（3月迄兼任）	島津　岬（組合）
同	古屋孫次郎（組合）
同	安村三郎（浸礼）

出所：前田彦一「続中支基督教工作について」『基督教世界』1939年2月9日より筆者作成。

その間にシカゴ神学校を卒業し、一九〇八年ロサンゼルス組合教会牧師に就任した。一二年、同教会内に東洋教化団を設立している。「吾等は、神の恵みにより、基督の御名のもとに団結して、東洋教化の為に献身す。吾等は協力し、相助けて、目的達成のため終始一貫せん事を期す。吾等は、神の力を信頼し、御国建設の為に志願兵として謹んでここに署名す」（古屋 1933：28-29）という文面の誓約書に九名が署名し、団体が発足した。一九年、同教会がベツレヘム派、長老派とともに教派合同教会を設立することになった際、古屋は教派主義を越えた日本人民族教会とするための努力を行い、合同教会が出来上がった後辞任した。帰国後、小崎弘道（日本組合教会霊南坂教会牧師、元同志社大学総長、日本組合教会リーダー）の勧めで、南洋伝道団の一員として南洋諸島の調査を行った。同年上海に渡り、二〇年に中日組合教会基督教会（中日公理教会）を設立。日中親善のために、愛仁小学校を設立して中国の貧困者の児童教育を開始し、また上海と南京に施療所を開設した。中国の教会との親善教化のために、中国の教会聯盟の国際委員として協議を繰り返すが、満洲事変で関係が断絶することになった。

古屋はカリフォルニアで排日差別を経験していたので、白人優越主義に対する強い嫌悪感を抱いていた。彼はアメリカの排日を、「要するに有色人種を、平等として取り扱ひたくないのである。此意味に於ける人種的排斥である」[17]と裁断する。古屋が、教派合同による日本人民族教会の設立に奔走したのは、キリスト教界にあってはアメリカ人と日本人が優劣関係下に置かれるのではなく、対等関係でありたいという思いがあったからであると考えられる。古屋はこの思いを国際社会にも応用し、欧米列強の統制（白人種の支配）を受けないアジアの実現をめざし、その要として日中親善を位置づけた。彼は「日支親善は東洋教化の為め、亜細亜平和の為に、最も大切なる問題の一つである。而して之は何うしても、基督信者が相提携して、先駆者とならねばならぬ」[18]と述べる。アジアの平和実現においてキリスト者の果たす役割は大きく、古屋は、「宗教問題に於ては、基督教を除いて望みはない。基督教は個人の霊的生命を神に結びつけて救済し、之れに人格を与ふるのみならず、家庭を清め、社会を改め、国家を人道化し、世界を天国化せんとする所の生命であり、動力であり、光である」[19]と高く評価している。アジア平和のための日中キリスト者の親善連携を上海で実践しようとしていた古屋にとって、満洲事変は彼の努力を無にしかねない大事件であった。そのため、彼は満洲事変について、「日本が声明せる如く領土的野心なく只生命財産保護及び既得権益擁護が目的ならば、其真意を支那をして充分に了解せしめる義務がある、其了解無くして対支文化事業も日支親善も偽善としか見られないのであるから、支那では之等の平和運動をも歓迎出来ないのである」[20]と述べていることから、事変が古屋の求める平和構築に逆行するものとなり、彼の活動に大打撃を与えていることが知れる。それでも古屋は事変勃発後、東京と上海のＹＭＣＡ共同で残留者慰問事業を興し、救済活動に奔走した。

日本による領土的野心を実現するための「武力」の犠牲者に対し、キリスト教平和主義に基づく罹災者援護活動を担うことで、古屋は日本帝国と一体化し得ない日本民族の使命を認識するようになった。彼によると、「白色人種は有色人種を劣等視」する人種優劣観を一掃し、「人種の平等、四海同胞たる事を実証」するために、神は「有色人種の中から一民族、独立国として数千年、継続して来た日本民族を選び給ふ」[21]たと説明する。ただ日本民族の使命は、平和運動によってのみ実現し得るものであると、古屋は確信していた。一九三七年に勃発した日中戦争後、古屋はＹＭＣＡスタッフと連携し、アスター・ホテルハウスを避難所として七〇〇〇人に奉仕、日本軍傷病兵の慰問、死体片付けの監視、南市の日中人避難救済事業応援、外国人・中国人に対する日本の立場の説明宣伝活動を行った[22]。

一九三九年に日本軍による宣撫工作活動が本格化すると、日本の三宗教は協力を余儀なくされた。古屋は、中支宗教大同聯盟の一員として、南京・漢口の二ヶ所で新たに日本人伝道を開始し、賓山・太倉での医療活動、崑山で養蚕、太倉で稲作の試作、太倉で日語学校開設、租界地の青年向け日語学校開校、戦時孤児のための崑山中日小児園設立（楠本安子、日系二世が担当）[23]に関与した。古屋自身は一九三九年八月五日付けで、上海基督教青年会員として「事変勃発当初より皇軍慰問、難民の世話、外人及び支那人の復帰復興等」、租界地で中国人青年層に対する活動を担い、中日組合基督教会牧師として「今回米国から渡来した第二世にして経験ある熱心な楠本安子姉と協力して蘇州特務機関内崑山城内に崑山中日小児園の名称の下に戦時孤児の為めホームを創設」準備を始め、個人としては「余は日語を支那民衆に教へたり、或は特務機関員として日支親善の為に尽力しつつある同志も多数あるが吾らは中支にある日本基督教代表として（精神的に）神の国と神の義を求めつつ時を得るも得ざるも道の為に励みつつある事は感謝の至りである」とその活動を報告している[24]。

3　一九三〇年代の北米日系キリスト教会と満洲伝道

北米日系社会

極東地域で起こった日中間の衝突は、同地域の利権をめぐって日本と対立関係にあったアメリカを刺激し、結果的に日米関係の悪化をもたらした。満洲事変後、アメリカ社会内の排日感情が高まった。また、在米中国人による日貨ボイコット運動が高揚することになる。日本人移民社会は一世指導者の統率のもとで銃後支援活動に専念した。慰問袋・慰問金、現地社会への日本擁護宣伝、二世へのプロパガンダ、殉難将士追悼行事、兵務者会・非常時委員会・極東研究機関設立など多様な形態があったことが知られている（東 2014：7章：Ichioka 2006：8章）。実際、『日米新聞』の記事には、満洲（日支）問題講演会の各地での開催、全米仏教会代表の満洲慰問（一九三二）、北米仏青・南加日本語学校協会・日米ホームによる満洲見学団（一九三四、三五、三八、三九）、満洲での二世の就職（一九三三、三五、三九、四〇）、中国の難民救済のための金光教聯合会による日支親善献金の募集（一九四〇）などが掲載され、満洲への関心は一挙に高まった。ジョン・ステファンによると、同時期に北米・ハワイから二〇〇〇人の日本人移民（日系人）が渡満（満洲日本人総人口の〇・二％）したと指摘している（Stephan 1997-1998）。

日本人移民キリスト教会と満洲伝道をつなぐ「越境エージェント」

一九三七年、日中戦争勃発後、日本キリスト教会による中国での宣撫工作について、海外同胞からの理解、支援を得るため、元日本人移民教会牧師である前掲の今井三郎、古屋孫次郎がハワイと太平洋沿岸各地の日本人移民社会を巡回講演することになった。一九三八年九月、今井三郎（東亜伝道会理事、日本美以教会伝道部長、元オークランド美以教会牧師）による日中戦争の講演会は、太平洋沿岸日本人移民社会各地で開催された[25]。北カリフォルニア地域での講演「日支事変後の日本の諸相」で、今井は「宗教方面の重なる事業としては、仏教も基督教も共に今度の事変は、皇軍の慰問運動に力を尽しているが、北支、中支の安定と共に、最近では支那の良民に対する宣撫工作が宗教家の手によって果敢に進められている」として、キリスト教による主要な宣撫工作を紹介する[26]。今井によると、工作活動は、中国の教職者との理解と協力のもとで進んでいると報じ、強制ではなく合意で活動が行われている印象を与えている。

古屋孫次郎は、一九三八年九月～一二月ハワイ、一九三九年一月～四月カリフォルニア、ワシントン、ブリティッシュ・コロンビア諸州内の日本人コミュニティを中心に講演活動し、中国での宣撫工作に対する理解と支援を求めた。九月二六日～一二月四日まで、ハワイの各地で教会説教を合計一二回、九八五人の聴衆に対し行い、また一般講演を合計二九回、六、三二〇人の聴衆に対して行ったといわれている。[27]

一九三九年一月一七日、古屋は、南加基督教聯盟年会で講演「東亜における日本の新使命」を行い、羅府ＹＭＣＡ主催の講演会では二世に対し、日中戦争の正しい理解を提示し、カナダのバンクーバー各地でも講演を実施した。[28]古屋が按手礼を受けたロサンゼルス第一組合教会での講演（一月二〇日）では、「三〇〇余名の信徒晩餐会席上で支那における難民救済の状況並に宣撫工作につき体験を語り支那側の逆宣伝に迷はされている米人信徒に新たなる認識を與へ感激せしめた」と新聞に報じられている。[29]二月一七日には、中国大陸における日本のプレゼンスに無関心な二世に日中問題の正しい理解を得させるために、日本人合同教会で特別の集会が催された。[30]ロサンゼルス市日本人メソジスト教会の週報（英語版）では、二〇年間の上海での経験を持つ古屋の話は、興味深く、力強いので、聞く価値がある、と評している。[31]一世からの要請で古屋の講演を聴くことになった二世が、精一杯のお世辞として行ったコメントのように見える。ハヤシ（Brian Hayashi）によると、ロサンゼルスでの講演の際、古屋は日本による中国人に対する武力攻撃を批判したという（Hayashi 1995：124）。

ハワイ・北米日系キリスト教会と満洲伝道

ハワイでは、満洲事変勃発の翌年、日本人移民キリスト者内で、事変に対して海外同胞キリスト者が取るべき態度についての議論が起こった。一九三二年一月、ホノルル諸教会の初週祈祷会で外国伝道を討議、その後牧師会で数回議論を重ね、最終的には満洲伝道に着手することになった。[32]同年秋、ウィリアム・アキスリング（William

Axling, 日本基督教聯盟副会長）がホノルル滞在の際、当地日本人移民教会関係者がアキスリングと満洲伝道について協議を行い、基督教聯盟の世話で満洲伝道実行を決めた。翌三三年二月、ホノルルのキリスト者は、神の国運動終了後の感謝会席上で、ハワイの日本人各教会が醵金しハワイの名において伝道師一名を新興満洲国に派遣し、一〇年間伝道開拓活動を進める決議を行った(33)。ここでいう神の国運動とは、一九二九から三二年にかけて、日本基督教聯盟が中心となり、賀川豊彦が牽引者となって日本国内で展開した組織的な伝道運動のことである。その決議を受け、一九三三年春、奥村多喜衛（マキキ教会牧師）が、満洲伝道についてハワイ全島諸教会の賛成を得ることに成功した(34)。同年九月、奥村多喜衛は、東京の基督教聯盟事務所を訪問し、満洲伝道について相談した後、満洲を視察し、大連、奉天、新京等の日本人牧師に面会、奥村は牧師たちに対して満洲伝道の意図に賛意を表明した。その後奥村は日本人牧師から具体案の提示を受けた。その案とは、満洲人伝道拡大の一環として、第三番目の日満人合同教会を大連に設立し、そのための資金をハワイからの献金（月一〇〇円）により賄うというものであった(35)。一九三四年六月、ハワイ日本人教会代表田村清（ヌアヌ独立教会牧師）は、満洲伝道会と満洲伝道について交渉し、伝道会に対し、ハワイ日本人諸教会から満洲伝道に財政支援を行う約束をした(36)。その後、同年七～九月、田村清が、朝鮮、満洲を訪問し、満洲への日本の使命や東洋地域の青年の好機について各地で講演、同年九月三日、田村は、三好務、山本忠興と奉天で会合し、ハワイからの資金援助で大連教会を設立することに決した。同年九月、満洲伝道会は、田村の申し入れを快諾し、大連市に第三満洲基督教会を設立し、王作光を牧師に招聘、九月から伝道を開始した(37)。記録によると、ハワイからの第一回入金については、「満洲人伝道に就て協力を求められ専ら大連教会を配常して之が経費充足を図る昨年九月第一回入金(38)」と記されている（一九三八年までは入金確認）。同年九月～一一月、帰布後、田村はハワイ各地で満洲伝道について講演し、資金援助を訴えた(39)。

ハワイでは、日本人移民社会の指導的な地位にあった毛利伊賀（医師）、相賀安太郎（『日布時事』社長）をはじめ、仏教僧侶やキリスト教牧師らが、満洲事変勃発の三〇年以上前から満洲と接点を持っており、相賀は「ハワイ党」と自らを呼び、満洲とのつながりの深さをアピールしていた。キリスト教との関係では、ホノルルのヌアヌYMCAの主事（一九一六〜一九）であった川崎寅雄が、その青年会内に設立された満洲宣教会の主事になったとされている（Stephan 1997-1998）。川崎は後に、外務省嘱託として奉天総領事館に勤務（一九二〇〜三二）、満洲国国務院外交部宣化司長（一九三二〜三四）、満洲国大使館参事官（一九三五）を経て、北京日本大使館一等通訳官（一九三八）、上海日本大使館書記官（一九三八、一九四一）、上海日本総領事館領事（一九四三）を歴任することになる。奥村多喜衛が一九三三年に渡満した際には、川崎ら元奥村の教会の信徒と連絡をとっており[40]、奥村が満洲伝道に賛成するにあたり、その判断材料を個人的ネットワークからも得ていたことが想定できる。こうしたハワイ・満洲間の強くて太いネットワークは、ハワイのキリスト者の満洲伝道への関心や支援の速さと大いに関係している。

南カリフォルニアでは、一九三八年八月二四日、南加基督教聯盟幹部会で、「北支におけるキリスト教伝道並びに教育事業援助の件は北京朝陽門外崇貞女学校校長清水安三氏あて送金すること」[41]を、同年九月一日、南加基教婦人同盟が「キリスト婦人会同盟十周年記念の席上献金一二五円は全部支那伝道のため献金すること」をそれぞれ決議した[42]。南加基督教聯盟は、中国伝道への資金援助を組織的継続的に行うために、古屋が南加で満洲（東亜）伝道への支援キャンペーンを行った翌月の三九年二月二日、同理事会で、「東亜伝道部」の委員を選定した[43]。その後翌四〇年七月、同聯盟内の東亜伝道部（委員長福島態蔵牧師）は、「故国の新東亜建設に一層の力を添る」ため、以下を決議した[44]。

一、支那人を伝道者に養成すること。二、伝道資金は個人的寄付及び東亜伝道日の献金に求むること。三、崑山小児院《ママ》楠本安子嬢を援助すること等を決議、更に第二回委員会では釘宮、大下両師よりの現地報告を聴取した結果、同志社神学部学生李恵徳君の学資援助、中支太倉県にて殉教せる夫の遺志を継いで伝道中なる若尾金造未亡人を援助すること、楠本安子嬢の崑山孤児院を援助する事等を決定し来る七月七日の日曜「東亜伝道サンデー」と定め当日は日曜学校、婦人会、礼拝等の献金を恭々しく東亜伝道資金とする事になったので聯盟側では各教会の努力を希望して居る、尚右献金は田島、矢崎両会計の手もとに送金を乞ふ

翌四一年一月一六日、南加基督教聯盟総会でも、聯盟として崑山中日小児園を後援することを決議した(45)。楠本安子の父は日清戦争直後に大分県から渡米、ロサンゼルス社団法人南加小児園主事楠本六一（古屋が設立した東亜伝道団設立の賛同者の一人）である。安子は米国生まれ二世で、ロサンゼルス市の日本人合同教会信徒、同市ジュニアカレッジ卒業後、日本で一年間修学後帰国、南加小児園職員として勤務しながら看護婦学校を卒業した。一九三九年五月、中国に孤児園を開園して日中親善に役立ちたいという思いから、単身中国に渡り、崑山に滞在。上海中日組合教会（古屋孫次郎牧師）の協力を得て崑山中日小児園（戦時孤児ホーム、中支宗教大同聯盟の宣撫活動団体）を創設し、活動を続けていた(46)。南カリフォルニアでは、元来、太平洋沿岸の他地域以上に、帝国化する祖国への銃後支援に熱心であり（Ichioka 2006：8章）、加えてロサンゼルスで名が知られた古屋や楠本が上海で活動を展開していたので、満洲（東亜）伝道に対する関心は高く、組織的な支援がなされている。

北カリフォルニアでは、一九三五年九月初旬、日本基督教聯盟主事海老沢亮がアメリカ東海岸の国際会議出席の途次、太平洋沿岸各地在住日本人に対し満洲伝道会の趣旨目的の説明を行い、入会の勧誘方を依頼した(47)。そのため、一九三六年二月一三日、北加基督教同盟総会の場で、満洲人伝道について意見交換を行ったが(48)、この段階で決議には至っていない。翌三九年九月、アキスリングが各地で講演活動を行い、日中戦争の真相に関して話したことが功を奏し(49)、翌四〇年一月三一日、北加基教同盟総会は「八、支那伝道開始の件＝同盟加盟の各教会より毎月一弗以上

づつ献金し支那に於いて支那人間にキリスト教伝道を開始すること、其方法は日本基督聯盟を通してなすこと＝昨年度総会よりの懸案（可決）」を決議した。[50] なお、日本基督教聯盟常議員会（一九四〇年四月二三日）は、北加基督教同盟総会での決議を受けて、「第十七回総会（一月下旬開会）に於て支那人伝道者を選び支那伝道を開始したき希望申出につき東亜伝道会に移管して同会より回答することとす」と決定している。[51] 北カリフォルニアでは、日中戦争勃発後、北加基督教同盟を中心に、祖国への銃後支援を推進する機運が高まっており、満洲伝道をその一環として位置づけられる状況にあった。

バンクーバー（ブリティッシュ・コロンビア州、カナダ）では、一九三八年一月、バンクーバー日本人合同教会の会員総会で、同年度より宗教教育および満洲伝道を補助することが決議された。決議では、「現下、支那事変の影響を受けて在留同胞は困難なる境遇に置かれ、一種の不安に襲われつつあるに鑑み、当教会は特別なる時代使命に目覚め、教会総動員、十字架の下に一体となり，神の必勝福音伝道に尚一層努力せんことを期す」であった。[52] バンクーバーでは、日中戦争勃発以来、現地日本人社会内で慰問金を中心に、祖国への銃後支援への関心が高まってきていたが、アメリカ内の日本人移民による銃後支援の情報が邦字新聞を介して伝わると、他地域と競争するかのように一挙に支援熱が急上昇していたため、日本人教会が満洲伝道支援の立場を表明することとなった。

北米日本人移民は、二〇世紀に入り、人種的ヒエラルキー秩序において公平平等な競争に参画する資格を有することを証明（「同化能力」）するために、「アメリカ化」（自民族の優秀性、白皙人との対等性）、中国人との差異化、遠隔地ナショナリズムを三位一体としたストラテジーを展開してきた。世界不況と日米関係（排日）悪化が日系社会を直撃する三〇年代にあって、日本人移民は日本や満洲に活路を見出そうとした。人種主義との格闘に疲れ果てた日本人移民にとって、白皙人種優越主義に対して戦いを挑む「帝国化」する日本は頼もしく、特に満洲（後に「東亜」）は人種差別のない五族調和が実現しうる「約束の地」に映った。エリート意識の強いキリスト者にとっては、「人種化」したキリスト教（社会）に対する失望感が強かった分、満洲を理想化し、祖国日本以上に大きな関心と支援を満洲（東亜）伝道に向けることになった。北米社会内での白皙人優等主義に基づく人種主義と戦う闘士は、満洲（東亜）へと舞台を変え、祖国を味方にした戦いを開始したといえる。満洲は白皙人が「人種化」したキリスト教（社会）を是正する世界の「模範例」であると位置づけ、人種差別を経験した北米日本人移民キリスト者（越境エージェントを含む）が全日本民族（海外移民地を含む）を代表するパイオニアとして満洲（東亜）に直接間接に関与していった。資本力に乏しい北米日本人移民キリスト者（教会）は日本キリスト教界のパワーを活用して、その実現をはかった。それによって、北米日本人移民は、日本社会（特に日本キリスト教界）に対して、在外日本人として日本民族の「世界発展」を牽引する姿勢をアピールする必要があった。一方で、北米社会に対しては、異民族伝道を担う実力を提示することで、同伝道を長きにわたり独占してきた北米キリスト教界（アジアでも同様）に対し、満洲（東亜）の現場で日本民族キリスト教の実力を証明することも目論んでいた。それは、日本人移民キリスト者流の「同化能力」の証明方法であった。古屋の場合はその典型例であったと言えるが、彼は日本の武力支配には距離を置きつつ、日本民族キリスト教の実力を、日本に対しても、国際社会に対しても示そうとしたといえよう。今後、北米日本人移民キリスト者（教会）の思惑通りの成果があがったのかどうかについては、満洲関係史料を使用した、満洲での彼（女）らの活動に関するさらなる検討が必要となろう。

注

（1）千葉については、伊藤（1987）、木村（1992）参照。

（2）日本キリスト教界による満洲（東亜）伝道については、韓（1999）参照。熱河については、渡辺（2011）、中村（2011）は勢力圏を中心とした日本プロテスタントによる海外伝道史を概観し、満洲伝道も扱っている。

（3）『満洲伝道会報告書二』一九三四年一〇月。

（4）「賭博撲滅運動開始」『新世界』一九一二年六月二七日。
（5）『新天地』一九一三年六月。
（6）小平国雄「教会合同と時代精神」『新天地』一九一三年一〇月。
（7）小平国雄「感激の人」『新世界』一九一七年八月一五日。
（8）『満州伝道会報告書四』一九三五年一〇月。
（9）『満州伝道会報告書四』一九三五年一〇月。
（10）「東京通信」『基督教世界』一九四一年一月二三日。
（11）満洲における仏教系・天理教による活動については、木場・程編（2007）参照。
（12）『中支宗教大同聯盟年鑑』一九四〇。日本による満洲統治の際に日本宗教が果たした役割については、木場・程編（2007）、松谷（2013）参照。
（13）「小林誠氏に聞く」（訪問記）『福音新報』一九三九年四月一三日。
（14）『中支宗教大同聯盟年鑑』一九四〇。
（15）「中支宗教大同盟　基督教部長辞任　主事も更迭す」『基督教世界』一九三九年一一月三〇日。
（16）古屋については古屋（1933）、池田（1995）参照。
（17）古屋孫次郎「排日運動の真相」『基督教世界』一九二一年三月一〇日。
（18）古屋孫次郎「上海通信」『基督教世界』一九二〇年三月四日。
（19）古屋孫次郎「上海より南京へ」『基督教世界』一九二一年五月二六日。
（20）古屋孫次郎「満洲問題を機縁に日華クリスチャンの蹶起を促す」『基督教世界』一九三一年一二月一七日。
（21）古屋孫次郎「日本の使命と基督教」『基督教世界』一九三七年二月四日。
（22）古屋孫次郎「時局に善処して」『基督教世界』一九三七年一二月一六日。
（23）古屋孫次郎「中支日本基督教の進出」『基督教世界』一九三九年八月一七日。
（24）古屋孫次郎「中支日本基督教の進出」『基督教世界』一九三九年八月一七日。
（25）「今井博士の日支事変講演」『日米新聞』一九三八年九月一五日、「日支事変後の日本の諸相　神学博士　今井三郎」同一九三八年九月二一〜二五、二七、二九日。
（26）「日支事変後の日本の諸相　神学博士　今井三郎」同一九三八年九月二九日。

(27) 古屋孫次郎「ハワイ通信」『基督教世界』一九三九年一月一二日。
(28)「早朝より深夜まで講演と協議会　南加基督教聯盟年会」『羅府新報』一九三九年一月二〇日、「基青主催の下に第二世のため古屋牧師講演と岩井氏演奏」『羅府新報』一九三九年二月一五日、「支那在住廿年の　古屋牧師来晩　各地で現地報告講演」『大陸日報』一九三九年四月一五日。
(29)「古屋牧師が体験談　デマ醒めて米人信徒が大感激」『羅府新報』一九三九年一月二一日。
(30)「第二世の為に古屋牧師講演　日支事変正解に……基教青年会主催」『羅府新報』一九三九年二月一七日。
(31) "Rev. Magojiro Furuya to Speak"『羅府美以週報』第七号、一九三九年二月一五日（ＵＣＬＡ所蔵、資料蒐集にあたり大森万理子氏の協力を得た）。Hayashi（1995：124）参照。
(32)「満州伝道」『楽園時報』一九三四年五月（マキキ聖城教会所蔵）。
(33)「布哇の同胞基督教徒満州伝道に進出」『羅府新報』一九三三年二月二三日。
(34)「満州伝道」『楽園時報』一九三四年五月。
(35)「帰国雑感」『楽園時報』一九三四年四～六月。
(36)『満洲伝道会報告書二』一九三四年一〇月。
(37) "Church Activities"『ヌアヌ教会月報』一九三四年九月（ヌアヌ組合教会所蔵）、『満洲伝道会報告書二』一九三四年一〇月。
(38)『満州伝道会報告書三』一九三四年三月。
(39)「教勢一班」『ヌアヌ教会月報』一九三四年一〇月、『満州伝道会報告書三』一九三四年三月。
(40) 奥村多喜衛「帰国雑感（六）満洲旅行中」『楽園時報』一九三四年五月。
(41)「基督教会聯盟幹部会の決議」『日米新聞』一九三八年八月二七日。
(42)「南加基教婦人同盟長期献金運動」『日米新聞』一九三八年九月八日。
(43)「全米基教協議会を今夏当地で開催　南加基教聯盟主催」『日米新聞』一九三九年二月四日。
(44)「南加基督教会聯盟　東亜伝道部新設」『日米新聞』一九四〇年七月三日。
(45)「時局現状に鑑みて特別委員会設置」『羅府新報』一九四一年一月一七日。
(46) 古屋孫次郎「中支日本基督教の進出」『基督教世界』一九三九年八月一七日、中山真多良（上海）「支那の孤児を救ふ　中日小児園」『基督教世界』一九四〇年四月一一日、「事変勃発記念日に興亜伝道の大運動　楠本嬢の支那難民小児院援助」『羅府新報』一九四〇年六月三〇日、「羅府生れの二世嬢征野へ看護婦に　古屋牧師と共に渡支」『大陸日報』一九三九年五月一三日、

「支那の孤児を護る大陸の愛　二世嬢の涙花と咲く　米国から訪ねた父も朗らか」『大陸日報』一九四〇年六月一一日。
(47)『満州伝道会報告書四』一九三五年一〇月。
(48)「北加基教同盟総会第2日」『日米新聞』一九三六年二月一三日、「北加基教同盟年会終了す」同、一九三六年二月一四日。その後、一九三八年九月二二日になって、美以教会北加部会は「支那伝道応援＝日本メソジスト教会が既に実行しつつある支那伝道を応援する為め来る一〇月三〇日のサンデー献金を日本美以教会伝道局に送る事」を決議した（「美以教会北加部会」『日米新聞』一九三八年九月二二日）。
(49)「親日のア博士の講演」『日米新聞』一九三九年九月一三日、「親日博士の事変講演会」同一九三九年九月二三日。
(50)「北加基教同盟総会第三日」『日米新聞』一九四〇年二月三日。
(51)「日本基督教聯盟定例常議員会記録」『聯盟時報』一九四〇年五月一五日。
(52)「合同教会の総会　伝道報国を決議」『大陸日報』一九三八年一月三一日。

文献

東栄一郎、二〇一四、『日系アメリカ移民――二つの帝国のはざまで』明石書店。

古屋孫次郎、一九三二、『日本の使命と基督教』不二屋書房。

Hayashi, Brian M., 1995, *'For the Sake of Our Japanese Brethren': Assimilation, Nationalism, and Protestantism Among the Japanese of Los Angeles, 1895-1942*, Stanford : Stanford University Press.

Ichioka, Yuji, 2006, *Before Internment : Essays on Prewar Japanese American History*, Stanford, Calif. : Stanford University Press.

韓晳曦、一九九九、『日本の満州支配と満州伝道会』日本基督教団出版局。

池田鮮、一九九五、『曇り日の虹――上海日本人ＹＭＣＡ40年史』。

伊藤卓二、一九八七、『天開の驥足――千葉豊治物語』。

木村健二、一九九二、「戦前期の海外雄飛と思想的系譜――千葉豊治の足跡と著作をめぐって」『研究年報　経済学』五三巻四号、二九-四〇頁。

木場明志・程舒偉編、二〇〇七、『日中両国の視点から語る植民地期満洲の宗教』柏書房。

甲賀綏一、一九六八、『甲賀綏一記念集』

松谷曄介、二〇一三、「日中戦争期における中国占領地域に対する日本の宗教政策――中支宗教大同連盟をめぐる諸問題」『社会システム研究』二六号、四九-八二頁。

中村敏、二〇一一、『日本プロテスタント海外宣教史――乗松雅休から現在まで』新教出版社。

根川幸男、二〇一二、「近代における一日本人キリスト者の越境ネットワーク形成――小林美登利の移動・遍歴を事例として」『日本研究』四六号、一二五-一五〇頁。

根川幸男、二〇一三、「ある戦闘的キリスト者の『大陸雄飛』とブラジルでの教育活動――岸本昂一と暁星学園をめぐって」『キリスト教社会問題研究』六二号、一九九-二二五頁。

新里貫一、一九三九、『事変下の満鮮を歩む』新報社。

Stephan, John J. 1997-1998 winter, "Hijacked by Utopia: American Nikkei in Manchuria," *Amerasia Journal*, 23:3.

渡辺祐子他、二〇一一、『日本の植民地支配と「熱河宣教」』いのちのことば社。

吉田亮編著、二〇〇五、『アメリカ日本人移民の越境教育史』日本図書センター。

第7章　多文化カナダの「架け橋」たち

――カナダにおける日本語学習者の変遷

野呂博子

1　「架け橋」再考の試み

「太平洋の架け橋」――この新渡戸稲造博士が使ったとされる比喩には、戦前の日系移民一世たちがカナダ生まれの二世に託した希望が込められている。戦前、日系子女のために日系移民によって運営されていた日本語学校は、カナダの社会政治体制の中で幾多の苦難に直面した。「太平洋の架け橋」という表現は当時、人種差別が横行するカナダの厳しい現実の中で日系教師、父兄、学童を力強く支えてきた。第二次世界大戦後、一九六〇年代から始まった戦後移住により、新移住者、もしくは新一世と呼ばれるグループの子どもたちもまた日本語学校に通っていた。このグループにも「架け橋」、特に「日加の架け橋」という表現は多用され、この比喩は彼らを力強く支えてきた。時を経て、現在では「ブリッジ人材」と呼ばれる文化、言語、専門の間を橋渡しする人材育成、発掘の必要が叫ばれている。他にもさまざまな場面で、「架け橋」的な表現は観察される。

戦前、そして戦後のカナダ日系コミュニティにおける日本語は、世代間コミュニケーションも含め、コミュニティメンバー間の生活言語としての機能も持ちながら、コミュニティメンバー間の精神的および感情的な紐帯としての役割も果たしている。その中心的役割を担っているのが、日本語学校である。佐々木敏二によるとカナダで日系子女のための日本語教育が始まったとされるのが一八九八年である（佐々木 1991：323）。また佐藤伝によるとカナダで大規模な日系子女の教育機関である晩香坡共立国民学校がバンクーバー旧日本人町にたてられたのが一九〇六年である（佐藤編 1953：21）。

一〇〇年以上の歴史を誇る日本語学校は、時代の社会・政治的要請を受け、変遷を遂げている。この二〇年あまり、目立つ傾向としては、国際結婚カップルの子どもたちが学習者の半数以上を占めていることである。また両親が日本語の話せない日系三世・四世の子どもたち、そして中国系、韓国系など日系以外のアジア人家庭からの子どもたちも増えている。台湾や香港から親世代とともに幼い時にカナダに移住してきた子どもたちにとって、日本のマンガ、アニメなどは非常に親しみ深いものだ。日本語学校のあり方が日系子女のための継承語教育の場というだけではなく、ひろく日本語・日本文化に関心あるカナダ市民のための語学教育機関という性格を持ち始めたといえよう。継承語と国際語の境界線も曖昧になり、これに対し教授法も外国語としての日本語、継承語としての日本語の二本立てカリキュラムを導入している学校も少なくない。日本文化に関心を持つ子どもたちをも広く受け入れることによって、日本語教育そのものが活性化されているといえよう。

日本語学校以外の大学などの日本語学習機関で日本語を学んでいる人たちは正式に日系組織に属していないものの、日本文化同好会の会員であったり、また日本食料品店、日本料理店でのアルバイトに従事していたりする。つまり日本語学習者が日本語を操って、日本語話者である顧客や友人とコミュニケーション活動を行っているということである。対面コミュニケーションのみならずソーシャルネットワークを通じ、日本語使用が日常化している。このような国籍・民族文化言語背景を問わず日本語でコミュニケーションをする機会および動機を持つ人びとは、日本語とそれ以外の言語、また日本文化とそれ以外の文化の間を自由自在に行き来している、いわば「架け橋」的存在である。

本章の目的は、「架け橋」という比喩を認識・発見装置として、カナダにおける日本語学習者の変遷を考察することにある。筆者が行った聞き取り調査、日本語学校作文集などを通じて日本語学習者および日本語教育機関に関わる人たちが発した語りを手がかりに、日本語学習者の特徴、日本語学習の目的・意義が時を経てどのように変化したのかを明らかにしようと思う。さらに、時代にかかわらず共通する「架け橋」の特徴を明らかにすることにより、「架け橋」の概念化を試みたい。本章の構成は以下の通りである。2節では、「太平洋の架け橋」という比喩表現の生みの親とされる新渡戸稲造がカナダ日系社会に与えた影響について述べる。3節では、カナダにおける代表的な日本語教育機関育成である日本語学校を舞台に日本語学習者および日本語学習の目的・意義の変遷について述べる。4節では、大学での日本語学習者について、特に彼らの日本語使用の状況について論じる。5節では、「架け橋」の意味がどのように変化したのかを戦前、戦後、現在という時系列から振り返る。さらに時代にかかわらず共通する「架け橋」の概念化を試みる。

2　新渡戸稲造とカナダ日系社会

「太平洋の架け橋」という比喩は第二次世界大戦前、日本人移民に対する差別・排斥が激化する中、日系の教師、父母、児童を力強く支え続けてきた。日系人社会の中心的機関であった日本語学校がこの比喩を生きたものとするのに重要な役割を果たしてきたともいえよう。日本語学校教師の多くは思想・信条の上で新渡戸稲造の影響を受けていた。実際に面識のあった者もあり、面識がないとしても著作を通じて新渡戸稲造を国際人の理想像ととらえる傾向が顕著であった。筆者が一九九〇年に行った聞き取り調査やカナダ国立文書館に残された資料を通じて、「太平洋時代」という言葉や国際的でありながら自国文化に誇りを持つことが日系子女にとって肝要であるという主張が繰り返されたのを鮮明に記憶している（Noro 2006：9–12）。戦前の日本語教育関係者の多くが、新渡戸の著作を通じ、国際主義の理想など新渡戸の人格の一片を共有しているように思われた。新渡戸は、彼の演説を聞いた者の多くが証言しているように、雄弁であった。さらに彼の著述を読んでも、読者の立場に立ち、大変わかりやすい文章を書いていることが理解される。オオシロが論じているように、新渡戸は自分の著述を通してごく平凡な日本の若者、特に自ら学ぶ向上心を持った者たちに教養を授けることに心を砕いた（Oshiro 1985：120）。井口朝生によれば、新渡戸は自分が編集顧問をしていた若者向け雑誌、『実業之日本』に毎月若者の徳育の糧になるような文章を寄稿していた。さらに英語を学びたい者のために『英文新誌』を発行していた（井口 1996：175）。オオシロは、この雑誌が宗教や道徳、それに修養の重要さを若者に伝えるのに非常に役立ったと論じている（Oshiro 1985：120–121）。新渡戸の大衆向けの著述は日本内外の一般読者を惹きつけた。戦前のカナダ日系社会、特に日本語学校教師たちも新渡戸の著述に親しんでいたのではないかと、筆者は推測している。戦前の日本語教師たちは新渡戸と同時代人であり、彼らの人格形成期は日露戦争後の日本が英米のような西洋の一等国と肩を並べたいと国際舞台で巧妙に活動していた時期と重なっている。新渡戸と戦前の日本語学校教師たちは当時の時代感覚、時代精神を共有していたといえるであろう。さらに異文化間での経験や感情も共通するものがあったにちがいない（野呂 2005a：141–142）。

3　「架け橋」育成機関としての日本語学校——継承語から国際語へ

二〇〇二年、カナダにおける日本語教育は一〇〇周年を迎えた。佐藤伝が称する「日本国民養成の教育」期である、一九〇六年から一九一二年の期間は、カナダ生まれの日系二世にとって、日本語学校はカナダの公立学校にかわる主たる教育機関であった（佐藤編 1953：21-23）。しかし、父兄がカナダ永住への意志を固めるにつれ、日系子女のための日本語学習機関となっていった（佐藤編 1953：27）。日本語は親の故郷の言葉であり、ここには自分たちの民族的伝統を連綿と次の世代へ継承していこうという継承語としての日本語教育の萌芽が見うけられる。加奈陀日本語学校教育会の調査によると、第二次世界大戦勃発直前には日系子弟のために五一校もあったという日本語学校は、ブリティッシュ・コロンビア州に点在していた日系人社会で運営されていた。日系一世にとって、最大の関心は子女の教育であり、そのなかでも日本語と日本文化の維持は最も重要なものであった（佐藤編 1953：35）。しかし同時に、日系二世はまずカナダ市民であり、カナダの文化形成に貢献するために日本語、日本文化を学んでいるという論拠にもとづくならば、バイリンガル・バイカルチュラル教育でもあった。二世に対して、日本とカナダを結びつける「太平洋の架け橋」であれ、との一世世代の期待がうかがわれる。戦前の二世自身も日加親善の役割を担っているという覚悟を持っていたことが、カナダ青年雄弁大会に出場した二世女性のスピーチからもうかがえる。

菅澄子（晩香坡日本共立語学校学友会）

私共将来発展の為にはカナダを永住の地として計画をなし、実力を高め、カナダを理解し、カナダの為に考へ、カナダ人と苦楽を共にしなければなりません。これが即ち大和民族根本的の発展であり母国日本に対する忠良な所であります。（拍手）

故に私共はどこまでも善良なる日本人系カナダ市民となり、カナダをして、我々の実力を認めしめ選挙権の獲得、職業上の対等を要求すべきであります。尚、又カナダの文化に貢献せんがためには母国日本の文化を移入し、以っていわゆる太平洋時代文明の建設に小さいながらも務むべきでありましょう。これが第一世が果たそうとして果たせ得ず、私共第二世の仕事として残されている一大事業ではありますまいか。（菅 1930：48-55）

しかし、一九四一年一二月、日本とカナダが敵国関係に陥り、日系人が強制移動させられるという悲劇が起こり、それとともに継承日本語教育は大きな痛手を被る。

戦後、日系人家庭が受けた精神的打撃、特に、言語面での打撃は大きく、二世・三世の親子間会話のなかで日本語の土壌は破壊されてしまった。二世が親世代になった時には、日本語を次の世代へ継承しようとする気にもなれなかったというのは、心情的に非常によく理解できる。日本語学校も中途退学者が後を絶たず、生徒数の低迷状態も一九八〇年代中頃まで続いた。一九七一年、カナダ政府により多文化主義が打ち出され、連邦政府、州政府の全面的支援により一九七〇年代後半から一九八〇年代にかけて多くの国際語としての日本語プログラムが公立学校制度内に誕生した。これは日本経済の高度成長が世界的に注目され始めた頃と重なる。この頃、戦後移住者の子女が学齢期を迎え、トロント、バンクーバーをはじめ、カナダ各地で移住者子女のために日本語学校が多数設立された（野呂 1997：67）。

戦後移住者も戦前の日系人一世と同様に、子弟の日本語と日本文化の維持は最重要なものであった。日本とカナダを結びつける「日加の架け橋」という表現が使用されていたことが興味深い（野呂 1997：73）。以下の声は、バンクーバーの日本語学校、グラッドストーン日本語学園創立三十周年記念文集、四十周年記念文集から抜粋したものである。ここでも日本語・日本文化習得の重要性、日本語と英語ができることのメリットなどが語られている。

一九七七年の父母の声

カナディアンなのになぜ日本語を勉強するのかわからないと子どもに反発され、日系カナダ人としての自覚などについて親子で議論することもありました。子どもたちだけで日本に行き、自分たちの目で祖国を見ることができて思うことがあったようです。『日本語を習っていてよかった』と子どもから手紙をもらい、とても

うれしかったです。（村上編 2001：195）

二〇〇一年卒業生

英語と日本語の二ヶ国語が使えることで、オリンピック村で日本選手のお世話をしたり、天皇・皇后両陛下がカナダにいらした際にも、日本語を学んでいたおかげでお話もできました。（村上編 2001：66）

トロントの日本語学校の一つ、トロント国語教室は、創立十周年記念誌の中で、学校の教育理念として、「架け橋」的な面に触れている。

一国の永い歴史の中ではぐくまれてきた言葉は民族文化の所産であり、それぞれの風土が育てた文化は、その国の言葉で語られる時に初めて真の姿を生き生きと伝えることができます。従って、言語の学習は、同時にそれを育てた文化を学ぶことであり、この意味では言語教育を単に読み書きの技能の習得に終わらせてはなりません。

国語教室における教育は、正しい日本語の習得が第一義でありますが、それとともに、その教育過程において、児童生徒に日本の伝統文化に接する場を与えて理解を深めさせ、多様文化主義を国策とするカナダにあって、日系カナダ市民としての自覚と誇りをもって日本文化を継承し、将来、日加文化交流等の活動を通じてカナダ社会に貢献できるよう、その指導育成に努めます。（トロント国語教室記念誌編集委員会 1996：110）

一九九〇年代以降の特徴として挙げられるのが日本語学習者の多様化である。目立つ傾向としては、国際結婚をした新移住者家庭の子どもたちや両親が日本語の話せない日系三世・四世の子どもたち、そして非日系家庭からの子どもたちの増加である。生徒たちの背景の多様化により、日本語学校のあり方が日系子女のための継承語教育の場というだけではなく、ひろく日本語・日本文化に関心あるカナダ市民のための語学教育機関という包括的、インターカルチュラル、かつハイブリッドな機関へ変容してきている。日本語学校に通う児童のアイデンティティ形成は大変興味深い。ハワイ語でアジア人、または太平洋諸島民と白人との混血を意味するHapa Haoleから派生したHapaという呼称は北米で急増するいわゆるハーフの人たちにとって、エンパワーメントと自己アイデンティティのための有効な手段となっている。

西欧系とアジア系カナダ人カップルから誕生したいわゆるハーフ人口が年々増加し、彼らが思春期、成年期を迎えるとともに自分たちのアイデンティティを模索し始めた結果、自分たちが白人中心のいわゆるメインストリームでもなく、またアジア系とも言えないい、微妙な存在であることに気づく。異人種婚が盛んでない時代には何々系二世、三世と簡単に言えた自己アイデンティティの名称を変える必要が生じた。本来は蔑称であったHapaがエンパワーメントと団結のために用いられることになった。

日本語学校に通う児童のアイデンティティ形成について、エスニックアイデンティティの視座から考察してみよう。エスニックアイデンティティはエスニック集団の特性によって規定することも可能ではあるが、これは固定的なものではない。エスニック集団の移動、国際結婚を代表とする異なる国民、宗教、部族、人種間の婚姻の結果、複数のエスニシティを持つ個人が増加している。ミラーが主張するように、エスニシティの変化に伴い、新しいモデルの必要性が生じる（Miller 1992：24）。アイデンティティは固定したものではなく、流動的で構築的な性格を持つ。ミラーはいわゆるハーフのような多エスニック・多人種の個人がどのようにしてアイデンティティを形成していくのかについて、以下五つを主要因として挙げている。①エスニック集団の経済的側面、②エスニック集団の人口、③エスニック集団の社会的イメージ、④エスニック集団の過去の記憶（例、ユダヤ民族のホロコースト、日系の強制収容など）、⑤エスニック集団への帰属意識。これは必ずしも固定していない（Miller 1992：24-36）。例えば、ある日系アイルランド系カナダ人が普段は単にカナダ人としか自分を意識していなくても中国系カナダ人との関係性の中で「日系」を意識することがある。また同じ個人がアイルランド人の祖母と接する時にはアイルランド人としてのアイデンティティを前面に出すなど、場面、対する人間によって、アイデンティティを選択する。

日系コミュニティの主体が一世から二世さらに三世へと移ってくるに従って、血統としての日系、つまり日本人の子孫というアイデンティティと結びつかなくなる日系人の存在が無視できなくなってきている。また、異族婚が広がったことにより日系概念の拡散化や曖昧化も進んでいる。このことは、一世が主導権を握っていた頃の日系コミュニティ、つまり血統としての日系と、アイデンティティとしての日系がほぼ一致し連帯も当然であった時代と比較すると、三世、四世が中心となった今日ではその様相が大きく変わってきていることを示唆している。

また他方においては、非日系人の中からも日系コミュニティと結びつく文化や現象に（それが日系文化であれ日本文化であれ）高い関心を持ち、親近感を抱いてコミュニティに仲間入りする者が多数現れるようになった。つまり日系コミュニティのボーダーレス現象である。広井が主張するように、開かれたコミュニティはさまざまの意味での異質・多様なるものと相互に折り合いながらともに新しい共同生活の規範・スタイルを築いていく（広井 2008：70）。つまり、最近の日系コミュニティは、キタハラ高野も論じるように、日本語も含めた、広義の日本文化への関心・興味を軸としながら、血統的には日系、非日系を問わず広く地域の人びとにとって開かれたもの、またこうした人びとによって作られていっているであろう（キタハラ高野 2012：119-120）。この開かれたコミュニティの萌芽に、日本語学校関係者も非日系の日本語学習者も気づき始めているようだ。彼らの声を聞いてみよう。

日本語学校の卒業生は、非日系の日本語話者との出会いを次のように語っている。

ヨーロッパに行ったとき、日本語をならっている人たちと出会い、友達になりました。勉強や仕事でなく、誰かと仲良くなるために日本語を使いました。（村上編 2011：68）

さらにグラッドストーン日本語学園長も、日本語学校のあり方として学園に通う生徒が日本とカナダの架け橋に成長するだけではなく、ひろく世界の日本語学習者とつながっていることに日本語学習の意味を見出している。

四十年の日本語教育を通して文化を学び日加の架け橋となる子どもの育成と共に、国際社会で活躍できるバイリンガルな子どもに育ってほしいという願いが、日々強くなっています。子どもたちの日本語教育も今ではインターネットやブログを使っての授業が多くなり日本語学習をしている世界の学生とも幅広く交流できる時代になって参りました。（村上編 2011：1）

次に、非日系の日本語学習者の声を聞きたいと思う。以下の発言は筆者が二〇一二年に行った聞き取り調査での発言である。発言者はビクトリア大学で日本語を四年学習して、日本語能力試験一級に合格したヨーロッパ系カナダ人男性である。

日本に留学に行ったとき、クラスメートは世界中から来ていましたが、日本語が lingua franca（国際共通語）でした。日本語を通して、世界とつながっているということを感じましたね。いろいろな言葉を使うことによって、自分の位置を客観的に見られるようになったと思います。

以上の発言は、日本語・日本文化を紐帯に開かれたコミュニティが誕生していることを示唆していると思われる。次の節では、筆者が勤務するビクトリア大学で日本語を学習している大学生を対象に「架け橋」的な特徴について述べたい。

4　大学レベルでの日本語学習者――「インターカルチュラル」な日本語学習

現在、筆者が勤務するカナダのビクトリア大学で日本語を学習している学生のプロフィールを探っていくと二つの大きな特徴に気づく。第一は日本語学習者の大多数がアジア系民族バックグランドを持っている点である。この中には、カナダ生まれで中国系、韓国系の家庭から来ている学生、中国本土、台湾、香港、韓国などのアジア地域から幼い時に、家族と一緒に移住してきた学生、そして単身で中国本土、台湾、香港、韓国などから留学生として来ている学生の三種類に大別できる。漢字圏の地域から来ているため日本語に親しみやすい。中には英語より日本語のほうがとっつきやすいと感じている学生も多いと聞く。カナダにおける民族的構成が一九七〇年以降大幅な変化を遂げ、アジア系移住者の数が急激に増加したことと関係がある。第二の特徴として、これらの学習者は、日本語を教科として学ぶ前から日本の子ども・若者向けのポップカルチャーである音楽、マンガ、アニメなどに親しんでおり日本に関する興味をすでに持って、日本語学習に取り組んでいる点が挙げられる。日本の音楽、マンガ、アニメ、ファッションについてもっと知りたいという動機で日本語を勉強している学生も少なくない。一九八〇年代の日本経済ブームの際には、日本で仕事をしたいから日本語を学んでいると答えた学生が多かったが、最近ではそうした動機よりむしろ純粋に現代の日本について、特に若者文化について知りたいがために日本語を学習している人が多い（野呂 2005b：1015）。日本からの留学生の数も増加しつつあり、直接日本語話者、しかも同年代の同じような興味を分かち合える日本人と接触できることによって、日本・日本語に対する興味が増している。日本語学習者同士、また母語話者と学習者間で日本語を使ってのコミュニケーションを体験的に楽しんでいる様子は日常的に観察される。流行語を学生から知ることも多い。最近、気づくのは日本語学習者の層の厚さである。単に、学習者の数が増加したのではなく、確実に日本語を駆使し、自己を表現できる人たちが増えていっていると強く実感する。

日本語教育の世界も「架け橋」的な視点を強調し始めている。日本語教育における文化学習は多様なアイデンティティを開発する契機となる。日本語学習と共起する日本文化学習（価値観、生活習慣を含む広義の文化）は、学習者がそれを一〇〇％受容もしくは否定する性質の学習ではない。むしろ、学習者が親しんでいた文化、世界観を相対化するきっかけをもたらし、自己が無批判、無自覚であった世界観からの脱中心化を可能とするような文化学習である（野呂 2013：63-64）。つまり学習者は日本の文化と自己の文化に通じていて、その場その場で適切に行動することができるようになるだけでなく、日本語学習を通じて自己の世界観を広げていくこと、さらに「日本語」を通じて母語話者のみならず「日本語」使用者とつながっていくことが架け橋的な日本語教育にとって究極のゴールとなる。インターカルチュラルアイデンティティを育む日本語学習とも言える。

次に上述の日本語でつながろうとするビクトリアの日本語学習者たちの例を二つ挙げたい。

日本語を介したネットワーク――ビクトリアのケース

日本のポップカルチャーに代表される日本文化に強い関心を持つ日本語学習者はどこで、誰とネットワークを築いているのだろうか。毎年、講座開始の際に学生に聞く質問が「教室の外で日本語を使う機会がありますか？」である。一五年前は「ほとんどない。日本人留学生の知り合いとたまに使う。先生の研究室に行って、おしゃべりをする」が典型的な答えだった。ところが、最近は次のような場所で、日本語を使う機会が増えているようだ。

日本語会話カフェ

二〇一二年から毎週水曜日の午後二時間、ビクトリア大学図書館内の一室で、日本語で話したい人なら誰でも歓迎という会話クラブが運営されている。参加者はビクトリア大学で日本語を学ぶ学生だけではなく、独学で学んでいる者、近隣の学校で日本語を勉強している者、日本からの留学生など、大体二〇～三〇名程度。日本語母語話者の参加が大体半分である。カフェで知り合ったもの同士がパーティーを開催したりしている。日本人にとってはカナダ人の友達を作る場として機能しているようだ。カナダ人にとっては、世代が同じ母語話者と生の日本語でコミュニケーションできるのが魅力のようだ。

日本食料品店ふじや

ビクトリアには日本食料品店が二軒ある。そのうちの一軒、ふじやはビクトリア大学から歩いても一五分程度という立地からか、ビクトリア大学で日本語を学ぶ学生たちがパートで働いている。アルバイト学生の入れ替わりは激しく、何年も継続して勤める学生は少ないが、常時六〇名ほどのアルバイトを抱えている。ワーキングホリデービザで日本から訪れる若者も常時一〇名ほど働いている。またカナダ人と結婚し、永住している日本人女性スタッフも数名いる。この女性たちは三年以上勤続する場合が多い。顧客として、日本人移民、ロングステイで数ヶ月ビクトリアに滞在する日本人、日本人留学生、アジア系留学生、また昨今の日本食ブームから現地のヨーロッパ系カナダ人、アジア系カナダ人など、さまざまな人たちがこの店を訪れる。アルバイト募集のポスターが常に店内に貼ってあるので、二〇一〇年七月に、聞き取り調査という形ではなく、何気なく店主のHさんにどんな基準で人選をするのか伺った。Hさんの回答を以下に要約した。

レジ係りは人種を問わず、日本語がかなりできることが条件。特に敬語などの待遇表現ができること。はじめは慣れなくてもみな、段々日本語が上達する。すしやお弁当を作るキッチンでも食材などは日本語で呼ぶので、ある程度日本語が聞いてわかるとよい。どの部署で働くにせよ、協調性のある人が好ましい。少なくとも六ヶ月は働ける人。

ふじや従業員同士の連帯には非常に興味深いものがある。Hさん夫妻はともに日本人移民としてビクトリアに長年暮らしている。ふじやは新年会を毎年催すが、その際にふじやに勤めるすべての人たちを招く。時には元従業員も参加すると聞く。同窓会的な性格を持つ集まりだ。長続きするコミュニティには必ず求心力と継続性が必要だが、Hさんはまさしくその役割を担っているように見える。強いリーダーシップを持っているようには見えないが、「縁の下の力持ち」的な存在で従業員のみんなに慕われているようだ。

5　「架け橋」の意味――変化と不変

日本語学校における変遷の様相を分析すると、「架け橋」の意味する内容が変化しているということに気づく。戦前から戦後の日本経済バブル期までは、日本語学校における日本語はカナダ生まれの日系二世の継承語であり、日本語学習は彼らの日系としてのアイデンティティ形成と直接的に結びついていると考えられていた。さらに彼らは「日加」の架け橋であり、日本とカナダの言語、文化に通じているバイリンガル、バイカルチュラルな存在、人材とみなされていた。継承語としての日本語と国際語としての日本語の境界線は明確であった。

一九七一年、カナダ政府により多文化主義が打ち出され、連邦政府、州政府の全面的支援により一九七〇年代後半から一九八〇年代にかけて、国際語としての日本語プログラムが公立学校制度内に誕生した。これは日本経済の高度成長が世界的に注目されはじめた頃と重なる。カナダの文化政策と日本の経済力が、日本語学習をカナダの一般社会に広めることになったと言えよう。

日本経済が衰退した一九九〇年代以降、日本語学校の生徒の家庭背景が多様化したため、継承語と国際語としての日本語教育という二本だての教育を施行するに至る。カリキュラムとしては二本立てであるが、各生徒の言語、文化背景を問わず、日本語・日本文化（特にアニメ、ゲームなどのポップカルチャー）を紐帯として生徒たちの交流は活発に行われている。同様の傾向が年齢の高い大学生の日本語学習者の間でも観察される。日本語学校生徒はたとえ継承語として日本語を学んだとしても、日本語以外の言語は必ず習得している。また国際語として日本語を学んでいる日本語学校生徒も大学などで学んでいる成人学習者も他の言語を習得している。つまり継承語学習者であれ、国際語学習者であれ、必ず言語と言語の間、文化と文化の間を行き来している。このように、どのような言語学習の形であろうと、言語を学ぶということはインターカルチュラルな要素を必然的に備えている。

このような「インターカルチュラル」な日本語学習者たちは、日本発信のポップカルチャーへの強い興味と関心、さらに日本語そのものへの興味、関心を彼らの生活の中で行動化している。例えば、日本語母語話者と日本語を使ってコミュニケーションをしつつ、日本の文化の一部である日本食を楽しみ、日本のポップ音楽をカラオケで歌うなど、生活に取り入れている。彼らのネットワークは対面コミュニケーションにとどまらずソーシャルメディアも取り入れることにより、コミュニティが活発化している。日本語・文化への興味が紐帯となって、現代の日本語学習者は多様なつながり方で心地いい居場所を見つけているように思われる。

本章は、カナダにおける日本語学習という文脈で「架け橋」とは何かという問いに答えようとしている。ここでは自身がカナダ生まれの日系二世で、また戦前の日本語教育界では高名であった父を持つテッド・アオキの考えを援用したい。アオキは以下のように「架け橋」を規定している。まずアオキは日本対カナダのような二項対立を否定している。彼にとっての「架け橋」は異なる文化背景を持つ人びとが出会い、集う場である。一つの文化、国からもう一つの文化、国に単に移動するためにあるのではない。むしろ文化と文化の間、国と国の間、といった「間」を強調する中間地帯である。そこは、ゆったりとほかの人、文化と対話を通じて、出会い集う場である（Aoki 2004：3-6）。アオキの「架け橋」の概念を広義の「場」として考えると、上述の日本語カフェはまさしく架け橋的な場所と言える。また個人のレベルで考えると、「架け橋」は、自分自身の文化・言語背景を超えていこうとする姿勢を持ち、行動する人を指す。

本章では日本語学習者および日本語教育関係者の声を紹介したが、その規模は限られており、また筆者の主観で選択されたものであるため、日本語学習者および日本語教育関係者の声を大規模かつ体系的な形で収集することを今後の課題としたい。

文献

Aoki, T. Ted., 2004, "Imaginaries of "East and West": Slippery Curricular Signifiers in Education," edited by W.F. Pinar and R. L. Irwin, *Curriculum in a New Key: The Collected Works by Ted T. Aoki*, Mahwah, NJ: Lawrence Erlbaum Associates, Inc., 313-319.

広井良典、二〇〇八、「コミュニティの中心とコミュニティ政策」『公共研究』千葉大学、第五巻第三号、四八-七二頁。

井口朝生、一九九六、『新渡戸稲造――物語と史跡を訪ねて』成美堂出版。

キタハラ高野聡美、二〇一一、「つながる日本から国際化する日本へ――リオデジャネイロの日本語人からみる日本語・日本文化の紐帯力」『国際シンポジウム報告集――国際日本学の構築に向けて』東京外国語大学国際日本研究センター、一一九-一二四頁。

Miller, Robin L., 1992, "The Human Ecology of Multiracial Identity," edited by Maria Root, *Racially Mixed People in America*, Sage Publications, 24-36.

村上陽子編、二〇〇一、『新世紀――グラッドストーン日本語学園創立三十周年記念文集』グラッドストーン日本語学園。

村上陽子編、二〇一一、『絆――グラッドストーン日本語学園創立四十周年記念文集』グラッドストーン日本語学園。

野呂博子、一九九七、「カナダにおける継承語としての日本語教育」中島和子、鈴木美知子編、『継承語としての日本語教育――カナダの経験を踏まえて』カナダ日本語教育振興会、六七-七五頁。

野呂博子、二〇〇五a、「太平洋の懸け橋――日系カナダ子女の日本語教育と新渡戸稲造」『新渡戸稲造研究』第一四号、一四一-一五六頁。

野呂博子、二〇〇五b、「カナダ」『日本語教育事典』大修館、一〇一五頁。

Noro, Hiroko, 2006, "From 'Bridge Across the Pacific' to 'Global Citizen': Japanese as a Heritage Language in Canada," *Nikkei Images*, Vol. 11, 19-12.

野呂博子、二〇一三、「インターカルチュラル教育としての日本語教育における映像メディアの役割」『異文化間教育』三八、六〇-七二頁。

Oshiro, M. George, 1985, "Internationalist in Pre-War Japan: Nitobe Inazo, 1862-1933," unpublished Ph.D. Dissertation.

佐々木敏二、一九九一、「カナダ日本人移民社会とキリスト教会」同志社大学人文科学研究所編『北米日本人キリスト教運動史』PMC出版、二八九-三七四頁。

佐藤伝編、一九五三、『加奈陀日本語学校教育会史』加奈陀日本語学校教育会整理委員会。

菅澄子、一九三〇、「私共の覚悟」フェヤビュウ仏教青年協会編『雄叫び――在加青年雄弁大会』内田書店、四八-五五頁。

トロント国語教室記念誌編集委員会、一九九六、『トロント国語教室十周年記念誌』トロント国語教室。

第Ⅱ部　移民・越境者の文化・芸術・身体

第8章　文化使節と同胞慰問
――ブラジルの藤原義江一人二役

細川周平

1　「我等のテナー」の誇り

藤原義江（一八九八年下関～一九七六年東京）の人生は、スターにふさわしい物語に満ちている。イギリス商人と女琵琶師の間に生まれ、伝説多い浅草オペラで育ち、文字通り「歌に生き恋に生き」た生涯には、音楽ファンならずとも惹きつけられる。しかしこれまで実証的な研究は出ていない。日本の洋楽受容史が軌道に乗るなか、最初に海外公演を行った男声歌手、最初の音楽映画出演者、最初に本格的オペラ劇団を設立し、最初に海外公演を行った座長、このような業績を歴史的観点から検討すべき時が来ている。

本章は従来の評伝が看過してきた二度のブラジル公演を現地の記事から再構成する。自伝ではリオデジャネイロで受けた感激は「ロンドンのアルバート・ホールの時と同じくらいすばらしかった」（藤原 1962：30）と記され、ブエノスアイレスやリオの外務省レセプションでキモノ姿の妻が花形だったと述べられているにすぎない（藤原 1967）。しかしその旅も子細に見れば数多くの逸話に満ちている。とりわけ彼が訪問した一九三〇年代後半は世界的に国粋主義台頭期にあたり、巡業は単なる本国からの芸能人の来訪を越える意味を持った(1)。

ところで「我等のテナー」の愛称は、ニューヨーク滞在中の朝日新聞主筆原田譲二が、混血の半生を初めて読み物化したときに編み出された（「『我等のテナー』藤原義江の話」『東京朝日』一九二三年三月二八日〜四月五日付）。この連載は歌と女を華麗に語る自伝の元型を作った。ヨーロッパ音楽の本場における成功が「我等」に含まれる民族・国民の誇りを作り出したことは重要で、原田はニューヨークに現れたクラシック界の大歌手・音楽家のなかに藤原を置き「小さくはあるが、若い光を放って紐育のステージを飾っている『我等のテナー』」と連載第一回で喝采を送った。この呼び名には世界（実は西洋）制覇、海外雄飛の意が込められている。「我等のテナー」とは「世界のテナー」を意味し、「彼等」に囲まれているからこそ「我等」は意味を持った。さらにテナーは舞台の上で主役を張るのが常で、観客との一体化を図りやすい。また「我等のソプラノ」という言い方が奇妙に響くことからわかるように（例えば三浦環にあてはめよ）、「我等」には男らしさも含まれている。

本章は日本語新聞とポルトガル語新聞の扱いの違いから、前半で英雄的同胞か異国の一テナーかのイメージの違いに注目し、「普遍的な」西洋芸術を解釈する「民族的」な歌手としての側面を描き、後半で二年をおいた二度の訪問の形態と待遇の違いを興行と国策の違いとして論じる。つまり戦前ブラジルで『蝶々夫人』を歌った三人の「日本人」ソプラノに関して、国際的に活躍する日本女性の鑑として讃える移民新聞と、人形のように愛らしいムスメとして愛でるポルトガル語新聞の違いを論じた拙稿（細川 2008）の兄弟編にあたる。藤原の二面性もこれと似ているが、人気オペラのタイトルロールを歌ったソプラノに比べ、独唱リサイタルを開いただけのテナーに対するポルトガル語新聞の扱いは小さい。しかし南米の一流劇場で独唱した最初の日本人男性歌手であることは見過ごせない。

2　第一回旅行——一九三七年

「テナー義江　ブラジルへ　南米演唱契約成立　八月下旬渡来せん」。こういう見出しが『伯剌西爾時報《ブラジル》』（以下『時報』）を飾ったのは、一九三七年（昭和一二）六月一四日のことだった。藤原は七月三〇日に神戸を出航し、九月二六日にブエノスアイレスに到着。当時、アルゼンチンのオペラ界は、北半球のシーズンオフを利用して有名歌手が集まり、南米一の活況を帯びていた。藤原はコロン劇場の少し下に格付けされるオデオン劇場に四回出演したほか、日系人向けの小さな公演、ラジオ出演を果たし、内陸のロサリオ、ウルグアイのモンテビデオでも歌った(2)。

ブラジルにも活躍の報は届き、「亜国（アルゼンチン）人間に期せずして日本音楽憧憬の熱を高め一つの文化的使節をも立派に果たした」（『日伯新聞』一〇月一三日付、以下『日伯』と略）とある。国家の派遣ではないのに「文化的使節」と見なされたところに、先に述べた「我等」の国粋的な意味が認められる。彼の声は日本文化を代表し、憧憬（理解、愛着）を海外で湧き起こさせ、外交的な親睦をもたらすと記者は考えた。同紙は「『喉の戦争』へと日支事変下の祖国をあとに南米への長途についたテナー藤原義江氏」（一〇月二四日付）とも書いている。面白いことに、まったく同じ書き出しが『亜爾然丁時報《アルゼンチン》』の藤原到着直後の記事（九月二八日付）にも見られる。邦字新聞社が本紙を交換していた可能性がある。ブエノスアイレスの記事ではその先に「喉の戦士」と激烈に呼びかけている。国際博覧会に出品された国産品と同じく、海外公演とは国威をかけた戦いで、外国人の拍手は「日本音楽憧憬」ばかりか、国産歌手の優勢を示す徴と受け取られた。非常時日本の愛国主義が、そのまま移民ジャーナリズムに移植された。

一方、南米側は珍しい国からやってきたテナーという以上の扱いをしなかった。

神戸を出航した時にはブラジル興行は未定だったが、一九三五年六月にブラジルを訪れた経済使節団長平生釟三郎が現地財政界の大物を動かし、サンパウロの上流人士が結成する芸術文化協会（A Sociedade de Cultura Artística）が招聘の責任を執った（『日伯』八月五日付）。元々は藤原のニューヨーク公演を実現させた横浜正金銀行同地支店長が、義父である釖三郎にはたらきかけたらしい（『日本新聞』七月七日付、以下『日本』と略）。無名歌手の海外活動には縁故関係が不可欠だった。『日本』の記事には、日本人女性が加われば申し分ないというブラジルの興行主のひそひそ声が引かれている。日本ムスメの商品価値を裏付ける内情である。ムスメ歌手に対する憧憬に対応するような昂ぶりを、東洋の男性歌手はかき立てることができないと興行側は考えた。いわゆるバタフライ歌手にとって音楽的実力もさることながら、日本女性であることが演劇的な真正性を保証したが、テナーにはそのような民族＝ジェンダー的利点を得る枠組みがなかった。あいにくサムライを主人公とするオペラ作品は書かれなかった。この男女非対称は女性を見つめる男性観客の視線が、劇場空間で支配的だったことを暗に示しているだろう。

藤原はあらびあ丸で一一月四日にサントス上陸、同日サンパウロの一流ホテル、エスプラナーダに投宿した。一一月五日の *Correio Paulistano* 紙（以下『コレイオ』と略）はイタリアやロンドンでの留学経験やデビューについて述べ、一一月七日の *O Estado de São Paulo* 紙（以下『エスタード』と略）はドイツの新聞の絶賛記事を引用している。こうした記事は芸術文化協会と興行主とジャーナリズムの間の緊密な連係プレイで書かれたのだろう。一一月一〇日の『コレイオ』紙では、彼が前世紀後半のブラジルの代表的作曲家カルロス・ゴメスを称賛し、東京で彼のオペラ『グアラニ』の一部を歌ったことがあると述べているが、歌われた記録はない。どこかで現地読者に気に入られるための情報操作があったのだろう。

一一月九日、満員の市立劇場（Teatro Municipal）の舞台に立った。ここはサンパウロで最も由緒ある劇場で、トスカニーニ、スキパ、アラウ、ストコフスキー、ベームなど最高峰の音楽家が出演している。領事が開幕の挨拶を行ったのは、興行の外交的な性格をあらわしている。プログラムは次の通り（『エスタード』七月九日付）。第一部――

「わが恋人よ」（ドナーピー）、「ラ・ヴィオレッタ」（スカルラッティ）、「ニンナ」（ペルゴレージ）、「卑しい女たちと出会って」（ガルッピ、オペラ『月の世界』より）。第二部――「お前はやすらぎ」（シューベルト）、「恋人の秘密」（グランヴィル・バントック）、「夢」（マスネ、オペラ『マノン』より）、オペラ『五月の夜』より（リムスキー＝コルサコフ）。第三部――「富士山みたら」「旅人の歌」「種うた」「オロク娘」（橋本国彦）。第四部――「馬追手綱」（露木次男）、「セッセッセ」（伊藤祐司編曲）、「鐘が鳴ります」「松島音頭」（山田耕作）（ピアノ伴奏フリッツ・ヤンク）。

ある程度知られたヨーロッパの歌で始めて日本の歌で締める構成で、国際基準と異国趣味（民族性）双方を満たす意図がはっきりしている。アルゼンチンでも数曲入れ替えはあるものの同じ基本構成で、藤原の「海外仕様」の標準を示すだろう。ブエノスアイレスでは日本歌曲が好評だったが、サンパウロでもまた「東洋的な」表現に批評は言及している。『日伯』が引用する『エスタード』紙の記事によれば――

> 芸術的天分豊かで忽ち聴衆を魅する。その音色は快適で殊にピアニシモは素晴しく何ともいへぬ甘さと柔かさを持っている。彼の気質はオペラの一節にも表れマスネーの「マノンの夢」でもコルサコフの「五月の夜」でも彼の優雅な趣味と表現の豊かさを示した。第二部の日本民謡は或るものは明らかに欧米の影響をうけたモダーンなものだったが或るものは根本的に東洋的で繊細なメロデイ、かすかな陰影を持ったハーモニー、まるで藤田の絵を見る様な感じがした、何れにせよ聴衆は東洋の心を感じて西洋の方式によってより良くより深く理解し得て満足した。（一一月一一日付、傍点引用者）

ピアニシモの素晴らしさはおそらく一九二一年、ロンドン・デビュー以来海外ではよく指摘されてきた声量不足を婉曲に述べている。先の原田は彼のピアニシモはカルーソーのフォルティシモに匹敵すると、ニューヨークの新聞が絶賛したと書いているが（三月二九日付）信じがたい。フジワラとフジタ、似た名前からの安易な連想としか日本の読者には思えないだろうが、一九三二年から翌年にかけてリオに滞在した藤田嗣治の名声がどれほど大きかったかが想像できる（Efegê 1978：63-65）。彼以外には日本と結びつく芸術的アイコンがなかった。評者は知らなかったろうが、二人は実は友人同士だった。

『エスタード』紙は上の引用以外でもほめ言葉に終始している（同紙は一四日の市立劇場最終公演も好評を伝えている）[3]。一方、『コレイオ』紙には一一日の二回目の公演に関して酷評が載った。半分の入りで、それもほとんど日本人だったという。反日感情を露にした記事を全文引用する。

燕尾服をぴしっと着こなし、日出ずる帝国に生まれた子というよりも、東洋の人物という雰囲気を漂わせた日本のテナー藤原義江が昨日、楽譜帳をたずさえてサンパウロ市立劇場の舞台にあがった。はじめは歌手がうっかり舞台裏に運びだすのを忘れたプログラムかと思ったが、そうではなかった。藤原はピアノの脇に立って、両手でへそのあたりで楽譜帳をしっかり持ってめくり歌いはじめた。譜面を見たかと思うと頁をめくり、歌いつづけた。

何もはでな身振りをつけず、顔に感情の動きを示すことなく、また足の位置を変えることなく、頭をしっかりとあげたままずっとつっ立って、スカルラッティの「ラ・ヴィオレッタ」、ペルゴレージの「ニンナ」、ガルッピの「卑しい女たちと出会って」を歌った。この三曲の間、姿勢は全然変わらなかったし、声も一本調子だった。

最初の小さな休みのあと、シューベルトの「お前はやすらぎ」、グランヴィル・バントックの「愛の秘密」、セデロの「子守歌」と「麦をうつ人」を歌ったが、どれも同じように歌った。さらに同じようにマスネのオペラ『マノン』から「夢」を歌ったが、これは日本のアーティストが五回、顔の汗をぬぐったあとにもう一度歌われた。

このアンコールは世界中で最も奇妙なことだった。それは有名な曲の断片の内にひそむ美に負うのであり、けっしてきのうの歌手の芸術や彼の声の質に負うものではなかった。藤原はたぶんサロンで歌ったならばずいぶん成功し、すばらしい効果を得たかもしれないが、舞台では声の線はすすめられたものではない。まして市立劇場のようにすばらしい伝統と名声のある舞台では全く通用しない。今年のオペラ・シーズンでは数週間前に「夢」がけっして有名とはいえないが、それでもすばらしい声で歌われたが、藤原と対比するのは酷だ。

観客はある程度の熱意をもって彼に拍手した。市立劇場は昨夜、満員にならなかった。大半は当地に住む日系社会の名士によって占められた。そのため喝采は愛国的な賛美の香りで包まれていた。それが昨夜のリサイタルのなかでいちばん好感のもてたことだった。そこには連帯感の否定されざる証明があったからだ。

しかしながらコンサートがよかったとは思えない。ただお国びいきの拍手が送られただけなのだ。（一一月一二日付、傍点引用者）

評者には藤原の歌唱が姿勢や態度と同じく、平板で無表情に聞こえた。直立不動で歌うのは、日本人には折り目正しく堂々としているように見えても、彼には無感情な人形だった。そして立派な燕尾服ばかりが目立った。「東洋の人物」という呼び方は、礼儀正しい芸術家よりも「謎の東洋人」の語感に近いだろう。評者の東洋男性に対するステレオタイプ、つまりオリエンタリズムを反映している——東洋人は表情がない、だから感情がない。それが不気味さを醸し出した。鹿鳴館の舞踏会を見守るピエール・ロティの視線とあまり変わらない（コンサート評が「燕尾服」で始まるのはきわめて異例のことだ）。

劇場ではなくサロンに向いているという評は、藤原の声量不足を暗示している。『エスタード』が日本曲の解釈にも賛美を惜しまないのに対して、『コレイオ』は西洋曲の歌唱に対する不満しか述べていない。さらに暗譜していないことも非難の対象だった。楽譜を持つ手が「へそのあたり」にあるとわざわざ記述しているのも悪意が感じられる。というのも「へそ umbiga」は必ずしも体の高貴な部分というわけではなく、例えば一八、九世紀には「へその動き」（umbigada）という単語が、黒人奴隷の「卑猥な」ダンス（広い意味でのサンバ）を難じる文書に何度もあらわれていることを思いだせばよい。「顔の汗」もぶっきらぼうな歌いぶりを戯画化している。

賓客の集まった初日と日系人の多かった二日目では雰囲気が違っていたのかもしれないが、『コレイオ』は拍手のなかに愛国心しか聞き取らなかった。批評のなかで「連帯感」というのは、政治家に「日系人は硫黄のように溶けない」といわれたことに通じる。移民の「愛国心」とはブラジル人にとっては「同化の拒絶」以外の何物でもない。彼らの拍手は「世界中で最も奇妙なこと」と受け止められた。日本でもヨーロッパでも、彼への喝采が民族的な解釈を受ける余地はない。それが「連帯感の否定されざる証拠」と解釈されることはありえないし、お国びいきが国策に反するという考えは、大量の日系労働者を迎えた国でしか意味を持たない。公演の文脈が違えば拍手の意味づけもまた違う。藤原は三度の市立劇場出演の後、一六日にサントスのカジノでリサイタルを開いた。それからリオデジャネイロに月末まで滞在し市立劇場で公演、一二月一日にサンパウロにもどってきた。

3　移住地の歓迎

さて藤原のブラジルでの活動は大まかに①ブラジル人向け劇場公演（ラジオを含む）、②外交行事、③日系共同体内行事に分類できる。新聞記事を見るかぎり、戦後のブラジル来訪日本人声楽家（例えば一九六五年の今井久仁恵、一九六六年の東敦子）には、①②はあっても③はなさそうだ。藤原の外交行事としては、市立劇場初日の一一月九日に総領事交代にともなう歓送迎会に招かれ、余興に歌わされた（於自動車倶楽部）。一一月二四日にはリオの大使館公邸にて蔵相らを招いたレセプションで、劇場プログラムから日本曲、ヨーロッパ曲を歌った。ブラジルの曲では「郷愁の歌（Canto da Saudade）」（アルベルト・コスタ作詞作曲、ブラジルの人気ソプラノ、ビドゥ・サヤンの歌でヒット）も歌ったとあるが、劇場で歌われた記録はない（『聖州新報』一一月二六日付、以下『聖報』と略）。

日系人が多い奥地への慰問は、サンパウロ市立劇場がブラジル巡業に向けて動き出した時にすでに話し合われ、契約期間中であっても認めると『日伯』に語っている（『日伯』一〇月一三日付）。来訪の目的の重要な一部として、早いうちから組み込まれていたことに留意しておきたい。藤原の日系人向け活動はサンパウロ到着翌日の一一月五日、日系上流婦人の会である水曜会のお茶の会に呼ばれたことに始まる（水曜会は以前、三浦環を同じようにもてなした）。一〇日にも婦人会主催のお茶の会があったが、その会場がイギリス系のマッピン百貨店であったことを非難したドイツ婦人がいたという。北半球の緊張はそんなところにも表れた（『日伯』一一月一四日付）。一一月一二日の午後には、大正小学校で生徒だけを呼んで「この道」「蛙が鳴くから帰ろ」「はぜの実」など五曲の童謡を歌い、同じ日の夜は教育普及会主催の講演会で世界旅行の見聞を披露した(4)。

市立劇場の公演期間中、サンパウロ州内の地方都市へ日系人慰問の旅に出る算段がつけられた。総領事館の通達によれば①謝礼不要、②会場費は地元で負担、③本人と伴奏者の宿を準備、④ピアノ一台用意、⑤付近在留民活動状況視察の便宜をはかること、⑥伴奏者はサンパウロより同伴するため各地で五〇〇ミルレース負担のこと、⑦付近の在留民団体を勧誘し全在留民協力一致して開催することとし、出来得れば外人をも招待すること（『日伯』一一月一四日付）。藤原を在留民のまとまりと「外人」との友好の両方に利用しようという政治的な意図がはっきりしている。ブラジル人にも受け入れられる文化使節としての役割は、一ヶ月前のバタフライ歌手、長谷川敏子の奥地慰問の場合と変わらない。一二月四日、サンパウロから約七〇〇キロ離れたプレシデンテ・プルデンテ、それ以降は毎日一〇〇キロから二〇〇キロを車でゆられて五日バストス、六日リンス、七日プロミッソンという強行スケジュールが組まれた。ピアノには三菱系の現地企業、東山醸造の社員宮地厚三が選ばれた（『聖報』一二月三日付）。二年後にサンパウロ市内で結成された最初の日系人合唱団、エオリアン倶楽部創設に関わる音楽愛好家である。プログラムは①「富士山見たら」「田植え歌」「おろく娘」（いずれも橋本国彦編曲）、②歌劇「月の砂漠」より（ガルッピ）、「東方の歌」（リムスキー＝コルサコフ）、「子守歌」（セデロ）、「むぎ打ちの歌」（セデロ）、③「討匪行」（藤原義江作曲、八木沼丈夫作詞）、「荒城の月」（滝廉太郎）、「せっせっせ」（伊藤祐司）、「鐘がなります」（山田耕作）、「鋒をおさめて」（中山晋平）。

ブラジル人向け公演に比べると日本歌曲が多く、民謡調、童謡調、それに歌曲、軍歌を並べ、最後に彼のビクター録音のおかげで広く知られた晋平の曲で締めている。「討匪行」（一九三二年）は満洲事変勃発直後に録音された藤原作曲の軍歌で、歌い出しの「どこまでつづく泥濘《ぬかるみ》ぞ」は流行語にもなった。(5) バストスでは人波の間を「国防奉仕」と書いたたすきをかけた少女が「討匪行」の歌詞を売り歩いていたという。リンスでは町の中央公園にスピーカーをつけて会場からラジオで流した。プロミッソンでは市長の好意で楽隊が駅まで出迎え、その先頭に立って町を練り歩いてほしいと頼まれ、藤原は困ったが、ちょうど雨が降りだしお流れとなった。またある日系の菓子屋が、野次をとばしたため牢屋につながれたこともあったとか。「ヨシエ」というので女が来るという噂が飛んだり、「歌劇」というので歌いながら芝居すると思い込んでいた日本人もいた。多くの移民は浪曲や流行歌には親しむが、歌劇・歌曲には縁遠かった。逆に「富士山見たら」を歌ったところ、老人が人をかきわけてやってきて感激の涙を流した。音楽会よりも藤原の行動すべてが報道の対象だった。名士の訪問に近く、藤原自身、慰問に非常に協力的だったことが記事の端々から察せられる。この奥地巡業で合わせて七五〇〇人が集まったという（『日伯』一二月一〇日

付、『時報』一二月七日・八日・一五日付)。

「地主事件」として知られた逸話がある。藤原は北パラナ州トレスバラスに二〇アルケール（約五〇ヘクタール）の土地を買った（ブラジル拓殖組合の所有もしくはその隣接地らしい）。ブラジルから現金を持ち出せないために土地に換え、それも売れなくて困っていた土地の頭金を払っただけらしいが、「ブラジルの農村が気にいったため」と説明された（『日伯』一二月一六日付）[6]。これはブラジルの広大さを誇張するエピソードとしてよく語られた。「大地主になる」は移民宣伝によく使われた媚薬で、親の土地を相続できない者を南米に誘い出した。大平原はブラジルのステレオタイプで、納得のゆく逸話だった。

野球に関わる逸話もある。来伯以前に歓迎野球の話が持ち上がるほどだった。結局アルゼンチンに去る直前に、藤原盃を賭けた巨人軍対インディアン軍が蜂谷球場にて行われた。地方でもプレシデンテ・プルデンテでは地元のチームが戦い、打撃賞として藤原のサイン入りブロマイドが授与された（『日伯』一〇月一五日、一二月九日・一二日・一五日付）。昼の公演の後に歓迎少年野球が開かれ、その夜に夕べのコンサートが組まれた日もあった。もちろん彼の野球好きなしには実現しなかったが、野球がレクリエーション活動の中で最も早く全州規模の組織を整えたことも不可欠だった。大多数の在留民にとってはこのようなオフステージの交流こそが、舞台鑑賞よりも意味を持っただろう。

彼は一二月八日にサンパウロに帰って旅の印象を語った。「聖市では日本人の悪い所ばかり目についたが奥地を視てはじめて日本人が如何によく真剣に働いているかが判り涙ぐましい感じがした。バストスではあれだけの立派な市街があの奥地にあろうとは予想しなかった。又プ・プルデンテは田舎にしては立派だ。奥地に於ける外人がリオからの放送を聴いたが藤原がまさかこんな田舎にまで来はすまいと思っていたのに来てくれたと非常に喜んでいた」（『日伯』一二月一〇日付）。一体、サンパウロ市でどんな悪い面を見たのか。

一二月一三日、サンパウロの日本人街リベルダーデにあり、日本映画会などの集まりがよく持たれていたイタリア・クラブで、ブラジル最後の公演を行った。プログラムでは上記地方公演用を基本に、ガルッピとリムスキー＝コルサコフの代わりに「リゴレット」「ボルガの舟唄」が歌われた（『日伯』一二月一五日付）。この時の収益は国防費に献金された。一四日にはサントスへ向かい、一五日アルゼンチンに向けて去っていった。

4　第二回旅行——一九三九年

藤原義江は二年後、あき子夫人と長男義昭、伴奏者福井文彦を連れて再び南米を訪れた。これはあるぜんちな丸の世界一周の途中だった。この「海運日本の新しきシンボル」は「思い切り伸び切った船首、および階段状に積み重ねた流線型白亜の甲板室、卅畳敷の内径をもつ巨大な煙突、船尾は巡洋艦型の曲線を描いて見るからにスマートな姿である」（『時報』一九三九年八月二四日付）。先端性を強調した形容が積み重ねられている。特別客室は富士、武士、桜と名づけられ、富士は古代貝細工を再現して花を盛る御所車をあしらった壁と、富士を描いた屏風式の壁という装飾をこらしていた。リオの *O Jornal* 紙によれば「典型的な日本の雰囲気で、サムライ、満開の桜の園、ゲイシャ、あづまや（キオスク）をあしらい、その全てがミカドを思い起こさせる」（八月二〇日付）。こちらはステレオタイプの羅列である。藤原はサントスに着岸するや甲板で船客を前に歌ったという。外交行事の一環である。同じ航海ではケープタウンで「太平洋行進曲」の英語版を歌って「東亜の盟主の徴《ママ》底せしめ大いに気を吐いた」（『時報』八月一七日付）と誇るが、似たような状況だっただろう。

リオでは一九日に大使館主催の公式レセプションがあっただけで、一般公演はなかったようだ（二二日にはサントスでレセプション）。翌年、第二の豪華船ぶらじる丸の処女航海に招かれ、リオとサンパウロで音楽会を持ったピアニスト井上園子も公式行事に追われ、自由時間があまりなかったと語る（井上・野村 1940）。藤原もまたかなり拘束を受けた。ただしリオでラジオに出演した時は、折しもワルシャワ陥落のニュースが入り歌は一時中断されたが、これほど感銘を受けた放送はなかったと述懐している（藤原 1939a）。

サンパウロでは九月七日、八日にリベルダーデの一角にあったドイツ系移民の集会場リラ・クラブでリサイタルを行った。主催は植民評論社、後援が大阪商船会社（あるぜんちな丸船主）と聖市（サンパウロ市）野球倶楽部で、有力な日系商店の国井商店、中矢商店と常盤ホテルで前売りを扱った。ポルトガル語新聞には報道がない。予告されたプログラムは以下の通りだった（『時報』八月三一日付）。

七日のプログラム――「汝は何処に」（ヘンデル）、「シチリアナ」（ジョルダーニ）、「月の世界から」（ガルッピ）、「猿の腰掛（子守唄）」（大倉聴松（喜八郎））、「小雨降る夜のワルツ」（山田耕作）、「馬追手綱」（露木次男）、「駕籠かき」（貴志康二）、「歌劇マノンより」（マスネ）、「歌劇リゴレットより」（ヴェルディ）（休憩）ピアノ独奏（曲目不明）、「アイ、アイ、アイ」（チリ民謡）、「根なしかづら（タンゴ）」（アルゼンチン民謡）、「サンタルチア」（イタリア民謡）、「太平洋行進曲」（大毎東日募集海軍省選定歌）、「愛馬進軍歌」（陸軍省選定歌）、「輝け五色旗」（橋本国彦）。

八日のプログラム――「すみれ《ラ・ヴィオレッタ》」（スカルラッティ）、「わかもの」（ジョルダーニ）、「小雨降る夜」、「松島音頭」（山田耕作）、「宵待草」（多忠麿）、「鉾をおさめて」（中山晋平）、「歌劇トスカより」（プッチーニ）、「ボエム」（同）（休憩）「アイ、アイ、アイ」、「オーソレミオ」（イタリア民謡）、「サンタルチア」、ピアノ独奏、「太平洋行進曲」「愛馬進軍歌」「輝け五色旗」。

図 8-1　大正小学校における藤原義江（中央）（1939年）
出所：両角貫一撮影。

時局の歌で締められているのが前回との大きな違いで、「太平洋行進曲」は伴奏者福井が作曲応募で第二席を獲得した縁があるという（『時報』八月二二日付）。ヨーロッパの曲では、マスネ以外は同盟国の作品にかぎられているのも、外交政策にかなっている。チリとアルゼンチンの歌（「根なしかづら」は民謡ではなく、れっきとしたフィリベルト作曲のタンゴ、藤原は二年前ブエノスアイレスにて録音）が含まれているのは、南米向け、中立国向けの配慮と思われる。相変わらずブラジルの曲が入っていないのは、日本とブラジルの間の音楽的な隔たりを示すだろう。今回も大正小学校を訪れた（図8-1）。

新聞には公式記事ばかりで、親しみの声は聞こえてこない。興行のために訪れた前回とは訪問の意味も立場も違っていた。「音楽親善という重責任を帯びた忙しい旅行の中にも特に我等同胞の為に歌ってくれる氏の好意は同氏が決して名声のみを欲するただの歌うたいではなく日本の持つ唯一の世界的音楽家であることを無言に示していまいか」（『聖報』七月二一日付）。これは出航前にサンパウロ公演の可能性を知った日本語新聞のコメントである。興行ではなく「音楽親善」だと強調するのだが、一度のラジオ出演をのぞくと政府関係者の間にとどまり、一般のブラジル人は彼の生の歌声を聴けなかった。日本政府が外国に見せたかったのは国産豪華客船で、音楽家はその添え物でしかなかったのかもしれない。

ポルトガル語ジャーナリズムは対立国の宣伝色が露骨な「親善」には冷淡だった。実は本国の日本人こそ宣伝の標的で「海外で大評判」は今でも国民ナルシシズムをくすぐる。

帰国後、藤原はこんな談話を残している。前回に比べて変わったことは「邦人社会に一つの非常に張り切った気配が見受けられたことである。それは祖国の目下の非常時が反映して居る為である事は、無論であろうが、此の国の水力発電事業を欧米各国の一流会社を相手に競争して、見事その権利を掌握した日南産業会社の功績によって、非常に肩身を広く感じて居ることも、手伝って居るのではないかと思う」（藤原 1939b）。この国策企業は藤原の第一回訪伯直前に、開拓部門以外にブラジル国内で日本資本を動かすために設立され、それまでの日系社会の背骨であったブラジル拓殖組合を傘下に収め、一九三九年にはその技術部がカンポス水力発電工事を入札したところだった（森幸一氏の教示による）。彼は邦人社会への主流社会からの圧迫には沈黙し、外務省寄りの見解だけを述べた。

5　我等のテナー、彼等のテナー

以前、「バタフライ歌手」に対する日伯の対照的な反応について「西洋に憧れる東洋に対する西洋の憧憬」（ブラジル側）と「東洋に憧れる西洋に対する東洋の憧憬」（日系側）と呼んだ（細川 2008：336）。これはある程度、藤原義江の評価の違いにも適用可能だろう。ただし『蝶々夫人』という日本（女性）への憧憬を露骨に描いた作品抜きであるため、ブラジル側には憧憬と確定できるほど強い情緒の指向は見えにくい。またムスメを愛玩するような心地よさをブラジル人にかき立てない反面、日本側には男性である分、国家を背負わせやすく外交的に利用しやすかった。藤原も混血の生い立ちを悪く言われないために、人一倍国策歌手として活動した。また独唱者としての来伯であるため、劇団に縛られたバタフライよりも小回りがきき、移民社会との接触は密だった。

藤原は逆流のなか、文化使節の役割を期待された。とりわけ二度目の訪問はそれを要求された。豪華客船の処女航海という国威発揚の企画に、音楽的な彩を加えることが彼の使命だった。一度目にはブラジルの芸能界が仕切る通常の興行と、領事館が大幅に介入する奥地への慰問の両方を実行したが、二度目には外務省にすべてが委ねられた。この意味では軍部・新聞社によって組織された大陸慰問とあまり変わらない。むろん帝国に保護された者とその圏外に暮らす者とでは、地元社会との政治的関係が違う。またオペラ歌手にとって南米は日本よりも本場に近い反面、北米・ヨーロッパよりも格下と見なされた。こうした点をふまえた藤原の活動全体を見渡す研究が望まれる。

注

（1）藤原の一九三二年ロサンゼルス公演についてはCombs（1985：134f）参照。

（2）『亜爾然丁時報』が逐一報道している。オデオン劇場の第一回独唱会（一〇月一日）のプログラム（九月三〇日付）は後述のサンパウロ市立劇場の第一回独唱会プログラムと大差ない。基本構成をがっちり固めた上で、数曲だけその時々で代える選曲スタイルは現在の声楽プログラムでも生きている。第一回ではアンコールにプッチーニの「星は光りぬ」「ルドルフの唄」を歌い、「外人さ〔え〕感心されるに足るものであったばかりでなく、中には〝日本人のうちにこんな立派なテナーがいるとは思いがけなかった〟との讃美を洩らす者さえ数多あり……」と記者は満足している（一〇月五日付）。
　同じ日には地元紙 *La Prensa* の批評も引用されている。それはプログラム進行に従って声の変化や一曲ごとの表現の特色に言い及んだ詳細な批評で、歌手への注文や伴奏者への不満も描かれ、批評家のブラジル以上の鋭さを物語っている。一〇月二日付『亜爾然丁時報』には *La Nación* 紙の同じように注意深い批評も引用されている。回を追うごとに客足が伸びたらしく、南米最高権威のコロン劇場で、国防献金音楽会を開くことをすすめる社交界の婦人もいた。日本人会や蔬菜組合主催の日本曲中心の慰問演奏会（素人芝居やダンスが前座、一〇月二六日・二八日付）や地方巡業、ラジオ出演、日亜文化協会での歓迎会のような行事（海軍少将が副会長、一〇月一四日付）があった。ブラジル公演後、一二月一八日にブエノスアイレスにもどり、全四曲の録音（一二月二二日）、日会会館における独唱会（一二月二六日）、ラジオ・エスタード出演（二七日）を済ませ二八日に鉄路チリへ向かった（一二月二八日付）。ブエノスアイレス録音は大阪商船とアルゼンチンに進出している日本の蚊取線香会社がスポンサーとなり（藤原 1938）、偶然、同地にいたラテン音楽の通人高橋忠雄、大使館員村井正雄が急遽訳詞を書き、オルケスタ・ティピカ・ビクトルが伴奏した。現地楽壇も対蹠国における思いがけぬ人気に驚きつつ歓迎した。タンゴの日本への浸透の余波である。それに比べブラジル音楽は日本では影が薄く、来伯歌手の現地録音は一九五二年の生田恵子のバイオン録音まで待たなければならなかった（高橋 1977：榛名 1938）。

（3）藤原自身は率直に聴衆の音楽鑑賞力はブエノスアイレスの方がずっと上で、サンパウロは会場が暑く、聴衆が近すぎ歌いづらかったと洩らしている（『時報』一一月一一日付）。

（4）その内容はサンパウロの教育普及会発行の『黎明』同年一二月号（四〇～四三頁）に北米欧州編として掲載されている。残念ながら次号連載とあるのに続かず、南米編を読むことができない。

（5）『日本』は一九三二年一二月一四日付でこの歌が関東軍に委嘱され、次の渡満慰問演奏会で披露される旨を述べ、一九三三年一月一八日付では歌詞を掲載している。またその後の輸入レコード目録にも掲載されていて、曲の人気を物語る。

（6）他に隣国の『亜爾然丁時報』でも報道されている（一九三七年一二月二一日付）。後年、当人はアルゼンチンの出来事と勘違いしている（藤原 1998：268-269）。南米の経験はその程度の印象しか残さなかった。

文献

Combs, Jo Anne, 1985, "Japanese-American Music and Dance in Los Angeles, 1930-1942," *Selected Reports in Ethnomusicology : Asian Music in North America*, vol. 4, Department of Music, UCLA, 121-149.

Efegê, Jota, 1978, *Figuras e Coisas da Musica Popular Brasileira*, vol. 1, FUNARTE.

藤原義江、一九三八、「事変下の歌行脚」『音楽世界』一九三八年八月号、三七-三八頁

藤原義江、一九三九a、「戦時音楽行脚」『音楽世界』一九三九年一一月号、三七-三八頁。

藤原義江、一九三九b、「南米のオペラ」『エスエス』一九三九年一二月号、五一-五三頁。

藤原義江、一九六二、『オペラうらおもて――藤原オペラの二十五年』カワイ楽譜。

藤原義江、一九六七、『我があき子抄』毎日新聞社。

藤原義江、一九九八、『流転七十五年――オペラと恋の半生』日本図書センター（原本は主婦の友社、一九七四年）。

榛名静夫、一九三八、「高橋忠雄氏に訊く（四）ベノス・アイレスと藤原義江のタンゴ」『モダンダンス』一九三八年七月号、三八-四三頁。

細川周平、二〇〇八、「ブラジルの『バタフライ歌手』――異国趣味と民族主義がすれ違うオペラ」『遠きにありてつくるもの――日

系ブラジル人の思い・ことば・芸能』みすず書房、三〇〇-三四六頁。

井上園子・野村光一、一九四〇、「南米の旅から」『音楽倶楽部』六月号、二九-四一頁。

高橋忠雄、一九七七、「私のカミニート　ブエノスアイレスの藤原義江さん」『中南米音楽』一九七七年一二月号、一四三-四五頁。

第9章　二世歌手の音楽歴
――ハワイ松竹楽団のチヨコ・イダを中心に

中原ゆかり

1　ハワイのカラオケと日系二世

二〇一四年四月二〇日、ホノルルのあるホテルで、「虹の夢」と題する歌謡コンサートが開催された（図9-1）。午前の部に二四曲、ランチ・タイムをはさんで午後の部では二七曲が披露されるという、まさに一日がかりである。プログラムは「愛燦燦」「涙そうそう」等、いわゆる日本の大衆歌謡が、ハワイに住む愛好家たちによってカラオケによりステージで披露されていく。会場に集まった観客は約二〇〇人。大部分がハワイ生まれハワイ育ちのいわゆる「ローカル」の人たちで、ところどころに戦後日本からハワイへ移住した「新一世」たちがまじる。出演者は友人や家族を招待して、同じテーブルに座る。そして出演者がうたい終えるたびに、それぞれの招待者のテーブルから、大きな声援がおくられるのである。

ホノルルでは、こういった日本の歌の愛好家たちによるカラオケ・ショー、あるいはカラオケ・パーティといった類の催しが、毎月のように開催されている。カラオケ教室が主催して生徒たちが出演するショーもあれば、日本のカラオケ・グループがハワイに旅行にやってきて、ローカルの愛好家たちと合同で開催するものもある。あるい

図9-1 「虹の夢」のプログラムの表紙

は個人が主催して、いくつかのカラオケ・グループや知り合いの愛好家に声をかけて出演者を募ることもある。いずれにしてもハワイで日本の歌を覚えるためには、こういった機会に多くの歌を聴き、気にいった曲を見つけ、あるいはより多くの歌好きたちと知り合うことが必要である。そうすることによって、カラオケ・パーティやコンサート、新曲情報等を仕入れることができ、好きな曲の音源やローマ字に書きなおした歌詞を手に入れることができる。つまりハワイでは、日本のように「日本の歌」があふれているわけではない。ましてや母国語が英語の彼らにとって、日本語の歌をうたうには努力が必要だ。それだけにハワイの日本の歌の愛好者は、アメリカ的なヨコのつながりをつくることに熱心なのである。

さて、「虹の夢」の出演者には、カラオケ・コンテストの入賞者もいれば、気の合った仲間どうしでカラオケ・グループをつくって楽しみながら上達してきた人もいる。特注のドレスを身にまとって出場する歌い手もいれば、歌の内容にあわせた衣裳やコミカルな振付を工夫して会場をわかせる出演者もいる。ステージでは、うたう前にちょっとしたスピーチをする人も多い。例えばある日系四世の女性は、一週間後に開催される自身のリサイタルの宣伝をした。彼女はハワイのケーズー・カラオケ・コンテスト（ラジオ日本語放送局のKZOOが主催）の優勝者であり、リサイタルの収益金で日本へ歌の勉強に行くという。

出演者の年齢は二〇代から九〇代までと幅広い。そういった年齢の離れた歌い手たちが、カラオケをきっかけに気軽に友人づきあいをするのも、ハワイのカラオケ文化の特徴であろう。この日の最年長は、日系二世で九一歳のチヨコ・アオヤギ（Chiyoko Aoyagi）。午前中のプログラムの最後である。花柄のブラウスと黒いロングスカートという何気ないステージ衣裳だが、彼女がステージに姿を見せるだけで、華やかさがただよい、拍手がおこる。うたう喜びに輝く彼女の表情、年齢をまったく感じさせないボリュームと美しく甘い声。ステージ・マナーもまさにスターなみの貫禄である。この日の選曲は「母」。語りかけるような彼女の歌に、会場全体がしんみりとなり、うたい終わると同時に大きな拍手がわいた。

歌の聴き方、感じ方は、人によってさまざまだ。彼女のうたい方が音楽的に優れているために聴き入っていた人もいただろう。親しい人なら、彼女の個人的なできごとを回想していた人もいたはずだ。筆者は、折にふれて何気なく彼女の口から語られてきた、彼女の母のことを考えていた。彼女の父と母は群馬県からハワイへ移民してきた一世である。父は早くに亡くなり、母一人で苦労して子どもたちを育ててきたという。筆者は、彼女の夫や息子夫婦、孫たちと同じテーブルで彼女の歌を聴いていたせいか、一世の時代から現在までの時間が、歌に集約されたような感覚を覚えた。いずれにしても九〇歳を過ぎた彼女が「母」の歌をうたうことに、感激した人は多かったであろう。

一九八〇年代半ば、ちょうど多くの二世たちが退職した頃、日本からカラオケが入ってきた。二世たちの趣味として人気となり、カラオケ教室も多くできて、若い世代へと広がっていった。チヨコも、夫のハルオ・ダニエル・アオヤギ（Haruo Daniel Aoyagi）とともにカラオケを楽しむようになった。二人は若い頃、「ハワイ松竹楽団」の歌手として活躍していた。第二次世界大戦が終わってようやく日本語の歌がうたえるようになった時代であり、ハワイ松竹楽団のステージ・ショーは、多くの一世、二世たちに大きな感激をあたえた。二人の結婚は当時の日系の新聞でも記事になっており、まさに日系社会のスターであった様子がうかがえる（『ハワイタイムス』一九五〇年八月二四日付）。当時はハワイ松竹楽団の他にも日系二世による楽団が多数あったが、全盛期はほんの四～五年で消えていった。しかしカラオケの時代に入ってから懐メロ・ブームがおき、若いカラオケ愛好者たちもハワイ松竹楽団をはじめとした二世楽団の時代を知るようになったのである。

多くの二世たちがこの世から旅立っていき、今ではカラオケ大会でうたう二世もめっきり少なくなった。筆者がハワイへ通うようになったのは一九九七年の夏からだが、数年前までは日系二世のジョージ・シマブクロ（George Shimabukuro, 一九三〇～二〇一二）が、日本語と英語の両方を巧みに使いこなしてカラオケ大会の司会をしていた。彼は若い頃日本へ渡り、歌手として「ジャパニーズ・ルンバ」をヒットさせた経験がある。また大正生まれの二世たちによる懐メロ・コーラス「大正ボーイズ」も、日系のイベントではおなじみの存在だった。大正ボーイズのリーダーは、ホノルルで五〇年以上にわたり音楽教室で日本の歌を教えてきたハリー・ウラタ（Harry Urata, 一九一八～二〇〇九）で、一世たちが耕地でうたったホレホレ節を復活させたことでも知られている（中原 2012）。

二世たちの幼少期から思春期、青年期までの多感な時期は、第二次世界大戦前から大戦中、大戦後という、ハワイ日系社会の激動の時代にあたっている。ハワイ生まれの二世たちの帰属がアメリカであり、父母の祖国が日本であることを、ことさら強く認識した時代でもあった。二世たちは、子どもの頃から家庭では日本語、日本の音楽に親しみ、英語による公教育を受けて日系以外とも広くつきあい、ハワイアンやアメリカの音楽にも親しんできた。

そして今、「ハワイの日本の歌」の催しには、日系以外の人たち、日本生まれの新一世、日本やアメリカ本土からの一時滞在者もが集まってくる。日本の歌に対する感情を共有していることが、民族や国境を越えて、人とのつきあいとつながりを実現しているのである。プログラムの「虹の夢」とは、まさにそういった状況を象徴し、表現しているのであろう。

以下本章では、チヨコ・アオヤギの音楽歴を中心にすえながら、ハワイで日本の歌を趣味としてきた日系二世の音楽人生についてみていきたい。なお筆者はアオヤギ夫妻に二〇〇〇年八月にお会いして以来、家族のパーティやカラオケ、ハワイの島々や日本への旅行等、多くの機会をご一緒させていただきながらお話をうかがってきたことを申し添えたい。

2　子どもの頃の音楽経験——日本の歌を好きになる

チヨコ・アオヤギは、一九二三年、七人キョウダイの四番目としてオアフ島に生まれた。当時の名前はチヨコ・イダ。彼女のことをイディス（Edith）と呼ぶ人も多いが、これは小学校の担任の先生が、「これからは皆イングリッシュ・ネームが必要になる」と、イングリッシュ・ネームのない児童全員にイングリッシュ・ネームをつけてくれた時の名である。父母は群馬県出身の一世で、母は写真花嫁としてハワイへ渡った。父はチヨコが子どもの頃に亡くなり、母がハオレ（ハワイの言葉でヨーロッパ系の人のことをさす）の家のメイド等をしながら子どもたちを育てていたことが、彼女の記憶に強く残っている。チヨコも子どもの頃から家のことを手伝い、キョウダイ皆が助けあってきた。

チヨコの家族はホノルル郊外のカイルアに住んでいた。家にはラジオがあり、チヨコはラジオを聴くこと、とりわけ歌を聴くのが好きだった。ハワイのラジオ放送は一九二二年に始まり（田坂 1985：36）、日本語番組は一九二八年から週に一度で三〇分、その後年々時間が増えており、ハワイ在住者による日本語劇や箏、尺八、歌、日本からのレコードを楽しむことができた（古屋 1964：510-511）。またこの時期のホノルルの雑貨店には蓄音機や日本物レコードが並び、映画館では日本映画も上映され、幕間で日本の流行歌のレコードをかけることもあれば、当時はまだ若かった二世たちが日本の童謡等をうたうこともあった(1)。チヨコの子どもの頃の楽しみは、家のラジオで歌を聴くほかに、時々ホノルルに連れていってもらうことだった。この頃、ホノルル銀座と呼ばれた通りには、菓子屋、料理屋、洋服屋等が日本語の看板をあげて賑わっていたのである。

学校に音楽の授業はなかったが、ハワイアンの先生がいくつかの学校をまわってハワイの民謡を教えていた。楽器はなく無伴奏でうたって教え、生徒たちが繰り返して覚えていくという方法だった。チヨコは、学校で覚えたハワイアンの歌、そして家で聴くラジオで日本の歌や英語の歌を覚えて口ずさむようになり、歌が好きだということを自覚するようになった。ちなみに筆者がインタビューした二世たちの中には、日本語が話せるかどうかにかかわらず、日本の歌だけを好み英語の歌はまったくうたわないという人が多くいた。理由を訪ねると「なぜだかわからないが、音楽は日本の歌だけがよいと感じる」とか、「スタンダードな英語の発音ができないからうたわない」などという答えが圧倒的に多かった。しかしチヨコは、九〇歳を過ぎた現在でも、日本の歌を中心にしながら英語の歌やハワイアンをも好んでうたう。彼女は、子どもの頃からラジオで聴いてよく口ずさみ、抵抗なく好きになったという。また彼女のキョウダイによれば、幼い頃住んでいた場所がカイルアの中でもハオレの多い所だったため、スタンダードな英語の発音ができるからだともいう。

一九四一年一二月七日、日本軍の真珠湾攻撃があった時には、チヨコはまだ成人前だった。当時ハワイには全人口の三四・二％にあたる一五万九五三四人の日系人が住んでおり、約一％にあたる日系仏教寺院の僧侶や日本語学校の教師、日本語新聞の関係者といった日系社会の指導者たちが逮捕され、収容所に送られた。僧侶の抑留と集会の禁止により宗教活動は停止し、日系社会の行事も停止した。日系人たちは、日本語の歌を聴くことも口ずさむこともできない日々が続く。チヨコも多くの二世たちと同様、「戦争中は日本語もだめ。日本の歌はうたえない。英語の歌だけをうたった」という。

いっぽうアメリカ合衆国への忠誠を誓った日系二世による第四四二連隊の決死の活躍がたたえられた。彼らは終戦の翌年、一九四六年六月にアメリカ合衆国に凱旋し、トルーマン大統領から殊誉勲章を授与された。チヨコの兄も第四四二連隊に入隊しており、家族はさまざまな思いを経験した。日系社会の行事や文化活動が再開するのは、一九四六年からである。日系の素人競演会や映画会も復活し、二世たちによるアマチュア楽団がハワイ各地に四〇以上も結成されて、日系のイベントやパーティで日本の流行歌を演奏するようになる。戦争が終わり、ようやく日本の歌を楽しむことができるようになったのである。

3　ハワイ松竹楽団の青春時代——大戦後の二世楽団

大戦が終わった頃、チヨコはすでに成人していた。カイルアから毎日車を運転してホノルルの会社へ通い、その後約五〇年、勤務し続けることになる。一九四六年頃から二年ほど、かねてから好きだった歌を習いたいと思い、ディック・アオヤギ（Dick Aoyagi 青柳俊行）のところへクラシックの声楽、英語と日本の流行歌を習いにいった。ディック・アオヤギはハワイ島出身で、父は福岡県出身の一世、母はハワイ生まれの二世で、母の両親は熊本県出身だった。ディックは子どもの頃からピアノを習い、大戦前にホノルルにでて働き、大戦後は「クラブ二世楽団」のオリジナル・メンバーともなった。クラブ二世楽団はハワイ松竹楽団とならんで、大戦後の日系社会で最も活発に活動した人気楽団である。アメリカ本土のラモント音楽学校でクラシック音楽を学び、亡くなる直前の一九九四年まで、ホノルルで西洋式の声楽とピアノ、アメリカのポピュラー・ソング、日本語の童謡や流行歌を教えた。彼の弟子の何人かは、現在ホノルルでカラオケ教室を開講している。

チヨコはディック・アオヤギに歌を習い、彼の弟のハルオ、すなわち現在の夫としりあった。ハルオは、一九二三年ハワイ島に生まれ、子どもの頃から家にあった手回し蓄音機で上原敏や東海林太郎のレコードを聴き、ラジオ日本語放送も聴いていた。日本の歌だけを特別に好きになり、高校時代にはハワイ島のラジオ放送に出演してうたったこともある。一九四〇年、すでにホノルルに出ていた兄のディックに呼ばれてホノルルへ移住した。一九四六年、大戦後最初に開催されたホノルルの公園劇場での大きな素人競演会で入賞している（『ハワイ・タイムス』一九四六年一一月三〇日、一二月二日、五日付）。

チヨコが楽団に入ったきっかけは、ちょうどチヨコが声楽を習い始めた一九四七年頃、友人の結婚式でうたったことであった。そこに居合わせた「銀座楽団」のメンバーが、チヨコに楽団でうたうことをすすめたのである。銀座楽団の活動は、日系のパーティや映画館で日本の歌を演奏することだった。チヨコはハルオと一緒に銀座楽団に入り、それぞれ井田千代子、青柳春雄のステージ・ネームでうたうようになった。まもなく、より大きな「クラブ二世楽団」に入らないかと誘われ、二人はクラブ二世楽団に入った。しかしクラブ二世楽団では、すでに人数が多くなりすぎていたため、何人かが「蕾楽団」をつくることになった。ディック・アオヤギがクラブ二世楽団の主なメンバーであったため、親族や教室のメンバーでかたまり過ぎないようにと考え、チヨコとハルオは蕾楽団にうつった。

チヨコとハルオは蕾楽団でしばらくうたっていたが、一九四八年、今度はハワイ松竹楽団のマネージャーであるマサジ・ウエハラ（Masaji Uyehara）にすすめられて、ハワイ松竹楽団の歌手となった。(2) ウエハラと指導者のフランシス・ザナミ（Francis Zanami）は沖縄系二世で、大戦前から沖縄系の青年会の楽団等で演奏していた。大戦が終わると、沖縄系にかぎらず日系を代表するような規模の大きな楽団をめざしてハワイ松竹楽団を結成したのである。ザナミは、一九一四年オアフ島生まれで、ホノルルの高校に通う頃、トオル・ニシカワ（Toru Nishikawa 西川徹）からギターを習い、服部逸郎（レイモンド服部）から作曲法を学んだ。服部は、日本の歌謡界で活躍した作曲家として有名だが、二四、五歳の頃、大戦前のハワイで日本語新聞の記者や日本人中学校の教師をしていたことがあり（服部 1965：47-48, 124-128）、二世たちともつきあった。ニシカワはハワイ日系最初の楽団である「日本楽団」の指導者で、ハーモニカ教室も開いていた。

ザナミは編曲、作曲をてがけ、ハワイ松竹楽団によるステージ・ショーやSPレコード（ホノルルの Bell Records、およびマサジ・ウエハラによる Tropic のレーベル）の制作で発表した。レパートリーの大部分はザナミが編曲した戦前戦後の日本の歌謡曲であり、ザナミが作曲したオリジナル曲もあった。彼が作曲した曲の中でも、「別れの磯千鳥」はハワイ日系全体の大ヒットとなり、この歌を口ずさめない二世はいなかったといっても過言ではない。実際筆者がハワイへ通い始めた一九九七年から数年の間はまだ多くの二世たちが健在であり、この曲をうたう人がいると二世たち全員による大合唱となっていた。他の二世楽団の多くの歌手たちもこの曲をうたっている。「別れの磯千鳥」は、二世楽団のオリジナル曲の中では唯一ハワイのジューク・ボックスに入った（『ハワイ・タイムス』一九四七年三月五日付）。ザナミは一九四九年、若くして亡くなったが、「別れの磯千鳥」は日本にもたらされ、一九五二年に近江俊郎、一九六一年に井上ひろしの歌でヒットしている。

チヨコとハルオがハワイ松竹楽団に入ってすぐの一九四八年から一九四九年の二年間は、ハワイ松竹楽団の全盛期で、ステージ・ショー、レコード制作ともこの時期が最も多い。人気歌手となったチヨコの楽屋には、ファンからの花束やプレゼントが届けられることもあった。またこの時期の二〜三年、日系素人競演会には、「プロの部」

図9-3 「僕の銀座」の衣裳

図9-2 「雨の日のロマンス」の衣裳

「アマチュアの部」があり、すでに二世楽団のステージでうたっている歌い手は「プロの部」に出場した。チヨコは、一九四八年一一月二三日に日本劇場で開催された競演会のプロの部で優勝している（『ハワイ・タイムス』一九四八年一一月二六日付）。この日はハワイ松竹楽団のステージ・ショーの日であり、競演会が終わってすぐに移動してハワイ松竹楽団のステージに立った。

チヨコが人気歌手となった理由には、歌の技量の高さのみならず、彼女のステージ衣装にもあったようだ。彼女自身が歌のイメージにあわせた衣裳をつくっていたのである。例えば「雨の日のロマンス」をうたう時には、ドレスにあった布で可愛い傘をつくってさし、「僕の銀座」をうたう時には少年のようなパンツ姿で登場した（図9-2、図9-3）。「何日君再来」をうたう時には、彼女の好きだった山口淑子をイメージして、母の丸帯をたおしてつくった煌びやかなチャイナ・ドレスを着た。「サンゴ礁の彼方」では、フラの衣裳を身にまとい、自身で振付したフラを踊って喝采をあびた。当時のフラの衣裳は、腰蓑にセロファンを使っており、照明をあびてきらきら光る効果があった。チヨコ

図9-4　ハワイ松竹の三人娘
（右からドリス・タケダ，グレイス・アメミヤ，チヨコ・イダ）

は自宅のあったカイルアで、ハワイアンの先生からフラを習ったことがあった。他にも観客の記憶に残るほどの衣裳がいくつかあったようだ。チヨコの歌で発売されているレコードは「小雨の丘」「夜来香」「宵の別れ」をはじめ多数ある。

チヨコとドリス・タケダ（Doris Takeda 竹田てる子）、グレイス・アメミヤ（Grace Amemiya 雨宮タツ子）の三人は、「ハワイ松竹の三人娘」とも呼ばれていた（図9-4）。三人は、ステージ・ショーでも歌手として目立つ存在で、常日頃からの仲のよさがステージにもよくあらわれ、聴衆たちに好感を持たれていた。タケダは一九二六年、オアフ島のワイパフ生まれの二世で、両親は熊本県出身の一世、日本語学校の教師だった父の転勤とともにハワイ島、マウイ島へと移住しながら、ラジオ放送を聴いて歌が好きになった。[3] 大戦中は日本語学校の教師だった父とともに家族でジェローム、ツールレイクと収容所に入り、そこでは日本語の歌も習ったという。戦後はホノルルに住み、ドイツ人の先生について声楽を習った。そして一九四六年、公園劇場で開催された大戦後最初の大きな素人競演会で入賞し、ハワイ松竹楽団でうたうようになった。この競演会には、上述したようにハルオも出場して入賞している。彼女の歌で発売したハワイ松竹のレコードは、「旅愁」「浜辺の歌」等のクラシックな曲が多い。結婚して忙しくなった一九五〇年にハワイ松竹楽団を退団したが、子育てが一段落した一九六〇年頃からハワイのコーラス・グループに入り、数十年にわたってクラシックやハワイアン、コリアン等の歌をうたい続けた。カラオケが流行ってからは、日本語のシャンソン曲や英語のミュージカル曲を得意としている。

アメミヤは、一九二八年、山梨県出身の一世の父と二世の母の間にハワイ島に生まれ、子どもの頃に家族でオアフ島ケモオに移住した。(4) ラジオの日本語放送を聴いて特に上原敏の歌を好きになり、小・中学校の頃にはハレイワ劇場やホノルルのラジオKGU素人競演会で優勝した。フィリピン系の多いキャンプにいたこともあり、戦争中にもクリスマス等にはフィリピンの歌に混じって日本の歌をうたった記憶があるという。戦後はワヒアワの「曙楽団」でうたった後、ハワイ松竹楽団に入った。彼女のうたったハワイ松竹のレコードの中では、「愛国の花」が最も売れている。一九五一年から軍の仕事で日本へ渡り、服部逸郎のすすめで「アリラン」や「炭坑節」の英語版を録音している。その後結婚し、ロサンゼルスに移住して歌の世界からは遠ざかったが、退職後はカラオケ・グループでうたうようになった。ハワイ松竹が終わってから六〇年以上がたつが、三人娘はその後もずっと連絡をとりあい、何かあれば集まってきた。まさに生涯の友となったのである。なお、ハワイ松竹楽団が制作したSPレコードは、CDとして復刻している。(5)

さてハワイ松竹楽団のステージ・ショーはホノルルを中心に数多く開催され、他島への巡業も行っている。特に盛大だった三回のステージ・ショーでは、会場のマッキンレー高校の講堂（一二〇〇人収容）が満員御礼となり、何日も追加公演が行われたほどであった。その一回目と二回目は、一九四八年の三月、一一月に開催されたザナミ作曲の「AJA行進曲」「愛しの出征」を中心にしたステージ・ショーであり、曲の内容にあわせ、大戦中に二世部隊に出征した男性とその家族や友人の歌謡劇としてしたてられた（『ハワイ・タイムス』一九四八年一一月二〇日、二三日付、本田 1956：112）。三回目は一九四九年一月のトオル・ニシカワによる「軍人花嫁」の新曲発表をかねており、やはり曲の内容にあわせて、GIで日本へいった二世男性と日本の女性との出会いからハワイでの結婚までの歌謡劇として仕上げられている（『ハワイ・タイムス』一九四九年一月一五日、一九日、二〇日付）。

ハワイ松竹のステージ・ショーやレコード制作を詳しく見ていくと、他の楽団のメンバー等も関わっていることに気づく。例えば上述した一九四八年三月のステージ・ショーには、少女楽団や寿楽団も出演しており、同年一一月のステージ・ショーの歌謡劇では、第四四二連隊のイタリア戦の場面で、実際四四二連隊に参加した二世たちが軍服を着用してステージ行進を行っている。また上述した「軍人花嫁」の作曲は日本楽団のトオル・ニシカワ（西川徹）であり、彼は歌手として東徹のステージ・ネームで、グレイス・アメミヤとともにステージ・ショー、レコードでうたっている。また「軍人花嫁」を題材にした歌謡劇の台本は、「新興楽団」のハリー・ウラタ（ハリー浦田、浦田実）が書いている。ウラタはその後二年間、日本へ行きGIの仕事等をしながら音楽の勉強をすることになるが、日本に行く直前まではハワイ松竹のステージ・ショーの司会をすべて引き受けていた。また他の楽団のステージ・ショーのプログラムやレコード制作にも、ハワイ松竹楽団の歌手の名が見られる。それぞれの楽団の活動は、楽団のメンバーを軸としながら、友人関係や親族関係を利用した流動的な参加により組み立てられていたのである。換言すれば、楽団への所属意識や競争心を越え、歌と音楽に対する愛情でつながっていたのであろう。

4　カラオケの時代の懐メロ・ブーム——歴史に刻まれる二世楽団の時代

チヨコとハルオは一九五〇年に結婚し、二年後に長男が生まれるとハワイ松竹楽団を退団した。その頃は、アマチュア楽団がお金をとることにハワイ全体の音楽ユニオンからクレームがきたこともあって、ハワイ松竹楽団をはじめとした二世楽団のステージ・ショーやレコード制作はほぼ終わっていた。二世楽団のメンバーの数名は、個人的にユニオンに入り、日系のナイト・クラブや結婚式で日本の歌を演奏したが、一九七〇年代には消えていった。

聴衆たちが日本の歌よりもアメリカのポピュラー・ソングの方を好むようになったからである。こうしてハワイでは、日本の歌が消えていくかに見えた（中原 2014：119-137）。だが一九八〇年代、日本からカラオケが入ってくると、退職した二世たちや若い世代も日本の歌に興味を持つようになった。ホノルルで日本の歌を教えていたのは、上述したディック・アオヤギとハリー・ウラタの二つの音楽教室だが、カラオケがはやるとすぐに満杯になった。ハワイ各地の日系仏教寺院やアダルト・スクール、個人がカラオケ教室を開講するようになり、大小のカラオケ・コンテストも開催されるようになった。

チヨコもハルオも、ハワイ松竹楽団を退団以来、歌の世界から遠ざかっており、人前でうたうような機会はなかった。しかし退職して生活に余裕がでてくると、カラオケを楽しみたいと思い、兄のディック・アオヤギの教室に二年ほど通って、歌のレパートリーを増やした。そしてカラオケ・グループにも入って、若い頃二世楽団で一緒だった友人や歌好きな若い世代の人たちともカラオケを楽しむようになった。実際、筆者がアオヤギ夫妻に出会ってからの十数年間に関していえば、ホノルルのあるカラオケ・グループのメンバーとして週に一日、朝九時から午後五時まで、ランチやお菓子を持参して、十数名から二〇名程度のメンバーでカラオケを楽しんでいる。日本の歌をうたうグループということもあり、メンバーたちがうたう曲の大部分は演歌で、ローマ字の歌詞を見ながら常に新しい曲に挑戦していた。そして時々、若い頃に覚えた歌や唱歌、童謡、そしてアメリカのポピュラー・ソングやハワイアンが混じる。

カラオケ・グループのメンバーは、各自の友人や家族、時には日本からの客等を、気軽に誘ってカラオケの場で紹介しあい、歌を楽しむ。そうすることによって、より多くの曲を聴くことができ、多くの情報交換ができるのである。そして仲間どうしで、カラオケ・パーティやコンサートのチケットを融通し、出かけた先でさらに知り合いを紹介しあう。カラオケという趣味を持つことにより、ヨコのつながりはさらに広がっていくのである。

図9－5　懐メロ大会でうたうチヨコとハルオ（2001年7月）

二〇〇〇年前後から二〇〇三年頃までの数年間ではあったが、ハワイでは二世楽団時代の懐メロ・ブームがおき、当時のSPレコードもCDとして復刻した（中原 2014：141-178）。かつての二世楽団の歌手たちは、高齢ではあったが、大小の懐メロ大会やカラオケ・コンテストのゲストとして招待され、ステージに立った。特に二〇〇一年のケーズー・カラオケ・コンテストにゲスト出演したことは、かつての二世楽団の歌い手たちがスターとして活躍していたことを、日系カラオケ界全体に印象づけた。なぜならケーズー・カラオケ・コンテストは、ハワイで最も大きなコンテストであり、通常ゲストには日本からちょっとした歌手を招待しているからである。

チヨコもハルオも、ハワイ松竹楽団の歌手として、懐メロ大会やカラオケ・コンテストのゲストとして招待され、ステージに立つことになった（図9-5）。筆者も、ホノルルやハワイ島で開催されたカラオケ・ショーで、アオヤギ夫妻がステージでゲストとして迎えられてうたうところを何度か観客として拝見した。二人とも長年うたってきただけに、ステージでも余裕と貫録があり、何より長年にわたって築いてきた大きな人間関係がある。チヨコとハルオがうたう時には、会

図9-6　パーティでのチヨコ・アオヤギと筆者（2014年4月）

場からカメラのフラッシュが多く光り、拍手と声援がわいた。ハワイの日本の歌の世界は、どこのカラオケ・ショーへ行っても多くの知り合いと会うような、「狭い世界」である。それだけにステージでうたうことは、自身の歌を披露する機会であるのみならず、友人の多さ、人気の高さを確かめ、知らせる機会ともなっているのである。

アオヤギ夫妻は、カラオケ初心者や日本からの移住者を含め、多くの愛好家の面倒をよく見てきた。同世代のみならず、若い人の斬新なアイディアも理解し、プロデューサーや日本の民謡歌手等、ハワイの日本の歌に関わる多様な立場の人たちを、心のこもったやり方で支援してきた。多くの人を励ましてきただけに、二人を尊敬し、慕う人は多い。何か新しいショーを開催する時に、うまくいきそうかどうか、あるいは誰に依頼するのが適切かといったことを、アオヤギ夫妻に相談してきた人もいる。カラオケが始まってから、二人にカラオケ教室を開いてほしいという周囲からの要望は何度もあった。しかしアオヤギ夫妻は指導者になることを選ばず、彼らの独自のやり方で、大きく日系音楽界をサポートしてきたのである。

本章では、チヨコ・アオヤギを中心に取り上げながら、日系二世たちの経験したハワイ日系音楽界の状況を述べてきた。懐メロ・ブームがおこったことにより、「ハワイの日本の歌」の歴史に二世楽団の時代があったことが、若いカラオケ愛好家たちにも認識され、知られるようになった。そしてその背景に、一世たちの子どもとしてハワイに生まれ、大戦を経験した二世たちの生活があったことが、より大きく語られるようになったのである。また、二世たちは、第二次世界大戦という特別な経験を共有し、日系であること、そして二世であることを特に強く意識した世代であっただろう。しかし本章で見てきた通り、「二世だけ」とか「日系だけ」という排他的な感情に陥ることはない。世代や民族に関係なく、歌や音楽に対する愛情でつながるという、開かれた人間関係を構築することに努めてきたのである。チヨコのようなハワイの二世歌手は、多民族社会ハワイにおいて、言語や音楽についてのみならずさまざまな文化を経験し、まさに時代と世代、空間を越えて、ハワイ、日本、アメリカのさまざまな関係を媒介する役割を果たしてきたといえる（図9-6）。

謝辞

本章は、筆者が一九九七年以来、ハワイへ通いながらすすめてきた調査によるものである。チヨコ・アオヤギ、ハルオ・ダニエル・アオヤギをはじめ、多くの方に心よくインタビューに応じていただき、カラオケやイベント、パーティ、ハワイの島々や日本への旅行など、さまざまな機会を数多くご一緒させていただいた。お世話になった方々、そしてハワイで音楽を愛するすべての皆さんに、感謝の気持ちを捧げたい。

注

（1）中原（2007）、および筆者によるハリー・ウラタ、ジェーン・イタイへのインタビューより。ウラタへのインタビューは、ウラタのスタジオやカフェ等で一九九七年より二〇〇五年までに二〇回以上、イタイへのインタビューは二〇〇一年八月二〇日に彼女の自宅にておこなった。

（2）英語では、Hawaii Shochiku Orchestra、日本語では「布哇松竹音楽団」「ハワイ松竹楽団」「ハワイ松竹オーケストラ」とも表記されている。日本においては、オーケストラという呼称は、クラシックの管弦楽団のイメージが強いため、本章ではハワイ松竹楽団との表記に統一する。

（3）筆者がドリス・タケダ（インタビュー当時はドリス・キムラ）の自宅にて、二〇〇〇年一一月二九日に行ったインタビューより。

（4）筆者がグレイス・アメミヤ（インタビュー当時はグレイス・サカイ）に対し二〇〇一年八月一一日にドリス・キムラの自宅にて行ったインタビューより。

（5）ハワイ松竹楽団の復刻CDは、下記の二枚。

Honor Bound : Hawaii Shochiku Orchestra, Cord International HOCD 51000（CD）, 2003.

Paradise Honolulu : Hawaii Shochiku Orchestra, Cord International HOCD 43000（CD）, 2001.

この他にもクラブ二世楽団の復刻CDとして、下記の二枚がある。

Club Nisei : Japanese Music of Hawaii, Cord International HOCD 37000（CD）, 2000.

Club Nisei : Encore!, Cord International HOCD 41000（CD）, 2001.

文献

Berger, John, 2001, “Nisei Songs Catch New Ears,” *Honolulu Star Bulletin*, April 1.

Chun, Gary C. W., 2000, “The Sounds of Nisei, Japanese Bands Enjoyed Heyday following WWII,” *Honolulu Advertiser*, October 15.

Chun, Gary C. W., 2001, “Music Kept Japanese in Paradise Connected,” *Honolulu Star Bulletin*, November 18.

クラブ二世（Club Nisei）、一九四九、『最新愛唱流行歌集 プログラム入り』クラブ二世発行。

服部、レイモンド（服部逸郎）、一九六五、『歌のうらおもて――のどじまん心得帳』音楽之友社。

Hawaii Shochiku Orchestra, 1949, *Hawaii Shochiku Orchestra Musical Variety Show*, June 21-23, McKinley High School Auditorium.

本田緑川、一九五六、『電車日誌を語る』私家版。

古屋翠渓、一九六四、「日本語放送界」ハワイ日系人移民史刊行委員会編集『ハワイ日本人移民史』ハワイ日系人連合協会、五一〇-五一一頁。

Inouye, Bernice Kajiki, 2001, *Benefit Song Festival for Kuakini Foundation*, July 29, Hale Pulama Mau Auditorium, Kuakini Medical Center.

中原ゆかり、二〇〇四、「ハワイ松竹楽団の活動」清水昭俊編『太平洋島嶼部住民の移民経験』一橋大学大学院社会学研究科社会人類学研究室、一四三-一八一頁。

中原ゆかり、二〇〇七、「ハワイの日系社会の音楽とレコード事情――移民から一九三〇年代まで」福岡正太編『植民地主義と録音産業――日本コロムビア録音資料の研究』国立民族学博物館、三二一-四二頁。
中原ゆかり、二〇一二、「ハワイ日系人のホレホレ節――ハリー・ウラタの取り組みと影響」細川修平編『民謡からみた世界音楽――歌の地脈を探る』ミネルヴァ書房、二二七-二四二頁。
中原ゆかり、二〇一四、『ハワイに響くニッポンの歌――ホレホレ節から懐メロ・ブームまで』人文書院。
Oshiro, Dennis, 2001, *Dick Aoyagi's 12th Annual Karaoke Showcase of Talents 2001*, May 20, Hawaii Naniloa Crown Room.
Santoki, Mark, 2000, Club-Nisei Album Bridges Generations and Ethnic Groups, *Hawaii Herald*, November 3.
田坂養民（田坂ジャック・Y）、一九八五、『ハワイ文化芸能百年史』イースト・ウエスト・ジャーナル社。
Toth, Catherine, 2000, "Singer Keeps History Alive," *Honolulu Advertiser*, September 10.

第10章　沖縄・日本本土・ブラジルを越境・還流する沖縄音楽レコード

高橋美樹

戦前戦後を通じて、琉球古典音楽や沖縄民謡のレコードは沖縄県内のみならず、日本本土や海外の沖縄系エスニック・コミュニティにおける沖縄出身者に聴かれていた。その背景には沖縄音楽を専門とするレコード会社の存在があり、レコードが国境を越えて届けられた実態がある。本章の目的は、ブラジルに移民した沖縄系の人びとが制作した海賊盤レコードを分析し、沖縄・日本本土・ブラジルという複数地域を〈越境〉させた方法とその意味を明らかにすることである。筆者はハワイやブラジルなど異郷の地で暮らす沖縄系の人びとが、沖縄音楽レコードの原盤を元に海賊盤や複製盤を制作することで〈故郷の音〉を再現した研究を進めてきた（高橋 2012a）。これまでの研究は戦前主流であったSP（七八回転）に焦点を当てていたが、本章では戦後LP（三三と三分の一回転）、EP（四五回転）へ録音媒体が劇的に変化した時期に主眼を置いている。また、ブラジルで聴かれた沖縄音楽レコードは時を経て、再び沖縄へ〈還流〉している。移民が沖縄へ帰還する際に携えて来た、あるいは帰還する人びとに託したのである。〈還流〉した後、沖縄県金武町《きんちょう》教育委員会へ寄贈されたレコードと筆者が出会うことで実現したのが、本研究である。

1　日本における沖縄音楽レコードの制作――レーベルの設立

初の沖縄音楽専門レーベルは沖縄出身の普久原朝喜《ふくはらちょうき》（一九〇三～八一）が一九二七年に大阪で設立したマルフク・レコード（以下、マルフクと略）である。関西の沖縄系エスニック・コミュニティで優れた歌い手や演奏家を起用し、沖縄出身者に需要の高いジャンルを積極的に録音した。日本本土や沖縄以外に、一九二八年ハワイや南米へレコードの輸出を始め、一九三一年以降はアメリカや南洋群島にまで販路を拡げた。一九五九年以降は本拠地を大阪から沖縄へ移し、経営も朝喜から養子の恒勇へと引き継がれた。

一九五五年那覇市の高良《たから》時計店がマルタカ・レコード（以下、マルタカと略）を設立し、沖縄音楽の録音を戦後最も早く手がけた。さらに、一九五九年マルフクが発売したEP『通い船』の大ヒットにより、戦後の民謡ブームが幕を開けた。一九六五年照屋楽器店がマルテル・レコード（以下、マルテルと略）、一九六七年照屋時計店がゴモン・レコード（以下、ゴモンと略）、一九六八年琉球放送がRBCレコードを設立した結果、民謡ブームが隆盛を極めた。各レーベルは専属の民謡歌手を抱え、沖縄県内におけるラジオやテレビ放送の開局とジューク・ボックスの普及にともない、数多くのヒット曲を生み出した。なお、レーベルは制作のみを行い、プレス製造はビクターやコロムビア等の大手レコード会社に委託していた。

2　ブラジルの沖縄系移民制作の海賊盤レコード

金武町教育委員会は『金武町史 移民・本編』を刊行するため、ブラジル調査を一九九三年八月七～三〇日に実

図10－1　LP『OKINAWA MINHÓ-Vol. 1』

施した（金武町史編さん委員会編 1996a：596-597）。金武町教育委員会には、一九九三年の聞き取り調査で寄贈されたLP七枚が所蔵されている。本節ではLPのレーベル情報とデジタル化した音源にもとづき分析した結果を報告する。なお、これらのLPは商業販売されたオリジナル音源（SP、EP、LP）を複製、編集し、一枚のレコードとして製造した海賊盤である。海賊盤とは違法に制作、複製、販売されたレコードをさす。特に、外国の著作物を著者・出版社の許可を受けずに複製販売したものをいう。

LPのレーベル表記

LPタイトルは以下の通りである。LP『OKINAWA MINHÓ-Vol.IV（ママ）』、LP『MUSICAS JAPONESAS』、LP『MUSICAS JAPONEZAS（ママ）』、LP『OKINAWA MINHÓ-Vol.1（ママ）』、LP『OKINAWA MINYÓ』、LP『OKINAWA MINYÓ-Vol.VI』、LP『OKINAWA KOTEN E MINHÓ（ママ）』。例として、図10-1を参照されたい。

発売元については、レーベルにmarca registrada（商標）、Gravação Especial（特別な録音）と記載がある。この情報から、一般的な商業録音による流通・販売を目的としたレコードではないことが読み取れる。いわゆるプライベート盤のような制作方法だったと推測される。プライベート盤とは、個人や会社、学校など各種団体の依頼によりレコード会社が制作を代行したものである。また、レーベルの外周部には FABRICADO POR GRAVAÇÕES ELÉTRICAS S. A.・AV DO ESTADO 4755 SÃO PAULO BRASIL とある。LPはブラジル、サンパウロ市エスタード大通り四七七五番地にある電気録音株式会社で製造されたことが確認できる。沖縄系移民がブラジルの沖縄系エスニック・コミュニティにおける販売を目的として、電気録音株式会社に海賊盤の制作を委託したのである。曲名は図10-1のように、琉球方言による発音をローマ字で表している。LP『OKINAWA MINHÓ-Vol.1』、LP『OKINAWA KOTEN E MINHÓ』には、曲名の他に歌手や演奏家の氏名もローマ字表記されていた。(1)

オリジナル音源の追跡方法

LP七枚に収録された全六八トラックのオリジナル音源について、下記の方法で追跡し特定した。

①LPのレーベル情報および『金武町教育委員会・調査所蔵台帳』にもとづき、LP名、曲名、歌手・演奏家の氏名、レコード番号を表に整理した。②①をもとに、高江洲義寛編『沖縄音楽総目録Ⅹ　録音目録』のレコード情報を調査した。全六八トラックのオリジナル音源として可能性のあるレコード情報をレコード会社別に表に追加した。③②で候補に挙がったレコードやCD復刻盤を入手した。④LP七枚のアナログ音源をデジタル化した。⑤デジタル化した六八トラックを再生する。入手したレコード等と照合し、オリジナル音源を特定した。特定できたのは六四トラックである。

表10-1は、LP名と曲名に⑤で特定したオリジナル音源情報を追加したものである。LP七枚には全六八トラック、七五曲が収められていた。一トラックに二曲収録してある音源は「二曲」とカウントした。また、同名の曲が六件（二曲ずつ一二トラック）含まれている。この中で、同じオリジナル音源からの収録が《宮古根（ナークニ）》《兄弟小節《ちょーでーぐゎぶし》》《かぎやで風》《屋嘉ヌ浜唄》の四件、同名だが別な音源からの収録が《姫百合の唄》《カチャーシー

表10－1　海賊盤LPデータおよびオリジナル音源

LP『OKINAWA MINHÓ-Vol. IV』　PSP-LP-1302

面	番	曲名	ジャンル	オリジナルの曲名	オリジナル音源
A	1	HANAFU	古典	花風節	【マルタカ】唄・三味／糸数カメ，三味／照屋林山，琴／高宮城カメ，ヴァイオリン／船越キヨ，T-818(SP)，TJ-33(EP)，1955
A	2	SUGUISUGUEI	古典	下出し述懐節	【マルタカ】唄・三味／糸数カメ，三味／照屋林山，琴／高宮城カメ，T-818，TJ-33，1955
A	3	NAKAFU	古典	本調子下出し仲風	【マルタカ】唄・三味／幸地亀千代，琴／幸地ナヘ，T-814，1955
A	4	SINKEKON	漫談	新婚旅行	〔マルフク〕演者／多嘉良朝成，多嘉良カナ子，S-627-B，1936
A	5	SUYANO PAPA	漫談	塩家のパーパー(上)	〔マルフク〕永村清蒲，仲本愛子，S-532-A，1932
A	6	SUYANO PAPA	漫談	塩家のパーパー(下)	〔マルフク〕永村清蒲，仲本愛子，S-532-B，1932
B	1	SOTI KUVAI	舞踊曲	松竹梅A	【マルタカ】唄・三味／照屋林山，琴／糸数カメ，ヴァイオリン／前川朝昭，T-817，TJ-33，1955
B	2	SOTI KUVAI	舞踊曲	松竹梅B	【マルタカ】唄・三味／糸数カメ，船越キヨ，琴／高宮城カメ，T-817，TJ-33，1955
B	3	MIWARABIGUA	民謡	スンガー節	〔マルフク〕唄・三味／普久原朝喜，比嘉良順，マンドリン／普久原朝清，S-700-B，1939
B	4	SINMINATO	新民謡	新港節	不明
B	5	KATISSIGUA	民謡	嘉手久節～カチャーシー小	【マルタカ】唄・三味／船越キヨ，囃子・三板／前川朝昭，太鼓／糸数カメ，打楽器／照屋林山，T-838，TJ-38，1955
B	6	YAKABUSSI	新民謡	屋嘉節	〔マルフク〕三味・唄／普久原朝喜，普久原京子，琴／知名定繁，ヴァイオリン／嘉陽宗信，X 429(730)，1952–1956

LP『MUSICAS JAPONESAS』　PSP-LP-1329

A	1	OKUYAMABOTAN	歌劇	奥山牡丹(1)(2)(3)(4)	〔マルフク〕普久原朝喜，赤嶺京子，S-670-AB，S-671-AB，1941
A	2	NONYNKURUCHY	民謡	農民口説(上)(下)	〔マルフク〕唄・三味／多嘉良朝成，S-618-A，S-618-B，1936
B	1	ODORICHIDORIBUCHI	舞踊曲	踊り千鳥節	【マルタカ】唄・三味／糸数カメ，ヴァイオリン／前川朝昭，琴／船越キヨ，太鼓／照屋林山，TS-8005，TJ-26，1955

B	2	YAHME	歌劇	夜半参(1)(2)	〔マルフク〕普久原朝喜，赤嶺京子，国吉つる，S-634-AB，1941
B	3	HIMEYURINOUTA	新民謡	姫百合の唄(上)(下)	〔マルフク〕三味・唄／普久原京子，トランペット／普久原朝始，ヴァイオリン／普久原恒男，X 1626(743)，X 1627(743)，1957
B	4	KUINUNHANA	民謡	恋の華	【マルタカ】唄・三味／糸数カメ，ヴァイオリン／前川朝昭，琴／船越キヨ，T-821，1955

LP『MUSICAS JAPONEZAS』　PSP-LP-1.279

A	1	NAKONI	民謡	宮古根	【マルタカ】唄・三味／上原正吉，ギター／屋良朝久，琴／船越キヨ，T-929，TL-113，1959
A	2	NAGARE KUMO	新民謡	流れ雲	【マルタカ】唄／瀬良垣苗子，山内昌徳，TL-113，1959
A	3	IAKAHOHAMA UTA	新民謡	屋嘉ヌ浜唄	【マルタカ】唄・三味／翁長三郎，太鼓／屋良朝久，サンバ・囃子／船越キヨ，T-917，TL-113，1958
A	4	NASHIBI BUSHI	民謡	ナーシビ節	【マルタカ】唄・三味線／上原正吉，三味線／前川朝昭，ヴァイオリン／山内昌徳，ギター／屋良朝久，琴／船越キヨ，T-914，TL-113，1959
A	5	SHETAI BUSHI	歌劇	世帯節	不明
B	1	SAKENO TSUMI	新民謡	酒の罪	【マルタカ】唄・三味線／山内昌徳，唄／瀬良垣苗子，ヴァイオリン／前川朝昭，T-928，TL-113，1958
B	2	HAWAY BUSHI	新民謡	布哇節	【マルタカ】唄・三味線／山内昌徳，唄／瀬良垣苗子，T-917，TL-113，1958
B	3	DEBUNE KOISHIKI	新民謡	出船悲しき	【マルタカ】唄・三味線／山内昌徳，唄／瀬良垣苗子，ヴァイオリン／前川朝昭，TL-113，1959
B	4	TIODEGUA BUSHI	新民謡	兄弟小節	【マルタカ】唄／前川朝昭，サンバ／伊波みどり，ボンゴ／伊波千枝子，囃子／山内昌徳，T-929，TL-113，1959
B	5	YAGAMATAHAMAUTA	新民謡	屋嘉ヌ浜唄	【マルタカ】唄・三味／翁長三郎，太鼓／屋良朝久，サンバ・囃子／船越キヨ，T-917，TL-113，1958

LP『OKINAWA MINHÓ-Vol.1』　PSP-LP-1.200

A	1	KAGUIA DEFU	古典	かぎやで風節	【マルタカ】唄・三味／幸地亀千代，琴／幸地ナヘ，T-801，TJ-25，1955
A	2	SHIKI NO YOROKOBI	新民謡	四季の喜び	【マルタカ】唄・三味／伊波貞子フォーシスターズ，T-918，1958
A	3	OKINAWA SODATSI	新民謡	沖縄育ち	【マルタカ】唄／糸数カメ，ヴァイオリン・唄／前川朝昭，三味／船越キヨ，T-829，1955

A	4	NAKUNI	民謡	宮古根	【マルタカ】唄・三味／上原正吉，ギター／屋良朝久，琴／船越キヨ，　T-929，TL-113，1959
A	5	HIMEYORI NO UTA	新民謡	嘆きの渡り鳥	〔マルフク〕唄／我如古盛栄，宮里恵子，FS-32-B，1963
B	1	UN-NA BUSCHI	古典〜古典	恩納節〜中城ハンタ前節	【マルタカ】唄・三味／幸地亀千代，琴／幸地ナヘ，T-801，TJ-25，1955
B	2	TSUKITO OTOKONO KOKORO	新民謡	月と男の心	【マルタカ】唄：上原正吉，T-918，1958
B	3	NAKUNIGUA BUSCHI	民謡	宮古根小節	不明
B	4	TSODEGUA BUSHI	新民謡	兄弟小節	【マルタカ】唄：前川朝昭，サンバ：伊波みどり，ボンゴ：伊波千枝子，囃子：山内昌徳，T-929，TL-113，1959
B	5	NAKINO WATARIDORI	新民謡	姫百合の唄	〔マルフク〕唄／城間ひろみ，囃子／喜納昌永他，FS-32-A，F-1006，1964

LP『OKINAWA MINYÓ』 PSP.LP-1578

A	1	SAGAWA NITOFEI	漫談	佐川昌夫の二等兵物語一日露戦争の巻	［ゴモン］語り／佐川昌夫，唄／吉里和美，稲嶺八重子，ラッパ／伊礼俊一，演奏／ゴモンレコグループ，GM-8
A	2	SAGAWA NITOFEI	漫談	佐川昌夫の二等兵物語一日支事変の巻	［ゴモン］語り／佐川昌夫，唄／吉里和美，稲嶺八重子，ラッパ／伊礼俊一，演奏／ゴモンレコグループ，GM-8
A	3	TOKUIGUA FUSI	新民謡	トックリ小節	【マルタカ】唄三味線／山内昌徳，唄／瀬良垣苗子，TF-1024，1966
A	4	TENSAKUNO HANA	民謡	てんさぐの花	【マルタカ】唄／屋良ファミリーズ，TE-1025，TR-5004，1966
B	1	NASAKENO HANA	新民謡〜民謡	情の花〜三村節	【マルタカ】唄／ひめゆり娘，TE-1011，1966
B	2	SATO GAERE	新民謡	新アキトーナー	〈マルテル〉唄／亀谷朝仁・涌田繁子，MTC-101，1966
B	3	SIN AKITONO	新民謡	里帰り	〈マルテル〉唄／亀谷朝仁・涌田繁子，MTC-104，MT-1041，1966
B	4	NANYO KAZOE UTA	民謡	南洋数え唄	［ゴモン］唄／吉里和美，稲嶺八重子，ゴモンレコグループ，GS-45，1967
B	5	NNIMAZUN FUSI	民謡	稲摺節	【マルタカ】伊波貞子フォーシスターズ，LP『琉球民謡集』TRS-5015

LP『OKINAWA MINYÓ-Vol.VI』PSP-LP-1337

A	1	TAKADEIRA MANZAI KUDUCHI	舞踊曲	高平良万才口説	【マルタカ】唄・三味／幸地亀千代，琴／幸地ナヘ，T-816，TJ-28，1955
A	2	HANAGASA BUSHI ASADOYA	民謡〜民謡	花笠節〜あさどーやー	〔マルフク〕多和田真正，FS-27，1962

A	3	SHIN SOWA BUSHI	新民謡	新昭和節	〔マルフク〕唄／兼村憲孝・天久美津子，FS-27，FL-1007，FL-1005，1963
A	4	KENDO BUSHI	新民謡	県道節	〔マルフク〕唄／岸本ゆり子，囃子／多和田真正他，FS-36，FL-1005，1964
A	5	KATIASHIGUA	民謡	カチャーシー小	〔マルフク〕三味・唄／普久原朝喜，太鼓／比嘉良順，S-699-B，1939
B	1	SHIN SAKU GUEKI DEIGO NO HANA	歌劇	新作劇 でいごの花	〔マルフク〕繁雄：知名定繁，定雄：知名定雄，ヨシ子：知名静江，X 447(736)，1952
B	2	SHIN SAKU GUEKI DEIGO NO HANA	歌劇	新作劇 でいごの花	〔マルフク〕繁雄：知名定繁，定雄：知名定雄，ヨシ子：知名静江，X 447(736)，1952
B	3	SHIN SAKU GUEKI DEIGO NO HANA	歌劇	新作劇 でいごの花	〔マルフク〕繁雄：知名定繁，定雄：知名定雄，ヨシ子：知名静江，X 448(737)，1952
B	4	SHIN SAKU GUEKI DEIGO NO HANA	歌劇	新作劇 でいごの花	〔マルフク〕繁雄：知名定繁，定雄：知名定雄，ヨシ子：知名静江，X 448(737)，1952
B	5	HICHI GUATSU EISA BUSHI	民謡	七月エイサー節	不明
B	6	MUNZURU BUSHI	古典	むんじゅる節	【マルタカ】唄・三味／糸数カメ，三味／船越キヨ，太鼓／高宮城カメ，T-849，TJ-27，1955

LP『OKINAWA KOTEN E MINHÓ』 PSP-LP-1.237

A	1	KAGUIYADEFU	古典	かぎやで風	【マルタカ】唄・三味／幸地亀千代，琴／幸地ナヘ，T-801，TJ-25，TL-103，1955
A	2	UM NA BUSI-NAKAGUSKU HANTAMA	古典～古典	恩納節～中城はんた前節	【マルタカ】唄・三味／幸地亀千代，琴／幸地ナヘ，T-801，TJ-25，TL-103，1955
A	3	KINBUSI	古典	金武節	【マルタカ】唄・三味／幸地亀千代，琴／幸地ナヘ，T-802，TJ-25，1955
A	4	KOTEIBUSI	古典	コテイ節	【マルタカ】唄・三味／幸地亀千代，琴／幸地ナヘ，T-802，TJ-30，TL-103，1955
A	5	YADEGUBUSI	民謡～民謡	やりく節～目出度節	【マルタカ】唄／糸数カメ，唄・三味／船越キヨ，琴／高宮城カメ，太鼓／松田友子，ヴァイオリン／前川朝昭，T-839，1955
B	1	NOSON HAYAOKI UTA	歌劇	農村早起唄（上）	〔マルフク〕父：普久原朝喜，母：永村清蒲，かまど：普久原鉄子，ヴァイオリン／渡慶次憲行，S-531-A，1934
B	2	NOSON HAYAOKI UTA	歌劇	農村早起唄（下）	〔マルフク〕父：普久原朝喜，母：永村清蒲，かまど：普久原鉄子，ヴァイオリン／渡慶次憲行，S-531-B，1934

B	3	MORAUKUSI	新民謡	村興し	〔マルフク〕唄／喜屋武繁雄，FS-51，1962
B	4	DEFUNEKARIYUSI	民謡	出船かりゆき節	〔マルフク〕三味・唄／赤嶺京子，赤嶺きく子，ギター／普久原朝喜，ヴァイオリン／徳田喜一，N-727(M 896)，1941
B	5	YAGINA KUHADENSA	古典	屋慶名クワデサ	〔マルフク〕三味・唄／普久原朝喜，普久原静(鉄)子，S.512-B，1931

出所：筆者作成。

小》の二件確認できた。

沖縄音楽・各ジャンルの定義と分類

七五曲の曲名からジャンルを分類した。以下が各ジャンルの定義である。「琉球古典音楽」（以下、古典と略）とは琉球国時代に首里の士族層によって育まれた歌をさす。最大流派である野村流『声楽譜附工工四《くんくんしー》』上巻、中巻、下巻、続巻に掲載の曲目を古典に分類した。「民謡」とは沖縄系エスニック・コミュニティで伝承された作者不詳の歌謡をさす。「新民謡」とは沖縄系エスニック・コミュニティで伝承された作詞者、作曲者が明らかな歌謡をさす。「歌劇」とは台詞を沖縄民謡のメロディーにのせて展開する劇である。「舞踊曲」とは琉球国時代に完成された舞踊および明治・大正時代に創作され継承された舞踊の楽曲をさす。

LP七枚・個別の分析

LP七枚に収録された個々の音源について、①レコード会社、②音楽ジャンル、③歌手の性別・人数、④録音・発売時期、⑤使用楽器、⑥特徴、という六つの視点から分析した。

LP『OKINAWA MINHÓ-Vol.IV』

①全一二トラック中、マルタカが六、マルフクが五、不明が一である。②全一五曲中、古典三曲、民謡三曲、新民謡二曲、漫談三曲（二作品）、舞踊曲四曲である。③男女二人

(漫談)が三曲(二作品)、男女二人(コンビ唄)が一曲、女声独唱が四曲、男声独唱が三曲、女声二人が二曲、男声二人が一曲であり、不明が一曲あった。④最も古い録音は一九三二年《塩家のパーパー》マルフクである。最も新しい録音は一九五五年東京ビクターと那覇市首里の琉球放送で録音されたマルタカの六トラックである(高江洲編1969:24参照)。よって、このLPは一九五五年以降に制作された海賊盤である。⑤琉球楽器は三線《さんしん》、琴、三板《さんば》、太鼓を使用した。洋楽器として、ヴァイオリンが《花風》《松竹梅A》マルタカと《屋嘉節》マルフクで、マンドリンが《スンガー節》マルフクで使用された。⑥戦後、金武町屋嘉の捕虜収容所で歌い始められ、沖縄で爆発的に流行した《屋嘉節》が収録された。その要因として、海賊盤を制作した者が金武町出身であったことが挙げられる。B面三番の表記は《美童小《みやらびぐわ》》だが、実際の音源は《スンガー節》であった。両曲は同一のレコードのA面とB面であり、曲名を逆に表記したと思われる。

LP『MUSICAS JAPONESAS』

①全六トラック中、マルタカが二、マルフクが四、である。②全四曲二作品中、民謡二曲、新民謡一曲、歌劇二作品、舞踊曲一曲である。③男女複数(歌劇)が二作品、女声独唱が三曲、男声独唱が一曲であった。④最も古い録音は一九三六年《農民口説》マルフク、最も新しい録音は一九五八年《踊り千鳥節》マルタカである。このLPは一九五八年以降に制作された海賊盤である。⑤琉球楽器は三線、琴を使用した。洋楽器として、ヴァイオリンが《踊り千鳥節》《恋の花》マルタカ、《姫百合の唄》マルフクで使用され、トランペットは《姫百合の唄》マルフクで採用された。⑥マルフクの歌劇がLPの半数を占めている。

LP『MUSICAS JAPONEZAS』

①全一〇トラック中、マルタカが九、不明が一である。②全九曲一作品中、民謡二曲、新民謡七曲、歌劇一作品である。一九三七年《ハワイ節》マルフクから一九五九年《兄弟小節》マルタカまで、多くの沖縄出身者に支持された作品を収録した。③男女二人（コンビ唄）が四曲ある。男声独唱の五曲は前川朝昭《ちょうしょう》、上原正吉、翁長三郎の歌唱である。④最も古い録音は一九五八年マルタカ、最も新しい録音は一九五九年マルタカである。よって、このLPは一九五九年以降に制作された海賊盤である。⑤琉球楽器は三線、三板、太鼓を使用した。洋楽器として、ヴァイオリンを《ナーシビ節》《酒の罪》《出船恋しき》マルタカで、ギターを《ナーシビ節》《宮古根（ナークニ）》マルタカで使用した。⑥マルタカのLP『琉球民謡集』TL―113をそのまま海賊盤として複製したと言ってよい。

LP『OKINAWA MINHÓ-Vol.1』

①全一〇トラック中、マルタカが七、マルフクが二、不明が一である。②全一一曲中、古典三曲、民謡二曲、新民謡六曲である。③男女二人（コンビ唄）が二曲、女声独唱が一曲、男声独唱が六曲、女声グループが一曲、不明が一曲である。④最も古い録音は一九五五年《かぎやで風節》《恩納節》～《中城ハンタ前節》マルタカである。最も新しい録音は一九六四年《姫百合の唄》マルフクである。よって、このLPは一九六四年以降に制作された海賊盤である。⑤琉球楽器は三線、琴、三板を使用した。洋楽器として、ヴァイオリンを《沖縄育ち》マルタカが、ギターを《宮古根》マルフクが、ボンゴを《兄弟小節》マルタカが使用した。⑥マルタカの新民謡五曲は、一九五〇年代後半～一九六〇年代に録音・発売されたものである。EP（FS―32）のAB両面を収録したが、曲名と収録音源が一致せず、A面五曲目とB面五曲目の曲名を逆に表記している。

LP『OKINAWA MINYÓ』

①全九トラック中、マルタカが四、マルテルが二、ゴモンが三である。②全一〇曲中、民謡四曲、新民謡四曲、漫談二作品である。③男女二人（コンビ唄）が三曲、男（語り）＋女（唄）が二作品、女声二人が一曲、女声グループが三曲、男女混成グループが一曲であった。④最も古い録音は一九六六年マルタカ（五トラック）、最も新しい録音は一九六七年《南洋数え唄》マルタカである。よって、このLPは一九六七年以降に制作された海賊盤である。⑤琉球楽器は三線、琴を使用した。洋楽器のラッパ（トランペット）は《佐川昌夫の二等兵物語～日露戦争の巻》《佐川昌夫の二等兵物語～日支事変の巻》で号令をかける合図として使用した。⑥女声グループ（ひめゆり娘、伊波貞子フォーシスターズ）から三曲、男女混成のファミリー・グループ（屋良ファミリーズ）から一曲採用されており、沖縄民謡界におけるボーカル・グループの台頭がきわめてよく現れている。

LP『OKINAWA MINYÓ-Vol.VI』

①全一一トラック中、マルタカが二、マルフクが八、不明が一である。②全八曲一作品中、古典一曲、民謡四曲、新民謡二曲、歌劇一作品、舞踊曲一曲である。③男女複数（歌劇）が一作品、男女二人（コンビ唄）が一曲、女声独唱が二曲、男声独唱が四曲、不明が一曲であった。④最も古い録音は一九三九年《カチャーシー小》マルフク、最も新しい録音は一九六四年《県道節》マルタカである。よって、このLPは一九六四年以降に制作された海賊盤である。⑤琉球楽器は三線、琴、太鼓を使用した。洋楽器の使用は見当たらない。⑥歌劇『でいごの花』には一九五二年録音当時、兵庫県に在住していた知名定繁《ていはん》（父）、静江（母）、定男（息子）の親子が出演している。民謡歌手、作詞家、作曲家、プロデューサーとして多大な功績を残した知名定男が、七歳の時に初めて録音した作品である。

LP『OKINAWA KOTEN E MINHÓ』

①全一〇トラック中、マルタカが五、マルフクが五である。②全一〇曲一作品中、古典六曲、民謡三曲、新民謡一曲、歌劇一作品である。③男女複数（歌劇）が一作品、男女二人（コンビ唄）が一曲、女声独唱が三曲、男声独唱が六曲、女声二人が一曲である。④最も古い録音は一九三一年《屋慶名クワデサ》マルフク、最も新しい録音は一九六二年《村興し》マルフクである。よって、このLPは一九六二年以降に制作された海賊盤である。⑤琉球楽器は三線、琴、太鼓を使用した。洋楽器として、ヴァイオリンを《やりく節》《目出度節》《農村早起唄（上）》《農村早起唄（下）》《出船かりゆき節》マルフクが使用している。ギターを《出船かりゆき節》マルフクが採用した。⑥A面はすべてマルタカの音源であり、B面はすべてマルフクの音源である。

海賊盤LPの制作時期

LPのオリジナル音源を調査した結果、七枚中最も早い時期に制作されたLP『OKINAWA MINHÓ-Vol.IV』は一九五五年以降、最も遅い時期に制作されたLP『OKINAWA MINYÓ』は一九六七年以降だということが判明した。LPは一九五五年〜一九六〇年代に制作されたと推測できる。

各レーベルの収録傾向

全六八トラック中、オリジナル音源を特定できたのは六四トラック（五九曲八作品）、不明は四トラック（四曲）である。レコード会社別に整理すると、マルタカが三五トラック（四二曲）五一・五％、マルフクが二四トラック（一四曲六作品）三五・三％、マルテルが二トラック（二曲）二・九％、ゴモンが三トラック（一曲二作品）四・四％となる。マルタカの音源が半数以上を占め、マルタカ全盛期の様相を色濃く反映している。

ジャンル分類の結果

次に、六四トラック（五九曲八作品）を各ジャンルに分類した結果、古典が一一トラック（一三曲）一六・二%、民謡が一四トラック（一八曲）二〇・六%、新民謡が二二トラック（二三曲）三二・三%、歌劇が八トラック（四作品）一一・八%、舞踊曲が四トラック（六曲）五・九%、漫談が五トラック（四作品）七・三%となった。古典では、幸地亀千代《恩納節》～《中城ハンタ前節》が二枚のLPに収録された。また、マルタカの新民謡五曲は、山内昌徳《しょうとく》と瀬良垣苗子によるコンビ唄の歌唱形式で歌われる。コンビ唄とは「男と女がコンビで歌う楽曲。いわゆるデュエットのことで……六〇年代前半の沖縄民謡黄金期に、レコード音楽の商業ベースに乗っとって生まれてきた用語」(2)である。五曲は一九五八～六六年に録音された作品であり、男女で歌うコンビ唄が隆盛をきわめた時期と重なっている。歌劇は八トラック（四作品）すべてがマルフクからの音源である。朝喜は需要が高い歌劇の録音に力を注いでおり、ブラジルでも海賊盤の選曲に朝喜の姿勢が反映されている。

録音年と媒体（SP、EP、LP）の関連性

沖縄音楽専門レーベルにおけるEPの制作は本土より大幅に遅れ、一九五八年に初めて発売された。これを契機にSPからEPへ録音媒体が移行する。六四トラックの録音媒体を整理した結果、SPが三六トラック（五六・二五%）、EPが二八トラック（四三・七五%）を占めた。一九三一～五七年制作のSPから半数以上を収録したことが判明した。だが、実際に海賊盤を製造する際には、EP復刻盤かLPから複製したと考えられる。海賊盤の選曲は、SPからEPへの移行期を象徴的に表している。

歌手・演奏家の実際

オリジナル音源の情報から、ジャンルごとに代表的な歌手と演奏家を整理する。古典では幸地亀千代、糸数カメが挙げられる。民謡・新民謡では主に戦前に活躍した普久原朝喜、普久原鉄子、赤嶺（普久原）京子、多嘉良《たから》朝成《ちょうせい》、比嘉良順がいる。戦後に活躍した者はマルタカから前川朝昭、上原正吉、船越キヨ、糸数カメ、伊波貞子、山内昌徳、瀬良垣苗子、翁長三郎、ひめゆり娘、伊波貞子フォーシスターズ、屋良ファミリーズが挙げられる。マルフクから城間ひろみ、喜納《きな》昌永《しょうえい》、喜屋武《きやん》繁雄《しげお》、我如古《がねこ》盛栄《せいえい》、宮里恵子、多和田真正、マルテルから亀谷朝仁、涌田繁子、ゴモンから吉里和美、稲嶺八重子、亀谷朝仁、翁長三郎が採用された。歌劇は知名定繁、知名定男、普久原朝喜、普久原鉄子、永村清蒲、国吉つるである。漫談では佐川昌夫、多嘉良朝成、多嘉良カナ子、永村清蒲、舞踊曲では幸地亀千代、照屋林山、糸数カメ、船越キヨがいる。

最新のヒット曲を採用——選曲の特徴1

第一の選曲の特徴は、沖縄で多くの大衆に支持された最新のヒット曲を取り上げている。例として、《四季の喜び》《宮古根》《兄弟小節》《流れ雲》《出船悲しき》《村興し》《嘆きの渡り鳥》が挙げられる[3]。これら七曲の発売時期は、一九五八年から一九六三年に集中している。沖縄では一九五九年に沖縄テレビ、一九六〇年に琉球放送テレビが開局し、ラジオとテレビ放送における民謡番組が急激に増加した時期である。海賊盤の選曲はレコード産業とラジオ・テレビ放送の相乗効果により、ヒット曲が生み出された時代性を顕著に示している。また、前川朝昭《兄弟小節》、上原正吉《宮古根》はＬＰ『MUSICAS JAPONEZAS』、ＬＰ『OKINAWA MINHÓ-Vol.1』の両方に収録された。沖縄で爆発的に流行した作品だからこそ、ブラジルでも海賊盤に収録したのだろう。さらに、ＬＰ『OKINAWA MINYÓ』は九トラック中八トラックが、一九六六年以降に録音された音源である。ＬＰは一九六七年以降に制作されたと推察するが、《トックリ小節》《新アキトーナー》など、沖縄県内で流行した曲をいち早く海賊盤に収録していることに驚愕する。以上三点により、戦後沖縄の第一次民謡ブームを反映した選曲だと指摘できる。

琉球方言の歌詞が九割以上――選曲の特徴2

第二の選曲の特徴として、歌詞が琉球方言による楽曲が九割以上を占めることにある。全六八トラック（六四曲八作品）の言語を琉球方言と共通語に分類した結果、琉球方言が六三トラック（五九曲八作品）九二・六五％、共通語が五トラック（四曲）七・三五％を占めた。共通語の楽曲は《沖縄育ち》《姫百合の唄》（二トラック）《南洋数え唄》《新港節》のみである。ブラジルで暮らす沖縄系移民が切望したのは故郷の言葉、つまり琉球方言の歌であったと推測される。

楽曲テーマの多様性――選曲の特徴3

第三の選曲の特徴として、楽曲のテーマが多岐にわたっている。例えば、恋愛を歌った九曲、人生（友情、労働、生活、教訓）を歌った五曲、自然を歌った一曲、沖縄のご当地ソング一曲、戦争を歌った一曲がある。《里帰り》（作詞：照屋林助、作曲：亀谷朝仁）には故郷を離れ、日本本土や海外で暮らす人びとの望郷・懐郷の念が綴られている。

また、沖縄系移民に関する楽曲として、《布哇《ハワイ》節》《南洋数え唄》《情《なさき》の花》が収録された。《布哇節》（作詞作曲：普久原朝喜）は海外移民として那覇港から「『出て行く男性』『見送る女性』という構図」（高橋・西岡・齊藤 2008：220）により、男女の別れの場面が歌い込まれている。《南洋数え唄》は別名《サイパン数え唄》と言い、一九四四年アメリカ軍上陸によりサイパン陥落後、設置された捕虜収容所の生活を克明に歌ったものである（上原 1986：

162-163参照）。《情の花》には「♪花やブラジルぬサントスに咲かち　我んや国元に土産さびら」という歌詞が綴られた。ブラジルのサントスに花を咲かせ、私が国元（沖縄）へのお土産にしましょう、という意味であろう。在伯沖縄協会会長を務めた屋比久孟清は「この琉歌が示すようにわが県人移民にとって、サントスは故里のような親しさがあり、戦前は沢山の県人が働いておりました。それ故に移民人生の幾多の哀歓が演出された処でもあった」（屋比久編 1987：271）と述べている。「一九四〇年に一七万の人口だったサントス市に一千家族以上の県人が集まった」（名護市史編さん委員会編 2010：167）という記録もあり、沖縄系移民の歴史に寄り添う作品が選曲されたといえる。

3　海賊盤レコード制作の背景

2節で分析したLPは、一九三三年（昭和八）に金武町からブラジルへ移住したA氏が、一九九三年（平成五）に金武町教育委員会へ提供したものである。一九一四年（大正三）生まれのA氏は「一九三三年（昭和八）、母と妹たち四人、Bさん、そして私（筆者注：A氏）の七人で、ブラジルへ渡航した」（金武町史編さん委員会編 1996b：298一部修正）。海賊盤はA氏ら金武町出身者が共同で制作し、ブラジルの沖縄系エスニック・コミュニティを巡回し、販売していた。共同で海賊盤を制作したD氏は、次のように述べている。

> 沖縄から民謡のレコードを送ってもらい、それをコピーし「海賊版沖縄民謡」をつくった。当時民謡のレコードなどはなく、移民にとってはなつかしい故郷の歌。そのためレコードは、次からつぎへ飛ぶように売れた。……五〇〇枚が五日で売り切れるほどの大繁盛であった。四〇人くらいの販売業者がいて、主人とAさんは卸元。……最初は五コントだった値段があまりの人気にどんどん上り、ついには二倍の一〇コントにまではね上

る。原価は一コントにも満たなかったため、かなりの大もうけ。こんなにもうかるならと、自分の家を売ってまで資金づくりにあてる同業者もでてきた。上原正吉、喜納昌栄（筆者注：正しくは昌永）嘉手苅林昌、亀谷長仁（筆者注：正しくは朝仁）などの歌が人気が高かった。……そのレコードはコピーからコピーへと海を渡り、今でもペルー、ボリビア、アルゼンチン、ロスと世界のあちこちに残されていると聞く。（金武町史編さん委員会編 1996b：317-318 一部修正：傍点筆者）

一九九三年の調査で、D氏が「四〇年後の告白」として語った言葉であるため、海賊盤の制作は一九五〇年代に実践されていたと推測できる。そして、ブラジルの沖縄系移民におけるレコードの需要が非常に高かったことをうかがわせる。また、上原正吉、喜納昌永、亀谷朝仁の音源は2節でも確認でき、沖縄民謡ブームを牽引した歌手がブラジルでも支持されていたことがわかる。また、複製された海賊盤は国境を越え、ブラジル以外の沖縄系エスニック・コミュニティにも届けられていた。ブラジルで入手したレコードを駆使して海賊盤を次々と制作し、沖縄系エスニック・コミュニティで販売していた事実が浮き彫りになった。

4　〈越境〉する沖縄音楽レコード

沖縄音楽レコードは、沖縄・日本本土・ブラジルという三つの地理的境界を越えて、沖縄系移民に届けられた。筆者は以前、南米・北米に移民した沖縄系の人びとが〈故郷の音〉である沖縄音楽レコードを聴く三つの方法を明らかにした（高橋 2012a）。第一に、沖縄や日本でレコードを購入したあと渡航し、移民先で聴く方法である。一九六〇年五月一二日『沖縄タイムス』に「ＳＰの琉球民謡は普通外国へ移民していく人や移民していた人たちへの贈

郵便はがき

料金受取人払郵便

山科局承認

1242

差出有効期間
平成29年7月
20日まで

6 0 7 - 8 7 9 0

(受　取　人)

京都市山科区
日ノ岡堤谷町1番地

ミネルヴァ書房
読者アンケート係 行

◆ 以下のアンケートにお答え下さい。

お求めの
書店名＿＿＿＿＿＿＿＿市区町村＿＿＿＿＿＿＿＿＿＿＿＿＿＿書店

＊ この本をどのようにしてお知りになりましたか？ 以下の中から選び、3つ
で○をお付け下さい。

A.広告（　　　）を見て　B.店頭で見て　C.知人·友人の薦め
D.著者ファン　E.図書館で借りて　F.教科書として
G.ミネルヴァ書房図書目録　H.ミネルヴァ通信
I.書評（　　　）をみて　J.講演会など　K.テレビ·ラジオ
L.出版ダイジェスト　M.これから出る本　N.他の本を読んで
O.DM　P.ホームページ（　　　　　　）をみて
Q.書店の案内で　R.その他（　　　　　　）

名　お買上の本のタイトルをご記入下さい。

上記の本に関するご感想、またはご意見・ご希望などをお書き下さい。
文章を採用させていただいた方には図書カードを贈呈いたします。

◆よく読む分野（ご専門）について、3つまで○をお付け下さい。

1. 哲学・思想　2. 世界史　3. 日本史　4. 政治・法律
5. 経済　6. 経営　7. 心理　8. 教育　9. 保育　10. 社会福祉
11. 社会　12. 自然科学　13. 文学・言語　14. 評論・評伝
15. 児童書　16. 資格・実用　17. その他（　　　　　　）

〒
ご住所

Tel　（　　）

ふりがな
お名前　年齢　歳　性別　男・女

ご職業・学校名
（所属・専門）

Eメール

ミネルヴァ書房ホームページ　http://www.minervashobo.co.jp/

＊新刊案内（DM）不要の方は × を付けて下さい。　□

りものというのが多い」[4]という記述がある。一九六〇年代以降もSPが市場に流通していた沖縄では、渡航前にレコードを購入し移民先に持参する、または、渡航後に家族や親族がレコードを移民先に送ることが多かった。第二に、日本から送られた原盤を移民先でプレス製造し、販売されたレコードを購入する方法である。ハワイのTROPICがマルフクの原盤を複製・販売した例がこれに当たる。製造する際、著作権者の許可を得ていなければ海賊盤とみなされる。第三に、私的に複製盤を制作して聴く方法がある。北米ロサンゼルスの大重時計店に複製を依頼し、個人的に楽しんだ例がある。

本章で取り上げたLPは、第二の方法に該当する。ただし、SPからSPへの複製ではなく、複数音源を収録できるLPへ移行した。その利点は四つある。①SPの収録時間は片面五分以内だが、LPは片面二〇～三〇分である。実際、海賊盤LPは片面四～六トラックが収録され、最も多いLPには両面計一二トラックが録音されていた。②LPからLPへ全曲の複製が可能である。③大衆から高い支持を受けた作品や人気のある歌手のEPを集めて、一枚のLPに収録することができる。この様式は現在のオムニバス盤やコンピレーション・アルバム[5]と共通する。④SP二枚以上にわたる歌劇や漫談をLP片面に収録することで、聴き手が途切れることなく、ストーリーを完結させることができる。

では、なぜ金武町出身者たちは海賊盤を製造・販売したのだろうか。ブラジル在住の沖縄系移民は故郷を慕い、故郷を懐かしく思う気持ちを日々募らせていた。それゆえ、第一点目として、海賊盤は望郷の想いをまぎらわせる機能を果していたことが指摘できる。一九六〇年頃にブラジルへ移住した米須清富は、次のように述べている。

いつの頃からか、母は決まって夜になると、兄に「蓄音器を鳴らして」と言いつけるようになった。私は琉球民謡の意味は知らないので、ランプの下で聞くと異様な音としか思わなかったが、蓄音器が鳴ると三〇メート

ル程離れた親戚のおじさん宅の家族全員が集まって、皆で聞くようになっていた。（米須 1982：166）

米須の場合は、渡航前に両親が沖縄でレコードと蓄音器を購入していた。「海外の沖縄エスニック・コミュニティの人々が他文化社会で生き抜くためには、同郷性を共有することが必要であった」（高橋 2007：75）。未開拓地域で過酷な労働を続ける中で、沖縄民謡のレコードを聴く時間は〈同郷性を共有する〉時間だったと思われる。また、戦後は一九五七年に金武町から沖縄産業開発青年隊がブラジルへ渡航する（金武町史編さん委員会編 1996c：286）など、戦前とは異なった形態でブラジルへ移住する人びとが続出した。沖縄で民謡ブームを経験した移民にとっては、ブラジルに身を置いても、同時代的な〈故郷の音を共有する〉機会を望んでいたと推察される。沖縄系移民が異国で生き抜く多様なニーズに応えるため、さらに沖縄系一世〜三世という幅広い世代に対応した沖縄音楽を提供するために、海賊盤を制作したと考えられる。

第二点目として、沖縄県内で流行している楽曲をいち早く沖縄系エスニック・コミュニティの人びとに届けるために、海賊盤を制作したことが指摘できる。海賊盤を制作するには、〈レコード発売→日本からブラジルへ輸送→複製・製造→販売〉という一連の実施期間が必要である。戦前、日本からブラジルへのレコード輸送について、細川周平は次のように述べている。「『時局流行歌』も早々とサントス港に到着するようになった。レコードの時差も四ヵ月になり、たとえば昭和一二年（一九三七）九月新譜の『露営の歌』はブラジルでは翌年正月新譜として発売された（一二月二四日付『日伯』）。四ヵ月の差というのは日本とブラジルが船で二ヵ月半から三ヵ月かかったことを考えると相当な短縮といえる」（細川 1994：138-139）。つまり、新譜レコードの日本発売時期とブラジル発売時期の差が、わずか四ヶ月だと読み取れる。

次に、海賊盤が販売された一九五五年〜一九六〇年代の輸送航路と期間について整理する。一九六四年の記録によると、主に旅客を運ぶ東航南米船が年間一二航海、主に貨物を運ぶ西航南米船が年間一二航海している（大阪商船三井船舶株式会社編 1966：356-357）。大阪商船三井船舶『船客サービスご案内』一九六八年四月時刻表（曽我 2008：208-209）によると、ぶらじる丸の神戸発が一九六七年一二月二七日、リオデジャネイロ着が一九六八年二月六日、サントス着が二月八日である。つまり、神戸からリオデジャネイロまで四二日間、サントスまで四四日間を要している。両国のレコード輸送期間は約一ヶ月半であり、沖縄から神戸への輸送期間やブラジル到着後のプレス製造期間を加味しても、最短二ヶ月程度でレコードが聴き手の元に届けられた可能性がある。それゆえ、LP『OKINAWA MINYÔ』のように沖縄の最新ヒット曲を短期間でブラジルの地に届けることができたといえる。

5　〈還流〉する沖縄音楽レコード

2節で紹介した海賊盤LPはブラジルの地で聴かれた後、沖縄へ再び戻ってきたものである。本節ではこの現象を〈還流〉と名づけたい。〈還流〉とは「水や空気の流れなどが、方向を転じてもときた方へ流れること。また、比喩的に、物事がもときた方へもどること(6)」を言う。つまり、モノが原点から離れ、異空間をさまよった後、再び原点に回帰した現象をさす。この場合の原点とは、レコードが制作された沖縄をさし、異空間とは移民の渡航先であるブラジルをさす。

海賊盤がブラジルから沖縄に戻ってきた方法として、二点が挙げられる。第一に、レコード所持者が沖縄へ帰還・帰国する際に携えて来た後、沖縄県の行政機関等に所持者や遺族が寄贈した。第二に、レコード所持者はブラジルに居住したままだが、沖縄へ帰還する人びとにレコードを託し、その後、沖縄県の行政機関等に寄贈された。

海賊盤LPは第二の方法だが、金武町教育委員会には第一の方法で寄贈されたレコードも所蔵されている。つまり、上記二つの方法によって、レコードが〈還流〉してきたのである。レコードという〈故郷の音〉を再現するモノが沖縄からブラジルへの一方向のみならず、さらにもう一度、ブラジルから沖縄へめぐり帰る〈還流〉現象を確認することができた。

謝辞

本章をまとめるにあたり、金武町教育委員会、山城政幸氏には貴重な文献・音源資料を御提供いただいた。また、細川周平氏、森幸一氏、小浜司氏、島添貴美子氏には多くの御助言、御教示をいただいた。ここに記して感謝申し上げたい。なお、本研究は日本学術振興会科学研究費（平成二六〜二七年度、挑戦的萌芽研究26580036：研究代表者・高橋美樹）「沖縄における録音・レコード音楽の黎明期研究——田辺尚雄の沖縄現地調査を起点として」の助成を受けたものである。

注

（1）電気録音株式会社 GRAVAÇÕES ELÉTRICAS S.A. は、ブラジルのコンチネンタル会社のレコード製造を担っていた。現在も会社は存在し、住所はサンパウロ市エスタード大通り四六六七番地。
（2）CD『沖縄コンビ唄 決定盤』リスペクト、RES―212、二〇一二年、小浜司の解説による。
（3）「山内昌徳は（中略）『流れ雲』『出船悲しき』の自作のヒット曲を出して、作詞作曲活動にも忙しい」一九六六年一〇月二一日「山内昌徳民謡生活一五周年記念リサイタル」『琉球新報』夕刊、四頁。
（4）一九六〇年五月一二日「レコード界／琉球音楽に特殊な人気」『沖縄タイムス』夕刊、二頁。
（5）コンピレーション・アルバムとは「CDで、もともと別のアルバムに入っていた曲を、一定の意図に基づいて集めて作るアルバム」二〇一四『デジタル大辞泉』小学館参照。
（6）二〇一四「還流」『日本国語大辞典』小学館。

文献

細川周平、一九九四、「戦前ブラジルの日系レコード産業」小島美子・藤井知昭編『日本の音の文化』第一書房、一二九‐一五一頁。

伊差川世瑞・世禮國男、一九九八、『声楽譜附工工四』上巻、野村流音楽協会（初版一九三五）。

金武町史編さん委員会編、一九九六a、『金武町史　第一巻　移民・本編』金武町教育委員会。

金武町史編さん委員会編、一九九六b、『金武町史　第一巻　移民・証言編』金武町教育委員会。

金武町史編さん委員会編、一九九六c、『金武町史　第一巻　移民・資料編』金武町教育委員会。

米須清富、一九八二、「異郷の地で聞いた琉球民謡」『新沖縄文学』五二号、沖縄タイムス社、一六六‐一六七頁。

名護市史編さん委員会編、二〇一〇、『名護市史本編五　出稼ぎと移民　別冊資料編』名護市役所。

大阪商船三井船舶株式会社編、一九六六、『大阪商船株式會社八〇年史』。

曽我誉旨生、二〇〇八、『時刻表世界史』社会評論社。

高江洲義寛編、一九六九、『沖縄音楽総目録X　録音目録』沖縄タイムス社。

高橋美樹、二〇〇七、「沖縄音楽レコード制作における〈媒介者〉としての普久原朝喜――一九二〇―四〇年代・丸福レコードの実践を通して」『ポピュラー音楽研究』第一〇号、日本ポピュラー音楽学会、五八‐七九頁。

高橋美樹・西岡敏・齊藤郁子、二〇〇八、「沖縄の新民謡《布哇節（ハワイぶし）》（作詞作曲：普久原朝喜）の分析――音楽学・言語学・文学的アプローチによる作品論」『高知大学教育学部研究報告』第六八号、二一三‐二二六頁。

高橋美樹、二〇一二a、「異郷で聴く沖縄民謡――北米・南米へ越境した丸福レコード」『高知大学教育学部研究報告』第七二号、一三七‐一四九頁。

高橋美樹、二〇一二b、「沖縄音楽レコードにおける〈媒介者〉の機能――一九三〇年代・日本コロムビア制作のSP盤を対象として」細川周平編著『民謡からみた世界音楽――うたの地脈を探る』ミネルヴァ書房、一七五‐一九二頁。

上原直彦、一九八六、『語やびら島うた』那覇出版社。

屋比久孟清編著、一九八七、『ブラジル沖縄移民誌』在伯沖縄県人会。

第11章　衣と身体技法からみるブラジル移民
――下着としゃがむことを中心に

西村大志

1　衣と身体技法から歴史を読み直す

以下の文章は、聞き書き、写真、実物の収集などを駆使したバーバラ川上の『ハワイ日系移民の服飾史』のなかにみられる記述である。

一世の女性たちは、日本では一度も下着のパンツをはいたことがなかった。そのかわり着物の下には、腰巻と呼ばれる巻きつける形の下着をつけていた……野良仕事の折に一世の女性が着物よりスカートを着用しはじめるようになった時も、はじめの頃は当然のように腰巻――つまり、着物にかわってスカートの下に――を着続けていた……短いスカートを着て腰をまげると、あまりに体があらわになった。幾度かからかわれたのち、一世の女たちはすぐに腰巻にかえてパンツをはくようになった。（Kawakami 1993 : 101＝1998 : 134-135）

腰巻をつけて「腰をまげる」と、陰部が見えることさえあった。しかし、「幾度かからかわれたのち、一世の女たちはすぐに腰巻にかえてパンツをはくようになった」という記述は、服飾史に身体技法（後述）の歴史を交叉させると引っかかる部分がある。

日本の服飾史をひも解けば、スカート形式の下着（腰巻のような巻きつけるもの）から、ズボン形式の下着（パンツのようなはくもの）への転換をいやがるメンタリティがよく出てくる。服飾史・風俗史家の青木英夫は、ズロース（＝パンツ）をはくのにその密着感が「局部を冒瀆するような一種のはずかしさを与えた。それは、腰巻の下で解放的であった皮膚は、理屈では分かっていても、感覚的には何か抵抗を感じた」（青木 2000：181）と述べている。ズロースは、「腰巻のような下着と違って、肌に密着するわけで、今までの和服の生活にはなかった経験」であり、「女らしさを損なうもの、しとやかさ、つつましさを損なうものと考えられていた」（青木 2000：185）と指摘している。

服飾史にてらしてみると、川上が述べたようにハワイ移民は密着感に違和感も示さず、すぐパンツをはいたのであろうか疑問を抱く。建築史・風俗史家の井上章一は、日本における下着の歴史と羞恥心の歴史を交叉させせつつ描いた『パンツが見える。』のなかで、次のように述べた。

「羞恥心のありようにも、歴史はある。現在のはずかしさを基準にして、過去をながめる姿勢は、あらためられねばならない。変化は、服飾だけでなく、人びとの心性にもある」（井上 2002：81）。川上の著作は、現代の女性の感覚から過去の女性の感覚を語ってしまっている可能性を感じる。このような些細な引っかかりをもとに、本章ではブラジル移民における衣と羞恥心の周辺を、特に下着と立居振る舞い（＝身体技法）の連関において考察してみたい。さまざまなものが同時に変化しているため、語るもの（例えば衣類）以外が変化しないような記述は避けたい。心性に歴史があるだけでなく、「身体技法」にも歴史と変化はある。

ここで、立居振る舞い＝「身体技法」としてきた概念について説明を加えておこう。「身体技法」とは、社会学者かつ人類学者のM・モース（Mauss）の提起した概念である。一九三四年に提唱されたものであるから、まさに本章が扱っている時期と重なるほど古いものであるが、現在もまだ十分に活用されていないように思われる。私たちは道具といえば、自分の外部にあるものを思い浮かべがちだ。移民にとっては、調理器具、農作業具などはまさに道具であるが、さらにひろくとれば衣類も道具に含めてよい。腰巻も、パンツも「道具」である。さらにおしすめると「身体こそは、人間の不可欠の、また、もっとも本来的な道具である」（Mauss 1968＝1976：132）となる。さらに、身体をどのように用いるのか、どのように操作するのかについては「道具を用いる技法に先立って、ありとあらゆる身体技法がある」（Mauss 1968＝1976：133）。そして、「人間がそれぞれの社会で伝統的な態様でその身体を用いる仕方」（Mauss 1968＝1976：121）を「身体技法」という。そこには、「《型》（habitus）の社会性」（Mauss 1968＝1976：127）が反映されている。性別、年齢、文化などによってその技法は変化していく。

「身体技法」という補助線を用いると、移民という行為はどう考えられるのか。ある身体技法が支配的であった地域から、違う身体技法の地域へと移動し、相互作用を行う。移民は、新たな文化で普及している身体技法に違和感をいだいたり、葛藤しつつも、なんとか新たな身体技法を獲得したりする。そして身体技法だけでなく、その身体技法を可能にする物体（今回の場合は下着など）も同時に変化させねばならない。しかし、そこには物質的、経済的制約（下着を買えない、作れない、もっといえば材料すらない）があったり、不自然な新たな身体技法への抵抗や、もとの身体技法への執着もある。

そこで本章では、衣服の中でも下着や、「身体技法」、そしてそれらをめぐる心性などの変化を考える。対象はブラジル移民である。考察にあたっては新聞『伯剌西爾時報』や、移民情報誌的存在の雑誌『ブラジル』をたどってみる。本章のテーマは、個人的、地域的、階層的な格差が大きいため、転換がいつ起きたと明瞭に言えるものではない。このため一部の方には違和感のある記述スタイルかもしれないが、一つの試みとしてお読みいただきたい。

2　『伯剌西爾時報』にみる初期の洋装

大正末期から昭和初期にかけて、多くの移民の女性にとっては洋装および、洋風の身体技法は日常のものではなかった。日本では女性の洋装があまり普及しておらず（今 1972a：1972b など）、前述のように下着という文化もパンツ的な覆い隠す形式より、腰巻き的な巻き付ける形式が中心であった。このため、なんとか洋装をしても、当時の日本的な身体技法でしゃがむと、陰部などがあらわとなることも多かった。移民は配耕地で、洋風の下着そのものを自ら作る必要があったが、ほとんどその作り方さえわからない。それにもっと優先したい事項（食事の充実や、便所や風呂の設置など）があれば下着のことなど後回しである。多くの農業移民にとっては、下着がないことはそこまで重大事ではなかった。

ブラジル移民の生活史の大著に半田知雄の『移民の生活の歴史』（半田 1970）がある。半田は、移民は米食や風呂への欲求にくらべれば、衣服にはあまり気を払わなかったという。

いまでこそ日本人は洋服を着て平気でいるが、四十年、五十年前の日本人は、日本着から突然わけのわからない洋装にかわったのである。男の洋装は、それでもあまり不自然ではなかったが、女性の洋装ときたら、全く、ぎこちない以上に、へんてこで、きゅうくつで身につかなかった。上着（ブルーザ）とスカート（サイア）はどうにか自分でも工夫したが、下着となると、どうしていいかわからなかった。ブラジル式の下着（コンビナソンといったかどうか）はどんなにしたらいいか、パンツの有無など、はじめから問題にしなかった。だから、しゃがむ癖のある日本女性はこれが噂のたねになった。しかも、ブラジル式（洋装）は不自由だという苦情は

図11－1　初期の移民船での人々の服装の様子
注：本来は昭和２年１月１日にあたる。
出所：大正16年１月１日発行と記載された『ブラジル』１巻１号の口絵。

なかった。（半田 1970：532）

「パンツの有無など、はじめから問題にしなかった」という指摘は重要である。ただ、要望や苦情という形で言語化されることがなかったからといって、和装から洋装へスムーズに変化したであろうか。言語化されなくとも、洋装化に対するさまざまな葛藤があった可能性はある。『時報』一九一八年（大正七）六月二一日には、「第一回移民渡来十周年」という特集がある。このなかで、第一回の笠戸丸移民について『コレオ・パウリスターノ』一九〇八年（明治四一）六月二五日に掲載された記事が引用されている。

「移民は男女共洋装にして男子は鳥打帽その他種々の帽子を冠り女子は上衣と袴と連続せる洋服を着し胴締めを用い極めて簡単なる婦人帽を被り装飾ある留針《ぴん》にて之を抑え居れり」

これはブラジル移民史によく引用される記事である。ここで重要なのはその続きに、「移民の着用せる洋服は皆日本の大工場に於て調整せるものなりという。洋服は一般に日本全土に普及せるものの如く」とある（図11－1）。レディメイドの洋服産業が日本ではすでに産業化され、洋服が日本でたいへん普及しているという誤解にもとづき書かれている。もちろん、日本では洋服はそのように普及してはいなかったし、その背景となるレディメイドの洋服の産業化もまだすすんでいなかった。高い階層、あるいは特殊な職業（警官や軍人等）を除いては、洋服に一生袖を通す機会もなかった時代である。また、日本国内では男性とくらべ、女性の洋装化率が大変低い状態が続いたことは服飾史の常識である。『時報』は一〇年前を振り返る記事の中で、さらに次のような初期移民の内幕も書いている。

「臍緒《へそのお》を切って以来初めて洋服を着た恰好の悪い御百姓、男の靴を穿いた女」等が「内股に」市内見物をして歩く様子に群がったブラジルの見物人たちは「皆足が悪いのかしら」、「女が男の靴を穿いている、きっと男が女に扮装しているのに違いない」と感想を漏らし「冷評を浴せられて通訳達は顔から火を飛ばす」（『時報』一九一八年（大正七）六月二一日付）。

洋服を着なれていないので、和服の身体技法のまま歩く。そうすると和服で適切な歩き方は、洋服にしては不自然なほど内股で歩いているように見える。男女の靴の区別よりも、洋装することを優先して女性の履いた「男の靴」を見て、男が扮装していると思われる。男女の違いを無視した洋装化や、体にしみついた和装の身体技法からのぎこちなさがにじみ出る。ブラジル人記者の論評よりも、見物人が日本人移民を見て騒いだ中で交わされた会話の記録のほうが、より状況を推察させる。日本においては女性よりは洋装化の普及が早かった男性でも、ブラジルへの渡航準備を見れば洋装に不慣れな様子がよくわかる。

最初期の通訳の一人が書いたものが記事「十年一昔（二）」のなかに見られるが、

「旅装の新調が誠に振っていた。洋服は山崎服洋店に、靴は鞆屋に、山高帽子は信盛堂に、鞄はズック製が便利、シャツは白に限る、襟飾《ねくたい》は派手な物、越中褌は不用、猿股は癩病患者が用いるもの」（『時報』一九一八年（大正七）五月一〇日付）。

とある。「越中褌は不用、猿股は癩病《りんびょう》患者が用いるもの」のあたりは、通訳がそれまで褌派だったことを想起させる。そして、パンツにあたる猿股は何を買っていいかわからないので、医療用のものを求めている。

次のものは『ブラジル』にみられる後日談であるが、男女の違いそして下着と洋装の感覚を表していてなかなか興味深い。

F「男子より婦人の方が自国の服装に執着が多いと云う事は適切です。従って婦人服の改良――この場合は移住者の婦人達が洋服を着付けると云う事が、仲々容易でないと云う事になりますネ」
N「実際難しい事でしょう。男だって昔から面白い話が澤山残っているではありませんか。洋服は着たものの、肌着にシャツと云うものや、サルマタをはかねばならぬが、今迄の習慣は晒の肌襦袢に六尺の褌だった。これはどうしても放せないと云うので、襦袢の上にワイシャツを付け、褌の上にズボンをはき、バンド（帯皮）の間に煙草入をさした、などというのがありましたネ。あれはあまり昔の話ではありませんよ」
F「サル又よりは褌の方がよいと云う人は今でもあります」
N「ところが、その褌は六尺の方だから尻の方で丁字形のこぶが出來て、椅子に腰をおろすとつっぱって大変に都合が悪い。――そして『洋服とは不都合なものだ』と褌のことを棚に上げて洋服を非難したものです」（戎1936：59-60）

たとえ癩病患者が用いる猿股を購入しても越中褌を避けた移民の通訳は、多少なりとも洋風化に適応していたといえる。越中褌（約三尺、長さ一メートルほどの小幅の布の端に紐をつけたもの）どころか、六尺褌（晒し木綿六尺、約二メートル）を愛用して、椅子に腰掛けにくい男性すらいたのである。なかば笑い話のようだが、そうとも言い切れない部分もある。実際に、日本の学校現場の近代化においても、女子の帯と椅子の背もたれの折り合いが悪く、女児用の椅子の背もたれ、男子用の椅子の背もたれ（西村 2005：61–62）を別に開発するなどしていたこともある。日本の近代化も世界各国への移民も、物体（椅子、衣服、下着）、そして身体技法（椅子に腰掛ける）といった何層にも折り重なり、連動しつつ変化する営為なのである。

3　しゃがむことと下着と立小便

『時報』（一九二一年（大正一〇）五月二〇日付）「都市の婦人方へ一言御注意」の中に、「日本人も伯国へ発展し始めましてから、モー十三年と云う歴史をもつ様になりました丈に、今では大分都会にお住になる婦人方も多くなり、靴の右と左と履き違えてこの靴はどうしてこんなに足が痛いだろうとかサイヤを後ろ前に着て人様の注意を受けたり、下着無しでサイヤを着て外出中ちょっとの出来事でトンだ赤恥をかいたりする方が殆ど無くなった様でありますす」という記事がある。たった一三年の間に、ここまで早く移民の都市在住者の風俗が変化したかどうかはわからない。しかし、都会と田舎の風俗の違いが問題化されていく過程には、ブラジルの都会と田舎のずれの大きさや、田舎から都会に出て来た人を、都会の人が見た時の違和感がみられる。一九三二年（昭和七）でも、次のような記事がある。リンス市内に保養や買い物できた農村の婦人が「ヤレヤレと腰を休めたしゃがみ姿を珍しく異様に眺める伯人にドン帳なしの御観音様を拝ませる事が度々あるとの伯人の噂さ頻々だが、それは余りにも仏心エロの乱舞だ。婦人方よ街頭に出てしゃがむ時代遅れのポーズを絶対に止して貰わぬと日本婦人の顔汚しとなる」（「日本婦人のエロ仏心」『時報』一九三二年（昭和七）四月一四日付）。

『ブラジル』を見てみるとブラジルの都会と田舎の違いが、次のように解説されている。

ブラジルの生活様式は完全に二大別できる。即ち、都会生活と農村生活、いい換えれば華奢な近代生活と質実な簡易生活の二つである。

パリーの流行が二週間目に入って来る都会人の生活は、欧米の水準にあって、日本でなら東京と神戸の一部の人々がやっている生活で、大阪、京都、名古屋、横浜の大都市には見られない程垢抜けがしている。ところが農村人の生活は、明治中葉の日本の農村生活を豊富な物資と安定ある悠々たる生活で彩色したものだといっても大差はないであろう。これ程に都会と農村の生活には間隔がある。（新宮 1935：57）

つまり、ブラジルの都会は当時の東京、神戸の一部と同じような先進ぶりであり、田舎は明治のなかばという後進ぶりである。明治のなかばの農村生活地域から、大正、昭和の東京にでてきた日本人のようなブラジルの耕地人は、かなりのずれを見出される。それは、目につきやすいところでは例えばあちこちで休憩の為「しゃがむ」という身体技法であったり、さらにはその時に「ズロース（パンツ）」をはいていないという点であった。

「日本人は電車やバスを待合せるときとか、長く起立っていて疲れたりすると場所の見境もなくしゃがむが、ブラジルではこの習慣は絶対に禁物、女は特に然りである。

殊に農村出の日本婦人の場合であると彼女等の多くがズロースを用いないから往来の激しい大都会の街頭などでブラジルの男に変なたのしみを与えるといったような国辱的醜態を演じることになる」（吉祥寺 1935a：47）（図11-2）

それだけでなく、かがんで物を取る（もしくは拾う）という身体技法にも、次のような説明と注意が必要であった。

「立ったままで脚部を折らずに上体だけを曲げて下にあるものをとったりする動作もいけない。その様な際には膝頭を揃えたまま脚を半ば曲げ腰をかがめるようにするべきだ。但し日本人式の膝頭を離してしゃがむのとは違うから混同せぬこと」（吉祥寺 1935a：47）

図11－2　昭和３年10月１日ブラジル２巻10号口絵
注：当時の文献ではよく引用される写真であり，撮影された時代は不明。ブラジルの耕地での昼食の様子とされる。

という。さらに下着に関してはブラジルの農村部から都会に出て来た移民ばかりでなく、一九三五年（昭和一〇）前後の日本からの移民にもあまり変化は見られない。

F「下着の事は、兎角なおざりにされ勝ちの様です」
N「まったくそうです。――あのズロースをはかない人がある。ズロースをはくのがいやなのですな」
F「船中の話でその事をよく聞くのです。かなり八釜しく注意するのですが、習慣のせいといいましょうか、婦人は仲々云う事を聞きません。しかし追々よくなって行くようですが」
N「洋装には絶体的にズロースは必要ですが、和服の人でも是非とも用いねばなりませんネ。もちろん昼夜共です」
F「そうなのです。洋服の時は用いるようですが、船内に落ち着いて浴衣にでも着替えると、もうズロースがうるさくなるらしく、これをしまい込んでしまって、これは洋服を着た時だけはくもの、ときめている人があるようです」（戎 1936：63）

このような洋装と和装そして身体技法の問題に関しては、立小便の習慣も課題であった。配耕地では、立ち小便は男女を問わずよくあることだった。便所のない耕地も多く「便所を作って欲しい」（『時報』一九一九年（大正八）三月一四日付）というタイトルの記事も見受けられる。「便所設置問題は衛生上必要欠くべからざる重要問題であると同時に、風儀上に於ても是非断行して貰わねばならぬ緊要問題であります」とある。

しかし、農村部の婦人たちは、日本由来の身体技法をなかなか変えなかったようである。一九二四年（大正一三）五月一六日付の『時報』では、子どもを背負う（おんぶする）習慣が批判されており、さらに「もう一つ謹しんでほしいのは婦人の立小便だ。今尚チョイチョイ所構わずやっている人を見受ける（ピニエロ市場で見たまま）」という投書がある。風俗の変化は早くない。日本国内では、立小便をするという身体技法は男女を問わず長らく自然なことだった。

日本在来の習慣で、左程吾々は気に止めないが、ブラジル人には大いに気に止まるものがある。それは男女の立小便で、此れは彼の地では、絶体禁物である。しかし、日本人は子供の時からの習慣で平気で立小便をする（八重野 1930：26）

ブラジルの田舎から出てきた日本人が都会の街頭で立小便をすることが問題とされている。しかし、当時の日本では田舎だけでなく、都会でも大いに立小便していたのである。

田舎から出て来た邦人婦人がサンパウロ市の様な大都会の繁華な街頭で、シーシーとか何とかいいながら小さい子供に放尿させている図をしばしば見受けるが、これは絶対にしてはならない――道路というものは車馬や人間が通行する為に在るので、便所とは違いますぞ――。日本ではごく普通のことで都会でもやっていることだから新渡航者などは平気でお国式を発揮するけれども、その様なことをやらないブラジル人は日本人のこの習慣を見て余りの無作法さに驚き呆れ非常な不快を感じる。

子供の場合に限らず一体に日本人は屋外で立小便をすることをさほどに悪いこととは思っていないらしいが、ブラジルのみならず欧米の文明国では最もいけないこととされており、もし巡査にでも見付かれば大変なことになる――尤も日本だって都会では厳禁ということになっているが、習慣というものはなかなかよせないもので相当の紳士達が所はばからずやっている。（吉祥寺 1935a：45）

下着の着用、しゃがまないこと、立小便しないことなどは、ブラジルの耕地から都会にでていった旧移民では次第に改善がみられたようだが、新たに渡航する新移民たちは日本で身についた身体技法をあとからあとから持ち込んだ可能性が高いようである。

4　風俗改良への志向

『時報』を見るとたびたび、「風俗に注意せよ」（一九一八年（大正七）四月二六日付）といった類の記事が出てくる。新聞記者自身が、都会で暮らし、耕地にいる移民とはかけ離れた暮らしを行っているので、風俗改良記事は、耕地の現実からかけ離れたお説教感がある。次の記事は初期の移民らしき投稿者とのやりとりである。投稿した読者は、「壮年に達した私共には伯剌西爾語を流暢に話すことは困難でありますが風俗習慣に染《なじ》んで伯人に観られて悪く思われない位のことは、心掛一つで出来ることであります。例えばズボンの代りにズボン下を使用したり女が腰巻のままで外出歩きをして風に煽られて脛《すね》を現わしたり、日本着物で乳房を出したり、鈕《ぼたん》の無い所から下帯の覗き出し

図11－3　相撲風景（下着の上からまわしの配慮）

出所：昭和2年3月1日発行の『ブラジル』1巻3号の口絵にある。

て居るなぞは、伯人が見て非常に下等に感ずるのでありますから、是等は是非共改めたいものであります」と述べる。これに対し記者は、「至極御尤もな注意であります。本紙にはしばしば風俗、習慣のことに就て書いて居りますが、どうも利目がなくて困まります」と応じている。

一九一八年（大正七）あたりの『時報』を見ると「婦人の慎まねばならぬこと」（一月一一日付）、「裸になるのは同胞全体の恥」（一月二五日付）、「裸体は共同の敵」（五月二四日付）、「日本服全廃の必要」（九月七日付）のような記事が次々に掲載されている。

『ブラジル』でも「海外に於ける邦人の注意すべき点」（古関 1930：24）として

「人目に付き易い場所では絶体肌を表わさぬこと。／同小便せぬこと。／同なるべく授乳せぬこと。／同日本式の禮儀を交わさぬこと。／同踞《かが》まって休まぬこと」

などを挙げている（図11-3）。

風俗改良は日本人の「同化」が問題にされるたびに、より強く意識されるようだ。一九三四年（昭和九）に至っても、内山総領事による「排日の時局に直面し在外同胞に告ぐ」（『時報』一九三四年（昭和九）五月一九日付）を見ると風俗改良の必要性が説かれている。日本人がブラジルに同化しないという不同化論に対し、内山は「伯国第一主義、博愛主義、協和主義、永住主義」などを説き行動規範や精神のありようが主眼のようだが、総領事の挙げる「諸君が直に実行し得る」一〇ヶ条はかなり風俗改良の色彩が濃い。

例えば、「四　野天風呂」を見ると、「日本よりの新来移民に多き習慣なるもこれは避くること。殊に婦人には禁物なり。又他人の前にて婦人の乳房を出すことは避くること。赤子に乳を与うる時も布にて覆うか人に見えぬ様心掛くべきこと」となっている。「五　日本人は男女共にしゃがむ癖あり。外国人には奇異の感を与う故避くべし」などもあり、風俗への注意は、大正期の『時報』の風俗改良記事とあまり変化がない。

このような風俗改良の論理は、日本においては明治初期の違式詿違条例と構造が似ている。違式詿違条例は、日本最初の体系的な軽犯罪取り締まり条例であり、国家による風俗改良であった。風俗を近代化、西欧化の視点から取り締まるものであり、戦後の軽犯罪法につながるものである（小木・熊倉・上野 1990：3）。この条例でも裸体や、立小便は問題となっているが、このような風俗は罰金を科してもそう簡単に変わるものではなかった。

日本由来の風俗習慣に関して移民の二世はどう見ていたのか。『時報』では「果して二世はどう考える」（一九三五年（昭和一〇）四月二九日）という座談会が掲載されている。そのなかで、記者の中村が「二世の立場にあって一世に注文する事はありませんか、風俗習慣等について」と問いかける。二世の中学生大野一（一八歳）は「そんな事は余り注意は要らないと思います。どの国の人でも欠点はありますから」と答える。さらに「子供を背負っている者」などをどう思うかと聞かれると、医科大生の氏原正明（二一歳）は、「それは一つの習慣で、許すべきだと思います」と言う。記者の風俗改良的誘導に二世は、あまり同意しない。新聞社側が「第二世が良い伯国の習慣を覚え、第一世の悪い点を矯めて行ってもらうべきことだとおもいますね」と誘導しているのも見受けられる。

5　移民への風俗教育としての移民収容所と『ブラジル』の質疑応答

初期の移民たちが次第に田舎から都会に移動し、二世がブラジル式の身体技法を獲得したとしても、あとからあとから来る移民たちは、ブラジルにふさわしくないとされる日本の身体技法でやってくる。これに対し実効性のある措置を、送り出し側の日本国内でとろうとしていく。一九二六年（大正一五）一二月に、『ブラジル』が創刊され、さかんにブラジルの情報を伝えるようになる。そして、そのような情報だけでなく一九二八年（昭和三）三月ブラジル行きの船の出る神戸に、国立移民収容所が開所され機能し始める。移民収容所は移民を船に乗るまで収容するというよりは、そこで日本の風俗習慣から分離し、社会化の先取りを促す機関といってもよいだろう。

「出帆間際の船に行って見て驚く事は婦人洋装の無態《ぶざま》な事であります。赤い腰巻の上に下着だけを着て平気で人前に出て居ますが実に醜いものです。恐らくパンツもせずに居るのでしようが、こんな態を外国人に見せたならば日本人は野蛮な国民だというに違いありません」（H生 1928：44）というような世界観を持ちつつ、移民に行く前の人びとをあらかじめ教育しようとする。

移民収容所に関する『時報』の記事を見てみよう。

「移民に椅子のかけ方　洋食の食べかた　出発前神戸でお稽古」（『時報』一九二七年（昭和二）七月二二日付）という見出しで、「政府はブラジル行移民の為学校を設け既に授業を開始している。移民等は同校において葡語の教授やブラジルの風習に就き講話を聴き又日本農夫は見た事もないナイフやフォークで食事する事や寝台や椅子の使用法を練習する」とある。

現在のわれわれは、ポルトガル語の教育はイメージしやすいが、椅子の使用法の練習はイメージしにくいかもしれない。それは、椅子に印象良く腰掛けるというレベルではなかったであろう。椅子自体にほとんどなじみがなく、長い時間座ったりすることが難しい人も多かった。誰でも椅子に座れる、立っているより座っている方が楽と考えるのは椅子に座り慣れた人の思考である。慣れない人にとっては、椅子に腰掛けるよりも、椅子に正坐したほうが楽な場合もありうる。「椅子の使用法」も、「日本農夫は見た事もないナイフやフォークで食事する事」と同様の初めての身体技法という難しさを帯びていた可能性がある。当時の人なら小学校で訓練を受けているはずだという認識が誤っている可能性も指摘しておきたい。年齢を逆算すれば、明治三〇年（一八九七）生まれでも、昭和の初めにはまだ三〇歳前後なのである。明治期の小学校における男女の就学率を見ると男性からくらべると就学率の低かった女性の小学校の就学率は五〇％ぐらいである（森 1993：96）。軍隊や工場経験等も想定される男性にくらべ、女性は第二次、第三次産業就業率を考慮しても、椅子に日常的に腰掛ける機会のなかった人も多かったと思われる。地方で生まれ、農業のみに携わってきた人は、ブラジルに渡ってからの身体技法の問題以前に、洋風な衣類を見ることもあまりなかった可能性が高い。都会の商人に不都合な商品を高値で買わされることもあり得ただろう。このため、次のような洋服製作やバザーの企画がでてくる。

美しい婦人達の心づくし婦人子供服のバザーを催す　主催　神戸乃木婦人会　日伯協会
地方で生れて今日の日まで農業をしていた人々が海外に移住するに当って色んな不便や不自由があるが、中でも服装の上に来る変化は外の見る眼にも成程彼等は移住する人々だ、などうなずかれる位彼等は特異な洋装をして出帆の数日前から神戸の街を歩いているのが見受けられる。この人達が洋服に対する鑑賞眼に乏しいのは当然のことである。従ってあまり引き立たない柄や型の品物を、街の商店から高価に買込んでいる点に着眼した神戸の乃木婦人会は今日会員の婦人達を狩り集めて簡易低廉な婦人、小供用の洋服を多量に仕立てて奉仕的に実費に近い値段で之等移住する人達のために頒つこととなり、其第一回のバザーを去る七月一日に第二回を同四日に日伯協会の広間で開催した。（『ブラジル』一九二七年（昭和二）一巻八号：88）

婦人会の人びとは、日伯協会で行われている移民の洋服裁縫講習の講師もしている。彼女たちは都会人で、洋服を見慣れており、また洋服の裁縫のできる人びとだった。この催しには、移民する人びともたくさん来たようだ。写真を見た限りでは和服姿の人びとも多い。

雑誌『ブラジル』の発行元、日伯協会では服装を整える相談に乗るという。

協会では服装を整える為めの御相談にも乗ろうと思います。ブラジルで実際に仕事をして居る人々の写真などもありますからそういうものを参考にする事もいい事です。（H生 1928：44）

そして、ついには移住教養所（旧移民収容所）のなかに、支度のための衣類販売所がおかれる。神戸移住教養所支度品給供場販売品目録を見ると肌着として、申又（さるまた）、シミーズ、ズロースといった下着も販売されている（「移住者待望の福音——移住支度品供給場生る」『ブラジル』一九三三年（昭和八）七巻六号：56-61）。

「（ブラジルでは）地方の農村人でもシミーズとコルセットを除くだけで他は平常労働するときでも全部着けている。日本人のようにズロースの上へすぐ服を着たりズロースなしだったりはしない」（吉祥寺 1935a：52-53）と紹介されているような衣類（図11-4）もここでそろうようにはなったが、実際にどれほど売れたかは不明である。ブラジルの都会では、例えば、『時報』にだされた冬季大売出しの広告（一九二七年（昭和二）六月一〇日付）から推定されるよう

図11－4　ブラジルの下着の説明図
出所：『ブラジル』９巻２号51頁。昭和10年２月１日号。

に、下着用の布地、また下着そのものとして「コンビナソン」なども売られている。しかしこれはあくまで都会の話である。

元看護婦、日本人小学校教員兼助産婦の出口美寿恵は、「女性から見た渡航支度に就て」の中で、「下着パンツ等は船内でいくらも仕立てる暇がありますから、一寸した小切《こぎれ》はもって船内でするのもよいのです」（出口 1931）と書いている。出口がいうように、小切れで下着をつくることを試みたものもいるかもしれない。しかし、たとえ下着を自ら仕立てることができなくても、出発前の移民たちは、高価で使い勝手のわからない下着を買うよりも、もっとほかのものを優先して買ったであろう。さらに、ブラジルに行ってから耕地で、メリケン粉の空き袋を利用して作る方法を実践した可能性も高い。

> シーツや枕覆い、はてはシャツに至るまで、彼等は多くメリケン粉の空袋を利用して拵える。農村でもパンは米、豆などに次いで主食物となっているからそれを製するために勢いメリケン粉を多量に費消する。従って空袋がすぐにたまるからこれをほどいて一枚の布としよく洗濯して、大きいものを作るときは四、五枚縫い合し小さいもののとき

はそのまま截って用いるが、地が厚くて丈夫だから大いに便利だ。（吉祥寺 1935b：57）

ここで移民たちが和から洋への転換に際し、どのような疑問を『ブラジル』誌上で展開していたか、質疑応答欄から見てみよう。

「御手数乍ら御尋ねしますがブラジルへ移民としての渡航は和服にても支つかえがありませんか」（一九二八年（昭和三）二巻五号：144）。

「和服は全然所持を許されませんか」（一九二九年（昭和四）三巻四号：88）。

「老人（六十才の母）でもやはり乗船上陸に洋服を着用しなければいけませんか」（一九三一年（昭和六）五巻一〇号：86）。

「日本の衣類をそのまま持って行けば悪いと云うのは法規に依るのですか、感情上の問題ですか」（一九三三年（昭和八）七巻一号：161）。

「準備品はどんな物が入用でしょうか。又冬物は必要ですか。婦人はどう云う服装をするのでしょうか」（一九三五年（昭和一〇）九巻五号：131）。

洋装化への不安や疑問そして違和感はかなりある。しかし指導側は、「乗船の時は老幼男女共必ず洋服を着用しなくてはなりませんか」という質問にも、「乗船の折には和服でも構いませんが途中碇泊する各港及ブラジルへ上陸する場合並にブラジル生活は総て洋服を着用しなくてはなりません。寄港地でもサントスでも服装はキチンと着てだらしのない風をしない様靴下、ヅロースも必ず着用しなさい」（一九三二年（昭和七）六巻六号：82）と洋服だけでなく、下着や靴下の着用まで指導している。

「渡航後着用する服はどうして得ますか」という質問には、「渡伯直前日本を出立するときに丈夫な洗濯のきく洋服を買って行きます。耕地の売店にも売って居ります。神戸の教養所滞在中に支度品講習を聴いた後買い入れる事が便利です」（一九三三年（昭和八）七巻二号：91）と日本での購入さえすすめたりする。

質疑応答欄を見ていると、和服はブラジルではまったく使えないなどの答えも見受けられる。しかし、当時の移民にとっては布団や衣類は単に実用品であるばかりでなく、携行できる貴重な財産だった。当時、日本では布団や衣類は質に入れて金を借りることのできるものの代表である。衣類を財産という視点から見ることも重要である。

「移住者に聴く家財整理の方法」（一九三四年（昭和九）八巻一二号：6-24）という特集を見てみよう。ブラジル移住者に聞いた質問七項目の中に、「四、移住のために利用した家財」とある。六五名がアンケートに列挙した回答結果を筆者が単純集計してみた。どのような「もの」が持ち込まれたか、また、持ち込まれなかったのか。日本の生活との連続性、断絶性を考える補助線になりうるだろう。

夜具・寝具・布団43／衣類（平常着、古洋服等含む）34／炊事道具22／蚊帳8／世帯道具7／着物6／毛布5／農具4／大工道具4／下着3／ミシン3／蓄音器、家具、薬罐2／たらい、挽臼、種、家庭薬品、書籍、自転車、楽器、写真器、娯楽用品1（回答なしや、大まかすぎる回答もあり、きれいな分類になっていないが傾向はわかる）。

いかに、布団や衣類は持ち運び可能な重要な家財であったかも実感できる結果である。また当時高級だったミシンも、衣を考える上で注目に値する。

6　身体技法と経済変動

本章では衣（特に下着）と身体技法の点から、ブラジル移民を再考してきた。さらに研究をすすめていくためには、裁縫学校の成立と運営、また家庭へのミシンの普及なども見逃せない。そこでは、風俗史、教育史といった枠をこえていく必要もあろう。補助線として今後重要となっていくのは、マクロな経済とミクロな家計のきりむすぶ地点であろう。

「金の行衛（四）」（『時報』一九二七年（昭和二）二月二五日付）では、当時のブラジルの衣料事情が書かれている。アメリカでは、大量生産大量消費が確立し、レディメイドがさかんになっている。これに対し、ブラジルではレディメイドが非常に高い。それは需要がないからで、「ブラジルでは出来合品を買うよりも布地を買って仕立屋に注文する方が遥かに安上りである。之は労銀が安い関係から来て居るので丁度日本に於けると同じ様でありります」とある。そして「出来合品で四百ミルのものが布地を買って仕立屋に註文すると約二百五十ミルから三百ミル、更に自宅で作ると二百ミル内外で出来上ります」という。

今後はブラジルの第一次、第二次、第三次産業の割合の変遷というマクロな経済の変遷と、生産者であるばかりでなく消費者としての立場も強めていく移民の家計の変遷をどのようにクロスさせ、衣と身体技法の変遷を研究することが課題となってくるだろう。また、日本国内の影響を持ち込まず、身体技法を確立していくブラジルで育った二世は、身体技法の身に着け方が一世とはちがう。世代の入れ換わりも身体技法や衣類にはおおきな影響を与える。ブラジルで生まれ育った二世への日本語教育問題などはこれまでたいへんよく扱われているが、一世と比較した二世の身体技法や衣類に対する感覚の連続・不連続も一つの問題群として立ち上がってくる。

このように些細に見える衣と身体技法にも歴史があり、ブラジルと日本の関係の変遷やマクロとミクロの経済の結節点がそこには見出しうる。今回の試みは、そのほんの入り口である。

追記

本章は、読みやすさを優先し、資料の原文の旧字体は新字体に、旧かなづかいは新かなづかいに、カタカナ変体仮名などは、ひらがなに適宜あらためて引用した。また、句読点がほとんどなく、あまりにも読みにくい資料は適宜句読点を加え読みやすくした。

文献

青木英夫、二〇〇〇、『下着の文化史』雄山閣出版。

出口美寿恵、一九三一、「女性から見た渡航支度に就て」『ブラジル』五巻九号。

戎子朗、一九三六、「ブラジル農村の婦人服――N講師とF記者の話」『ブラジル』一〇巻一号。

Gordon, Andrew, 2012, *Fabricating Consumers : The Sewing Machine in Modern Japan*, University of California Press.（＝二〇一三、大島かおり訳『ミシンと日本の近代』みすず書房）

半田知雄、一九七〇、『移民の生活の歴史――ブラジル日系人の歩んだ道』サンパウロ人文科学研究所。

半田知雄編、一九七六、『ブラジル日本移民史年表』サンパウロ人文科学研究所。

H生、一九二八、「ブラジル移住者の服装に就て」『ブラジル』二巻八号。

井上章一、二〇〇二、『パンツが見える。』朝日新聞社。

Kawakami, Barbara F., 1993, *Japanese immigrant clothing in Hawaii, 1885-1941*, University of Hawaii Press.（＝一九九八、香月洋一郎訳『ハワイ日系移民の服飾史』平凡社）

吉祥寺勝、一九三五a、「ブラジルの習慣（二）」『ブラジル』九巻二号。

吉祥寺勝、一九三五b、「ブラジルの習慣（六）」『ブラジル』九巻六号。

今和次郎、一九七二a、『服飾史――今和次郎集第7巻』ドメス出版。

今和次郎、一九七二b、『服装研究――今和次郎集第8巻』ドメス出版。

古関富弥、一九三〇、「海外に於ける邦人の注意すべき点」『ブラジル』四巻八号。

香山六郎、一九七六、『香山六郎回想録』サン・パウロ人文科学研究所。

Mauss, Marcel, 1968, *Sociologie et Anthropologie*, 4e ed., Presses Universitaires de France.（＝一九七六、有地亨・山口俊夫訳『社会学と人類学Ⅱ』弘文堂）

森重雄、一九九三、『モダンのアンスタンス』ハーベスト社。

中田みちよ・高山儀子、二〇一〇、「ブラジル日本移民の女性史」『ブラジル日本移民百年史――第3巻生活と文化編（1）』風響社、三七一-四八四頁。

西村大志、二〇〇五、『小学校で椅子に座ること』国際日本文化研究センター。

小木新造・熊倉功夫・上野千鶴子校注、一九九〇、『日本近代思想体系23――風俗　性』岩波書店。

新宮新、一九三五、「ブラジルの習慣（一）」『ブラジル』九巻一号。

八重野松男、一九三〇、「お国まるだしの奇習風習と曲解される邦語の音」『ブラジル』四巻八号。

雑誌『ブラジル』大正一五年～（巻号順）ただし、『ブラジル』は、同じ巻が年をまたいで発行されたりしているため、一部巻号が発行年月日と合致しないところがある。

新聞『伯剌西爾時報』大正六年～

第12章　戦前期ブラジルにおける武道と教育

小林ルイス

1　武道の意味とブラジルへの導入

二〇〇八年三月二八日に文部科学省は中学校学習指導要領の改訂を告示し、新学習指導要領では中学校保健体育において、武道必修化を定めた。同年七月に発行された中学校学習指導要領解説には武道が日本固有文化であることを認め、勝敗を競い合うスポーツ的な要素の他にも「武道の伝統的な考え方を理解し、相手を尊重して練習」など精神修養の面も強調されている（文部科学省 2008）。これは二〇〇六年に改正された教育基本法で、教育の目標として「伝統と文化を尊重し、それらをはぐくんできた我が国と郷土を愛するとともに、他国を尊重し、国際社会の平和と発展に寄与する態度を養うこと」が規定され、武道の学習を通じて日本固有の伝統と文化に、より一層触れることができるよう指導の在り方を改善」することが示されたことによる（日本武道館 2012）。

時を遡ると、明治から昭和初期にかけて、大日本武徳会武道専門学校、東京高等師範学校、日本体育専門学校や国士舘専門学校をはじめ、公立・私立を問わず多くの学校が武道を奨励し、さらに江戸時代には数多の藩校が武道を教育科目としていた。この教育と武道の関係は、明治後期に移民によって自然とブラジルにも導入され、武道は一九四一年の日伯国交断絶まで公に稽古された。なかでも柔道や剣道、薙刀が子弟教育に用いられた形跡が確認できる。ただし、現在まではブラジルの武道と教育を結びつける先行研究は皆無に等しい。

本章は、現存する数少ない関連史資料の収集とそれらの分析によって、戦前期ブラジルにおける教育手段としての武道を簡潔ながら紹介することを目的とする。

2　ブラジルにおける第二次世界大戦前の武道の概要

ブラジルでの日本武道の嚆矢は、明治時代中期、ブラジル帝政時代に活躍したとされる柔術家の竹澤萬次《たけざわまんじ》とされる。ただし四国出身説が一般的になっていながら（鈴木 1941：67-70）当時の資料では和歌山県出身となっているなど（『聖州新報』一九二三年三月二日付）、竹澤については不明な点が多い。ブラジル皇帝ペドロ二世に雇われて体操教師、あるいは近衛隊の柔術教師となったと言われる。

武道が実際にブラジルに浸透し始めたのは一九〇八年、笠戸丸から始まった家族移民からと見るのが妥当だと思われる。笠戸丸に乗船していた香山六郎《こうやまろくろう》によると、ある日、航海中に天幕を張って剣道の試合が行われ、その中の一人は愛媛県警の剣道師範を務めた芳我徳太郎《はがとくたろう》であった（香山 1976）。ちなみに芳我が持参した剣道防具は現存する。また同年一二月には、ブラジル海軍練習艦のベンジャミン・コンスタント号に乗って三浦鑿《みうらさく》とカキハラ女史が両人ともジュウジュツ（当時の柔道の俗称）の遣い手としてブラジルへ上陸した（*Jornal do Brasil*, 一九〇八年一二月一七日）。柔術については二年前の一九〇六年にすでにブラジルの海兵が柔術の本をポルトガル語に翻訳して出版しており（Pedreira 2014：28）、海軍の間では少し知られていた模様で、三浦も「ミヤコ（都）・サダ」という変名を用いて上陸直後は海軍で柔道を教えていたと言われる。

一九一四年には「コンデ・コマ」の異名を取った前田光世《まえだみつよ》が武者修行でブラジルへ上陸、佐竹信四郎《さたけのぶしろう》、大倉、松浦と秋山をともないサンパウロ市やサンパウロ州の奥地などを巡業、翌年にはリオ市やブラジル北東部を廻った。また一九二八年からは「ジェオ・オモリ」と呼ばれていた大森《おおもり》瀼《じょう》治《じ》が柔道興行で人気を博した。(1)

一方、移民の増加につれ、武道を稽古する者も増え、一九一一年には馬見塚竹蔵《まみづかたけぞう》が柔道場を開いたとされる。また同好の士が各地で稽古した模様で、例えば一九一九年の天長節には撃剣（剣道）、剣舞、鉄棒、相撲と唐手《ママ》が余興として大森州ことマット・グロッソ州（当時）のカンポ・グランデ市で披露された（『伯剌西爾時報』一九一九年一一月一四日付）。また三年後の一九二二年にはサンパウロ市の天長節祝賀会で剣道の試合が行われ、小林美登利《こばやしみどり》などが参加した（『伯剌西爾時報』一九二二年一〇月三一日付）。これがブラジル剣道の嚆矢となる。

武道がブラジルで本格的に浸透し始めたのは、一九三二年に総領事館職員の村上龍助《むらかみりゅうすけ》宅に有志が集まり、伯國柔剣道聯盟の結成に同意したことによる（『聖州新報』一九三二年九月二三日付）。翌年の「大和民族渡伯廿五周年記念祭」の際に正式に発足した聯盟は、それまで散在していた武道の愛好家を束ね、武道の普及に不可欠の存在となった。また一九三三年に開催された第一回全伯武道大会は、来観者の三分の一も入れぬ大盛況となり（『日本新聞』一九三三年六月二一日付）、これを皮切りに地方大会や支部対抗試合も各地で開かれ、全伯武道大会は第九回まで毎年開催された（図12-1）。この大会には、柔道と剣道はもちろん、後には銃剣道も加わり、弓道、居合、薙刀や鎖術の演武もあった。

しかし一九四一年の末に太平洋戦争勃発後、ブラジルが日本をはじめとする枢軸国と国交断絶したことにより、日本文化の取り締まりがいっそう厳しくなった。武道もそれに洩れず継続が困難となり、伯國柔剣道聯盟も当局によって、一九四二年一月に正式に閉鎖された（*Diário Oficial do Estado de São Paulo*, 一九四二年一月三一日）。これによってブラジルにおける武道はいったん幕を下ろすこととなる。

図12－1　第一回全伯武道大会終了後に撮った伯國柔剣道聯盟員の写真
出所：『武徳』第一号。

3　武道関連の史資料の種類

武道はブラジル各地で日本人移民によって稽古されたと思われるが、その詳細の究明は大変困難なものになっている。現時点では、ブラジルの武道史をまとめた資料は皆無である。また武道に関する記録は非常に断片的に発見されるのみであって、その全体像はなかなか見えない。またそのなかでも武道と教育の関連を示す史資料はさらに乏しく、僅かな記述が残るのみである。

それらの史資料をおおまかに分類すると大体次の通りとなる。

伯國柔剣道聯盟関係の史資料

伯國柔剣道聯盟の史資料は決して多くはないが、内容がかなり充実しており、第一級の資料である。特に一九三二年に発行された『伯國柔剣道聯盟趣意書』、そして一九三三年と一九三八年に発行された聯盟機関誌『武徳』の一、二号は大会結果をはじめ、正会員あるいは賛助会員の文もあり、当時の事を知るために必要不可欠である。しかし、一九三二年から一九四一年までの九年間の間に三回しか刊行物を出していないので、空白が多いのもまた事実である。

移民周年史

ブラジル日本移民史を全体的にまとめた本は『移民四十年史』から基本的に一〇年ごとに発刊され、文化や体育についても触れている。その中に武道の項は見出すことはできるが、基本的に『移民四十年史』が底本として使われて簡潔に述べているのみである。その他にも、地方の日系各植民地史や地域発展史、記念史や県人会史もあるが、武道の項はまず無く、人物紹介、あるいは行事のなかから所々に記述が散見されるのが大半である。

植民地などの刊行物

謄写版の刊行物を出していた日系植民地や耕地もあり、なかには武道部発足の報告、または試合やそれに関する所感などを記した貴重な史資料もある(2)。ただし、これらはほとんど現存していないか、あるいは個人的に保管されているので閲覧が非常に困難になっている。

当事者の証言――オーラルヒストリー

太平洋戦争勃発から七〇年以上経った現在、戦前移民の生存者の数は年々減少の一途をたどっているが、当事者だけに貴重な情報や経験を持っている方もいる。無論、昔の記憶なので、曖昧、あるいは記憶違いの所もあり、注意が必要となるが、どの史資料にも出ていない情報を得ることもできるので注目に値する。

戦前の新聞

現時点で、史資料として最も詳しいものは、当時の新聞である。幸い、これはかなり残っていて、骨格となれる史資料である。移民向けの邦字新聞はもちろん、ブラジルのポルトガル語新聞も時に武道について述べているので、これに他の史資料を併せて空白を補っていく形をとるのが一番合理的な方法だと思われる。

4　武道の教育的役割

武道を日系子弟の教育に取り入れた主な理由は、身体能力の向上と健康の増進、そして精神面では質実剛健の精神の養成、礼儀作法の心得、そして日本人気質の育成と当時の史資料から窺える。すなわち体育的面のみならず、精神の涵養、そしてブラジル生まれの子弟を日本と結びつける役割を持っていたと見られる。具体的な例として、『武徳』第一号には当時の主立ったサンパウロ市の教育家の対談が掲載されており、そこには武道を教育に用いた理由が次のようにいくつか挙げられている。

小林氏（聖州義塾）「在伯同胞第二世の教育について最も寒心に堪えないのは人格の根底をなす精神の薄弱な点である」……

岸本氏（暁星学園）「ブラジルに生まれた第二世は概して忍耐力がうすい　初めのうちは猛烈な勢いでやるがどうも永続きがしないこれは将来成人して事業をやる上にもきっとこの精神が現れると思う」……

清水氏（サンフランシスコ学園）「私のところには今相当の年輩の者がいるがフットボール［サッカーのこと］の外に楽しみがなく、また一般に皆意気が足りないような気がするので柔剣道でも教えて大いに青年の意気を鼓舞してもらいたい」（伯國柔剣道聯盟 1933：26–27）

特に、武道による精神修養の面が唱えられていたのは『武徳』第二号に随所に見られる。例えば大久保《おおくぼ》正明《まさあき》が著した「武道と第二世」と言うエッセイにはこうある。

武道と第二世教育!!これこそ全く不可分の指導原理であらうと存じます。理論と實際とを兼ね備へましたる武道は、空理空論を排して、實踐窮行不斷に人生行路の長途を飽くまで眞を求めて、堅忍不抜以て已む可らずとおしえてゐます。教育界の過度期になる伯國の現狀が吾人に求めて迫るものありとすれば、それは武士道精神でなくてはなりません。（伯國柔剣道聯盟 1938：24-25）

同誌には、準二世、すなわち幼少の頃にブラジルへ渡った岡川秀春《おかがわひではる》が「武道に就いての随感」で最初は武道を敬遠しながら後にその真価を見出したと述べたあと、こう書いている。

私は憶ふ武道は決して體育上より見た處の教理のみでなくして本當の精神練磨の殿堂、即ち人心を根本より磨き鍛えて行くところの尊い教理であると信じて疑はないものである。田舎で農業に従事して居られる青年諸君は別として華美繁華な都會に於いては如何に意志薄弱な青年諸君が多くはなかろうか……私は謂ふ、萬一有りとすれば私の經驗より割り出して貴下に是非共も武道への精進をお勧めする次第である。……加ふるに現在伯國生れの第二世が成人となり、或一部分を除いては其の大半がカボークロ［教育の水準の低い人物の事を指す］に化し……先づ武道を眞に理解して各自の精神を練り以て民族精神を失はぬことに依つて眞劍に子孫の教育に當ることこそ目下の急務であると考へるのである。

現在盛んに叫ばれて居る日本語教育問題にしても當事者が如何に聲を枯らして叫んだ處で兒童の父兄其のものが折角の努力に無關心であつたならば眞の教育が出来やう筈がない。矢張り兒童の父兄が所謂出稼ぎ根性を棄て、時代に目醒め子孫の將來を眞に自覺し共力してこそ始めて官民一致した處の日本語教育即ち日本民族精神普及の實も擧げられると信ずる。（伯國柔剣道聯盟 1938：19-21）

また伯國柔剣道聯盟総師範の菊地英二《きくちえいじ》五段は自著の『劒道の目的』でこう説いている。

我等大和民族は古来傳承し來れる大和魂、大日本精神の眞髄を發揮し、我等日本人に與えられたる大使命、即ち東西文明の融合統一、大義を四海に布き、世界萬民の安寧幸福を計ると共に尚その嚮《むか》う可き處を示す一大使命を果たさねばならぬ。而して劍道はその使命を美事に成就せんとするの道義的大精神大氣魄之涵養を以てその目的とするものである。（菊池 不明：1）

しかし、武道の教育的効果を最も整理された形で紹介する論文は『武徳』第一号に収録された小林美登利の「日本武道と第二世教育」である。

一、武道は體育なき伯國教育の缺落を補ひ子弟に強健なる身體を養はしむるに大なる効果がある。特に當地出生の兒童はその胸圍の發達著しく劣等であるが劍道の如きは特にこの缺落を補ふに非常なる効果のある事を我等は實驗している。

二、武道は兒童の健康を增進すると共に潑溂たる元氣を養ふを以て快活な精神、進取の氣象、困難と闘ふの勇氣を養ふに與つて力ある。

三、武道は禮節を重んじ、長幼の序、師弟の關係等に於て實地訓練をなすを以て禮儀作法等に缺くる處多い第二世に對し此の缺點を矯正するに有効である。
四、武道は軽佻浮薄に陥り易い第二世に対して質實剛健の精神を涵養し優秀なる日系伯國市民たらしむる原動力となる。
五、武道は第二世に眞の日本及び日本人を知らしむる最上の道である。武道精神を解せざる者は日本魂も日本人氣質も了解出來ず顔は日本人でも精神は全く外國人に外ならない。之が爲め武道は第二世と日本及び日本人を結びつくる楔基をなすものである。（小林　1933：9–10）

その主張は武道愛好家の外でも共感を得た模様で、特に武道はスポーツとは異なることが強調された。『南米新報』に掲載された「復古的武道精神の高揚　柔剣道に依る第二世の指導」には、同氏は「武道が現下流行のスポーツにも倍して普遍実行されんことを祈るものである」（『南米新報』一九三八年八月二五日付、旧字は新字にあらためた）と記している。同じく『南米新報』の「武道と野球　猿真似と米国化の愚を悟れ」の記事はなおいっそう武道の奨励がされている。

……母国日本で流行するからブラジルでも流行を追って野球をやると云う意見の誤れるは以上の如く、それらの人々には切に日本人としての反省を要望したい
それとも我国固有の国技なるものが無いと云うなら別だが、日本には古来神国にふさわしい立派な国技武道が伝えられ、我らの祖先はこの武道で鍛えられ精神と肉体をして一如的（即ち剣禅一味）に陶治練達せられ、勤倹尚武質実剛健の美風を涵養せられて、ここに国体の精華を克く今日に全うし来りたるを……
また当国に於いては邦語教育難の声高き秋スポーツが青少年の心身に与える重要性を思えば、一般に正しき理

解を保持せしめ進むべき方向を誤らしめざらん為、躍起覚醒すべきは正に事変下の今日に如くは無しと信ずるものである。……（『南米新報』一九三九年二月一六日付、旧字は新字にあらためた）

そして一九三八年にブラジル政府がナショナリズムの高揚につれて、日本語学校の全面的閉鎖を命じると、学校で教育を受けるより武道の修練の方が効果覿面だと前述の「復古的武道精神の高揚　柔剣道に依る第二世の指導」において、次のように主張している。

由来第二世の指導教育は極めて困難な問題とされ同胞社会に於ける大きな悩みである、然も最近公布された外国語教授制限に関する新法令の束縛を受けて更にこの悩みを深くした、さればとて我等が胸底に抱く第二世指導方針に対する「盤石の信念——将来優秀なる日系伯国市民を育成する為に伯形和魂主義による指導方針」が、徒らに時々の風の吹きまわしに順じて動揺すべきではない。……

今や伯国法規の暴風に吹きまくられ邦語教育難の一大暗礁に乗り上げた我々は寧ろこれを機会に従来の学校偏重の教育観を清算し、実生活に即した臨機応変の処置に出る一方更めて武道教育による日本精神確立へ深き認識を要求する、即ち只今乗り上げている暗礁の上に道場を起し復古的日本武道を普く第二世に奨励したならば、邦語教育難何ぞ恐るゝに足らんやだ、学校に於ける教育以上に却って大きな収穫を見ることは疑いなき所、所謂禍を転じて福と為すとはこの事であろう。……（『南米新報』一九三八年八月二五日付、旧字は新字にあらためた）

翌年の一九三九年には伯国柔剣道聯盟幹事の岡川秀春も同じく武道をもって日本人子弟の教育に当たるべきだと主張している。

日本語教育即ち父兄が幾多の犠牲を払いつつ日本語を子弟に教える最大理由は何はさて置きその子弟のカボクロ化を防衛し、かつ飽くまで大和民族的な美点を有する優秀なる伯国人を養成するに外ならないと私は愚考する、しからば新法令により該期日後は徒らに指をえて傍観すべきか否か、この所に於いて私は武道の一般化大衆化を叫ばざるを得ないのである。（『日伯新聞』一九三九年一月一日付、旧字は新字にあらためた）

一九三七年に発行された『武徳』第二号には剣道二段（当時）の青木佑夫《あおきすけお》は、次のように、剣道の修行者は人格形成をめざすべしと説いている。

柔剣道の修行はただ単に敵を倒したりあるいは敵を打ったりするのみが目的ではない。つまり心の修養がその実際の修行であると云いたい。もちろん第一義として技術を琢磨する事である。しかし心の修養、心魂の練磨を怠っては、真の武道の修練とはならない。

……右の心構えで修練すれば柔道なり、剣道なりが実生活の上に及ぼす影響のいかに大なるかは修行者諸兄のつとに覚知せるところいまさら小生言を俟つまでもありません。

……どこまでも真剣に気合の充実した真実斯道の修行者として立派な人格の涵養することに留意して相互に相戒め合わねばならぬと存じます。（伯國柔剣道聯盟 1938：30-31）

紀元二六〇〇年に当たる一九四〇年に開かれた第八回全伯武道大会もその方針に沿い、当時の新聞には次のような記事が載っている。

なお主催者側の柔剣道聯盟では、勝負よりも精神、スポーツである前に先ず武道でなくてはならない、年齢とか体の大小など問題外であり、要するに精神の鍛錬が大切である。本大会の趣旨も此処にあるので、勝負に勝っただけでは資格はなく、勝つだけでは断じて武道ではなく、精神に沿った力量、これを剣道では「主客体一致」と言うが、この精神で何処までも行こうと今年度大会からは景品類を一切廃し、商品目当ての勝負になることを排する事となった。（『朝日新聞』一九四〇年八月三〇日付、旧字は新字にあらためた）

5　教育界における武道の普及

武道の普及には当然ながらその道の専門家の存在が必要不可欠であった。柔道は前述の三浦や前田、大森などの他にも、一九二一年には西郷隆盛の孫に当たる西郷隆治《さいごうたかじ》（「たかはる」とも）がブラジルに渡り、一九二二年には大阪府出身で起倒流柔術免許皆伝の福岡茂次郎《ふくおかしげじろう》、一九二四年には嘉納治五郎の直弟子である大河内辰夫《おおこうちたつお》、一九二八年には日本レスリング史上初のオリンピックメダリスト内藤克俊《ないとうかつとし》、一九二九年には講道館四天王横山作次郎の門弟でもあった小野安一《おのやすいち》・直一《なおいち》兄弟、一九三一年には富川富與《とみかわとみよ》と谷宗兵衛《たにそうべえ》そして一九三四年には鹿島神揚流と為我流《いがりゅう》を修めた小川龍造《おがわりゅうぞう》などが渡伯し、柔道が大いに奮った。

剣道も前出の小林の他に、一九二四年には中山博道《なかやまはくどう》範士の師範代を勤めた菊地英二《きくちえいじ》五段、一九二七年には神刀流開祖日比野雷風《ひびのらいふう》の三羽烏の一人と謳われた吉松貢《よしまつみつぎ》、一九二九年には元徳島県警剣道師範の重清壮助《しげきよそうすけ》と大日本武徳会精錬証の佐々木英治《ささきえいじ》、一九三二年には伊達藩剣術指南役の末裔である櫻田松麿《さくらだまつまろ》と大正時代に台覧試合に参加した佐々木松吉《ささきまつきち》そして一九三三年には旧七日市藩の林久義《はやしひさよし》などが渡伯し、ブラジルの剣道普及を担った。

また一九三五年には、山口県出身で神陰流薙刀免許皆伝の古本《ふるもと》シズがブラジルへ渡り、ブラジル薙刀の第一人者となった。この他にも多くの猛者や愛好家、理解者がブラジルに移民した結果、武道が徐々に普及し始めた。

初期の頃は道場を開いても教育というより一般人向けの稽古場だったと思われる。例えば一九二三年には西郷隆治四段がサンパウロ市で率いる道場は自動車運転手が大部分を占めていた（『伯剌西爾時報』一九二三年三月二四日付）。また警察や軍相手に柔道が教授された形跡がある（Pedreira 2014：86）。

地方では移民子弟の教育を重視しない風潮があった模様で、一九三四年に聖市日本人学生聯盟が発足した際の記事に、「来賓席のたった三名は教育よりも金儲けといふ植民地気分を如実に現していた」と書かれている（『日本新聞』一九三四年一〇月二四日付、旧字は新字にあらためた）。

しかし、当然ながら地域によっては子弟教育の必要性が叫ばれていて、小林美登利がドウラデンセ鉄道線の旭植民地（現・ガヴィオン・ペイショット市）を訪問した時には、教育はもちろん、思想についても大いに語ったと次の記事にある。

> 翌日小学校内の演説会に臨んだ。集る者数十名校舎外に溢る、盛況であった。当植民地には相当な文士も居り思想家もあるので思想宗教上の問題にはかなりな共鳴者あり二回に亘る演説にも飽き足らず更に茶を喫しつ、種々なる問題に付て語り合った熱心な青年が二三十名もあった。（『伯剌西爾時報』一九二三年三月九日付、旧字は新字にあらためた）

最初に教育手段として武道に着眼したのは、小林美登利主宰の聖州義塾であり、一九二六年一一月一五日から剣道部が発足し、後に正科として教育に取り入れた（図12-2）。その理由は義塾の刊行物の『市民』（ポルトガル語名は『O Cidadão』）にこう書かれている。

図 12－2　昭和13年に発行された『聖市遊學の手引』に見られる聖州義塾の広告

写真左奥に立っているのが義塾主任の小林美登利，奥に見える建物が塾内の剣道道場と寮。戦前ブラジルで正式に「剣道科」が設けられた教育施設である。

此ノ遊惰ナ南米ノ天地ニアッテ民族ノ惰落ヲ防グ有力ナ手段ノ一ハ確ニ過去三千年来我等ヲ鍛錬シ来ッタ剣道ニアルト信ズルモノデアリマス。
（聖州義塾 1934）

聖州義塾に続いてサンパウロ市郊外のエメボイ農事実習所では泉《いずみ》正《しょう》太郎《たろう》、そして市内のサンフランシスコ学園では櫻《さくら》田《だ》松麿《まつまろ》などが剣道を教授し始めた。特に、エメボイ農事実習所は一九三二年の開場から剣道に力を入れて強豪としてその名を知られた。また暁星学園では富川冨與が柔道を教え（聖市學生寄宿舎協會 1938）、サンパウロ女学院では古本シズを迎え、薙刀を採り入れた。また、一九三四年発足の聖市日本人学生聯盟も後年に武道部（剣道部）を置き、一九三六年からは佐々《ささ》木《き》重《しげ》夫《お》が剣道担当となり、週に二回聖州義塾で稽古を付けた記述がある（Órgão da Liga Estudantina Nippo-Brasileira 1936）。

一九三〇年代中期までは、武道と教育を結びつける記事や情報は非常に少ないが、前述の通り一九三八年からは日本語教育がブラジル農村部で禁止されることによって、武道の必要性は一段と叫ばれるようになる。例えばブラジル日本人文教普及会（文教会とも）は、本部から武道巡回教師を各地へ派遣[3]、稽古用具などを送り[4]、そして講習会に武道関連の講習を盛り込むことによって武道を奨励した。例えば一九三九年一月の夏期講習会について日伯新聞は次のように報じている。

文教会主催の指導者夏季講習会は既報の如く十五日から二十四日まで十日間コチヤ小学校において開催……参加者の準備として……（四）なるべく竹刀一本宛を用意。（『日伯新聞』一九三九年一月一一日付、旧字は新字にあらためた）

この講習会では奥原文雄《おくはらふみお》剣道二段が講師として「青少年団剣道指導の実際」という講習をしている。文教普及会の他にも、同年に日伯農事協会及び産業組合中央会が主催した農村中堅青年養成講習会が二週間にわたってコチヤ小学校で行われ、農薬、農経、家計、肥料など農業専門内容以外に二日間の剣道講習も盛り込まれた。しかも、日課時間制は午後四時より六時まで剣道と定められていた（『聖州新報』一九三九年六月九日付）。

都会にあった教育施設はもちろん、地方でも学校の教員として武道の指導者を迎え、同時に武道部を設けた青年会や日本人会も出現した。日本人移民の人口が一番多かったサンパウロ州の内陸部はもちろん、パラナ州でも武道が奨励され、現アサイ市であるトレス・バーラス植民地では一九三九年に和風建築の道場が建てられた（『聖州新報』一九三九年三月一五日付）。

図 12－3　聖州（サンパウロ州）マリリア地域の植民地小学校で剣道形演武の様子。
向かって左が打太刀の伊藤早苗五段，右が仕太刀の杉野千治二段（当時）。

武道の教育的役割は、大半の場合やはり精神の修養だと思われる。例えば一九三九年にはサンパウロ州内陸部のプロミッソン区学校協議会で四日間あまりの青少年層指導講習会が開催された。科目は唱歌、体操や詩吟のほか、剣道、柔道の基本などであったが、当時の記事によると、「講習生は一学校を中心として一名乃至二名を推薦出講せしめ修養団式精神訓練に立脚し別記講習科目による青少年指導を目標として開かれたもの」（一九三九年三月一日、旧字は新字にあらためた）と武道を青少年の精神修養を促す手段としてとらえている。

きわめて断片的な記録の中、一番詳しいのはサンパウロ州内陸部パウリスタ延長線（パ延長線）地域の戦前教育事業をつぶさに記した『パ延長線教育史』で、学校の教員や教育関係者として柔道の芳田善作《よしだぜんさく》、剣道の宮寺美彦《みやでらよしひこ》、林久義《はやしひさよし》、小鹿新三郎《こじかしんざぶろう》、橋本俊次《はしもとしゅんじ》、杉野千治《すぎのせんじ》や山本善造《やまもとぜんぞう》などの武道の指導者の名が確認できる（パ延長線教育史刊行委員会 1941）。いずれも基本的に一九三〇年代後半であるが、同書によると、パ延長線沿線で日本人が多かったマリリア市では、マリリア日伯小学校、昭英塾、ブエノスアイレス植民地、コレゴ・デ・プラッタ植民地、アグア・フォルモーザ植民地などの小学校で武道が稽古されていた[5]（図12－3）。また公栄植民地の公栄校では、「武道方面に特に力を注ぎその少年部の各地遠征は一再に止まらず常に優秀なる成績を収めて校名を輝かした」（パ延長線教育史刊行委員会 1941：134）とある。

戦前のブラジル日本人三大移住地の一つであったバストスでも、ファルツーラ区では、剣道の秋知文吾《あきちぶんご》二段などが教鞭を執り、ウニオン二区青年団では早川忠蔵《はやかわちゅうぞう》が修養兼剣道部長を務めていた。またポンペイア中央青年会、汎リンス青年会、平野青年団なども武道部を置いた(6)。

この他にも、自発的に学校で武道を指導していた者、あるいは短期間に指導していた者も少なからずいたと思われるが、その場合は非常に記録に残りにくいので全貌をとらえるのが大変困難になっている(7)。特に、稽古用具の不足（特に剣道の場合は深刻な問題であった）、そして指導者、あるいは後援者、理解者の不在や移転によって武道の稽古を断念せざるを得ないケースも少なからずあった。例えば前述の伯国柔剣道聯盟幹事岡川秀春が父兄の理解不足についてこう書いている。

しかるに今日までの父兄の態度は如何というにややもすれば認識不足の点が多く見受けられたのは遺憾千万である、曰く「武道は有識階級の付属スポーツであるゆえ百姓の吾々は御免こうむる」曰く「武道を稽古すれば気性が荒々しくはなりはせぬか」云々。（『日伯新聞』一九三九年一月一日付、旧字は新字にあらためた）

その反面、サンパウロ市内など人材や施設に恵まれた地域では、武道の導入は無視できない影響を及ぼしたと考えられる。

武道の教育的効果を実際に立証する史資料はほとんどないが、『南米新報』に掲載された記事「柔剣道と第二世伯国育ちの少年に武道を学ばしめた経験談」がその最たるものだと思われる。

かねて筆者の監督下に在る伯国育ち少年をして本年一月柔剣道聯盟の市内道場へ入門せしめ、爾来毎夜懇切なる指南を受け今日に至るものであります……道場に通うようになってからスッカリ人間が一変しました、一口に云えば伯国人とも日本人ともつかぬ妙な存在が、ハッキリ精神的に日本人になってきたことを見逃すを得ません。……

周囲の影響を受け礼譲の徳を軽視しロクに言葉の使い方すら知らなかった者が長上に対して相当の礼儀を盡すようになったのは特筆すべき事でしょう、次に第二世特有のムヤミに身のナリフリや体裁を作ることに心を奪われる弊が消失したこと、……

こんな事は些細な件ではありますが修養盛りの子供に対して質実剛健の風を仕込まねばならぬ点から軽視さるべきでは無いと思います、第三は自ら苦難と闘って心身を鍛えることに興味を覚え、更に「何糞ッ！」と云う意気を生ずるようになったことです。……

要するに伯国育ち第二世の誰もが落ち入っている精神的欠落が漸次《ぜんじ》矯正されて行く事実を親しく目撃しているのであります。（『南米新報』一九三八年八月二五日付、旧字は新字にあらためた）

以上述べてきたように、ブラジルの武道史は未だに知られていない所が多く、また史資料の散逸などで空白が少なからずある。その中で、教育関連の史資料はさらに乏しいが、断片的ながらも現時点で判明している箇所をまとめる事によって、当時のブラジルの教育界と武道界に関する知識を深め、その足跡の片鱗を再確認することが可能となった。

注

（1）Serrano（2013）に大森の生涯が詳しく述べられている。
（2）一例として モーロアグード聯合青年會の『自彊』一九三九年が挙げられる。
（3）日伯新報、一九四〇、『ブラジル第一線で活躍する人々』の年表にこの事業を確認できる。
（4）一例としてチエテ移住地に少年用剣道具四組を送っている（『聖州新報』一九三九年三月二四日）。
（5）課外授業という形式を採っていたという口述がある。
（6）日伯新報、注（3）書に当時の邦人団体が数多くリストアップされ、その中に武道部などが確認できる。
（7）例えば、グララペス市の学校で武道を教えていた模様の教師と生徒たちの写真がサンパウロ市のブラジル日本移民史料館に保管されているが、詳細は一切不明である。

文献

伯國柔剣道聯盟、一九三三、『武徳（第一號）』。

伯國柔剣道聯盟、一九三八、『武徳（第二號）』。

菊地英二、年代不明、『劒道の目的』日伯社。

小林美登利、一九三三、「日本武道と第二世教育」『武徳（第一號）』。

香山六郎、一九七六、『香山六郎回想録　ブラジル第一回移民の記録』サンパウロ人文科学研究所。

文部科学省、二〇〇八、『中学校学習指導要領解説（平成二〇年七月）』。

日本武道館、二〇一二、『中学校保健体育で武道が必修となった経緯』（http://www.nipponbudokan.or.jp/gakkobudo/ から引用）。

Orgão da Liga Estudantina Nippo-Brasileira, 1936, *GAKUSEI (edição de março)*.

パ延長線教育史刊行委員会、一九四一、『パ延長線教育史』。

Pedreira, R., 2014, *Choque – The untold story of Jiu-jitsu in Brazil Volume 1 1856–1949*, GTR Publications, 28.

聖市學生寄宿舎協會、一九三八、『聖市遊學の手引』。

聖州義塾、一九三四、『市民（O Cidadão）（六月号）』。

Serrano, M., 2013, Géo Omori – "O Guardião Samurai"

鈴木南樹、一九四一、『埋もれ行く拓人の足跡』。

第13章　越境するスポーツと移民子弟教育
——太平洋戦争直前期ブラジルにおける日系少年野球を事例に

根川幸男

1　越境資源としてのスポーツ

本章は、戦前期ブラジルにおける野球を事例としてその歴史を素描するとともに、スポーツと日系移民子弟教育との関係について考察する。一九一〇年代半ばから太平洋戦争直前までを対象とし、アメリカ発祥の baseball がブラジルに越境し、日系人によって「野球」として継承され発展し、移民子弟教育としての役割を担うまでの過程を明らかにする。そのなかで、第一に国境とエスニック集団の境界を越える二重の越境性、第二に日本語教育が禁止され太平洋戦争へと至る時期に野球が担わされた役割と意味を問題とする。主にブラジルで発行された移民周年史や記念誌、日本語新聞の記事に依拠しながら、これらの問題について考察したい。それは、日本帝国の勢力圏の内外からブラジル日系社会へと伝播するスポーツの複雑な越境性の確認とともに、ホスト国の子弟教育におけるその越境資源活用の実態の検証となろう。

2　ブラジルへの野球の越境と日系エスニックスポーツへの跳躍

そもそも日本人移民とスポーツの関係については、研究が乏しく空白領域が多い。近年の日本の移民研究の成果を総括した『日本の移民研究――動向と文献目録Ⅱ　１９９２年10月―２００５年９月』（移民研究会編 2008）には、水谷（2000）と永田（1994）の二編が掲載されるにすぎない（移民研究会編 2008：119）。アメリカの日系野球については他に、アメリカ西海岸を中心にした日系人野球の記念誌であるNakagawa（2001）があり、多くの貴重な記録と古写真を提供している。また、清水（2007）は、ハワイ日系人野球の概略とアイデンティティ形成の問題を論じたものである。特に、清水が、牧師で日系社会指導者であった奥村多喜衛の少年野球における影響を例にとり、奥村が野球を通じて日系子弟のアメリカ化を図ったという指摘（清水 2007：127-128）は重要で、スポーツが移民にとってホスト社会に適応する手段となりえたことを示している。また、『移民研究年報』第一八号は「移民とスポーツ・芸能」という特集を組み、足立（2012）と窪田（2012）を掲載している。日系子弟教育と関連性のあるのは足立（2012）であるが、ハワイ最初のＡＪＡ（Americans of Japanese Ancestry）野球リーグが体力や技術の劣る日系選手に民族対抗リーグでプレーする機会を与え、日系コミュニティ活動の中心の一つとなり、日本的価値観にもとづく日系子弟の躾の場として機能したことを指摘している。特に、同リーグが野球をアメリカ化の手段とするだけでなく、「日系人の文化と伝統の維持」のための教育機会としていることはたいへん興味深い（足立 2012：7-9）。

ブラジルの野球については、通史として『ブラジル野球史・上巻』（聖州野球連盟監修 1985、以下『ブ野球史』と略）があり、野球を含む日系スポーツについて、『伯剌西爾年鑑』（伯剌西爾時報編 1933）、『移民四十年史』（香山編 1949）、『ブラジルに於ける日本人発展史・下巻』（青柳編 1953）、『ブラジル日本移民七〇年史』（ブラジル日本移民七〇年史編さん委員会編 1980)、『ブラジル日本移民八十年史』(日本移民八十年史編纂委員会編 1991)、『ブラジル日本移民百年史第四巻・生活と文化編（2）』(ブラジル日本移民百周年記念協会／日本語版ブラジル日本移民百年史編纂・刊行委員会編 2013) 等の記念誌・周年史が少なくない頁を割いている。しかし、これらはいずれもブラジル野球の歴史や選手、試合内容についての概説であり、多くの貴重な資料を提供しているが、学術的論考とはいいがたい。特に、管見の限りでは、野球と移民子弟教育の関係を取り上げた学術的論考はなく、ブラジルの日系子弟教育のなかでこのスポーツが果した役割について解明しようとする場合、不分明な点が多い。

では、ブラジルにおける野球と日系人との接触、およびその子弟教育との関係は、いつどのように始まったのであろうか。『ブ野球史』によると、ブラジルで最初に野球を伝えたのは、アメリカ人であった。ブラジル最初の野球チームをつくったとされるカナダ資本のライト電力会社 (The São Paulo Trainway, Light and Power Company) がサンパウロに進出したのが一八九九年七月。以後同社は同市の電気の供給と路面電車の経営にたずさわった (Brookfield no Brasil)。また、アメリカ領事館職員チームもプレーしていたという。一方、ブラジル日系人の野球の開始は一九一六年とされているが、コーヒー農場からサンパウロの街に出て来た日本人移民が、アメリカ人に交じってプレーを始めたという (聖州野球連盟監修 1985：2)。やがて彼らは「ミカド倶楽部」という野球チームを結成し、アメリカ人チームと試合を行うようになった。

そうしたブラジル野球の神話時代にミカド倶楽部の投手をつとめたのが、サンパウロ市最初の日系教育機関である大正小学校の三代目校長となる竹下完一であった。竹下は、早稲田大学野球部出身で、一九二四年にブラジルに渡航した。彼は当時を次のように回想している。

第一回笠戸丸移民の着伯以来、異国で慣れない珈琲園労働に従事した人達は、最初は仕事に追われ、娯楽や運動競技を考える余裕がありませんでした。一千九百十六年頃から、仕事になれ、娯楽の必要を感じ始め、日本で親しんだ野球を採択しました。組織立ったものではなく、単なるボール投げ遊びでした。それが漸次、組織化して、一千九百二十五年頃には、聖市にミカド倶楽部、レヂストロやアンニユーマスにも野球チームが出来、時々対抗試合をする様になりました。（聖州野球連盟監修 1985：8）

この竹下の言葉にもあるように、野球は日本人移民にとって、アメリカから輸入された外来スポーツというより、日本の学生スポーツとしての認識が強かった。実際、日本では、野球は最初学生スポーツとして普及した。第一回全国中等学校優勝野球大会（後の夏の甲子園大会）は大阪朝日新聞社の主催で一九一五年八月に始まり、竹下がブラジルに渡航した一九二四年からは甲子園球場で行われるようになった。一九二六年には神宮球場が完成、東京六大学野球大会が開催されるようになり、野球人気沸騰に拍車をかけた。こうした野球人気は、学生を中心に選手層を広げるとともに、新聞やラジオでの報道を通じて、日本全国に観客層を増やしていった（坂上 1998：14-30）。

ブラジル日系野球の起源が学生野球にあったことは、教育と結びつけられやすい要素を備えていたことになる。ブラジル日系青年たちに受容された野球が、二世少年たちに普及するのに時間はかからなかった。『移民四十年史』は、「コロニヤ野球発展の過程には、少年野球の果した大きな役割を看過することは出来ない。現在各球団の中堅となつて活躍している選手は殆んど総てが少年野球の洗礼を受けた人たちである」（香山編 1949：360）と、ブラジル日系野球のなかでの少年野球の比重の高さについて述べている。[1]

ブラジル日系少年野球の最古の記憶としては、芳賀貞一の次の回想がある。

煙草会社の、通称〝スダンのカンポ〟（バスコ・ペレイラ街三〇一番）では、豚の皮をモミジ型に三枚切り、手縫いのグローブ手製のバットで『野球大会』が行われた。コンデ街の〝アンチャン〟・チームと、十四歳以下の半ズボン姿の少年チーム、グルッポ・エスコラールとの試合だった。当時野球は珍しく芳賀弁護士ら子供たちは、喜び勇んで見に行ったという。（『パウリスタ新聞』六六五一号、一九七五年一〇月二日付）

芳賀は、一九一六年サンパウロ市生まれの二世である。彼の回想は「一九二三年、初めて大使館が設置され」た頃とされているので、この「野球大会」は一九二二年から二四年頃のことであろうか。少年チームが「グルッポ・エスコラール」とあり、小学校を単位としたチームであったことが知られる。この頃「コンデ街」界隈で日系子弟が通うグルッポ・エスコラールといえば大正小学校であり、同校の生徒を基幹としたチームだったことが想像される。先の竹下は一九二五年に大正小学校の教師になっているので、野球が日系小学校でプレーされるようになったのは二〇年代の半ば頃からと想像される。

ブラジル日系少年野球のもう一つの起源として重要なものに、聖州義塾がある。同塾は、一九二五年、キリスト教会・学校・寄宿舎が一体となって、サンパウロ市に設立された日系教育機関である(2)。創立者である小林美登利は剣道家であったが、一九一六年から一九二一年の間ハワイ、アメリカ本土で苦学した経験から、このスポーツに理解があったと考えられる。彼の母校同志社は、「日本野球の父」安部磯雄や「ハワイ日系野球の父」奥村多喜衛の出身校でもあった。同塾の野球チームは、一九二八年二月に浅見哲之助が入塾し、監督兼捕手となって同年五月一日に結成された。早くもその日のうちに、ミカド倶楽部二軍と試合をしている。結果はミカド一九対義塾一三と敗退したが、ミカドは大人のチームで、義塾は浅見が二三歳であった以外すべて一〇代半ばの少年たちであった。竹下の率いた大正小学校とこの聖州義塾は、サンパウロ市中心部近くのわずか数百メートルの距離にあり、お互いライバルとして鎬を削ったことであろう(3)。『移民四十年史』は「当時は日本語学校が各邦人集団地にあり、日本人教師がそれぞれの学校で児童の教導に当っていたことも、少年野球の普及発達に容易であり、また貢献するところが多かつた。後に全伯少年野球大会[4]が日本人学校の元締めであつた文教普及会の主催で行われること、となつたのも、その間の消息を物語る」（香山編 1949：360-361）とし、日本人教師の少年野球普及への貢献を評価している。同書は続けて、「とまれ少年野球は前述の如き理由から、邦人の大集団地であつたバストスで創成され、ついでリンス、チエテ、ビリグイなどに組織されて、その後全聖州、北パに普及した[5]。その後少年野球は異常な発展振りを示し、殆んど青年野球を凌駕するまでになつた」とし、小学校や植民地対抗による少年野球の加熱を伝えている（香山編 1949：360-361）。ただし、日本人移民のバストス入植は一九二八年からであり、少年野球の開始も先述の大正小学校や聖州義塾などサンパウロ市の例の方が早い。

ブラジル日系スポーツにとっての画期は、一九三三年の「ブラジル日本人移民二十五周年」であった。この年、ブラジル入国日本人数が二万五〇〇〇人に迫り、日系人総数は一五万人を数え（青柳編 1953：295-296）、まさにブラジルへの日本人移民渡航の最盛期といえた。世界大恐慌はブラジル農村を疲弊させたが、同時に日本経済を痛打し、ブラジルへの移民を促したのであった。一九三三年には笠戸丸移民から四半世紀を祝うに当たり、さまざまな行事が行われた。例えば、同年六月、伯国柔剣道連盟が発足、ブラジル最初の柔剣道大会が開かれた。また、九月に在伯邦人スポーツ連盟が誕生し、十一月に全伯少年陸上競技大会が開かれ、同月リンス青年会主催で「全伯少年野球大会」なるものが開かれている。また、翌一九三四年には、サンパウロ青年会によって「第一回全伯選抜少年野球大会」が開催されている。これらはいずれも規模としては地方大会の域を出ず、『ブ野球史』には公式の全伯大会として未記録であるが、少年野球大会が地域横断的に開催されるようになったのは注目される。同年成立の「外国移民二分制限法」は、以後の日本人移民数制限の始まりを告げたが、二〇年代後半から増え続けた日本人移民の子どもたちの成長や二世の出生によって日系学童人口は増え、野球熱の高まる日本からやってきた新移民はその活性化に拍車をかけた。

このように、ブラジルの野球は、アメリカ人によってもたらされ、彼らとの交流のなかから日系チームが結成された。両者はしばしば試合を行ない、日系選手がアメリカ人チームに交じってプレーすることもあった。すなわち、まず同じ新大陸のアメリカから baseball がブラジルに伝播し、次に学生スポーツとして活性化しつつあった野球が日本人移民によってもたらされ、両者が出会い、日系エスニックスポーツとして大発展するという、国境とエスニック集団の境界を越える二重の越境性が顕現することとなった。

3　ブラジルにおける日本語教育制限・禁止と野球の役割

本書第15章でも明らかにされているように、一九三〇年代はブラジル・ナショナリズム勃興期でもあった。一九三七年一一月、新国家体制《エスタード・ノヴォ》と呼ばれるジェトゥリオ・ヴァルガス大統領の独裁体制が確立し、外国人移民の同化政策が推進された。一九三八年五月の外国人入国法第六章によって、国内すべての農村学校各科目の教授はポルトガル語によるとされ、属項八五－一で一四歳未満者への外国語教育が禁止された（Câmara dos Deputados）。これは、比率からすると農村における初等教育が大部分を占めた日系子弟への日本語教育が制度上禁止されたことになる[6]。

こうした日本語教育弾圧下にあって、一世世代の多くの教師や親たちが子どもの将来を懸念し悲嘆に暮れた。日本語新聞は、「教育非常時」を叫んで、読者の注意を喚起している。親たちの間ではポルトガル語へ傾斜していく子どもたちとのコミュニケーション不全も問題であったが、それ以上に懸念されたのは「誰が親孝行を教えるのか」というような徳育の問題であった。聖州義塾出身で教師の経験もあり、戦後ブラジル日系画壇を代表する人物となった半田知雄は、この問題について、学校から日本人教師が消え、ブラジル人教師だけになると、「彼らは日本人の倫理の中心となっている忠孝の道の思想を子どもたちにうえつけることができないではないか。ブラジルでは忠義は教えられないとしても、孝行は教えられないものであろうか。移民たちにとって孝行思想は、生活のささえとなっているものであった」（半田 1970：612-613）と記している。この「孝行思想＝生活のささえ」という考えは、もちろん道徳的意味もあったが、それだけではなかった。半田は続けて述べる。「日本人の強みは、その家族制度にあると移民たちには考えられた。家長の命令一下、家族全員が協力して働くことであった。『毛唐はまずかかあが反対する、子供たちも勝手なことをいって親父のいうことをきかない。あれじゃ、裸一貫の移民が成功してパトロン（大農場主）になることはむずかしい』というのである」（半田 1970：613）。すなわち、日本語教育（＝徳育）不在によって「孝行思想」が崩れてしまうと、経済的成功や日本への「錦衣帰国」の前提となる日本人特有の家族形態が崩壊してしまうと考えたわけである。つまり、日本語教育（＝徳育）不在は日本人としての道徳的問題であるとともに、移民の生活戦略に関わる経済的問題でもあった。

ただ、当局によって日本語教育は禁止されたが、学校教育そのものが否定されたわけではない。子弟の母語教育が制限され、ポルトガル語教育へ一言語化するなか、日系子弟教育全体、あるいは日本的徳育の実践はただ衰微しただけではなかった。事実、この時期の日本語新聞には、日本的徳育がいくつかの方法で活性化していた形跡が見られる。それは、野球、陸上競技などのスポーツや武道を通じた二世の育成と銃後運動などの活動である。銃後運動についてはいずれ稿をあらためて考察したいが、スポーツは一九三〇年代後半の日本語教育の危機的時期に、それに代替するかのように組織化されていくのである。

先述のように、戦前期日本人移民の多くは一九二〇年代後半から三〇年代前半に渡航しており、この時期は日本におけるスポーツの大衆化の時期と重なっていた。すなわち、スポーツを直接・間接に経験し、その熱狂的気分を抱えた人びとが渡航したのである。その影響を受けた日系社会では、武道やスポーツ活動が一九三三年の「ブラジル日本人移民二十五周年」を契機に組織され始め、三〇年代半ばから汎日系社会規模の大会が開かれるようになった[7]。第一回全伯少年陸上競技大会（一九三三）や第一回全伯選抜少年野球大会（一九三四）は、この時期に開催されている。ブラジル・ナショナリズム政策が進行する三〇年代半ばから日本語教育が禁止される一九三八年にかけて、少年スポーツも組織化が進められ、野球、陸上競技を中心にむしろ活性化していく様相さえ見られるのである。表13-1は、この時期から太平洋戦争勃発までの少年スポーツ大会の記事を整理したものである。

この表に掲載されたもの以外に地方大会や親善試合を含めると、さらに多くの競技会やスポーツイベントが行われたものと推察される。

真の意味での「全伯」規模の少年野球大会の最初は、一九三七年六月の「第一回全伯日本人小学校優勝野球大会」であった[8]。主催者である日伯新聞社は、同紙に「燃えろ熱球！あと六日だ！――輝く四校、大旗に集ふ」という見出しをつけ、第六面の約半分をこの大会の記事で埋めている（『日伯新聞』一一五九号、一九三七年六月一九日付）。しかし、この大会も「全伯」と名打たれたものの、参加チームは大正小学校がサンパウロ市、コチアとジャグアレーはサンパウロ市郊外、内陸地方からの遠征はバストス第一小学校のみであり、いずれもサンパウロ州内からであった。この時期、日系人はサンパウロ州に集中していたほか、マット・グロッソ州、パラナ州、アマゾン河口のパラ州にも広がっていたが、他州からサンパウロ市にやってくるのは時間的・経済的困難をともなった。この大会の試合形式は総当たり戦で、一試合七回まで。決勝戦の戦績は四二対二と、バストスが大正に圧勝している。バストスは第二試合でジャグアレーに四回で五二対一という大差でコールド勝ちするなど圧倒的な強さを示し、三試合して総得点一一七、打率は三割二分五厘に達している。バストスは一九二八年に有限責任ブラジル拓植組合によって設立された国策移住地であり、バストス第一小学校はその中核校であった。同校は恵まれた教育環境に多くの日系子弟が集まり、その強豪ぶりを誇った[9]。

表13-1　ブラジル日系少年スポーツ大会（1933～41年）

年次	月	事項・大会	主催	備考
1933	9	在伯邦人スポーツ連盟誕生		1933年はブラジル日本人移民25周年に当たり，さまざまな行事が行われた
	11	第1回全伯少年野球大会	リンス青年会	
		第1回全伯少年陸上競技大会	互生会	
1934	4	第1回全伯選抜少年野球大会	サンパウロ青年会	内山領事杯設けられる
	9	第2回全伯少年陸上競技大会	互生会	11団体，176人参加
1936	11	パ延長線少年野球連盟設立		
		全バストス少年陸上大会		
1937	6	第1回全伯日本人小学校野球大会	日伯新聞社	4校参加，バストス優勝
	9	第1回少年オリンピック大会に日系少年少女参加	旧サンパウロ教育普及会部会	小学校11校，226人参加
	12	教育普及会野球部設立，汎ソロ少年野球大会		
1938	4	学童陸上大会地方大会案	教育普及会地方支部	
	5	第2回全伯日本人小学校野球大会	日伯新聞社	38校参加
	6	第2回全伯日系小学校野球大会		10校参加
	8	全伯少年陸上競技第1回サンパウロ地方大会	教育普及会地方支部	
		第6回全伯武道大会・全伯少年剣道大会		
	9	第1回パ延長線少年陸競大会		
1939	1	大正小学校・ヴァルゼングランデ小学校野球対抗戦 子供の園盃ポンペイア野球大会		ヴァルゼングランデ勝利
	5	全伯日系小学校野球大会地区予選開始		
	6	第3回全伯日本人小学校野球大会		アリアンサ優勝
	7	南部忠平ブラジル訪問		12月までブラジル各地で指導
	8	汎アラサツーバ野球大会		
	10	第2回少年オリンピック大会に日系少年少女参加		
1940	1	紀元二千六百年記念明治神宮体育大会に二世を含むブラジル日系代表選手6名を		選手6名は少年スポーツ時代から活躍。この月紀

		送る		元二千六百年記念で多くの大会が開かれる
	2	斉藤魏洋ほか日本人水泳選手らブラジル訪問		４月までブラジル各地で指導
	5	全伯日系小学校野球大会地区予選開始		
	6	サンパウロ地方少年野球大会，親善少年野球大会		この年の全伯日本人小学校野球大会は中止
1941	6	第４回全伯日本人小学校野球大会	ブラジル朝日新聞	戦前最後の大会，７校で決勝が争われ，ビリグイ優勝

出所：『伯剌西爾時報』，『日伯新聞』，聖州野球連盟監修（1985），サンパウロ人文科学研究所編（1996）により筆者作成。

この大会に大正小学校チームの遊撃手（第二回大会では投手）として出場した渋谷信行は、「サンパウロはバストスやアリアンサにはなかなか勝てなかった」と語る。渋谷によると、当時の内陸農村では、子どもが生まれても親はすぐには役所や領事館に出生届け出はせず、町に行くついでがある時にそれを行っていたという。「小学生って言ったって、あっちは二つや三つ年上なんだもの。そりゃ、身体見たらわかるよ。おまけにあいつらはふだん百姓やってるから、めっぽう強んだよね[10]」と渋谷はいう。すなわち、当時の農村少年たちの実年齢は、出生届けにもとづく年齢プラス二、三歳がふつうであったという。「出場各校の陣容」を見ると、各選手のポジションとともに年齢が記されている。これによると、渋谷は当時尋常五年生で、数え年一三歳であった。ところが、バストスは一三歳が一人、一四歳が二人、一五歳が八人、一六歳が二人で構成されている（『日伯新聞』一一五九号、一九三七年六月一九日付）。一六歳が数え年だとしても、実年齢は一七、八歳の現在の高校生並であった可能性があるのである。極端にいうと、少年野球と高校野球のチームが試合をするようなものであった。こうした点にも、日本には見られなかったブラジル日系少年野球の特徴が現れているといえる。

野球に教育的効果が期待されたことは、先の『日伯新聞』記事に表れている。「本大会はいふまでもなく、『小学校生徒の、小学校生徒によつての、小学校生徒のための』野球大会である」と規定し、「野球はそれが教室外に行はれるにしてもやはりそれは教室の延長と吾人は考へたいからである。どこまでも小学教育のエクステンションとして考へる時、本大会のごとき中等学《ママ》校生徒に対する教室外の実際教育法として誠に意義深いものがあると確信する」（『日伯新聞』一一五九号、一九三七年六月一九日付）と記されている。こう記したのは、当時同紙の編集長であった野村忠三郎であろうか。野球というスポーツに「小学教育のエクステンション」という役割が期待されたことが知られる。

ブラジルにおいて日本語教育禁止へ向かうなか、一九三八年九月に発表された日本語新聞の「社説 体力総動員のスポーツ奨励」は、次のような内容となっている。

> 毎年、九月七日の伯国独立記念祭を中に挟んで、聖市で全伯運動競技を催すこと、近年邦人社会の年中行事の一つとなつて来たやうである。本年も八月十四日、十五両日の「全伯武道大会」を先頭に「全伯野球大会」、「全伯邦人陸上大会」が行はれ、一昨十一日には其打留めとも云ふべき「日伯対抗陸上競技大会」がチエテ競技場で盛大に催されて終焉を告げた。……
>
> 運動競技は青年の生命とも云ふべきもので、之に由つて元気を振ひ興し、精神の修養を計るものであるから、青年の在る所運動競技無かるべからざるが裡にも、ブラジルの如く気候常に温暖にして刺激少き場所では、特に運動を旺盛にし競技に依つて元気を鼓吹する事緊要である。……
>
> 上の如く、運動競技は青少年に取り、体位、精神の向上から必要欠くべからざるものである。（『伯剌西爾時報』一六八七号、一九三八年九月一三日付）

ここでは、三〇年代後半の日系スポーツ界の活況を評した上で、ブラジルのように気候温暖で刺激が少ない場所では、「之に由つて元気を振ひ興し、精神の修養を計るもの」であると指摘している。スポーツによる体位向上と人格陶冶が期せられるとともに、「総動員」「第二世に民族的大精神を吹込む」（『伯剌西爾時報』一六八七号、一九三八年九月一三日付）という言葉に、「非常時」と連動した遠隔地ナショナリズムの発現を見出すことができる。同年五月には第二回全伯日本人小学校野球大会、六月には第二回全伯日系小学校野球大会、八月には第六回全伯武道大会・全伯少年剣道大会、九月には第一回パ延長線少年陸競大会と、毎月のように少年スポーツ大会が開催されている（表13-1参照）。日本語教育禁止に至るこの年、日系少年スポーツは最盛期を迎えつつあった。

『日伯新聞』一九三九年元日号には、「少年野球——非常時下使命益々重大」という記事が掲載され、同社が主催する全伯野球大会、全伯少年野球大会の経過を評するとともに、次のような意見が表明されている。

……予選より大会に至るまでの少年戦士の奮闘ぶりを見る時、ただ感激あるのみであった。母校の名のために、名誉のために、己れを殺して九人が一塊となつて闘ひ抜き、然る後、神の裁きを受ける雄々しい少年の精神こそは教育の非常時が絶叫されてゐる折柄とてこれが対策の一道を見出し得たかの感を深くし、大いに意を強くした。本年は所謂学校教育はほんの一部に限られ、他は全滅となつたが、目下の情勢よりして、我らはこれに代るべき教育体勢にこの野球道を結びつけることに成功すれば、決して悲観すべき何ものもないと固く信じたのであつた。（『日伯新聞』一五九六号、一九三九年一月一日付）

「非常時」とは、日本語教育禁止を意味することはいうまでもないが、祖国の非常時も想定されていたであろう。ここには、野球が日本語教育の担っていた徳育に代わる手段になりうることが表明されている。当時の写真を見ると、野球の試合で少年たちが向き合って礼をしている姿が写っている（図13-1）。右の引用に「野球道」と記され

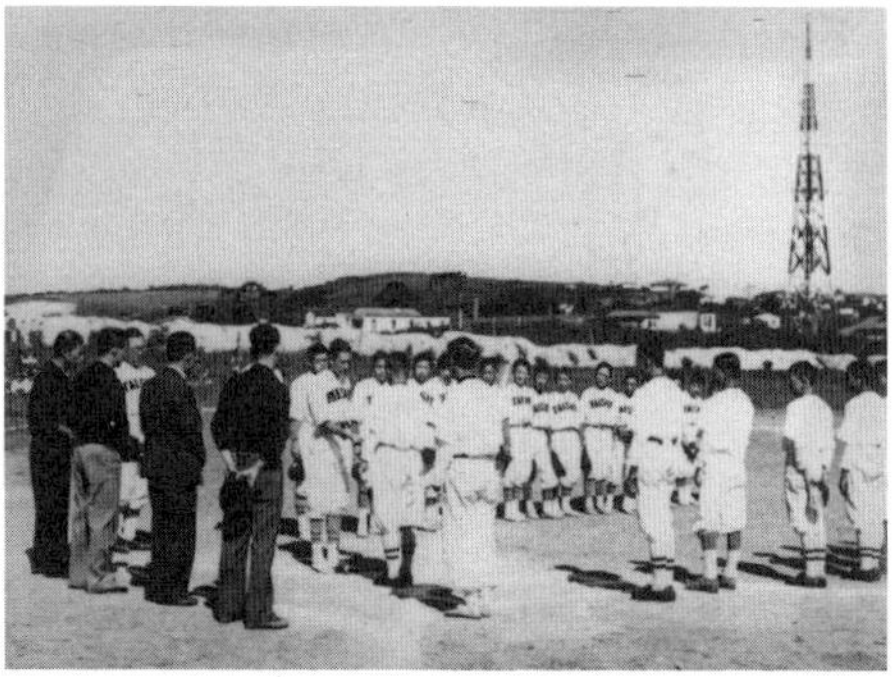

図13－1　向き合って礼をする日系球児たち（1939年6月）

てあるように、このスポーツに武道と通底する精神性が見出されていたことが知られる。「野球道」という言葉と野球を武士道のような精神性と結びつける考えは、すでに「学生野球の父」と呼ばれた飛田穂洲の「純正野球道」に内在していたという（桑田・佐山 2011：54-58）。飛田は、一九一九年から一九二五年まで早稲田大学野球部監督を務め、同部の黄金時代を築いた。彼は「学生野球」と「職業野球」を区別し、「われわれの野球精神は常に真剣であれ」と述べ、「最後まで戦うというのが日本の武士道精神として伝統的に信じられている」と、修養としての野球を説いている（飛田 1986：26-28）。先述した竹下完一は、この飛田時代の早大野球部に所属し、飛田の影響下で球技を磨いたはずである。

全伯日系小学校野球大会の主催者は日伯新聞社であったが、当時の日系子弟教育指導機関であった文教普及会が後援、同会の野村忠三郎事務局長は前年まで八年間『日伯新聞』の編集長を務めていた。野村は教師の経験もあり、少年野球振興にも深く関わっていた。したがって、こうしたスポーツを通じた日本的徳育の継続という考えは、少なくとも当時の日系子弟教育界を代表する意見であったと考えられよう[11]。

4　二世、そして各種スポーツへのまなざし

ブラジルにおける野球を中心としたスポーツと日系子弟教育との関係について明らかにするために、今後の課題として次のような点が挙げられる。少年野球は日本語教育に代替する徳育の手段としての期待を担っていたが、実際にプレーする二世世代の子どもたちは、こうした期待をどう受け止めていたのであろうか。野球が一世世代の期待した日本的な徳育として二世世代にストレートに作用したのかどうか、野球を受容した二世の態度や思考について考える必要があろう。また、ブラジルにおいて野球が普及した理由は、日本での人気や日本語教育の代替的活動としてだけであったのか。このスポーツの持つ性格をさらに掘り下げて考えてみる必要があろう。例えば、ハワイやアメリカ本土のケースと比較しながら、ブラジルにおいて生じた独自性やホスト社会との関係についても追究する必要があろう。さらに、一九三〇年代に日系少年スポーツとして活性化したのは野球だけではなかった。特に陸上競技は、野球とともに「少年スポーツの華」として人気を二分した。したがって、陸上競技など他の課外活動との関係や相違についても考えてみる必要があろう。これらの課題については、別稿において取り上げたい。

注

（1）「コロニヤ（コロニア）」とは、ここではブラジル日系社会を意味する。
（2）聖州義塾の成立と教育実践については、根川（2009；2012；2013）参照。
（3）サンパウロ市中心部リベルダーデ地区に設立された日系教育機関については、根川（2007）参照。
（4）「伯」とは、ブラジルの漢字表記「伯剌西爾」の頭文字であり、「全伯」は全ブラジルを意味する。
（5）バストス、リンス、チエテ、ビリグイはサンパウロ州内陸部の日系集住地。「聖州」はサンパウロ州、「北パ」はパラナ州北部

を意味する。

（6）ただし、同法令では、サンパウロ・サントスは「農村」には含まれず、両市では日本語教育が継続された。

（7）この時期の武道の勃興については、本書第12章を参照。また、同じくこの時期に活性化した活動の一つである日系小学校の修学旅行については、根川（2015）参照。

（8）『ブ野球史』には、「寸評」として、「少年野球初めての大会でもあり、予定されていたバストスのサウーデ小学校と、マリリア昭英塾の不参加で新藤、高野奔走、急に参加したコチアとジャグアレーの不振は止むを得なかった」（聖州野球連盟監修 1985：155）と、その混乱ぶりを記している。

（9）当時のバストスの小学校については、中村（2007）を参照。

（10）渋谷信行氏への筆者によるインタビュー（二〇〇七年七月二〇日、渋谷信行氏宅にて）。

（11）野村は、「一九四〇年、日語普及会なる母国の国策公社が出来、その長に就任してから、少年野球の一層の発展を意図して積極的に乗り出し、大きな成果を上げ、今日球界隆盛への布石をなした」（聖州野球連盟監修 1985：92）と称賛されている。

文献

青柳郁太郎編、一九五三、『ブラジルに於ける日本人発展史・下巻』ブラジルに於ける日本人発展史刊行委員会（石川友紀監修、一九九九、『日系移民資料集南米編30巻』日本図書センターに再録）。

足立聿宏、二〇一二、「ハワイＡＪＡ野球リーグの現状と将来の展望――ハワイ最後の民族野球リーグと日系コミュニティ」『移民研究年報』第一八号、三-二八頁。

伯剌西爾時報編、一九三三、『伯剌西爾年鑑』伯剌西爾時報社。

ブラジル日本移民百周年記念協会／日本語版ブラジル日本移民百年史編纂・刊行委員会編、二〇一三、『ブラジル日本移民百年史第四巻・生活と文化編（2）』トッパン・プレス印刷出版。

ブラジル日本移民七〇年史編さん委員会編、一九八〇、『ブラジル日本移民七〇年史――一九〇八～一九七八』ブラジル日本文化協会。

Brookfield no Brasil “Nossa História” (http://www.brookfieldbr.com/content/sobre_a_brookfield_brasil/nossa_história-389.html).

Câmara dos Deputados, “Decreto-Lei nº 406, de 4 de Maio de 1938” (http://www2.camara.leg.br/legin/fed/declei/1930-1939/decreto-lei-406-4-maio-1938-348724-publicacaooriginal-1-pe.html).

半田知雄、一九七〇、『移民の生活の歴史――ブラジル日系人の歩んだ道』サンパウロ人文科学研究所。

移民研究会編、二〇〇八、『日本の移民研究――動向と文献目録Ⅱ　1992年10月―2005年9月』明石書店。

香山六郎編、一九四九、『移民四十年史』私家版。

窪田暁、二〇一二、「移民と故郷をつなぐペロータ――アメリカのドミニカ移民コミュニティにおけるスポーツ実践」『移民研究年報』第一八号、二九-四六頁。

桑田真澄・佐山和夫、二〇一一、『野球道』ちくま新書。

水谷豊、二〇〇〇、「日系アメリカ人のスポーツ史についての一考察――ダン・フクシマとバスケットボール」『桐朋学園大学短期大学部紀要』一八、桐朋学園大学短期大学部、一二一-一六一頁。

永田陽一、一九九四、『ベースボールの社会史――ジミー堀尾と日米野球』東方出版。

Nakagawa, Kerry Yo, 2001, *Through a Diamond : 100 Years of Japanese American Baseball*, San Francisco: Rudi Publishing.

中村茂生、二〇〇七、「ブラジル日本人移民の学校教育をめぐって――サンパウロ州バストスの『尋常小学校』（1929年から1933年まで）」『史苑』六七巻二号、六二-七六頁。

根川幸男、二〇〇七、「サンパウロ市リベルダーデ地区における戦前・戦中期の日系教育機関」『龍谷大学経済学論集――中村尚司教授退官記念号』第四六巻五号、一四七-一六三頁。

根川幸男、二〇〇九、「戦前期ブラジルにおける日系教育機関――聖州義塾と小林美登利」『人文研 JINMONKEN』No.7、サンパウロ人文科学研究所、一〇四-一一六頁。

根川幸男、二〇一二、「戦前期ブラジル日系移民子弟教育の先進的側面と問題点――サンパウロ市日系子弟の二言語・二文化教育に注目して」森本豊富・根川幸男編著『トランスナショナルな「日系人」の教育・言語・文化――過去から未来に向って』明石書店、五四-七五頁。

根川幸男、二〇一三、「戦前期ブラジルにおける日系キリスト教教育機関の動向――1930年代前半の聖州義塾を事例として」『経済学論叢』第六四巻四号、一七三-一九八頁。

根川幸男、二〇一五、「海を渡った修学旅行――戦前期ブラジルにおける日系子弟の離郷体験」『移民研究年報』第二一号、三七-五五頁。

日本移民八十年史編纂委員会編、一九九一、『ブラジル日本移民八十年史』移民八十年祭典委員会。

坂上康博、一九九八、『権力装置としてのスポーツ――帝国日本の国家戦略』講談社。

サンパウロ人文科学研究所編、一九九六、『ブラジル日本移民・日系社会史年表――半田知雄編著改訂増補版』サンパウロ人文科学研究所。

聖州野球連盟監修、一九八五、『ブラジル野球史・上巻』伯国体育連盟。

清水さゆり、二〇〇七、「ハワイの越境日本人・日系人野球とアイデンティティ――一八九〇年代から一九二〇年代までを中心に」米山裕・河原典史編『日系人の経験と国際移動――在外日本人・移民の近現代史』人文書院、一一九-一四三頁。

飛田穂洲、一九八六、「野球清談」『飛田穂洲選集』第三巻、ベースボールマガジン社、二七-二八頁（「野球は無私道なり」東海出版社、一九四〇を再録）。

第Ⅲ部　越境する人的資源の活用と政治経済的連動

第14章　ブラジル外国移民二分制限法前後の日系子弟教育
——「日主伯従」に傾いた経緯について

飯窪秀樹

1　移住史の叙述をたどりなおす

従来の解釈

日系子弟教育史に関して『ブラジル日本移民七〇年史』には、「第一次欧州大戦から、戦後数年の間、即ちブラジルでは一九三〇年、日本では満州事変までは、同化主義や四海同胞主義が通用する時代であったが、そのころでも出稼ぎ移民たちは、教育勅語を根本とした日本的教育をのぞんでいた」とあり、また、「満州事変ころから、日本の国粋主義がこのブラジルの同胞社会へ流れこみ、小学校の先生たちの日本領事館との接触が緊密になるころには、二世だって日本人ではないかという議論もおこって来て、日主伯従[1]思想が強化され、永住的感情もぐらつく」とされ、おおよそ一九三〇年以降は日本政府からの強い干渉が移民の心情を変えさせたという解釈になっている（ブラジル日本移民七〇年史編さん委員会 1980：308, 311）。

ブラジル日系二世知識人による移民史の叙述は、一世世代の価値観も反映しつつ、在伯邦人、ないし日系人の生活史を主体として、移民の側の視点で論じることに卓越しており、研究上の定本であるが、その一方で日本政府や海外興業会社（以下、海興と略）の社員など、ブラジル移植民事業を進める人びとからのはたらきかけと移民たちとの関係については、今一つ詳らかではなかった。

ところで、この日本の国粋主義の流れ込みというのは、いわゆるマカコ・ベーリョ（古猿：旧移民）と、一九二四年以降日本政府から渡航費を支給され、大量に入り込んだ新来移民の心情の対比からくるが、大量送出時代の移民を大きく括って、彼らを国粋主義に洗脳された皇民的な移民（前山 1996：52）とし、また、官民問わず帝国日本の在伯機関の存在の大きさに帰趨させるだけでは妥当な解釈にはならなかった。これら移民の生活史に重点を置いた文献の叙述は、本来、もう少し込み入った事情と経緯を内包しているはずであり、本章では従来論じられてきた言説を解きほぐしながら経過を吟味していきたい。先述した移植民事業を進める人びととは、日本からの指令を受けてブラジルで活動し、本国より給与を得ている大使・領事館員や海興の社員等だが、本章では従来移民側からの視点で書かれてきた移民史の経過を、日本側から、ブラジル移植民事業に関係した人びとの視線でたどりなおすこととしたい。

日本側の視線でたどる理由

ブラジル移植民事業を進める人びとは現地の移民を指導し善導する立場にあるが、日系人の生活史的な叙述を主体とした移民史では、彼らの上に君臨する、と言い換えられる。こういったところから、日本からの資金的補助を受ければ、日本政府の出先である在外公館や関係機関の誘導に支配される、ととらえることは妥当なようだが、経過はそれほど短絡的ではない。そもそも日本から派遣されてきた人びとと、労働移民からのたたき上げの移民はもとより在伯日系の知識層の二世を含むリーダー層とは、感情が一致しない、ないし対立的な部分があったとしてもおかしくないのである。

本章では、ブラジル移民の親たちが持つ子弟に対する教育観を、日本側ではどのようにとらえていたのか、日本の外務省の公信や、海興系も含めた機関紙誌の記事等を史料として検討していくが、これはいわゆる移民史でいう「おかみ」の視点をなぞるだけの作業ではない。というのは、前山隆は「ブラジル日系人を構造機能分析的に『集団』としてとらえようとすれば、大使館付武官陸軍大佐や日本政府派遣の領事、指導主事、半公的移民会社海外興業株式会社支店長などは非移民であって『集団』の外にあると見られるが、移民一般の、日系人一般のアイデンティティの析出にはこれらの人々が重大な役割を果たしたのであり、このような人々をよそにブラジル日系人の解釈は不可能である」（前山 1996：191-192）とするように、日系人に対するインタビューなど現地でインテンシヴな研究を重ねた前山でさえ、「非移民」による報告、発言に表れる認識を重視しているからである。

ところで行論のうちにふれる海興ブラジル支店長の宮腰千葉太など日系社会を指導する機関の幹部は、前山の研究にはそれほど好意的には書かれてはいない。しかし宮腰や元サンパウロ日本人教育普及会事務長の石井繁美は、もともと外務省と関係のある人物であったのだが、自らの意思でブラジルに根を下ろして活動しており、この地での仕事に情熱を注いだと思われる人びとである。そういう意味では一世や知識層の二世が嫌ったような、日本から送りこまれた一時駐在員的な人びとではなかった。逆にいえば、彼らが在伯の移民たちと共鳴的でない視点も持っていたとすれば、彼らのブラジルでの活動ぶりから、日本移民の集住地（日系コミュニティ）と日本本国との関係をたどりなおせる材料が見出せるのではないかと考えられる。

ブラジル移植民史と日本の勢力圏・植民地移民史との連動性

ブラジルの日系子弟教育の経過を見ると、商業活動などで邦人の進出が進んだ日本の勢力圏ともいえる南洋地域と、さらに日本の行政権が及ぶ台湾、朝鮮、満洲など植民地地域の様相とも連動的であることがうかがえる。ただブラジルの日系子弟教育の場合、日本語教育の禁止に直面しながらも、現地で日系人としてのエスニシティを背負いながら生活を継続していく上で、やはり日本語教育が必要とされたという、ハワイ、北米地域の状況と似たような一面も見ることができる。もとよりブラジルの場合、当国の教育行政に任せていても満足な教育が行われないため、移民一世の親たちが自ら教育の体制を整えなければならず、ブラジルの生活環境にあわせて教科書を編集し（外務省亜米利加局 1935：12）、日本語による教育とならざるを得なかった。いわばブラジルでは、教育体制の整った国に渡航した移民のように現地の教育体制に組み入れられながらも、勢力圏・植民地で展開したような日本式の教育を必要とし、これらの中間にある経過をたどったと見ることができる。

2　小学校に対する補助金交付の経過概略

初期の考え方――大正時代から昭和初期

一九二〇～三〇年代において、すでに渡航したブラジル移民に対する日本政府による支援は、外務省の補助金支出によって行われるもので、いわば在外邦人保護の意味合いを多分に有した。移民史研究では移民一世を含んで日系人という用語で括るが、この時期のブラジル移民たちは、永住者や日系人というよりは、在伯邦人と呼べるものであった。

ブラジルの学校に対しては、「在外教育費補助ハ在外邦人子弟ノ教育奨励ノ為主トシテ小学校維持費ヲ補助スルモノニシテ大正九年度之ヲ設定シ在伯邦人小学校ニ対シテハ同十二年以降」「在外公館ヲ経テ交付」されていた（外務省 議AM-9：55-56）。一九二〇（大正九）年一二月の堀口公使より本省宛具申では、出稼ぎ的に渡航した移民も、土地を購入して「永住ノ得策ナルヲ感知」しており、「二十家族若ハ三十家族以上ノ我独立移民ガ一種ノ植民地的日本部落ヲ形成セル場所ニ」「子弟ヲ教育スルタメコレガ設備ヲナス様彼等ヲ指導誘掖スルヲ要ス」として校舎の建設費を補助することとし、「兎ニ角土地相応ノ校舎ヲ建築スルコト」、最初の一年間に五、六校設立すれば、他の集住地も競って小学校を設置することになるとしている。教育内容については「学校ハ伯国ノ学則ニ従ヒ伯国語ヲ以テ伯国ノ地理歴史等ヲモ教授スル公立小学校タル可ク日本語ハ随意補助科目トシテ教授スル」として、移民の「永住的発展ヲ助長」するものだった。日本からは「一時限リ」の補助で学校を建設し、現地の公立学校化することが想定され、学校を建設すればサンパウロ州政府が教師を派遣してくれることを期待し、日本からの補助を与えるという考えであった（外務省 I-1-5-0-1_2a）。

これに対し在サンパウロ藤田総領事は、翌一月、私立学校において一〇歳未満の児童に外国語の教授を禁止する条項が昨年末に下院を通過したばかりであるから、学校の新設にはむしろ反対であるとした。また「政府自ラ直接補助金御下付ノ義ハ之ヲ避ケ」、「私会」(2)に補助を支給し、遠隔地の小学校の設立や維持、指導監督については総領事館で行い（外務省 I-1-5-0-1_2b）、補助金は学校の設置費に限るよりも一般的な教育補助、既設学校の維持費にするべきだとしている（外務省 I-1-5-0-1_2c）。

堀口公使と藤田総領事の間で意見の相違がありながらも、在バウルー多羅間領事代理は堀口の示した学校建設の方針に従い、準備調査を進めていた。しかし、藤田の意見、多羅間の姿勢はともに妥当で、日本人移民の子弟の教育をどのように本邦から支援するのか、実施方法を見出す過程であったと見ることができる。当時は日本政府（内務省社会局）の渡航費支給によってブラジルへの送り出し移民数が急激に増加していく直前の段階であり（飯窪2003）、いわゆる旧移民による子弟教育が行われていた時期ともいえるが、日本政府からの補助計画の骨子は、学校の建設に補助し、また、学校経費は直接補わず、在伯邦人で構成する教育事務機関を通じて行おうとするものであった。

さらに二三年五月の大谷通訳官の意見書では、都市部にある大正小学校での邦語主体の教育には批判的であり、またサンパウロ州にすでに三〇以上の小学校があるが、教員が不足しており、その養成の方が学校設置以上に重要であるとした。伯国で初等教育を終えた本邦人子弟や、すでに教員の資格ある者に「当国師範学校ヲ卒業セシメ其卒業者ヲ以テ教員ノ補給ヲ行フ」ことが望ましいが、「差当リ伯国政府側ニ教員ノ急派ヲ督促」し、定着策を講じることが急務だとしている。また、将来政府の補助を要する期間は「極メテ短日月タルベキ」で、本邦人の発展につれ中・高等教育の奨励、都会の上級学校に子弟を通わせるための寄宿舎の設置を進め、よき伯国市民を育成する方向を示した（外務省 I-1-5-0-1_2d）。

日本政府からの教育費補助の交付が始まる年、二三年六月の在サンパウロ春日総領事代理による具申では、コーヒー耕地で就働する移民一世の親たちの意識については、学校も整っていないので「子弟ノ教育ハ之ヲ後日ニ期シ一日モ早ク契約労働ノ域ヲ脱セント焦慮」しており、教育は全然放任状態なのが実情だとしている。この具申は日本移民の集住地の学校についての具体的な補助計画案になっており、小学校の新設のほか、増改築、教員住宅の新築、教材費への補助も加わっている。二三年時点で三年後には建築費が一段落すると見通し、以後一般の育英に資金を振り向ける、とする案であった。日本移民集住地の入植者が独自に設備を整えた学校を建設するところもあるため、かつて二一年八月に海興本社が立案したように「小学校急設ヲ目的」とするのではなく、春日の意見は校舎の増改築、教員用住宅建設、教授用掛軸や参考書等教材の充実といった「既設学校ノ完成方面ニモ補助範囲ヲ拡大」することが緊要だとしている。このように領事館からの意見は、ブラジルの教育行政と背馳しない方針であり、日本語の教育を従とする伯主日従の姿勢であった（外務省 I-1-5-0-1_2e）。

表14-1　在外邦人小学校（補習学校的ノモノヲ含ム）同寄宿舎建築（増，改築モ含ム）費補助関係調

（単位：円）

年度別	里馬	リオ ベレーン	サンパウロ バウルー	計
昭和2（1927）			20,000	20,000
昭和3（1928）			10,865	10,865
昭和4（1929）		23,000	68,000	91,000
昭和5（1930）		15,000	40,165	55,165
昭和6（1931）			85,530	85,530
昭和7（1932）			51,000	51,000
昭和8（1933）	5,500		63,000	68,500
昭和9（1934）	7,000		78,000	85,000
昭和10（1935）	13,500		67,000	80,500

注：原史料中「墨西哥」，「ヴエノスアイレス」は額が示されていないため省略した。本表は校舎新築費を含む額。

出所：外務省 議 AM-9：65。

補助金の使途――一九三〇年代

前述のように日本側からとりうる邦人子弟の教育環境の改善案は、ブラジルの資格取得支援など教師の養成を含めて一九二〇年代前半にはほぼ揃っていた。しかし、学校建設費に振り向けられる分は三〇年代においても小さくならなかった。この理由は、政府の渡航費支給によって渡航数が年々増大するようになり、とりあえず小規模の学校であっても開校することが求められたためだと考えられる（表14-1）。

一九二〇年代後半から三五年頃までは、日本国内では、ブラジル移民は社会局および拓務省の保護奨励策により政府の推進するものであることが国民の間で認知され、国策移民ともいわれ渡航数が上昇していった時代である。在伯邦人に対する外務省からの教育費補助は、三四年度に大きく上昇するが、三四年二月の廣田外相より内山総領事宛公信では、在外小学校費補助は「我カ移植民政策上頗ル重視スヘキ関係ニアリ」（外務省 I-1-5-0-2_8_2a）、在伯日本語学校の教員に対する待遇も、日本の教員と同じ様な形にするという考えにあった。また、補助費を「補習学校及寄宿舎

維持費ニ及ホセル」のは当を得ていないので、「教員俸給手当ノ補給ヲ主眼トスヘキ」（外務省 I-1-5-0-2_8_2b）とされ、年功給や退職金なども考慮されている。ブラジルの場合は労働移民から転身して寺子屋式学校の教師になる場合もあり、その生活は親たちからの月謝、時には農産物の提供で支えられたが、待遇を改善して教員の「素質改善」（外務省 I-1-5-0-2_8_2c）が志向された。政府からの教育補助費の受け皿はサンパウロ日本人学校父兄会であり、「各学校生徒数及経営者負担力ヲ参酌按分」した「小学校維持費」を四割とし、これには校舎の建築費を含んでいる。一方、年功加俸と「教員俸給、勤務状況成績等ヲ参酌」した「小学校教員優遇費」を六割とし、これに教員の能力向上のための費用が含まれている（外務省 I-1-5-0-2_8_2d）。ブラジル人教師が派遣されても奥地の農村には定着しなかったため、現実にはそこに住む親たちの拠出と、日本政府の補助で学校を建設して日本人教員を配置し、その給与等も補塡する形となっている。ブラジルにおける日本人小学校は、南洋、中国・満洲地域の日本人学校のように、日本政府の補助に依存していた。

3　ブラジル渡航情勢の変化と子弟教育

ブラジル新政府の移民入国制限令と日本人移民大量入国——一九三〇〜三七年

日系子弟の教育には何が求められていたのか、ここでは日本人移民によって自発的に形成された奥地の集住地の教育状況を考えたい。日系子弟の親たちは、契約労働移民から出発し、借地農を経るなどしてやがて自分の農地を持つようになる人びとが多く、経済的にもまだ発展の途上にあった。日本人移民の渡航数の一九三四年までの急激な上昇は、大部分サンパウロ州のコーヒー農場に向かう契約労働移民だった。

ここでふりかえって日本人移民のブラジルへの渡航環境を見ておこう。一九三〇年にジェトゥリオ・ヴァルガスは革命を起こし、臨時政府は移民入国制限を実施したが、ほとんどがコーヒー農場に向かう日本からの移民は制限を被らなかった。ヴァルガスの革命後、サンパウロ州の抵抗（護憲革命）があったものの、三二年七月から一〇月までの短期間で終息し、以後中央政府の権限が強くなり、三四年七月に新しい憲法が公布された。その中に各国移民の二分制限条項も含まれていた。しかし「憲法中の移民条項実施のため必要な移民法未だ制定に至らざるため」、三五年の場合、前年入国を許可した積み残し分や再渡航者を含め、実際は割当数を超え九六一一名の入国となり、依然、日本人移民数は最も多かった。三六、三七年も割当数を超え（ブラジルに於ける日本人発展史刊行委員会 1941：110, 124-125）、いわば例外的に日本人移民の多数入国が可能であった。

日本政府の海外移民奨励によるブラジル移民増加にともなうように、大幅な伸びが見られたのは、校舎の建築費であった。表14-2の学校経費の国庫補助額（経常費（千円））で見ると、南米（約九割がブラジル）に対する補助額は、他地域と比較しても遜色はない。しかし「一校あたり経常費（円）」のように配分される額では、他の地域よりははるかに小額となり、ブラジルでは日本人移民の集住地が数多く分散しているため、小規模の学校が多数設けられていたことを示している。

外国移民二分制限法の施行以降——一九三八年

次いで三七年一一月一〇日、ヴァルガスの政府は自らクーデターを敢行し、エスタード・ノヴォ（新国家）体制の新しい憲法にも外国移民の二分制限はそのまま盛り込まれた。ブラジル精神を高揚するナショナリズム、および中央集権化によって、外国人移民の入国制限がきびしくなり（斉藤 1976：114-115）、三八年以降、日本人移民の渡航数も大きく落ち込むことを余儀なくされた。さらに外国語による教育に対する制限も強くなり、外国人入国法の施行規則、いわゆる大統領令第三〇一〇号の公布（一九三八年八月二〇日）により、常に生来のブラジル人のみが学校

表 14－2　在外小学校累年比較調　1936年9月26日

年度		学校数	生徒数（人）（1校あたり生徒数）	学級数（1学級あたり生徒数）	教員数（1教員あたり生徒数）	総経費（千円）	1生徒あたり経費（円）	国庫補助額 経常費（千円）	1校あたり経常費（円）	1生徒あたり経常費（円）	臨時費（千円）	計（千円）	在留邦人数（千人）
中南米ノ分	1927	59	2,400（ 41）	74（32）	80（30）	146	61	36	610	15		36	90
	1928	69	3,065（ 44）	108（28）	114（27）	179	58	38	545	12		38	104
	1929	98	3,935（ 40）	122（32）	146（27）	242	62	38	387	10		38	133
	1930	112	6,182（ 55）	210（29）	231（27）	310	50	43	383	7		43	149
	1931	155	9,053（ 58）	281（32）	324（28）	374	41	44	282	5		44	154
	1932	195	10,861（ 56）	385（28）	411（26）	483	44	45	233	4		45	167
	1933	263	13,603（ 52）	432（31）	446（31）	543	40	50	190	4		50	192
	1934	312	17,421（ 56）	845（21）	600（29）	618	35	86	275	5	8	94	208
	1935	338	19,394（ 57）	936（21）	750（26）	762	39	111	330	6	11	123	212
	1936	366	24,531（ 67）	896（27）	826（30）	1,059	43	169	461	7	12	181	218
支那ノ分　香港、浦塩、盤谷ヲ含ム	1927	31	4,876（157）	159（31）	199（25）	504	103	184	5,947	38		184	53
	1928	33	5,356（162）	168（32）	211（25）	540	101	177	5,351	33		177	55
	1929	33	5,775（175）	173（33）	214（27）	581	101	172	5,225	30		172	56
	1930	33	6,491（197）	198（33）	238（27）	607	93	196	5,936	30		196	53
	1931	33	6,986（212）	209（33）	256（27）	526	75	219	6,648	31		219	52
	1932	33	5,195（157）	197（26）	250（21）	618	119	192	5,817	37	34	225	54
	1933	33	7,004（212）	211（33）	248（28）	589	84	161	4,887	23		161	55
	1934	33	7,344（223）	236（31）	271（27）	659	90	162	4,907	22		162	36
	1935	33	7,461（226）	230（32）	282（26）	916	123	199	6,028	27	3	202	77
	1936	36	7,715（214）	243（32）	305（25）	1,008	131	197	5,470	26		197	83
南洋ノ分　比律賓ヲ含ム	1927	8	643（ 80）	30（21）	32（20）	119	185	34	4,250	53		34	25
	1928	9	692（ 77）	30（23）	39（18）	131	190	35	3,926	51		35	40
	1929	11	893（ 81）	36（25）	44（20）	128	143	34	3,091	38		34	31
	1930	13	1,263（ 97）	45（28）	47（27）	132	105	34	2,585	27		34	35
	1931	13	1,346（104）	47（29）	52（26）	140	104	40	3,092	30		40	35
	1932	13	1,599（123）	55（29）	60（27）	195	122	42	3,223	26		42	45
	1933	18	1,805（100）	69（26）	76（24）	230	127	43	2,372	24		43	35
	1934	20	2,000（100）	71（28）	79（25）	261	131	55	2,764	28	2	57	35
	1935	22	1,972（ 90）	80（25）	95（21）	287	146	60	2,719	30	2	61	39
	1936	30	2,743（ 91）	100（27）	116（24）	425	155	65	2,175	24	2	67	40
満州ノ分	1927	10	681（ 68）	26（26）	35（19）	44	64	18	1,770	26		18	16
	1928	12	940（ 78）	34（28）	48（20）	79	84	26	2,125	27		26	16
	1929	12	1,038（ 87）	34（31）	49（21）	72	69	30	2,471	29		30	16
	1930	13	1,070（ 82）	38（28）	49（22）	70	65	37	2,848	35		37	16
	1931	12	955（ 80）	35（27）	40（24）	58	61	13	1,088	14	1	14	16
	1932	12	1,267（106）	38（33）	46（28）	87	69	11	954	9	7	18	30
	1933	20	1,676（ 84）	66（25）	69（24）	141	84	66	3,283	39		66	58
	1934	30	3,181（106）	106（30）	114（28）	267	84	155	5,167	49		155	97
	1935	60	6,280（105）	212（30）	231（27）	820	131	213	3,544	34	135	348	1,148
	1936	79	12,674（160）	377（34）	428（30）	2,350	185	385	4,873	30	250	635	1,182

注1：「中南米ノ分」に関しては史料に備考として「昭和二年度（1927）当時在留民数二比シ生徒数ノ過少ナルハ不就学児童多カリシニ因ル」「臨時費補助ハ教員赴任旅費及退職金ニ対スルモノナリ」「昭和十一年度在留民数ハ推定ナリ」とある。
　2：この表から，外務省では在外指定学校とブラジルの学校を補助費の配分先として同列に扱って検討していたことがうかがえる。なお，中南米のうちブラジルへの補助額の占める割合は，1920年代末でおおよそ9割程度であり（外務省 I-1-5-0-1_2g），その後もほとんどがブラジルへの補助と見てよいと考えられる。
　3：本表の地域名と含まれる範囲は原史料の表記をそのまま用いた。
出所：外務省 I-1-5-0-1_2f。

教育を行うこととされ、農村地帯の一四歳未満の者に外国語教授が禁止された。また、認可を受けていた日本語教科書も「農村地帯に於ては、事実上使用不可能」(ブラジルに於ける日本人発展史刊行委員会 1942：391) とされた。

なお三八年一〇月、ブラジル日本人教育普及会から発展して文教普及会が発足しているが、その後一二月に右記大統領令の施行規則がついに施行され、日本人小学校の閉校命令がブラジル政府から出された。在伯の教育事務機関は、日本語教育に対しブラジル側から受けてきた年来の制限措置に都度対応して巻き返してきたが、ここできわめて過酷な状況に直面した。以下の叙述では、ブラジルの教育行政が日本人移民の集住する地域や農村に行き渡らないため、日系コミュニティ内に設置した日本人小学校での日本語による補完的な教育を、日本語による教育と記すことにし、日本語教育という言葉にも同様の意味を含めたい。

日本側から見た在伯一世たちの子弟教育観の変化

従来、在伯公館や移植民事業者、移民の親たちの間で掲げられてきたのは、ブラジルの教育内容を主体とし、日本語による教育を補助的なものとして、善良なるブラジル人を育成する教育の方向性であった。しかしこの掲げる方針は、移民入国制限や日本語教育の制限に直面して変化していったことが、ブラジル滞在後帰国した移植民事業関係者の発言からうかがえる。これら日本に居住する人びととの発言は、在伯の日本人移民たちとは異なるのだが、ブラジル移植民事業に対する日本国内の認識を形成する材料となり、あるいは一九三〇年代に新しく渡航した移民の持つ意識にも影響を与えうるものであったと考えられる。

神戸商業大学移植民研究室助手の太田庄之助は、三六年の論文「在伯邦人子弟教育問題管見」の中で、「欧州戦後、大正の終りより、昭和の初めにかけて、国際親善が強調せられ、移民関係者は同化第一主義を奉じ『移民の子弟には日本語を教へる必要なし』と唱へる人も少くなかつた」のだが、「甚だしく空気が異つて来た」(太田 1936：

112）とし、この頃の日系一世の親たちの状況をとらえている。それに対して同年七月六日「移民問題研究会主催座談会」における安東義喬（日伯拓植株式会社常務取締役・前ブラジル日本人教育普及会理事長）は、これまで父兄会でも伯主日従を掲げてきたことについて、「定款の内に文字はあつても……それは唯々書いてあるだけであつて、実際さういふやうに考へて居らぬ人も少なかつた」[4]。「相当産を成し、地盤を作り自分の二世をして業務を継がせブラジルで生活させて行かせようといふ考を有つた方は、もう異口同音に、善良なるブラジル人を作るといふ方針で行かなければならぬといふことを申すやうになつた」（移民問題研究会 1936：8）と発言している。日系一世の親たちがどのような教育方針をとったかは、個別の経済的な要素も大きかったのであろう。しかし、ふりかえって太田は、「移民条項を織込んだ憲法となつて発布せられた反動として、日本人間に『いつまでも立派な日本精神を子孫に伝へたい』との希望が強くなつて来た」（太田 1936：112）としており、入国制限や日本語教育の禁止に対する反動によって、日本的な教育への傾きがあったという解釈を示している。次にこれを念頭に置きながら、「日主伯従」が打ち出されていく経過をたどりたい。

4　排日的傾向に直面してからの展開

教育機会にめぐまれた二世の場合

やや時間をさかのぼるが、三五年三月に伯剌西爾時報社で行った二世座談会の記事に「果して二世はどう考へる」がある。座談会ではブラジル生まれの二世と、日本生まれで少年期に渡伯した準二世が混在しているが、彼らには意識に若干の差異があり、準二世は親たちの意識に近いが、ブラジル生まれの二世は、記事中の小見出しにも「伯人としての意識が強い」とある。伯剌西爾時報社長や編集員が親たちの立場で、これからブラジルで中堅となる民族はドイツ人と日本人であると問いかけたところ、それに対する二世の返答は否定的であった。親孝行で親の言いつけに従うなど、「日本の素質を出すには日本語でなければならない」という問いにも、「伯国にも孝道はあります」と答えている（『伯剌西爾時報（奉祝天長節特輯号）』一九三五年四月二九日、一三―一四頁）。

また、入江寅次は『海外移住（特輯号）』（三六年九月号）の冒頭で、邦人が集住する奥地では邦人自らの手で学校の建設が進められてきたが、親たちは「祖国語を以て、父兄と共に生活し、成長することを望む……しかし、それはブラジル国に於ける教育の方針と相容れぬ」と、親たちの念願は日系子弟を幸福にできるかという点で問題があると述べている。当時は農村部の公立学校で一〇歳未満の子弟に日本語を教育できない状況下、そもそもブラジルの教育行政が充実していなかった状態では、当局の監視の目はあるものの厳密に禁止されてはこなかったのだが[5]、「たゞいつまでもこの通りに行かぬことを覚悟しなければならぬのである。移民法でも出来て終へば尚更らのことである」（入江 1936：2-3）としている。

龍士会と『日本精神講話』――一九三七、三八年

ブラジル日系子弟教育の国粋化傾向は何故おこったのか、そのきっかけとなる人物として過去の研究でも宮腰千葉太[6]の存在が挙げられている。しかし彼は戦後「認識派」のリーダーとして「勝ち組」を説得する側の人物であり、戦前も皇民化教育の扇動者だったとは言いがたい。

宮腰『日本精神講話』は、三八年中の龍士会[7]における連続講話を「在伯同胞第二世に通俗的な日本精神入門書を贈る」ためにまとめ、同年八月に発刊したもので（宮腰 1938：自序）、日本で出版された『国体の本義』（文部省編纂、三七年三月）のように、古代から近代までの日本の国のなりたちを論じる内容を踏襲したものであった。『国体の本義』自体は古事記、日本書紀他、古文の引用が多い難解なものであり、当時においても平叙文化した解説書がいく

つか出版されたほどであった。皇民思想自体は、当時の市井の人びとにとって自発的に帰依できるもので、移住地の日系社会においても一体感を確認できるものであったのであろう。宮腰の『日本精神講話』のねらいもこういったところにあったと考えられる。講話には教育普及会事務長石井繁美の支援もあったという（宮腰 1938：自序）。

同書の「結語」の二世に向けたメッセージには、「若しも伯国人に欠くるものありとせば、日本精神に依りて諸君が此等欠くるところを補ひ伯国の文化に貢献すべき」とし、「建国の大使命たる日本精神の顕揚に血みどろな闘争を続けてゐる母国の同胞の苦悶に比較すれば、諸君の試錬は言ふに足らない」（宮腰 1938：151, 155）とも記している。日本の目下の戦争遂行と、在伯の日系人が直面した難局を同胞としてともに打開しようというもので、その気概を保つ心情的な共通項は故国日本の国体にあるのだと説くのである。しかし龍土会での講話は必ずしも二世の心を掴み得なかった。

サンパウロ日本人教育普及会事務長を退任し三九年三月に帰朝したばかりの石井は[8]、龍土会には学生連盟の子弟は集まったが、「出席したいと思ふ者も日本語の解らぬ為に止めると云ふ始末で、折角の有益な催も兎角淋しくなり勝ちで」、「つい漢語や熟語が飛び出して聴者を不可解に陥れてしまふ」と、当時の状況をふりかえっている（石井 1939：18）。またこの記事の後、五月に行われた座談会でも、「二言目には自分の子供に対して日本精神を叩き込んで呉れ」とたのまれたが、「二世達に向つて日本人の美点等を盛んに強調」し、「是くらいのことがお前達解らんかと言ふと、徒に反感を持たせるだけである」と回想している（移民問題研究会 1939：23-24）。入国制限や日本語教育禁止という受難に対抗する心の置き場を、非常時日本の統制的な社会風潮を模倣することに求めたとしても、在伯子弟教育の現実問題には対処できなかったのである。

5　子弟教育の維持と「日主伯従」化——一九三八、三九年

日本国粋主義的な教育の推進と懐疑

さきに見てきたのは、比較的教育機会に恵まれ選択肢もある都市部の子弟の場合だが、移民たちの大部分が居住する奥地の日系集住地の状況はどうだったのか。日本の国粋主義的な教育を推進しようとする動きは、日本語教育の禁止状況に対峙していく中から醸成された。

ブラジル日本人文教普及会が主催した「学校協議会々長会議」は、外国人入国法が施行され、日本語学校の閉鎖が命ぜられた直後の一九三八年一二月二二、二三日に開催され、坂根総領事、淀川領事等、領事館関係者四名の出席があった。淀川領事は「日本語教育は飽迄も之れを継続」（外務省 I-1-5-0-1b）すると大要を示したが、教育の方針を実際に示したのは文教普及会であった。葛岡文教学務課長による「邦人子弟教育ノ目標及方法」によれば、「子弟教育の目標は吾々の子弟か日本人の子であると言ふことを主とし、ブラジルに住んで居ると言ふことを従」とするること、「在外国民は完全に日本と其の運命を共にすると言ふ密接不離な関係か保たれてこそ移植民の国策的意義かあ」るとして、移民一世と日系子弟を海外の日本人、在外国民と呼んでいることもこれまでと空気を異にしている。この計画は「先つ確りした自覚ある日本人たらしめよとする趣旨」で、「日本人としての美質を維持啓培せしむる為に先つ日本語を以て教育すへし」としている（外務省 I-1-5-0-1c）。

さらに質疑の時間に参加者のジュキア線沿線、ペドロ・バーロス日本人会屋比久会長から、「日本主義を強調し伯国の事を悪く思はせる様なことになると遂には伯国で生活するのは虚で日本へ帰らなければならぬと云ふ気持を持たせることになりはしないか」という質問があったが、葛岡は対立的に、「何処迄も伯国の社会で働く日本人、

陛下の赤子と云ふ目標でやつて行くべき」であり、「又私共の一言一行が九千万同胞の評価に影響すると云ふ責任観《ママ》があつてこそ立派な仕事が出来る」と答えている。議事録のこの部分には「（拍手）」と記されている（外務省I-1-5-0-1d）。

現地の教育の実情と依拠するものとしての皇民化

一世の親たちの教育に対する考え方について、元普及会事務長の石井は在任中の状況を語り、むしろ子弟に学ばせるべき日本精神について、「常識的のことを先行ふといふ事を考へて行つたらよい、……さういふところに日本精神の特質がある」という考え方だった。彼の親たちに対する視線は冷徹であり、「相当有識家と言はれる人」でも、「何か学校といふものを建て丶、先生を頼んでやつて置けば子供が良くなるであらうといふ位の考しか持たん」とする。校舎の設備は日本の分教場より立派なくらいだが、いわば自習と手直し指導を中心とする寺子屋式であり、教育の状態は「父兄の気休めに過ぎないといふやうに思へた……向ふに長く居る相当の人達がやはりさう言つて居る」とし、学校のあり方そのものを問題としている（移民問題研究会 1939：24-27）。石井が指摘するように、邦人の親たちの教育方針が確たるものでなかったところに学校の閉鎖命令を被り、日系子弟教育が従来掲げてきた方向性は意義を失った。皇民化教育的な傾向は、日本語教育が制限されるに従い、教育方針・内容が覚醒させられ、皇道精神、天皇崇拝的な内容という、時勢に乗り、親たちにとって直接的にわかりやすいものを拠りどころとすることによって呼び起こされ、主体化していったと考えられる。

ブラジルにとどまる意識

たとえ普及会が強硬に日本語による教育の強化を打ち出しても、表立って堅持できなかったのがブラジル移民が外国への移民であるゆえの制約であった。移民の視線で書かれた『パ延長線教育史』（一九四一年六月）[9]には、「今次在伯日本語学校の終焉に際し」刊行が企図されたとあり、序文の前半には「国民的強化運動は、最近大政翼賛会の統制下に、着々として……遠く亜細亜大陸にまで及び……在伯同胞齊しく無限の力強さを感ずる」と記されている。しかし続いて在伯邦人の状況が対比され、ブラジルにおける「国粋運動の勃興は漸次在伯外国人学校問題に波及し……茲に農村に於ける日本人小学校は全面的に、自発的閉鎖の止むなきに立到つた……全伯六百に余る日本語学校の存在は、如何ばかり伯国文化に貢献する所多大なるものがあつた事でせう」（パ延長線教育史刊行会同人 1941：刊行の辞）と、むしろ諦念さえ漂っている[10]。

普及会や一世の親たちが皇民化教育的な内容に共鳴したとして、それは日系人集団をとりまく環境条件が大きく変化したことによって、確かにエスニック・アイデンティティが強く覚醒されたためだととらえることができる（三田 1988：64-68）。ただ実際上、日本人であろうとする意識と、日本語のほか修身等も含めた各科の教育を保持したいという思いを、親のみならず移民の指導者たちが持ったのは、入国制限や、日本語による教育の制限に対抗してそれを覆すのではなく、せめて現状を維持し、持ちこたえる必要があったからであるように思えてならない。

同書の末尾にある「断想 多話語吐」は、執筆者は不明だが、随筆的に斜に構えた視点で「伯国当局は日本人側から慫慂されて、伯語教育の徹底を図らねば其の面子にかゝはる事になつた」。「けれどもそれがいざ実行となると余りにも支障が多すぎる……彼等にとつては其れ程焦眉の問題ではない」というように、日系コミュニティ内に設置した小学校での日本語による教育を禁止するだけのブラジル側の措置に対する憤りを示している。ただこの文は次のように、「寧ろ吾々としては帰国か永住かと言ふ問題が、此の事に依り解決される様にも思はれる」。「在伯同胞に対する伯国政府の、将来的見地による深い親心は有難く頂戴するとしても、之は聊かお灸が利きすぎた感がないでもない」（独生 1941：417-419）と皮肉な書き方をしながら、ブラジルにとどまる上でどうするかという意識へ展開している。

6　移民生活史と「おかみ」の視線を対照することの意義

子弟教育については、もはや在伯邦人の親たちはなす術を失い、環境に忍従する以外に方法はなかったのかもしれないが、その一方で、一九四一年六月一七日の在サンパウロ総領事館より外相宛の電信には、普及会も「如何ニ『カモフラージ』スルモ団体トシテ存続スルヲ得ス」、今後とるべき対策が提案されている。電信は館長符号扱であり程度の高い機密事項と見られ、「『在留邦人輔成委員会』（仮称）ノ如ク改称シ」、ここに補助金を支給し「名目上ノ我方ノミノ団体トシ万一外部ニ洩レタル場合ニ於テモ在留民保護ヲ研究スル領事館内部ノ委員会ニ過キストノ立場ヲ執ル」としている（外務省　A-7-0-0-9_63）。領事館のとる対策はおおよそ相手国の方針と対立することを避け正攻法を選ぶはずだが、日系子弟を皇民に引き戻すというより、排日的で道理にかなっていない小学校の閉校、農村部における日本語教育の禁止状況を偽装してでも補完しようとしていた。

本章は海興系を含めた移植民関係機関の史料を比較的多く援用してきたが、移民たちは日本人であるという意識を確認しながら、ブラジルへの定住の意思も固められていく二重の心境にあったことを垣間見ることができた。自らのアイデンティティの苦悩の中から戦後の勝ち組負け組み抗争の萌芽を見出すことができるというのは、半田知雄（半田 1970：589）がすでに述べたことだが、本章では、移民による史料と「おかみ」によるものを対照することにより叙述を引き出すことを試みた。日系人の心境変化の階調は単純に描き出せるものではないが、このような検討の積み重ねによって、わが国の近現代史に移民の生活史を有機的に組み入れることができるのではないかと考える。

注

（1）日本語ならびに日本と同じ教育内容を主に教育し、ポルトガル語ならびにブラジルの教育内容を従とする教育のしかた。

（2）一九二七年、赤松総領事時代に在伯日本教育会が設立された。その後在伯日本領事館のいわば教育事務実施機関として、二九年に「在サンパウロ日本人学校父兄会」が設立され教育会の事務を引き継ぎ、三五年、各地に部会を設置した。三六年三月、「ブラジル日本人教育普及会」と改称、三八年一〇月には外国人団体取締法の実施を受けて定款の一部を変更し、同時に「ブラジル日本人文教普及会」と改称した（外務省 I-1-5-0-1a）。これら組織は日本語教育に対するブラジル側の制限と前後するように変遷をたどってきた。本章ではこれらをまとめて、在伯の教育事務機関とする。また適宜、父兄会、普及会と記す。

（3）ブラジル移民史の文献や邦字新聞、在伯の教育事務機関の文書では「寺小屋」と記述している。

（4）傍点筆者。これは文脈上誤植箇所と見られ、「考へて居る人は少なかつた」または「考へて居らぬ人も少なくなかつた」となるはずである。

（5）後述する一九三八年一二月の学校協議会々長会議において、ブラジル日本人文教普及会の野村事務長は、「同一法令発布適用されたのに不拘、斯くも実施状態に差異がある、之は一体何故か『それが伯国だよ』と云ふのであればそれ迄だが之は地方情況それに父兄と先生及び各学校代表者の態度如何、視学、督学官、の手加減等によるものと思ふ」（外務省 I-1-5-0-1e）と発言している。

（6）宮腰千葉太は一九三六年大使館参事官をもって依願退官し（「元大使館参事官宮腰千葉太特旨叙位ノ件」）、翌年より海興サンパウロ支店長としてブラジルに在住していた（ブラジルに於ける日本人発展史刊行委員会 1942：631）。

（7）龍土会は一九三七年に人類学者鳥居龍蔵がサンパウロ市で学生を中心にして講演した記念に市毛総領事の世話ででき、学生連盟の人びとが集まり毎月座談会を開くことになっていた（石井 1939：17-18）。

（8）彼のまとまった経歴を見出していないが、「昭和十二（一九三七：筆者）年の春外務省の命に依つて、邦人移住地状況視察の為め彼地に赴いたが、其処で計らずも日本人文教《ママ》普及会に入つて子弟教育の事務を執ること丶となり、第二世の実情を見ること約一年有半、彼等の将来に云ひしれぬ思を懐きながら本年三月帰朝した」とある（石井 1939：16）。なお、普及会の改称は石井の退任時期と重なる。

（9）『パ延長線教育史』は奥付がなく、「刊行の辞」から一九四一年六月頃刊と見られる。本来の書名は『パウリスタ延長線教育史』のはず。

（10）六百校とする根拠は不明だが、日本人学校数については、三百弱から四百数十校まで諸説ある（半田 1980：309）。また、学校数の多さは、「従来の行懸りから同一部落内で二派に別れて対立抗争し眼と鼻の先の距離に二つの校舎を建てて意地を張り合つてゐる」（外務省 I-1-5-0-1c）ことも要因の一つであった。なお同書の収載論文の最初は、宮腰海興伯国支店長による「家庭教育に関する考察」だが、日葡両語教育を理想とし、家庭における学習環境をいかに作るかについて論じており（宮腰1941：5）、禁止された学校教育の代替としての家庭教育、巡回教授は、すでに『日本精神講話』（宮腰 1938：154）で提言していた。

文献

ブラジル日本移民七〇年史編さん委員会編（半田知雄執筆部分）、一九八〇、『ブラジル日本移民七〇年史――一九〇八～一九七八』ブラジル日本文化協会。

ブラジルに於ける日本人発展史刊行委員会編、一九四一、『ブラジルに於ける日本人発展史（上）』ブラジルに於ける日本人発展史刊行委員会。

ブラジルに於ける日本人発展史刊行委員会編、一九四二、『ブラジルに於ける日本人発展史（下）』ブラジルに於ける日本人発展史刊行委員会。

独生、一九四一、「断想 多話語吐」パ延長線教育史刊行会編『パ延長線教育史』パ延長線教育史刊行会。

外務省亜米利加局、一九三五、『在外邦人指導啓発提要』。

半田知雄、一九七〇、『移民の生活の歴史――ブラジル日系人の歩んだ道』サンパウロ人文科学研究所。

飯窪秀樹、二〇〇三、「一九二〇年代における内務省社会局の海外移民奨励策」『歴史と経済』第一八一号、三八-五四頁。

移民問題研究会、一九三六年九月（一日発行）、「移民問題研究会主催座談会 在伯邦人第二世教育問題研究（一九三六年七月六日、於、外務省会議室）」『海外移住』第一〇巻第四号、外務省亜米利加局内移民問題研究会（以下同）。

移民問題研究会、一九三九年七月（六月二七日発行）、「移民問題研究会主催 海外邦人第二世の教育体験を語る座談会」（一九三九年五月二四日、於、丸之内中央亭）『海外移住』第一二巻第七号。

入江寅次、一九三六年九月（一日発行）、「本特輯号に就いて」『海外移住』第一〇巻第四号（なお、記事には（入江）とだけ署名がある）。

石井繁美、一九三九年五月（四月末発行）、「説苑 ブラジル移民教育余談」『海外移住』第一二巻第五号。

前山隆、一九九六、『エスニシティとブラジル日系人』御茶の水書房。

三田千代子、一九八八、「ナショナリズムと民族集団――ブラジルの国家統合と日本人移住者」『外交時報』一二五一号、五七-七〇頁。

宮腰千葉太、一九三八、『日本精神講話』日伯社。

宮腰千葉太、一九四一、「家庭教育に関する考察」パ延長線教育史刊行会編『パ延長線教育史』パ延長線教育史刊行会。

太田庄之助、一九三六、「在伯邦人子弟教育問題管見」（金田近二・太田庄之助編、一九四〇、『対伯移民政策の研究』拓務省拓務局、附録）。

パ延長線教育史刊行会同人、一九四一、「刊行の辞」パ延長線教育史刊行会編『パ延長線教育史』パ延長線教育史刊行会。

斎藤広志、一九七六、『ブラジルの政治 新しい大国への道』サイマル出版会。

資料

外務省記録（議AM-9）、「第一編第四章　中南米方面ニ於ケル邦人子弟教育概況 附、在外邦人指導啓発ニ関スル施設」、一九三五年一二月、亜米利加局第二課『第六十八回帝国議会説明参考資料（上巻）』。

外務省記録（A-7-0-0-9_63）、「第三六号ノ二」同「二二」（館長符号扱）、一九四一年六月一七日、在サンパウロ成瀬総領事代理より松岡外相宛、『大東亜戦争関係一件 館長符号扱来電綴 第一巻』。

外務省記録（I-1-5-0-1a）、「普及会概況報告」（ブラジル日本人文教普及会「学校協議会々長会議協議録」）、一九三八年一二月二二、二三日、『在外日本人学校教育関係雑件 第五巻』（以下同簿冊、原文カタカナ）。

外務省記録（I-1-5-0-1b）、淀川領事「聖州学務当局トノ交渉ニ就テ」（ブラジル日本人文教普及会「学校協議会々長会議協議録」）。

外務省記録（I-1-5-0-1c）、葛岡文教学務課長「邦人子弟教育ノ目標及方法」（ブラジル日本人文教普及会「学校協議会々長会議協議録」）。

外務省記録（I-1-5-0-1d）、「午後之部 質疑、其ノ他」（ブラジル日本人文教普及会「学校協議会々長会議協議録」）。

外務省記録（I-1-5-0-1e）、「各地ノ現況並教育問題ニ関スル意見発表」（ブラジル日本人文教普及会「学校協議会々長会議協議録」）。

外務省記録（I-1-5-0-1_2a）、「伯国ニ於ケル移植民ノ子弟教育補助金下付ノ必要ニ付具申ノ件」、一九二〇年一二月三〇日、在伯堀口公使より内田外相宛、『在外日本人学校教育関係雑件 国民学校教育費補助関係 第一巻』（以下同簿冊）。

外務省記録（I-1-5-0-1_2b）、「伯国ニ於ケル移植民ノ子弟教育費補助金下付ニ関スル件」、一九二一年一月一五日、在サンパウロ藤田総領事より内田外相宛。

外務省記録（I-1-5-0-1_2c）、「在伯国本邦移民児童小学校設置費補助ニ付計画立案方ノ件」（公信中の藤田総領事意見の引用部分）、一九二三年一月一八日、在伯堀口公使より内田外相宛。

外務省記録（I-1-5-0-1_2d）、在伯帝国大使館一等通訳官大谷弥七「在伯本邦子弟教育ノ現在並将来」、一九二三年五月二〇日。

外務省記録（I-1-5-0-1_2e）、「在伯本邦移植民児童教育費補助ニ関スル件」、一九二三年六月二五日、在サンパウロ春日総領事代理より内田外相宛。

外務省記録（I-1-5-0-1_2f）、「在外小学校累年比較調（満州ノ分、支那ノ分、中南米ノ分、南洋ノ分）」、一九三六年九月二六日、『在外日本人学校教育関係雑件 国民学校教育費補助関係 第一二巻』。

外務省記録（I-1-5-0-1_2g）、「昭和三年度在外児童教育補助費支出額（通、三、主管ノ分）」（亜細亜局第二課「在外児童教育費補助査定ニ関スル件」、一九二八年六月一三日決裁）、および「昭和五年度在外小学校費補助内訳表 通商局第三課主管ノ分」（亜細亜局第二課「昭和五年度在外小学校費補助額割当ノ件（協議案）」、一九三〇年六月一九日）、『在外日本人学校教育関係雑件 国民学校教育費補助関係 第二巻』。

外務省記録（I-1-5-0-2_8_2a）、「在外小学校費補助支給方ニ関スル件」、一九三四年二月二四日、広田外相より在サンパウロ内山総領事宛、『在外日本人各学校関係雑件 在米ノ部「サンパウロ」（日本）国民学校』（以下同簿冊）。

外務省記録（I-1-5-0-2_8_2b）、「在外小学校費補助支給方ニ関スル取扱要項」（「在外小学校費補助支給方ニ関スル件」）。

外務省記録（I-1-5-0-2_8_2c）、「第三七号」、一九三四年二月二七日、内山総領事より広田外相宛（電信）。

外務省記録（I-1-5-0-2_8_2d）、「在外小学校補助命令書送付ニ関スル件」、一九三五年三月三一日、在サンパウロ市毛総領事より広田外相宛。

内閣文書「元大使館参事官宮腰千葉太特旨叙位ノ件」、一九三六年九月一八日（外務省用箋）、『叙位裁可書・昭和十一年・叙位 巻三十七』。

第15章　戦間期ブラジルの独裁政権とナショナリズムの高揚

住田育法

1　「排日的」ではない関係

植民地を終える一八二二年の政治的独立から一〇〇年経た一九二〇年代のブラジルは、サンパウロの芸術諸分野に「近代芸術週間」として一九二二年に開花した近代主義の潮流に同調する、文学や芸術活動における文化的ナショナリズムが強まった。そして一九三〇年代のジェトゥリオ・ヴァルガス（Getúlio Vargas）独裁体制期にこの傾向はピークに達するのである。その理念は、表面上は民衆の政治参加を強調しつつ、独裁によって国家の統一を推しすすめる、「ブラジリダーデ」と呼ばれる国民共通の意識としてのブラジル的民族中心主義であった。権威主義的独裁体制の樹立と労働者階級の地位向上をめざす運動が未分化の形で展開し、ソビエト共産党の影響下にあるブラジル共産党とドイツやイタリアのファシズムに従うブラジル統一行動党はいずれもブラジル化政策には合致しないとして排撃された。こうしたブラジル統一行動党への弾圧はイギリスやアメリカからは好感をもって受け入れられた。ヴァルガスの独裁体制はドイツやイタリアとは異なる、ブラジル的なものであることを示したのである（住田 1986：142-145）。

この時期、日本人のブラジル移民が活発となるが、この文化・言語教育に困難が生じ、「排日的」であったとの批判もなされる（根川 2013：138-154）。実際、一九三一年の満洲事変以降、ブラジルにおいても日本の行動に対する反感が生まれ、一九三三年一一月の憲法制定会議で連邦新憲法案の審議が始まると、人種による移民制限規定、実質的には日本移民制限規定を挿入する修正案が提出された。その理由として、日本移民に同化性がないことや人種構成上アジア系の混入が望ましくないことなどが挙げられた（富野 2015：149-165）。外国移民二分制限法の成立によって、結局、日本移民の法定入移民数は一九三三年までの二％に制限されることになったのである。

筆者は「排日的」という日本ブラジルの二国間関係を越えて、世界の情勢とブラジルのナショナリズムがその背景にあったとの立場から、ヴァルガス独裁体制の実態を解説する。具体的には、旧共和政下のサンパウロの寡頭支配勢力に対抗するために国民統合を図り、さまざまな階級と人種から成るブラジル人の均質化をヴァルガスが求めたとの指摘である。ヨーロッパによる経済支配を避けるべく、国家の基幹産業を育成し、文化面では一九二〇年代の文化ナショナリズムの萌芽の延長線上に、新しい国民文化の創造がヴァルガスによって促進された。経済と文化、いずれの側面においても、すべてのブラジル人に共通する「ブラジリダーデ」を強調することで、ヴァルガスは国民の帰属意識を高めたのである。それは、肌の色や宗教の違いを越えて、勝者も敗者も、富者も貧者も差別なく受け入れようとした理念である。セルジオ・ブアルケ・デ・オランダが一九三六年に初版を出版した『真心と冒険――ラテン的世界（Raízes do Brasil）』で注目した国民性としての「真心（cordialidade）」で争いを回避したとの見方である。(1)

2　新指導者ヴァルガスの誕生

まず最初に、ヴァルガス政権と日系社会の経緯を、略年表によって示しておきたい（表15-1）。

表15－1　ヴァルガス政権と日系社会の経緯

年	ヴァルガス政権など	日系社会
1927	ヴァルガス，リオグランデドスル州統領（後の知事）に選ばれる。1928年1月就任。	サンパウロ市郊外コチアで日本人が農業協同組合結成。
1929	自由同盟（AL）誕生。世界恐慌起こる。	サンパウロ日本人学校父兄会・有限責任ブラジル拓植組合設立。
1930	ジュリオ・プレステス大統領当選，ヴァルガス敗れる。ヴァルガス革命勃発。	日本人移民，北パラナへ進出。
1932	サンパウロ護憲革命勃発，失敗。ブラジル統一行動（AIB）結成。	在伯日本人数13万2,689人。
1934	新憲法公布。国家安全保障法（LSN）制定。ブラジル統一行動党結成，政府認める。サンパウロ大学創設。	移民二分制限案可決，新憲法。
1935	共産党がカルロス・プレステス党首の民族解放同盟（ANL）結成支持。これを，政府弾圧。連邦区（首都）大学創設。	日本人移民減少始まる。
1936	戒厳令，戦時令となる。国家安全保障裁判所（TSN）設置。	
1937	「新国家」体制樹立。ブラジル統一行動党解散。	日中戦争勃発後，日系社会において銃後運動さかん。
1938		移民同化政策，開始。新移民制限法施行。外国語学校閉鎖命令。
1939	第二次世界大戦始まる。	日本への帰国者増加。
1941	アメリカの技術・資本援助によりヴォルタ・レドンダ製鉄所着工。	邦字新聞停刊。
1942	イタリアとドイツに宣戦布告。日本と断交。	日本との連絡とだえる。
1943	ブラジルのナタル空軍基地でヴァルガスとローズヴェルト会談。ブラジル先住民の日，制定。	海岸部居住者に退去命令。
1944	イタリア戦線に派兵。進歩的労働法公布。	多くの日系社会指導者が警察に拘引される。
1945	言論の検閲制，廃止。ソ連と国交回復宣言。政治犯釈放。ヴァルガス下野。ヴァルガス派ドゥトラ大統領選勝利。	対日宣戦布告。
1946	新憲法公布。	
1947	ブラジル共産党解散，ソ連と断交。	母国戦災者救援運動始まる。
1950	ヴァルガス，直接選挙による大統領選に当選。	日本船のブラジル入港，許可。
1951	ヴァルガス大統領に就任。	日系初の州議（ユキシゲ田村）誕生。
1952		ヴァルガス大統領，辻移民と松原移民受入許可。1953年に移民が到着。
1954	ヴァルガス自殺。	サンパウロ市創立四百周年祭に日系社会参入。

世界恐慌の影響を受けた一九三〇年代、先進工業国は、失業と生産の削減の問題に直面したのに対して、第一次産品輸出国であるブラジルは、輸出品の価格の下落という事態に陥った。コーヒー輸出量には大きな落ち込みはなかったものの、価格は約三分の二にまで下がり、深刻な交易条件の悪化と輸入能力の減少に悩んだ。結果として、世界の第一次産品市場の崩壊によってブラジルの外国貿易は大打撃を受け、一九三〇年代初頭にコーヒー経済の繁栄は終わった。

他方、工業化が実現するが、その状況には、コーヒー政策だけでなく、次の諸点が寄与した。

①以前にコーヒー生産部門に投下されていた投資資金が存在していた。
②先進工業国から中古の機械、設備を安価に輸入することができた。
③工業発展にとって重要な基盤が南部、特にサンパウロ州を中心に形成されていた。

このように、経済において工業化に有利な展開が予見され、コーヒー価格の暴落によって、サンパウロ共和党の支持基盤である農園主階級が苦境に追い込まれていた時期に、大統領選挙が実施された。政府与党であるサンパウロ共和党はサンパウロ州出身のジュリオ・プレステスを候補に挙げたのに対して、ミナスジェライス、リオグランデドスル、パライバの三州は「自由同盟」（AL：Aliança Liberal）を結成してリオグランデドスル州出身のヴァルガスを立てて対抗した。

裕福な牧場主の家系に生まれたヴァルガスは、最初に軍人としての教育を受けるが、軍人になる道を放棄し、ポルトアレグレで法律を学び、高等教育課程修了後、一九〇九年に同州議会議員に選ばれて政界に身を投じた。その際、オーギュスト・コント流の実証主義者である同州統領（後の知事）(2)のボルジェス・メデイロスの信奉者となる。

図15－1　1940年のブラジル

一九二六年にヴァルガスは大蔵大臣、一九二八年にリオグランデドスル州統領に就任した。

一九三〇年三月の大統領選挙でヴァルガス派はサンパウロ州出身の候補者に敗れる。七月にヴァルガス派の副大統領候補であったパライバ出身のジョアン・ペソアがレシフェで暗殺された。こうした一連の動きを背景にワシントン・ルイス政権への批判が強まり、ヴァルガスが出身地のリオグランデドスルに帰っていた最中に革命の火ぶたが切られたのである。

ヴァルガスが「革命」によってすすめた変革の一つは、上からの政策であったとはいえ労働者階級の地位向上を図ったことであった。第二は開発の進んだサンパウロ、リオデジャネイロ、ミナスジェライス地域以外の後進的な内陸部や北部、北東部に開発の方向性を示したこと、第三は、コーヒーを中心とした輸出農業経済から輸入代替工業化への転換をなしたことである（図15-1）。革命から完全独裁崩壊に至るヴァルガス時代は、三期に分けられる。第一期は一九三〇年から三四年までの臨時政府首班期、第二期は一九三四年から三七年までの大統領選挙による正規大統領期、第三期は一九三七年から四五年までの新国家体制（エスタード・ノヴォ）樹立による完全独裁とその崩壊期であり、この時期に、ブラジル史できわめて特異な存在である軍部を巧みに利用した文民による独裁体制が打ち立てられたのである。

まず、自由同盟の中核的勢力をなすリオグランデドスル、パライバ、ミナスジェライスにおいて「カフェ・コン・レイテ」体制[3]に不満を持つ青年将校（テネンテ）が決起し、ヴァルガスを革命軍の指揮官に押し立てた。数々の反乱や対外戦争を通じて鍛えられてきた勇猛なガウショ（牧童）の地であるリオグランデドスルのエスタンシエイロ（牧場主）出身の地方ボスであり、公には州統領であったヴァルガスは、一〇月三日、彼が指揮権を握っている州警兵隊と州に駐屯する連邦部隊の兵力を背景に、サンパウロの大コーヒー農園主による寡頭支配体制への挑戦を、クーデターの形で実行に移した。首都のリオデジャネイロでも、軍首脳部によって臨時政府が樹立され、ワシントン・ルイス大統領に最後通牒を手渡し、一〇月二四日に降伏させた。ヴァルガスの革命軍のリオ到着を待って一〇月三一日に政権が授受され、彼が臨時政府の首班に就任した。ついに一一月一一日、ヴァルガスは臨時大統領令第一号を公布して一八九一年憲法を廃止すると同時に、国家および地方自治体の立法府を解散し、首班の名の下にブラジルの立法権と行政権とを手中に収めたのである。

ヴァルガスはここに独裁政権の第一歩を踏み出した。しかしこれは自由同盟に支持された「テネンティズム[4]」の所産であって、必ずしもすべての州が同意したのではなかった。その顕著な反発が、一九三二年のサンパウロ州での反ヴァルガス派の蜂起であった。

一九三二年のサンパウロの反革命は、憲法擁護の民主運動であったとして同州では好んで「護憲革命」と呼ばれて評価されている。旧共和制下では、各州ごとに起草された州の憲法は各州統領のボス政治を許していた。ヴァルガス革命ではそうした地方分権を打破して中央集権へと政権の所在を移すため、各州に「執政官」を置いて、反対派の追放を行った。「執政官」はヴァルガス革命をすすめた青年将校からなり、彼らは広範な労働立法を政令として布告することを求め、サンパウロでは地主勢力と対立したのである。同年五月に反ヴァルガスの示威行為に参加した四人の若者が銃撃で死亡し、ついに、同年七月九日の軍事的なサンパウロの反革命が勃発した。このサンパウロの勢力は、各地の反ヴァルガス派と連絡をとっていたけれども、それらの諸州では、行動を起こす前にヴァルガスの正規軍により制圧された。結局、サンパウロ州民一致しての戦意の高揚が見られたものの、孤立無援のなかで武器や弾薬も不足し、多くの死傷者を出して、蜂起から約三ヶ月後の一〇月、ゴエス・モンテイロ将軍指揮下の政府軍に降伏するに至った。

敗北に終わりはしたが、三二年のサンパウロの反革命は、単に部分的な敗北であるともいえ、むしろこの反革命によってサンパウロこそブラジル産業最大の中心地であるという認識を革命政府に持たせることになった（Basbaum 1981：58）。重くて三年の追放刑で、反革命の首謀者に対する処罰はおおむね軽かった。そしてこの反革命が、中央集権的な新憲法の公布を早めることになったのである。

一九三三年三月には憲法制定議会が成立し、三四年七月一六日の憲法公布となった。ここに、一八九一年憲法に比べてきわめて中央集権的で、連邦の連携の強化をうたった三四年憲法が誕生した。軍隊編成の面では、従来から反乱の拠点となりがちであった州警兵隊が陸軍の補助部隊として再編され、治安維持の名目で各州に対して陸軍が介入できることになった。地方自治体との関連では、三〇年革命以来の執政官の任命制を公選制にあらため、旧共和制時代の州統領を州知事とし、州政を大統領に従属させた。ヴァルガスは労働者階級の地位の向上につとめ、選挙法の改正についても彼の意見を反映させて、婦人参政権を含む普通選挙も確立されることになった。また下院では、各州選出議員のほかに職業別代議員の参加による一種の職階制が認められた。これはイタリアのファシズムの制度を取り入れたものであった。連邦制は維持されたものの、ヴァルガス政府の中央集権化の意図をいっそう推進させた憲法であった。

その他の特色として、国会によって選出される大統領の任期は四年であり再選は許されなかったことと、特に移民二分制限は大きな論議を呼んだ。ヨーロッパ移民に比べて過去の累積入国者数の少なかった日本移民は、大きな影響を受けることになる（青柳編 1999：109-124）。ともあれこれ以後、ブラジル産業の重要な担い手であった移民の時代は終わり、代わってブラジル人優先の民族主義が台頭してくるのである。

三四年憲法によりヴァルガスは議会の制約を受けることになるものの、労働組合法など、過去四年間に発令されてきた大統領令はすべて有効とみなされた。憲法発令の翌七月一七日に、国会の間接選挙で大統領に当選したヴァルガスは、立憲大統領として統治を始めた。

新憲法によって政治結社の自由が認められたことから、左派では、一九二二年の創立以来非合法となっていたブラジル共産党が承認された。右派では、イタリアやドイツなどの国際ファシズムの影響を受けた「ブラジル統一行動」（アソン・インテグラリスタ・ブラジレイラ）が正式の政党として発足した。それまでは州単位の政党しか存在しなかったが、ここに初めて二つの全国的規模の政党が誕生することになった。

ヴァルガスは共産主義に対して伝統的に反感を持つブラジル社会の保守的な傾向を敏感にくみとり、反ファシズムかつ反ヴァルガスの立場を取る共産党の弾圧に着手し、この段階では、右派のブラジル統一行動党の活動を支持した。国際ファシズムのブラジル版ともいえる同党の党員は、国旗のイメージにつながる緑色のシャツを制服として、「総和」を意味するギリシャ文字のシグマを腕章につけ、呼びかけには「あなたは私の兄弟」を意味するブラジル先住民のトゥピー語の「アナウエー」を採用した。公式の標語は、「神、祖国、家庭」であり、カトリック的人道主義や組合国家主義（コーポラティズム）、そして経済の政府管理による国家統合の実現を理想に掲げたのである。党員は絶えず集会やパレードを行い、徐々に共産党との対立を強めていった。

共産党は、一九三五年四月に「民族解放同盟」（ＡＮＬ：Aliança Nacional Libertadora アリアンサ・ナシオナル・リベルタドーラ）を結成して左派や革新諸派など幅広いグループを集め、急速に組織を拡大した。「英雄」と称されていた党首ルイス・カルロス・プレステスへの支持は、一部の青年将校にまで浸透するほどであった。共産党排撃の機を窺っていたヴァルガスは、ついに一九三五年七月、プレステスの反ファシズムかつ反ヴァルガスの演説、さらに、人民政権樹立を求める演説を政府への挑戦とみなし、警察を動員して、民族解放同盟本部の閉鎖や強制捜査、幹部の拘留という弾圧の挙に出た。この弾圧に反発して、同年一一月には、北東部地方のナタルとレシフェ、また首都リオで、共産党が決起した。しかしいずれの都市でも、政府軍の攻撃の前に降伏を余儀なくされた。プレステス率いる共産党の反乱を機に、ヴァルガスは、戒厳令（エスタド・デ・シティオ）の強権発動を求め、次いで一九三六年三月には、戒厳令を戦時令（エスタド・デ・ゲラ）に切り替え、議会の承認にもとづいて布告した。一九三五年から三六年にかけての共産党の弾圧は、一九三七年の新国家体制樹立の前触れとなった。

3　ヴァルガス独裁の展開

ヴァルガスは、一九三七年に、軍部の力を借りてクーデターを起こし、完全独裁を手に入れた。これに至る経緯は次の通りである。まず三七年五月から七月にかけて、現行の三四年憲法の規定に従い、一九三八年実施の大統領選挙に向けて、反ヴァルガス派を代表してサンパウロのアルマンド・サーレス、ヴァルガス派の勢力としては元青年将校のパライバ出身のジョゼ・アメリコ、さらにブラジル統一行動党からは党首のプリニオ・サルガードの三名が立候補して選挙運動を争うことになった。このうち、反ヴァルガス派のアルマンド・サーレスが最有力であった。新しく創設されたブラジル民主連合の指名によって立候補した彼は、リオグランデドスル州知事フロレス・ダ・クーニャやその他の州のさまざまな政治グループの支持を得ていた。こうした反ヴァルガス派有利の状況はヴァルガス派の危機意識を煽ることになった（Burns 1993 : 354-356）。同年九月に、三二年サンパウロ反革命を鎮圧したゴエス・モンテイロ将軍がリオグランデドスルに彼の軍隊を送り、フロレス・ダ・クーニャ州知事を解任して国外に追放した。そして、三七年一〇月に共産党への新たな弾圧を画策して軍の一部が実行したといわれる「コーエン計画」(5)発覚の事件が発生し、これを契機に戒厳令が布告されることになった。戒厳令下では正常な選挙運動は不可能となり、反ヴァルガス派から打って出たアルマンド・サーレスが、三七年一一月九日、陸軍首脳部宛の政府弾劾文を国会に提出した。翌日これが公開されたのが引金となって、ついに陸相ドゥトラ将軍の指揮するクーデターが起こった。国会は解散され、地方自治体の議会も閉鎖に追い込まれ、ここにヴァルガスを最高指導者とする新政府が誕生したのである。

ヴァルガスの独裁体制である「新国家」(エスタード・ノヴォ)体制は、ポルトガルの当時の独裁者サラザールの下で出現した体制を手本にしたともいわれ、その頃ヨーロッパを中心に展開していたファシズムの風潮を反映したものであった。サラザール体制との決定的な違いはブラジルではカトリシズムと結びつかないことであった。

新国家体制が樹立されて一ヶ月後の三七年一二月に政党の解散令が発令され、ファシズム理念を標榜し陸軍参謀長ゴエス・モンテイロ将軍など有力な軍人からの支持を得ていた「ブラジル統一行動党」も解散させられた。これを不満としてプリニオ・サルガードを党首とする同党は、ヴァルガス政権転覆の陰謀をめぐらし、一九三八年五月、大統領官邸のグアナバラ宮への夜襲をはじめとする行動を起こした。しかし結局失敗に帰して、この反乱がヴァルガス独裁体制への最後の抵抗となった。

独裁者であるヴァルガスは、強権的な統治体制を維持するために、最高の包括的「調節者」としての柔軟な態度と、あらゆる権力を手中にした者としての強硬な行動を示した。常に優れた平衡感覚を持ち、例えば外交面では、ファシスト国家に対してはアメリカとの同盟関係をとなえ、国内では、極左に対しては極右をあてた。また新興ブルジョワジーには工業促進政策を示し、工業労働者には労働条件の改善と組合結成をすすめることによって、自らの政治的基盤を形成した。

ナショナリズムの高揚が、ヴァルガス独裁体制の特徴の一つである。ヴァルガスは、新国家体制の下での国家の統一と民族意識の統一をすすめるため、開発前線の拡大と、各地域の発展に均衡を保つことをうたった。ナショナリズムの高揚がすすめられるなかで、移民の同化政策が実施され、一九三八年に移植民審議会が設立された。その任務は移民のブラジル化政策である。つまり、①移民集団の地理的、社会的孤立を打ち破ること、②新来の外国移民のみから成る同質的な中心地形成を避けること、③既存の外国人入植地へブラジル人家族が居住する場合には優遇措置を設けること、④学校などの民族化に有効な環境を整備することなどが推進されたのである。この結果、ドイツ系移住地の場合、南部のサンタカタリナやリオグランデドスル地方において、当時、キスト（嚢腫）と呼ばれて危険視されるようなゲルマン主義に固執した孤立集団を形成していたが、そうした状態を消滅させていった。一方、日系社会でも、日本語学校に閉鎖命令が出され、日本語で書かれた新聞や雑誌が発行停止になり、情報の伝達にかなり混乱が生じた。しかし徐々にブラジル社会への同化が実現し、職場や学校、日常生活の場で文化的に孤立しない世代を形成することになった（Rodrigues 1970＝1982：133）。

ヴァルガスは、一九四二年に日本、ドイツ、イタリアと断交し、ついにドイツとイタリアに宣戦布告した。このように戦争が拡大し、世界的なブロック経済化がすすむなかで、ブラジルでも国家主導の工業化政策が行われ、基幹産業部門に政府が自ら経営者として参加し、多くの公企業が誕生した。一九四〇年に国営自動車会社（FNM）、四一年に国営製鉄会社（CSN）、四二年にアマゾン開発銀行、ヴァレ・ド・リオ・ドーセ社（CVRD）、国立工業職業訓練サービス、四三年に国営石灰会社（CNA）、国営製鉄会社のヴォルタ・レドンダ製鉄所、四四年にミナスジェライスのイタビラ特殊鋼会社が設立された。

皮肉にも、ブラジル国内において民族主義政策がすすめられ、その成果が着実に現れ始めていた頃、連合国側としての第二次世界大戦への参戦をヴァルガスが決定したことによって、全体主義体制の独裁者として君臨しながら、自由と民主主義を支持するという大きな矛盾が露呈することになった。ヴァルガスは一九四一年一〇月にアメリカの援助でヴォルタ・レドンダ国営製鉄所を建設するなど、アメリカへの接近を強めた。一九四四年にはイタリアへ二万五〇〇〇人の部隊を派遣した。これら連合軍に加わったブラジルの兵士に、自由や民主主義、反独裁体制の理念的影響が及んだのであった。日本に対しては一九四五年に宣戦を布告した。そして一九四五年、枢軸国側の敗色が濃厚となると、民主主義的な政策を打ち出すものの、反ヴァルガスの気運が盛り上がり、ついにヴァルガスの独裁体制は否定される。その危機をヴァルガスは憲法改正によって乗り切ろうと図ったけれども、軍部の支持を失ってやむなく辞任した。

一九三〇年から一九四五年までの一五年間、ヴァルガスは独裁政治につきものの弾圧と専横という暗い側面を残した。しかし他方では、国家統制の下でブラジル人の国民としての意識を高め、まず初期に労働省と教育省を創設し、知的に洗練されたエリートの養成を、国家による上からの教育の組織化によってすすめた。ミナスジェライス州出身の若い二人の、フランシスコ・カンポスとグスタヴォ・カパネーマがそれぞれ合わせて一九三〇年から一九四五年まで教育相を務め、中高等教育の発展に努力した（Boris 2001＝2008：282-283）。またヴァルガスは労働法を公布して労働組合を助成するなど、労働者階級重視の政策をとった。ストライキは禁止されたけれども、社会立法の領域において多くの施策、例えば、週四八時間労働、有給休暇、生活に必要な最低賃金、出産手当てなどが採用されたことは、疑いもなく彼の功績である（Mauro 1974＝1980：136）。ヴァルガスは、大土地所有者階級に反対する都市の民衆や中産階級の支持を得、彼に反抗する「コロネル」などの勢力を弱めることに成功し、第二次世界大戦後のポピュリズムへの道を開いたのである。

政権当初の共産主義や全体主義に対する好意的な姿勢を翻して、ヴァルガスはやがてこれらを弾圧するに及ぶ。この点で、今日でも多くの研究者が異口同音に、ヴァルガスの曖昧的（ambíguo）、矛盾的（contraditório）、もしくは実用的（pragmático）な性格を指摘している。(6) そうした政治面における消極的な評価に比べて、ヴァルガス革命のブラジル文化への貢献は、以下の諸点において積極的な判断が為されている。

4　ナショナリズム高揚と国民統合の政策

まず第一に、地方主義ともいえる北東部や内陸部重視の傾向である。ブラジルの植民地時代からの伝統を温存させようとする姿勢であり、これがサンパウロなどへの反発にもつながっていた。

第二に、リオデジャネイロやサンパウロを中心とした都会主義である。大衆文化の形成が、大量情報伝達手段たる公共放送のラジオに負うところが大であり、これが、「すばらしいブラジル」という近代主義かつ統合主義を理念的目標とさせた。

第三には文化の混交を支持する考えである。歴史学では黒人奴隷制を背景とする人種混交の指摘、芸術では黒人や先住民の要素を加えたブラジリダーデの利用である。

四つ目はポピュリズムを重視する傾向である。これは、一方では、エリート主義を信奉しながらも、ブラジルの民衆の価値観を重視する態度であった。

こうしたなかで、ヴァルガスは特にブラジル的な傾向を高揚させるため、リオデジャネイロが生んだ音楽「サンバ」と国際的スポーツ「サッカー」を利用した。いずれも、「黒人」の参加が顕著となるが、「サンバ」は、首都リオデジャネイロのラジオ放送とレコード産業の発達を背景に、国家的な意味を持つブラジリアン・サンバになろうとしていた（Vianna 1995＝2000：155）。さらに、カーニバルのパレードに参加するグループへの助成を約束し、サンバのエスコーラはパレードで歴史的、教訓的、あるいは愛国的テーマをドラマ化して表現しなければならない、という行政命令を下した（Vianna 1995＝2000：130）のである。

このように、ヴァルガスは、民衆に対して、すでに述べているように国民共通の意識としてのブラジリダーデ、すなわち「ブラジル的な民族主義」の政策を採用した。「国旗」については、一九三七年一一月にリオデジャネイロ市内のルセル海岸カモンイス広場（Praça Luís de Camões na Praia do Russel）で各州の旗を焼却（火葬 cremação）し、「ブラジルの旗は唯一国旗のみであり、ブラジルには大きな州も、小さな州もなく、あるのは大国ブラジルのみ」と演説している。この広場に、ヴァルガス没後五〇年を記念して、二〇〇四年八月にリオデジャネイロのセーザル・マイア（César Maia）市長はヴァルガス記念館を竣工させた。

国際的なスポーツの「サッカー」については、ヴァルガス政府は、「新国家体制」以前の一九三三年に、他のすべての賃金労働者と同じく、労働組合への加盟を義務づけたプロのサッカー選手を誕生させた。これに、貧しい家庭出身の黒人も参加することになり、白人エリートのスポーツであったサッカーを、民衆が参加するスポーツに変化させたのである。

ブラジルの全人口に対する外国人移民の割合は、一九二〇年には五・一一%、一九五〇年には三%以下を占めるにすぎない。したがって、一八七二年から一九四〇年にかけて、白人の割合が国民の三分の一から三分の二に増加し、白人化が顕著になったのは、単にヨーロッパからの移住のためばかりではなく、白人の高い生存率や恵まれた経済状態、人種混交の進展によるものであった（Rodrigues 1970＝1982：128–129）。

ブラジルへの日本移民は第二次世界大戦により一九四二年に中断するまでの期間に、約二〇万人弱がブラジルへ渡った。戦後、一九五二年に日本とブラジルとの国交が正常化し、約六万人近くが移住し、戦前と戦後を通じて約二五万人の日本人移民がブラジルに入国した。今日では移民やその子孫である日系人の人口は、推定で一五〇万人を超えている。ラテンアメリカにおける日系人総数の約八五%が、ブラジルに集中しているのである。戦前の日本移民の約九〇%は、コーヒー農園の契約農としてサンパウロに誘致された農業移民であった。ヴァルガス臨時政府首班の一九三〇年代に、コーヒー生産の衰退を契機として、新しい生産技術による日系人の農業が興った。それは、機械化による棉花や米、蔬菜の大規模経営であった。そして、一九三五年から四〇年にかけての棉花景気の衰退などが日系人の他地域への移動を促していった。さらに、職業構造においても、農業人口の相対的比率の低下と商工業人口の上昇が見られるようになる。

一九三〇年代にジルベルト・フレイレ（一九〇〇〜八七年）は「人種的民主主義」という考えを打ち出して、ブラジルでは人種問題は成功裏に解決されていると主張した。人種混交を通して、黒人と白人の混血者ムラートは生活の向上と社会的上昇を成し遂げることができたとしているのに対して、他方で、ユダヤ人に関してフレイレは、彼らは猛禽類のように暴利をむさぼるというマイナスのイメージを作り上げた。しかし、彼ははっきりとした優生学的な概念や民族淘汰、反ユダヤ主義、白人・有色人といった差別を明確に意識して活動したわけではなかった。一九三三年出版の代表作『大邸宅と奴隷小屋』は国家的アイデンティティを求めていた時代の葛藤と不安を色濃く反映した作品であった(7)。政治的な差別と人種偏見によって、ヴァルガス時代、殊に新国家体制（一九三七〜四五年）下の日常生活に不安が醸成されていたのである。権力は秩序を要求して、政治的な抑圧や労働大衆の抑制、検閲を通しての思想統制などを行った。国民の理想的モデルであるとされたゲルマン的タイプと体制の理想的モデルであるファシズムはブラジルの支配者たちによって崇拝され、人種的な同質化とともに、ブラジル政府の実践の目標となった（富野 2000：140–141）。

サンパウロを中核とする「新しいブラジル」の人種的な感受性は多量のヨーロッパ人移住の結果であるとは早計

に結論することはできない、という問題がある。なぜなら、著名な社会学者のフロレスタン・フェルナンデスが明らかにしたように、多くのヨーロッパ人入植者は、殊にポルトガル人は、すでに彼らの中にはアフリカ人の血が混入しているために、ブラジルの人種的な「寛容さ」の確立された規律を受け入れたのである（富野 2000：142-143）。

5　自殺が高めた独裁者没後の評価

ヴァルガスの支持者はリオデジャネイロに多く、逆にサンパウロでは、ヴァルガスの業績は否定的に見られている。その理由は、ヴァルガスが首都リオデジャネイロを国民統合の拠点として重視し、その政策の結果、今でも市民が誇りとしうる文化行事[8]や建造物[9]がリオデジャネイロには残っているものの、逆にサンパウロでは、ヴァルガス政権が激しくその勢力を攻撃した一九三二年護憲革命[10]の悲劇が未だ鮮明に記憶されているからである。また、研究分野で見ると、一般に歴史家の場合、ヴァルガスへの評価が高いが、ジャーナリストや作家では、その評価は低くなっている。要するに、ヴァルガスが生きた時代に、ブラジルという国が近代化をすすめ、世界にその存在を強くアピールし始めたことが歴史家によって評価される理由である。一方、ヴァルガス政府の最悪の政策が政治思想の「検閲」や政治的「拘禁」であったとみなされるため[11]、報道や出版に携わる人たちにとって、ヴァルガスは、とうてい容認できない「独裁者」であったと判断される。

ヴァルガスの評価を知る上で興味深い世論調査がある。この「ブラジル最良の大統領は誰か」という問いかけの一九九九年五月の調査によると、フェルナンド・エンリケ・カルドーゾの二倍以上の人気をヴァルガスが占めている（表15-2）。

同書では、数字に続いて「ジェトゥリオ・ヴァルガスは一九年間政権に就き、貧しく死んだ。僅かヴァルガスの

表15－2　1999年5月の調査

1	ジェトゥリオ・ヴァルガス	27%
2	ジュセリーノ・クビシェッキ	14%
3	ジョゼ・サルネイ	13%
4	フェルナンド・エンリケ・カルドーゾ	11%
計		(65%)

出所：Aguiar（2004：9).

出生地のサンボルジャに、四六ヘクタールの農場と建設中のマンションだけを残して。」と高い評価を与えている（Aguiar 2004：12)。

私はブラジルの搾取と闘った。国民の搾取と闘った。私は胸を張って闘ってきた。憎悪や侮辱、中傷に動じなかった。私は諸君に私の生命を捧げた。今度は、私の死を捧げる。私は何も恐れない。冷静に、永遠への第一歩を踏み出し、人生に別れを告げて、歴史の中に入る。

引用した最後の箇所が特に有名であるヴァルガスの「遺書」は、ブラジルにおいて歴史教科書に全文が紹介されている（Silva 1992：273)。一九七四年に筆者がニテロイ市で見た記録映画『Getulio Vargas』（ジェトゥリオ・ヴァルガス）（一九七四年）は冒頭、ヴァルガスの棺の横にジュセリーノ・クビシェッキ、ジョアン・ゴウラール、タンクレド・ネーヴェスが寄り添い、ヴァルガスの「遺書」の朗読で始めている(12)。

リオデジャネイロ州ニテロイ市の大学に筆者が留学したのは、ヴァルガス没後二〇年目の一九七四年であった。ヴァルガスについて語るニテロイの友人たちは、ヴァルガスが生きた時代のブラジルに郷愁と誇りを感じているように思われた。大学本部横の市の公園にはヴァルガスの胸像が建っていて、「国民に慕われた指導者」であったとの印象が、三〇年前に見た記録映画の映像とともに、筆者の脳裏に深く刻まれている。

日本移民との関係では、戦前の同化政策による「弾圧」として記憶されるとともに、一九五二年七月一日、ヴァルガス大統領と個人的に親しい関係にあった松原安太郎が中部ブラジルに四〇〇〇家族の移民枠、ジュート生産の功績があったアマゾニア産業研究所の前専務取締役辻小太郎に北部ブラジル五〇〇〇家族の移民枠がそれぞれ政府によって認められた。これにより一九五三年二月一一日にアマゾン川流域でのジュート栽培のための辻移民一八家族五四人、同年七月七日にドラードス植民地（マトグロッソ州）に入植する松原移民二二家族一一二人がそれぞれサントスに到着した（国立国会図書館主題情報部政治史料課 2008）。この事実はまさに、排日を越えてヴァルガスが日本人を援助したことの証として理解できるのである。

ヴァルガスの政治的、経済的な貢献については、未だに賛否両論が戦わされているが、すでに述べたように文化的貢献については、おおむね、積極的な評価がなされている。つまり、黒人層や貧困層にも広く社会で活躍できる機会を与え、カーニバルのサンバや国際的スポーツのサッカーなどが国民文化の民主的な形成に寄与したとの判断である（CBN 2004：Ciclo de debates Vargas：50 anos depois）（Globo 2004：Modelo de Vargas não se aplica ao Brasil de hoje）。音楽や美術の活動についてもヴァルガスは積極的に支援した。特に、作曲家ヴィラ＝ロボスや画家ポルティナリの芸術活動をヴァルガスは助成し、その協力を利用した(13)。

最後に、「死」の持つ意味である。ブラジルでは、一八世紀末に独立運動のさきがけとなった「ミナスの陰謀」の首謀者チラデンテス（ジョアキン・ジョゼ・ダ・シルヴァ・シャヴィエル Joaquim José da Silva Xavier）が処刑された日を一九世紀末の旧共和制期に「チラデンテスの日」として国の祝祭日に定め、二〇世紀六〇年代の軍政期にチラデンテスを国の「保護者」に決めている。「国の独立運動の犠牲となり処刑された」、という表現は、あたかも「キリストの死」のような神聖な扱いにも思える。

「民衆の犠牲になって自殺した」というヴァルガスの「死」の扱いは、筆者には、キリストやチラデンテスの「死」の受容を連想させる。カトリックの教えでは自殺を禁じているようであるが、ブラジル民衆のカトリック的な価値観が、ヴァルガスの「遺書」につづられているような「私は諸君に私の生命を捧げた。今度は、私の死を捧げる」という行為を、犠牲による「死」と理解させ、ヴァルガスに対する「没後」の評価をさらに高めたと考えられる。

注

（1）「ブラジル人はその真心で世界の文明に貢献できるであろう。……率直な態度、親切、手厚くもてなそうとする気持ち、寛大な心など、少なくとも農村的、家父長的な環境のなかで育まれた社会生活の規範の影響——しかも先祖代々に亘るこの影響力が力を失うことなく、強く残存する限り、ブラジルを訪れる外国人がこぞってほめそやすこれらの美徳はブラジル人の国民性としてこれからも消えることのない特徴となろう。……日本人の場合、周知のように、神道の儀式で神に敬虔な態度を具体的に表す方式が、本質的には、社会内における相手に丁重な態度を示す方法と異なるものではないという示唆的な事実を指摘した人がいる。ブラジル人ほど、このように生活を儀式ばって考える考え方と縁の薄い国民はない。ブラジルの社会生活の通常の形式は本質的にまさに丁重さと対極をなすものである。」（Holanda 1936＝1971：166-167）

（2）旧共和制時代の州統領（Presidente）を一九三四年憲法によって州知事（Goverunador）に変化させ、州政を大統領に従属させた。

（3）カフェ・コン・レイテとはミルク入りコーヒーのことであり、コーヒー生産州のサンパウロと酪農州のミナスジェライスが大統領のたらい回しなど、政治において結託した体制をいう。

（4）テネンティズムは青年将校、つまり軍部の少尉・中尉の総称であるテネンテ（tenente）たちが中心となって国の政治に影響を及ぼした運動をいう。

（5）この事件は、コーエンという名の署名がなされている共産主義体制をめざす暴力革命の計画書が発覚したというもので、「コーエン偽造文書事件」ともいわれるように、共産主義者を弾圧するために軍部が仕組んだ事件であったとされている。ヴァルガスはこの事件をうまく利用して、クーデターを起こし、自らの独裁体制を確立したのである。

（6）ラジオCBNの「ヴァルガス没後五〇年特別討論番組」（CBN 2004：Ciclo de debates Vargas：50 anos depois）やGLOBO「討論会」（Globo 2004：Modelo de Vargas não se aplica ao Brasil de hoje）で参加者が指摘している。

（7）「異種族混交（miscigenação）」における血や文化のあり方を重視した。「ブラジルが直面している問題のうち、混血をめぐる問題ほど私の心を揺さぶるものはなかった。……黒人やムラートの正当な価値――環境や文化からの影響と人種的特徴を区別して――をはじめて教えられたのが、ボアズ教授の下で取り組んだ人類学研究であった」（Freyre 1933＝2005：6）。

（8）リオデジャネイロのカーニバルの行列が今日のようなスタイルになる基礎を創ったサンバチーム（escola de samba）のマンゲイラやポルテーラは一九三二年に誕生し、ヴァルガス政府の保護の下で発展した。

（9）リオデジャネイロ市街を見下ろすコルコバードの丘に立つキリスト像は一九三一年に完成した。また、ヴァルガスが自殺した、当時の大統領官邸のカテテ宮は、今日では共和国博物館となっていて、その中庭などは市民に、憩いの場を提供している。

（10）護憲運動（革命）を記念して、一九九七年より、この運動（革命）勃発の七月九日がサンパウロ州において祭日になっている。およそ三万五〇〇〇人のサンパウロ（護憲革命）軍が一〇万人の政府軍に対峙して戦い、サンパウロ軍のみで八三〇名の兵が死亡したといわれる。この数は第二次大戦中連合軍としてイタリア戦線で戦ったブラジル軍の戦死者の二倍に達している。

（11）ネルソン・ペレイラ・ドス・サントス監督の映画『監獄の記憶』（一九八四年）は、同名の小説 *Memórias do Cárcere*（一九五三年）にもとづいて、ヴァルガス政権下の政治犯「拘禁」の犠牲者となった小説の執筆者グラシリアーノ・ラモス（Graciliano Ramos：一八九二〜一九五三）のきびしい体験談を描いている（Santos 1984 Globo）。

（12）反ヴァルガス大統領の姿勢を強めたジャーナリスト暗殺計画への関与などが疑われて退陣要求が強まるなか、一九五四年八月二四日朝、大統領官邸カテテ宮でヴァルガスはピストル自殺を遂げた。アナ・カロリーナ監督の記録映画『Getulio Vargas』（ジエトゥリオ・ヴァルガス）（一九七四年）は、自殺後のヴァルガスの葬儀のシーンから映画を始めて、順次、一九三〇年革命から時代を追ってヴァルガス時代を描き、一九五四年で終えている（Carolina 1974 Globo Video）。

（13）ヴィラ＝ロボスは「新国家」体制期にヴァルガスの被保護者として、音楽活動の面からブラジリダーデ政策に協力するが、後に、「独裁者に協力した」と批判される。これに対して、ヴァルガスが自殺した一九五四年にリオデジャネイロで「私は全体主義的な体制や独裁的な政治に興味があったのではなく、ブラジル人の教養や芸術の向上を望み、特に、外国に比べて立ち遅れている教育の整備をすすめたかった」と弁解している。ビデオ作品『Villa-Lobos, o Índio de casaca』（ヴィラ＝ロボス、燕尾服のインディオ）（住田 1996：82-83）参照。（Feith 1987：Manchete Video）

文献

Aguiar, Ronaldo Conde, 2004, *Vitória na derrota : a morte de Getúlio Vargas : quem levou Getúlio ao suicídio*, Rio de Janeiro : Casa da Palavra, 9, 12.

青柳郁太郎編［一九四二］一九九九『ブラジルに於ける日本人発展史・上巻』日本図書センター、一〇九-一二四頁。

Basbaum, Leôncio, 1981, *História Sincera da República : de 1930 a 1960*, 4ªed., São Paulo: Alfa-Omega, 58.

Boris Fausto, 2000, *História do Brasil*, Editora da Universidade de São Paulo, 8ªedição, 336-337.

Boris Fausto, 2001, *História concisa do Brasil*. Sãn Paulo : Edusp.（＝二〇〇八、鈴木茂訳『ブラジル史』明石書店、二八二-二八三頁）

Burns, E. Bradford, 1993, *A History of Brazil*, Third Ed., Columbia Univ. Press - New York, 354-356.

CBN（Central Brasileira de Notícias）, 2004, "Ciclo de debates Vargas : 50 anos depois"（ラジオCBN「ヴァルガス没後五〇年特別討論番組」）(http://radioclick.globo.com/cbn/editorias/debates.asp)

Cony, Carlos Heitou, 2004, *Quem matou Vargas : 1954, uma tragédia brasileira*, 3ª.ed.rev. e ampliada, São Paulo: Editora Planeta do Brasil.

Documentos Históricos VI, 2004, "A Carta-Testamento de Getúlio Vargas"（http://www.genealogias.org/）

深沢正雪、二〇一〇、「日系メディア史」ブラジル日本移民百周年記念協会編『ブラジル日本移民史百年史』第三巻、生活と文化編（1）、風響社、九六-一一六頁。

Freyre, Gilberto, *Casa-grande & senzala*. Pernambnco, 1933.（＝二〇〇五、鈴木茂訳『大邸宅と奴隷小屋　上』日本経済評論社、六頁）

Globo, 2004, "Modelo de Vargas não se aplica ao Brasil de hoje" *O Globo*『グローボ紙』二〇〇四年八月二四日版。

Holanda, Sérgio Buarque de, [1936] 1969, *Raizes do Brasil*, JOSÉ OLYMPIO Editora.（＝一九七一、池上岑夫訳『真心と冒険――ラテン的世界』新世界社、一六六-一六七頁）

国立国会図書館主題情報部政治史料課、二〇〇八、「日系社会の再統合から現在まで（1）」（第7章）『ブラジル移民の一〇〇年』(http://www.ndl.go.jp/brasil/s7/s7_1.html)

Mauro, Frédéric, *Histoire du Brésil*, 1974.（＝一九八〇、金七紀男・富野幹雄共訳『ブラジル史』白水社、一三六頁）

根川幸男、二〇一三、「第二次世界大戦前後の南米各国日系人の動向――ブラジルの事例を中心に」『立命館言語文化研究』二五巻一号、一三八-一五四頁。

Neto, Lira, 2013, *Getúlio : do governo provisório à ditadura do Estado Novo (1930-1945)*, São Paulo: Companhia das Letras.

Rodrigues, José Honório, 1970, *Aspirasões Vacionais*. Rio de Janeiro : Civiliza, cán Brasileira.（＝一九八二、富野幹雄・住田育法訳

『ブラジルの軌跡――発展途上国の民族の願望』新世界社）
斉藤広志、一九七〇、『バルガス以後――ブラジルの政治と社会（1930-1969）』ラテン・アメリカ協会。
Silva, Francisco de Assis, 1992, *História do Brasil*, São Paulo: Moderna, 273.
住田育法、一九八六、「ヴァルガス革命」山田睦男編『概説ブラジル史』有斐閣、一四二-一四五頁。
住田育法、一九九六、「ブラジリダーデと映像文化」『京都外国語大学COSMICA』XXV号、八二-八三頁。
富野幹雄、二〇〇〇、「民族主義と黄禍論」金七紀男・住田育法・高橋都彦・富野幹雄共著『ブラジル研究入門』晃洋書房、一四〇-一四一頁、一四二-一四三頁。
富野幹雄、二〇一五、「人種問題」伊藤秋仁・住田育法・富野幹雄共著『ブラジル国家の形成――その歴史・民族・政治』晃洋書房、一四九-一六五頁。
Vargas, Getúlio, 1995, *Diário*, Vol. I : 1930-1936. SP, RJ.
Vargas, Getúlio, 1995, *Diário*, Vol. II : 1937-1942. SP, RJ.
Vianna, Hermano, *O Mistério do Samba*, Jorge Editor-Editora UFRJ, 1995.（＝二〇〇〇、武者小路実昭・水野一ほか共訳『ミステリー・サンバ――ブラジルのポピュラー音楽とナショナル・アイデンティティー』ブルース・インターアクションズ）

映画

Ana Carolina Teixeira Soares, 1974,『Getulio Vargas（ジェトゥリオ・ヴァルガス）』Globo Video.
Feith, Roberto, 1987,『Villa-Lobos, o Índio de casaca（ヴィラ＝ロボス、燕尾服のインディオ）』Manchete Video.
Santos, Nelson Pereira dos, 1983,『Memórias do Carcere（監獄の記憶）』Regina Filmes, LC Barreto e Embrafilme, 1983.

第16章　旧南洋群島民間人収容所における教育と軍政初期の沖縄教育

――主にテニアン島チューロ収容所の事例を手がかりに

小林茂子

1　収容所内の教育実態解明に向けて

本章は、旧南洋群島テニアン島に作られたチューロ収容所における教育活動の実態を解明するとともに、その後の軍政初期の沖縄での教育状況をも勘案し、チューロ収容所での教育とはどのようなものであったかを考察せんとするものである。

テニアン島チューロ収容所は、サイパン島ススッペ収容所とともに、日本軍降伏後の旧南洋群島においてアメリカ軍占領下で作られた民間人捕虜収容所である。アメリカ軍はサイパン島に続き、一九四四年七月二四日にテニアン島チューロビーチに上陸した。日本軍との激闘の末、七月三〇日に軍政府を樹立した。日本軍や住民は南部のカロニナス岬まで追いつめられ、八月三日、日本軍の組織的抵抗は終了した。しかし、サイパン島同様、日本兵はゲリラ戦による抵抗を続けた。こうしたなかチューロ収容所は、一九四四年八月三一日に正式に運営が開始された。この時の収容者は約一万人以上おり、サイパン島と同様に、収容者の半数が一五歳以下の子どもであった。その後戦況により収容者数は徐々に増えていったが、一九四六年一月頃から引揚げが開始され、段階的に六、七月頃まで続いた後、収容所としての役割を終了した。

こうした収容所での状況については先行研究として、移民体験者の持ち帰った写真や資料を中心にまとめられた『沖縄県史』資料編（財団法人沖縄県文化振興会公文書管理部史料編纂室 2002b; 2003）、『旧南洋群島と沖縄県人―テニアン―』（沖縄県史ビジュアル版）（財団法人沖縄県文化振興会公文書管理部史料編纂室 2002c）を挙げることができる。特に後者では、収容所内の学校である「テニアンスクール」について、数枚の写真が掲載され、「戦後民主主義の息吹が感じられ」、「日本の戦後教育の原点」となったと説明されている（財団法人沖縄県文化振興会公文書管理部史料編纂室 2002c : 54）。しかし、これらの先行研究は写真や資料を中心に編まれたものであり、短い説明文が付されているのみで、そこでの教育活動の内容の変化やそのねらいなどについては必ずしも明確ではない。

そこで本章では、先行研究で明らかにされてきた教育実態を意識しつつ、チューロ収容所ではいかなる教育が行われたのか、統治者側の視点も含めその全体像を把握することを課題とする。さらに、多様な視点を得るために、軍政初期の収容所内から始まった沖縄での教育状況についてもあわせて検討を加える。活用する主な資料としては、チューロ収容所日本人評議員会委員長が提出した「抑留報告書」や、アメリカ側の「海軍作戦部隊記録群」などを取り上げる。

2　テニアン島チューロ収容所の生活実態

テニアン島チューロ収容所の運営・管理は、サイパン島のススッペ収容所とくらべ、より円滑に進められた。その理由として、ススッペ収容所で得た教訓がうまく生かされ、運送手段や物資などもある程度揃っており、またススッペ収容所より小規模であったことなどが挙げられている（06935-005 22 Sep 1944 : 5-6）。

表16-1　テニアン島チューロ収容所内の人口

（人）

	日本人	朝鮮人	中国人	計	備考
1944. 8. 1	1,413	1,055	—	2,468	・1944.6頃，テニアン島人口推定15,700人。2,000～3,000人引揚げ。
8. 4	5,797	2,694	—	8,491	
8.31	8,278	2,357	4	10,639	・半数は15歳以下 ・チャモロ，カロリニアンは戦闘前にサイパン島，ロタ島へ移動させられた。
1944.10.21	8,619	2,297	4	10,920	・孤児数：19人（日本人14人，朝鮮人5人）
1945. 2.28	9,060	2,338	4	11,402	
9.30	9,306	2,517	4	11,827	
12.31	9,500	2,679	4	12,183	
1946. 2.28	6,906	0	4	6,910	・引揚げ5,234人
3.31	1,672	0	4	1,676	・引揚げ5,250人
5. 1	—	—	—	1,182	
5.31	日本人	沖縄人	トラック人	1,209	・トラック人はトラック島からの引揚げ
	2	1,202	5		
6.30	2	1,176	31	1,209	

出所：太平洋地域信託統治領：太平洋地域信託統治領に関する庶務文書，1944～51年，Tinian-Military Government（Civil Administration）Report より筆者作成（「—」は不明）。

チューロ収容所の全体状況については、日本人評議員会委員長・中島文彦により外務省に提出された抑留報告書（中島 1946）がその実情をよく伝えている。ここでは中島の報告書をもとに、チューロ収容所内がどのように整備されていったのかを見ていく（表16-1）。

アメリカ軍上陸後から一九四四年一一月三〇日頃まで

収容所の設置場所は、当初旧南洋興発株式会社の直営農場チューロ宿舎地帯を中心に約六〇町歩（五九・四ヘクタール）をバラセンで囲み、そのなかに軍用天幕を張りめぐらせただけのものだったが、その後トタン小屋のものとなった。一つの小屋に六〇～八〇名が入れられ、日本人と朝鮮人は別々に分かれて収容された。軍政府は衛生、便所に関しては非常に神経を使い、蝿と蚊の発生を極力防止し、一匹の蛆、ボーフラをも見逃さないよう徹底した。飲料水は、当初天水を使っていたが、井戸水を使用するようになってから下痢患者が少なくなったと報告されている（中島 1946：3-4）。

また炊事編成として、人口一〇〇〇名に対して一ヶ所の共同炊事所が設けられ、ここに軍政府により男五名、女一六名が雇用され（内、炊事長一名）、一日二回の食事を作った。収容所初期はすべて軍政府の指令により管理され、キャンプリーダーが決められて、その下に代表的人物十数名の協議員をおき、軍政府の命令を伝達した（中島 1946：4）。

収容所では働ける者は労働に服さねばならず、賃金が支払われた。雑役を主とし、宿舎の清掃・建設、洗濯、蔬菜園の栽培、土木作業、死体の処理などがあり、その給料は一六歳以上男子八時間労働で二五セント、女子および給仕の子どもには一五セント、各係の長には月給一六ドル程度が支給された。各労働者は毎日午前六時三〇分に労働事務所前に参集し、アメリカ兵に引率されて作業場に行き、午後四時再び広場に連れ戻されて解散するという労働形態であった。また理髪業とミシン裁縫業の個人営業が早くから認められ、軍政府直営の売店もあった。子どもや病人に対してはミルクの配給があり、その後収容所内での煮炊きが許されたことで、徐々にではあるが生活が回復しつつあった。さらには、食糧対策として蔬菜園の経営、味噌醤油工場の建設が一〇月頃から行われた（中島 1946：5）。病院はキャンプ外に、急患を隔離収容するための天幕のものがあり、キャンプ内に診療所があった。産院は診療所に附属していた（中島 1946：5）。

この間一九四四年九月にフィリピンでレイテ戦が開始されたが、その戦況は収容所内の『月刊テニアン毎日新聞』（謄写紙、未発見）や、サイパン発行の『マリヤナ時報』の報道によってある程度知ることができた。この時期の収容所内の雰囲気を中島は、「俘虜という日本人的な汚名に対する苦悩と祖国に対する戦況の不安とが総べて掩ひつくし、聊か希望を失った者の集まりの如くであった」と述べている（中島 1946：5）。

一九四四年一二月頃から一九四五年七月頃まで

一九四四年一二月、テニアンとサイパンの賃金が同一でないことがわかり、軍政府との交渉により給料が賃上げされた（中島 1946：6）。この時期は収容所内の個人企業が増え、下駄の製造、ブリキや軽金属細工、メリケン粉の特配により饅頭屋も見られた。また、軍直営の売店は、民間事業の株式経営に移され、収容所内の経済活動は活発化していったが、それにつれて金を稼げる者と稼げない者との差が徐々に出てくるようになった。この民間事業は一九四六年一月上旬頃引揚げが始まると、閉鎖が命じられた（中島 1946：7）。またこの頃には、慰安・娯楽の催し物も上演されるようになり、一九四五年一月初めより日本人および沖縄人劇団が誕生し、そのほか流行歌手、浪曲等の素人演芸もあり人気を博した（中島 1946：7）。

しかし海の外では、一九四五年二月の硫黄島戦をきっかけに日米決戦はいよいよ深刻となり、四月の沖縄戦に至り、収容者の多くを占める沖縄人に動揺が走った。収容所内は暗迷の雰囲気となり、人びとの間に言い知れぬ不安が広がった。こうした戦況に触れるにつれ、日本精神の覚醒を唱える者も現れた。さらに収容所内では、四月頃よりアメリカ兵とのイザコザやストライキ等が増加し、重苦しい空気が充満し始め、次第に指導機関の出現を望む声が高まっていった。こうした背景により七月中旬、評議員の選挙が実施されることになった。これは「キャンプ行政の民主化」といえるものであったが（中島 1946：8）、婦人の選挙権は認められていなかった。二回の選挙により評議員二〇名を選出し、委員長には中島文彦が就任した。以後、評議員が評議員会を組織して軍政府と交渉しつつ、収容所内の諸問題に取り組むことになった。そうしたなか、八月一五日を迎えた。中島は評議員会を開催し、無条件降伏の放送があった旨を報告し、収容者には冷静な態度を強調した。この時の様子を「若干の異論はあったが」、大した動揺は見られなかったといっている。しかし、「親米・抗米両派が意識されるようになっていくのは如何ともすることができなかった」（中島 1946：10）と回想しているように、収容所内には敗戦という現実の受け入れをめぐって、いわゆる「勝ち組」と「負け組」の対立が表面化し、後におこる殺人事件の原因ともなった。その後は心配された大きな混乱はなく、農業では八月にテニアン農業組合が作られ、漁業は軍直営の漁港が開設されて、漁業組合が設立された。味噌工場は軍政府直営から一九四六年一月より組合組織に改変され、野菜・肉類等の自由販売も行われるようになった（中島 1946：11）。しかし、一九四六年一月三日、犯人不明の殺人事件がおこり(1)、中島はその責任上突然引揚げを命じられ、一月上旬引揚げ船に乗ることになったのである。それでは、こうした状況のなか収容所内の教育はどのように進められていったのか、次節で見ていこう。

3　テニアン島チューロ収容所の教育状況

教育体制

一九四四年一〇月頃から一二月頃まで――小学校開校を中心に

前節で見たように、収容所は混乱の中で開所されており、当初病気や怪我をしている子ども以外には、特別な対策は取られていなかった。そうしたなか、まず始められたのがボーイスカウトの活動であった。学校開校前、日本人朝鮮人男女合わせて約二七〇〇人が登録をした。そこでは任意の英語の授業も行われ、約五五〇人が参加した（06935-005 1 Nov 1944：4）。

一九四四年一一月一日より日本人小学校が開校した。校長には元テニアン国民学校教頭池田信治が就任した。生徒数約一七〇〇人、教師数は元訓導の一八人と臨時教員の四五人。教員は不足しており、元訓導のほか、中学校、実業学校、女学校で教育を受けた者が即席の教員として集められ訓練を受けた。教室は当初テントを改造したものを使用した。約四〇クラスほどが作られ、のちに一九四五年五月末、教師らによって講堂も建てられた（06934-004

5 Nov 1944：2)。科目は読方、書方（日本語）、算数、理科、体操（06935-005 29 Nov 1944）。英語の授業はボーイスカウト活動のなかで行われた。教科書はハワイから送られてきたものや古い日本語の教科書を見つけ、軍国主義的なところは墨を塗って再利用した。教材作りは主に元訓導らが中心になって行ったが、すべての教材に軍側の検閲があった(2)。授業は午前中にやり、たいてい午後はトラック競技、バスケットボール、ソフトボールなどの運動をすることが多かった（06913-003 1 Mar 1945：3)。

日本人学校とは別に作られた朝鮮人学校は、一九四四年一一月二〇日に開校した。生徒数約五〇〇人。朝鮮人教師は経験者がおらず一二人を訓練中であった。科目は読方、書方（朝鮮語）、算数、理科、体操（06935-005 29 Nov 1944）。朝鮮語が教育の手段として使われるようになると、日本語で教えることは中止した。以後、日本語は日本人生徒に、朝鮮語は朝鮮人生徒に対して教えられた（06934-004 2 Dec 1944：2)。

ボーイスカウト活動は学校ができても継続され、成人男女のリーダーのもと日本人、朝鮮人の子どもたちが一緒に活動し、体操、フットボールなどの運動のほか、造園プログラムの活動や公衆衛生や警察の手伝いなどを行った（06935-005 4 Dec 1944：7)。登録者は、一九四五年九月で八一六人（日朝男女あわせて）であった。また英語の授業も続けられていたが、一九四四年一二月一日からは日本人グループ、朝鮮人グループとも、学校で英語の授業が始められた（06935-003 22 Nov 1944：2）(3)（表16-2)。レクリエーションとして週二回映画や劇などもあった。夜間の成人英語クラスは、週三回アメリカ将校の管理のもと行われ、一二月には日本人、朝鮮人あわせて二〇〇人くらいに増えた（06934-004 9 Dec 1994：2）（以後一九四五年一〇月まで続いた)。

一九四五年一月頃から引揚げまで――中学校開校を中心に

一九四五年四月一日より中学校が開校した。校長には元マルポ国民学校校長吉田正身が就任した。中学校への入

表 16－2　小学校登録者数

（人）

<table>
<tr><th>小学校</th><th colspan="2">日本人</th><th colspan="2">朝鮮人</th><th>計</th></tr>
<tr><td rowspan="2">1944.11～
1945.3</td><td>男　915</td><td rowspan="2">1,783</td><td>男　266</td><td rowspan="2">451</td><td rowspan="2">2,234</td></tr>
<tr><td>女　868</td><td>女　185</td></tr>
<tr><td rowspan="2">1945.4
（出席率）</td><td>男　1,058</td><td rowspan="2">2,047
（87％）</td><td>男　299</td><td rowspan="2">501
（97％）</td><td rowspan="2">2,548</td></tr>
<tr><td>女　989</td><td>女　202</td></tr>
<tr><td>1945.10.27
（出席率）</td><td colspan="2">2,070
（93％）</td><td colspan="2">512
（97.9％）</td><td>2,582</td></tr>
</table>

出所：表16-1に同じ。

表 16－3　中学校生徒数

（人）

<table>
<tr><th colspan="2">中学校</th><th>日本人</th><th>朝鮮人</th><th colspan="2">計</th><th>備考</th></tr>
<tr><td rowspan="2">1945.4.1</td><td>男</td><td>22</td><td>4</td><td>26</td><td rowspan="2">50</td><td rowspan="2">・196人の応募者があり，入学試験後，50人を選抜</td></tr>
<tr><td>女</td><td>24</td><td>0</td><td>24</td></tr>
</table>

出所：表16-1に同じ。

表 16－4　幼稚園園児数

（人）

幼稚園	日本人	朝鮮人	計
1945. 9.30	414	180	594
10.27	450	185	635

出所：表16-1に同じ。

表 16－5　教師雇用数

（人）

<table>
<tr><td rowspan="2">1945.4.1</td><td>日本人</td><td>朝鮮人</td><td>計</td></tr>
<tr><td>65（男57，女8）</td><td>18</td><td>83</td></tr>
</table>

出所：表16-1に同じ。

学希望者が一九六人（内、朝鮮人三〇人）おり、入学試験の結果五〇人を選抜した。中学校は朝鮮人教師が足りないため、日本人朝鮮人が一緒だった（06923-015 1 Oct-31 Dec 1945, 6 Jan 1946：8）。科目は修身、数学、地理、英語、物理、体操、家事裁縫、応用化学、植物、商業、農業、工業、音楽等一五科目。教育担当のムック・H・テルファー（Mook, H. Telfer）将校が担任を務めた（『マリヤナ時報』一九四五年六月一日付）（表16-3）。

この時期は学校の体制も徐々に整いつつあり、各種の取り組みが行われた（表16-4、表16-5）。例えば学校農園のプログラムでは、五学年までが週一回午後に農園（三〇エーカー）で作業をした。また、すべての学年ではキャンプ衛生プログラムとして週一回午後に教師の指示のもと収容所全体の清掃に取り組んだ。そのほか図書館が開館され（子どもに対しては昼間、大人は夜間）、さらに学童に対しては一九四五年五月から学校炊事（スクールキッチン）が新設され、昼食として携帯食糧の一部を配給するようになり、栄養状態が改善された（06923-015 1 Oct-31 Dec 1945, 6 Jan 1946 : 10）。

こうした活動のなか軍政府の命により学校の保護者会を作ることになり、小学校、中学校一丸とした教育後援会（The Tinian School Parent Teachers Association）が設立された。これは朝鮮人代表も含め、学校運営の支援を目的に活発に活動を続けた。毎月会費として五セントを集め、基金を作り、その総計は約一五〇ドルとなった。また、朝鮮人地区ではカトリックとプロテスタントの教会が作られ、海軍の司祭のもと毎日曜日の午後、礼拝が行われた。そこでは讃美歌が歌われ、信者の集まりや日曜学校などが開かれた（06923-015 1 Oct-31 Dec 1945, 6 Jan 1946 : 10）。

教育方針

収容所内での教育状況や方針については、民族別の生徒数や出席率、カリキュラムの内容、教師の熟練性や未経験者の訓練、成人教育、ボーイスカウトの活動から英語教育の範囲や教材の確保などが月例報告（Monthly Report）に記載されている（06935-003 27 Oct 1944 : 18）。これらの内容はサイパン島ススッペ収容所でもほぼ同様だが、テニアン島チューロ収容所の方が整備がより進んでいたといえる。例えば、テニアンスクール（小学校）はススッペ収容所より早く開校されており、中学校も入学試験が行われ正式に開校している。教師らの努力により講堂の建設も実現した（ススッペ収容所の小学校開校は一九四五年四月、中学校は正式には作られなかった）。この背景には、サイパン島の収容所経験が生かされたというだけではなく、教育担当のムック将校の存在が大きかったといえる。ムック将校はコロラド大学海軍日本語学校で一四ヶ月の訓練を受けたのち、一九四四年九月一日テニアン島チューロ収容所に着任した（06935-003 1 Nov 1944 : 161）。任務を遂行するにあたって、元テニアン国民学校教頭の池田信治に協力を求め

図16－1　ムック将校（左）と池田信治テニアン日本人学校校長（右）
写真提供：沖縄テニアン会

た。当初池田はアメリカ軍に対して懐疑的だったが、テニアンスクール（小学校）の校長に就き、ムック将校と協力をしながら収容所内の教育体制づくりを進めていった。その時の様子を中島の報告書では、「旧職員を中心とし代用教員合計七〇名が二千名の児童を教育することになった。教材の蒐集、印刷、連絡等涙ぐましい努力が続けられた」と記されている（中島 1946：6）。ムック将校も自ら英語の教材作りや教師への英語教育指導にあたり、テニアン中学校ではクラス担任にもなった。

ムック将校は戦後二回来日している。一回目は一九九一年二月八日、東京で池田と四六年ぶりの再会を果たし、二回目は同年九月二〇日、沖縄で開かれたテニアン中学校の同窓会に元生徒たちの招きで訪れ、多くの元学校関係者の人たちと旧交を温めた。この様子はテレビでも放映され(4)、ムック将校と当時の日本人生徒や教師たちとの間には、敵味方を越えた温かい交流があったことが窺える（図16-1）。しかしながら、収容所での教育は軍政府の方針に沿ったものであり、教師たちの敵対的行為を監視し、国旗・国歌や国家主義的言動は禁止され、英語教育を通して収容者のアメリカ化を図ることがねらいとしてあったことは確かであろう（06918-012 10 Dec 1944）。[5] そのため英語教育は、前節で見たように学校開校前からボーイスカウト活動や成人教育のなかで、任意の英語の授業として早期から行われた。一九四四年一二月一日からは学校でも英語の授業が始められたが、さらに一九四五年四月の新学期より小学校で、「国語の廃止と英語の必習」が命令された。この時「中学、高学年においては講義に国語の使用は許されたが、低学年に国語の科目を廃止されたことは非常に苦痛なことであり、教職員の間に大きな動揺が起」こり、「一二三名の退職者を教員中より出したことは遺憾であった」と中島は報告している（中島 1946：6）。この動揺とは、おそらくアメリカ軍への反感あるいは抗議といったものだったのでないだろうか。軍政府側は特に日本人教師の持つアメリカ軍への敵対的な感情や行為に対し常に警戒していた。[6] 中島の報告書には「結局国語の廃止、英語の必習を余儀なくされた」とあるが、「読方」（日本語）の科目は認められた。おそらく軍当局は黙認したものと思われる。現実として英語で教えられる日本人教師（朝鮮人教師も）を養成することは無理であった。この件について軍政府の Monthly Report には何も記載がない。その後英語教育のプログラムは、会話を重視した内容に改訂され（06913-003 4 Oct 1945：8）、サイパン島同様現地の教師たちの英語学習指導者として、忠誠心を持ったハワイの日本人、朝鮮人、沖縄人の二世を採用することなどが実施された（06935-003 17 Nov 1944：2）。[7] 彼らを通して、教師たちにアメリカの理念を伝えようとしたのである。

引揚げ開始後の収容所運営

一九四六年一月から引揚げが開始されたが、引揚げが始まった後も学校は継続され、一九四六年一月八日から三

表16－6　引揚げ者数

（人）

	総　数	引揚げ者内訳
1946.1.6～2.28まで（1946.4.3付　報告）	6,234	日本人2,028，朝鮮人3,592，沖縄人614
1946.3.2～3.22まで（1946.4.7付　報告）	5,256	日本人5,234 沖縄人22

注：沖縄人は残留を希望する者がおり，それに対する軍政府の決定がなかなかでなかった。結局残留は認められず，全員引揚げとなった。

出所：表16-1に同じ。

学期が始まった。朝鮮人学校は完全に自分たちの言語で運営される学校となり、小学校は日本人学校とは別々であったが、中学校は資格のある朝鮮人教師の不足のため日本人と一緒に行われた。朝鮮人学校は引揚げのため二月二八日で閉鎖された（06913-001 3 Apr 1946：7）（表16－6）。

夜間の成人英語クラスは軍政府の人員削減のため一九四五年一〇月で中止されたが、タイピングのクラスが始められた。アメリカ映画やプロパガンダ放送は継続され、校庭の運動場は夜間と日曜日には成人にも利用できた。また、昼食を配給する学校炊事（スクールキッチン）のサービスや学校農園プログラムも継続された（昼食のサービスは一九四六年四月で終了した）（06923-015 1 Oct-31 Dem, 6 Jan 1946：8-10）。

一九四六年三月二三日に、六学年五一人、八学年三四人が卒業した。新学年は四月一日から始業した。ボーイスカウトの登録者数は男女あわせて四七三人（一九四五年末）。五月には教師らの働きによりキャンプ野球試合が開催された（06913-001 1 May-31 May, 1 Jun 1946：7）。

一九四六年六月一二日、日本人の学校は正式に閉鎖された。この時残っていたすべての生徒、教師が二世の人たちと一緒に校庭の清掃をした。英語など教科書の一部は生徒に配り、学校で使った教材、教具、図書館の本などはサイパンに輸送された。六月二日には、学校と評議員会共催で運動会が開かれた（軍政府関係者もゲストで参加した）。また六月九日には、漁業組合と評議員会でボートや水泳による水上運動会も開かれた（06913-001 2 Jul 1946：2）。その後引揚げがほぼ完了し、一九四六年七月二日付で、テニアン島海軍政府活動の記録は最終となる。

4　軍政初期の沖縄での教育——英語教育の導入

これまで見てきたように、テニアン島では一九四四年八月以降チューロ収容所が開所され、教育をはじめ生活全般にわたりアメリカ軍による統治体制が整備されていったが、一方沖縄では、一九四五年三月二五日に慶良間列島に、四月一日に沖縄本島にアメリカ軍が上陸した。アメリカ軍は四月五日には読谷村に海軍政府を樹立し、海軍政府布告第一号を公布して占領を宣言し、激しい沖縄戦を展開した。こうしたアメリカ軍との激闘が続くなか各地に収容所ができ、多くの難民が収容されるようになった。沖縄の戦後は収容所から始まったといわれるが、終戦前後の学校教育も収容所から始まった。五月七日には早くも石川地区収容所に石川学園が設立され、教室なし、教科書・教材なしのなか、各地収容所には学校が作られていく[8]。軍政府はこのような状況下で戦前の国家主義思想が入り込むのを恐れた。そのため一九四五年八月に文教課を設け、占領下沖縄での教育政策を定め、教育計画を編成し、教材・備品の提供などを担当した。一九四六年一月には軍政本部文教部長の監督下に沖縄文教部を置き、沖縄の教育管理に関わる教育行政全般を所管した。アメリカ海軍政府文教部長ウィラード・A・ハンナ（Willard A. Hanna）は、教科書編纂所をいち早く設立し、その後沖縄文教部長に山城篤男を任命し、教科書編集をはじめ戦後の沖縄教育の再建に着手した（宮城 1993：39-40；大内 1995：307-310）[9]。

沖縄でのこうした教育状況のなか、一九四五年一二月にはニミッツの後を継いだ、アメリカ太平洋艦隊および太平洋総司令部のレイモンド・A・スプルーアンス（Raymond A. Spruance）総司令官が太平洋地域の軍政府に対する指令を発し、「すべての年齢者を英語で教育することは最も重要である」と指示した（財団法人沖縄県文化振興会公文書管理部史料編集室 2002a：88）。これはサイパン島、テニアン島の収容所内でも見られたように、軍政府が占領地域において、英語による教育を導入する考えがあったことを示している。しかし、当時の沖縄において、すべてを英語で教えるということは状況として非現実的であり、沖縄の教育関係者からも反対の声があがった。軍政府内でも議論がおこり、スプルーアンス総司令官の意図がどうであれ、軍政府としては現実的に対処するしかなかった。「日本語をそのまま維持することが……長い目で見て望ましいどうかは分からない。しかし、琉球語を復活することは問題外であり、英語による教育は教師の徹底的な訓練なしには不可能であり、また、沖縄の将来に関する明確な決定がない限り望ましいことではないから、（日本語以外に――原文付き）代案はなかった」（財団法人沖縄県文化振興会公文書管理部史料編集室 2002a：89）[10]と記録されている。

いずれにしても日本語の教育を維持しつつも、軍政府は沖縄の住民にアメリカの理念を伝える手段として、英語教育重視の考えに変わりはなかった。文教課は一九四六年に、沖縄における戦後最初の教育課程（「八・四制」）で、初等学校一学年から教科としての「英語」を必修に指定した[11]。一九四八年には「六・三・三制」へと移行し、教科としての「英語」は消えたが、他教科と組み合わせて小学校で英語を指導するとした。沖縄の小学校から正式に英語の必修化が廃止されたのは、一九五七年に中央教育委員会がいわゆる「琉球教育法」にもとづいた「基準教育課程」を告示したことによる（山内 1995：310）。

5　旧南洋群島収容所と沖縄との教育的連関

以上、主にテニアン島チューロ収容所を中心に、アメリカ軍管理のもと一九四四年から四六年にかけての教育活動、および軍政初期の沖縄の英語教育の状況について見てきた。これらをふまえ、テニアン島チューロ収容所での教育をどうとらえるか。沖縄での軍政初期の教育方針についても勘案しつつ考えてみたい。

アメリカ軍はサイパン島、テニアン島を飛行場などの軍事基地として活用することに主眼があり、当初収容所への対応はそれほど重要なものと考えていなかった。収容所の教育についても、子どもの状況、教師の反応などを見ながら管理を進めていったといえる。そのなかで、特に重要であると考えられたのが英語教育の導入についてであった。そこにはアメリカの戦後の太平洋諸島地域の統治とも関わり、収容者をアメリカ化するというねらいを持っていた。しかし、軍政府側も英語教育導入の問題は重要であるが、いきなり実施するのは難しいことは承知していた。教師たちの反発も予想されるであろうし、導入のための人材や教材を確保することも予算上必要であった。それらを強行し実現するには、その地を長期的に保持するという確実な見通しが必要であった。このように考えると、サイパン島同様、テニアン島の日本人、朝鮮人の多くはいずれは引揚げるだろうと考えられ、それほど費用をかけて英語化を進める必要があるのか、といった判断があった（06918-012 10 Dec 1944）。また軍政初期の沖縄でも、当時は今後の帰属がまだ未確定であったことを考えると、スプルーアンス総司令官の「すべてを英語でやれ」という指示を実現させることは現実的には難しかった。これに対し、サイパン島ススッペ収容所の現地住民であるチャモロ、カロリニアンのいる地区の学校での英語教育は異なっていた。子どもや成人に対しても、日常でも自分たちの言葉を極力おさえさせ、英語教育を強く進めた。チャモロやカロリニアンの英語教育の成果は、日本人や朝鮮人より上がっていることが報告されている（06935-011 1 Jun 1945：13-14）。ここには一九四七年から始まるマリアナ地域の国連信託統治を見越して、軍政府による英語教育の徹底化が図られたことが指摘できるのではなかろうか。

サイパン島同様、一九四四年からのテニアン島チューロ収容所での日本人（沖縄人も含めて）に対する教育は、戦前の国家主義的内容を払拭し、英語教育やボーイスカウト活動を通してアメリカ的民主主義（理念）が教えられたことを考えると、日本の戦後教育の端緒であったということはいえるであろう。しかし、その裏には、戦後の太平洋諸島地域（ミクロネシア、沖縄）の占領統治に対するアメリカの何らかの政策的な意図が働いており、それが収容所の教育内容にも反映されていたことは確かであろう。

注

（1）この事件については、野村（2005：360-363）が詳しい。このなかでは、「凶行があったのは一九四六年一月五日の午前零時ごろであった」と記されている。

（2）この点については、注（4）で述べたテレビ放映の番組のなかで、元訓導・國吉惟弘も証言している。

（3）沖縄テニアン会の森真之さん（一九三二年、テニアン島生まれ）は、当時テニアンスクールで使っていた英語の教科書を持ち帰っている。教科書名は *The Work-Play Books PETER AND PEGGY*, Gates and Huber で、その教科書の最後のページには、ハワイ・ホノルルにある“POHUKAINA SCHOOL”の印が押されていた。

（4）一九九一年一一月三〇日土曜日、午後二時から三時まで「南海の戦場に学校があった！　敵兵と子ども達の交流　46年目の再会」という番組が日本テレビで放映された。沖縄でも同日同時間帯に沖縄テレビで放映された。

（5）サイパン、テニアンとも収容所の教育方針の根本には布告や命令で、国旗掲揚・国歌斉唱、国家主義的思想、アメリカ軍に対する敵対行為は罰則をもって禁止されていた。

（6）アメリカ軍収容所に入った教師の心情は複雑で、「私は教育者として、これでよいのか、子供達に何を教えて来たか、おめおめと捕虜になって、と色々な事が浮かんで来て、恥ずかしいやら、悲しいやらの気持が錯綜して、只涙が溢れるばかりで、……」という思いを持っている者は多かった（國吉　発行年不明：91）。

（7）収容所で教師をしていた普天間盛助は、「授業は戦前の教科書の悪い部分を墨で塗りつぶして使った。英語は新しい教科で二世が七、八名いたので、この人たちが教科書を作った。担任はアメリカ人のムック中尉という読み書きの上手な人がいたので、その方が教えた」と証言している（普天間　2005：257）。

（8）混乱のなか沖縄の各地収容所で学校が作られていった背景について、川平は次のように説明している。「確かに、米軍政府にとって、戦争を遂行するうえで、子供たちが戦場を『徘徊』することは作戦的にみても障害であったにちがいない。だが、沖縄戦を生き延びた教師たちが学校を再建し、子供たちの教育を再開しなければならない、という熱い思いがあったことも見逃してはならない」（川平 2011：87）。なお、沖縄の収容所での生活と教育の実態については、同書に詳しい。

（9）アメリカ軍政府から示された教科書編集の方針は、①日本的教科書の絶対禁止、②軍国主義的教材の禁止、③超国家主義的教材の禁止、であった（川平 2011：90）。

（10）しかし、沖縄の教師の中には、全部英語にしてほしいと要望する者もいた。この意見にハンナは疑問を持っていた（大内 1995：311-315）。

（11）「文教時報」第一号で、英語は一～四年生までは週一時間、五～六年生は週二時間、七～八年生には週三時間を必修としている（沖縄県教育委員会 1977：42-45：山内 1995：309）。なお、占領下沖縄の高等教育における英語教育については、小川（2012）を参照。

文献

普天間盛助、二〇〇五、〈普天間盛助の話〉具志川市史編さん委員会『具志川市史　第五巻　戦争編戦時体験Ⅱ』具志川市教育委員会、二五三-二五九頁。

川平成男、二〇一一、『沖縄　空白の一年――1945-1946』吉川弘文館。

國吉惟弘、発行年不明、「死線を越えて」沖縄テニアン会那覇支部創立十周年記念『記念誌』五九-九二頁。

宮城悦二郎、一九九三、『占領27年――為政者たちの証言』ひるぎ社。

中島文彦、一九四六、「テニアン収容所に於ける邦人の生活に就いて」（昭和二一年二月外務省へ提出　抑留報告書原稿抜粋）、防衛省防衛研究所資料閲覧室所蔵（中太マリアナ81）。

野村進、二〇〇五、『日本領サイパン島の一万日』岩波書店。

小川忠、二〇一二、『戦後米国の沖縄文化戦略――琉球大学とミシガン・ミッション』岩波書店。

沖縄県教育委員会、一九七七、『沖縄の戦後教育史』。

大内義徳、一九九五、「アメリカの対沖縄占領教育政策」『沖縄文化研究』二一、二五七-三八三頁。

山内進、一九九五、「戦後沖縄におけるアメリカの言語教育政策」照屋善彦・山里勝己編『戦後沖縄とアメリカ――異文化接触五〇年』沖縄タイムス社、三〇二-三二五頁。

財団法人沖縄県文化振興会公文書管理部史料編集室、二〇〇二a、『沖縄県史　資料編十四　琉球列島の軍政　1945-50　アーノルドG・フィッシュ二世　宮里政玄訳　現代二（和訳編）』沖縄県教育委員会。

財団法人沖縄県文化振興会公文書管理部史料編集室、二〇〇二b、『沖縄県史　資料編十五　旧南洋群島関係写真資料（上）近代四』沖縄県教育員会。

財団法人沖縄県文化振興会公文書管理部史料編集室、二〇〇二c、『沖縄県史ビジュアル版9近代②　旧南洋群島と沖縄県人―テニアン―』沖縄県教育員会。

財団法人沖縄県文化振興会公文書管理部史料編集室、二〇〇三、『沖縄県史　資料編十七　旧南洋群島関係資料　近代五』沖縄県教育員会。

『マリヤナ時報』一九四五年六月一日付、「テニアン中学校入学式」（テニアン島四月二四日発）。

資料　海軍作戦部隊記録群（資料番号は沖縄県公文書館所蔵資料の分類番号を記載した）
太平洋地域信託統治領：太平洋地域信託統治領に関する庶務文書、一九四四～五一年。
(06923-015), Military Government Report: Tinian, 1946, *TINIAN - Military Government (Civil Administration) Report for period 1 October 1945 to 31 December 1945, 6 January 1946,* pp.8-10.
(06934-004) A9, Tinian-Civil Affairs Weekly Progress Report for Week Ending 16 December 1944 etc. *NAVAL SPEEDLETTER, 5 November, 1944,* p.2,
(06934-004) A9, *ibid., NAVAL SPEEDLETTER, 2 December, 1944,* p.2.
(06934-004) A9, *ibid., NAVAL SPEEDLETTER, 9 December, 1944,* p.2.
(06935-003) A9, Tinian-Military Government (Civil Administration) Report for Month of October 1944, 3 November 1944, etc. *Tinian-Military Government (Civil Administration) Report for Month of October 1944, 3 November 1944,* p.8.
(06935-003) A9, *ibid., Tinian-Military Government (Civil Administration) Report for Month of October 1944, 1 November 1944,* p.161.
(06935-003) A9, *ibid., SUMMAY OF CIVIL AFFAIRS MATTERS-TINIAN, 22 November 1944,* p.2.
(06935-003) A9, *ibid., HEADQUQRTERS, ISLAND COMMAND, SAIPAN, 17 November, 1944,* p.2.
(06935-003) A9, *ibid., REPORT of INSPECTION of MILITARY GOVERNMENT on GUAM, SAIPAN, TINIAN, 27 October, 1944,* p.18.

（06935-005） A9, Monthly Report Activities Civil Affairs Section, 1944, *Civil Affairs Operational Report, MARIANAS, Phase* iii *(TINIAN), 22 September, 1944,* pp.5-6.

（06935-005） A9, *ibid., WEEKLY SUMMAY OF CIVIL AFFAIRS MATTERS-TINIAN, 25 October 1944. 1 November 1944,* p.4.

（06935-005） A9, *ibid., SUMMAY OF CIVIL AFFAIRS MATTERS-TINIAN, 29 November 1944.*

（06935-005） A9, *ibid., CIVIL AFFAIRS SECTION, HEADQUARTERS, ISLAND COMMAND, TINIAN, MARIANA ISLANDS, 4 December, 1944,* p.7.

（06935-011） A9, Tinian-Military Government （Civil Administration） Report for the Month of May 1945, etc., *MILITARY GOVERNMENT SECTION, SAIPAN, N.I., 1 June 1945,* pp.13-14.

太平洋地域信託統治領：高等弁務官庶務文書、一九四六～五一年。

（06913-001） A9, Monthly Report, 1944, *U.S. NAVAL MILITARY GOVERNMENT UNIT, TINIAN, MARIANAS ISLANDS, 3 April, 1946,* p.7.

（06913-001） A9, *ibid., TINIAN – Military Government (Civil Administration) Report for period 1 May, 1946 to 31 May 1946, 1 June, 1946,* p.7.

（06913-001） A9, *ibid., U.S. NAVAL MILITARY GOVERNMENT UNIT, TINIAN, MARIANAS ISLANDS, 2 July, 1946,* p.2.

（06913-003） A9, Monthly Report, 1945, *TINAN-Inspection (24-27 February 1945), 1 March 1945,* p.3

（06913-003） A9, *ibid., U.S. NAVAL MILITARY GOVERNMENT UNIT, TINIAN, MARIANAS ISLANDS, 4 October 1945,* p.8.

（06918-012） NC, Schools, Training Centers, 1945-1946, *Memorandum for Vice Admiral Towers, 10 December 1944.*

第17章　移民的徳の誕生
――一九五〇～六〇年代の海外移民政策と政治的主体としてのブラジル日系人の形成

佐々木剛二

1　ブラジル日本移民の「徳」

二〇〇八年にブラジル日本移民が百周年を迎え、一年にわたってブラジル各地で記念行事が行われた時、日本移民はある種の道徳的な資質の持ち主として、繰り返し表象された。この年、ブラジル日本移民百周年記念協会の理事長であるコウケイ・ウエハラ（上原幸啓、Kokei Uehara）は、日本移民百年祭の意義の一つが「日本人が持つ勤勉、誠実、謙虚などの美徳」（上原 2008）を再び顧みることであると訴えた。また、ルイズ・イナッシオ・ルーラ・ダ・シルヴァ（Luiz Inácio Lula da Silva）大統領は、プラナルト宮（Palácio do Planalto）で日本の皇太子に対して行ったスピーチにおいて、ブラジルの日系人たちが「決意（determinação）、努力（empenho）、そして創造性（criatividade）によって知られた人びとであり」、「研究熱心（estudiosa）で、働き者（trabalhadora）」であると語った。[1] さらに、ブラジルのある銀行の広告は、日本移民がブラジルに与えた影響を、「百年前、誠実さや規律正しさ、義理深さや謙譲の心という価値観がサントスの港に上陸し」[2] たという言葉で表現した。「移民百周年」の前後に生み出された日本移民に関する無数のテクストやイマジェリーの多くが、日本移民の歴史的物語だけでなく、こうした移民の内面的な資質に言及していた。

このような積極的な価値を付与された内面的資質は、道徳的資質（moral character）、あるいは「徳」（virtue）と呼ぶべきものである。最も一般的な用法では、徳は、例えば、「正直である」、「寛大である」、「慈悲深い」などといったものであり、多くの場合、人物の心的傾向として、あるいは行為に与えられた性質としてとらえられる。人類学や社会学における道徳の研究は、伝統的に、特定の社会に埋め込まれた規範（norm）、価値観（values）、タブー（taboo）、義務（obligation）などに強い関心を払ってきた。しかし、これらの用語は、人びとがある人物や集団に対して結びつけるようなさまざまな内的資質の特徴（character traits）を指し示すのに不十分である。本章では、集合としてのブラジル日本移民の特質についてのさまざまな言説やイメージを、徳をめぐるそれとして理解することによって、歴史の特定の時点において、彼らがどのような内的資質を持つ人びととして想像されるに至ったのかということを考える手がかりとしたい。

ブラジルの日本移民が、百周年祭において生み出された言説やイメージに見出されるように、さまざまな徳を持つ主体として表象されるに至る過程にとって、一九五〇年代とその後の十数年間は、最も決定的な時期となった。この時期における日本の海外移住政策の展開やブラジル日本をめぐる一連の状況が、日本とブラジルの間にさまざまな主体像を生み出したからである。そこで、この論文では、一九五〇年代から六〇年代における海外移住政策の構築を概観しながら、移住の主体をめぐって形成された三つの主体の概念――「移住者」、「移民」、そして「日系人」――がどのように構築されたのかについて、明らかにしたい。

った。

2　ブラジル日本移民をめぐる三つの主体像の形成

一九五〇年代はブラジル日本移民をめぐる社会的条件が、移民集団の内外の力によって大きく変動した時期であった。

一九四〇年代の後半まで、ブラジルにおける日本移民は大きな困難に直面していた。一九三〇年代におけるジェトゥリオ・ヴァルガス（Getúlio Vargas）大統領の対日本人政策は、日本移民の言語・文化生活に大きな制約をもたらし、コミュニティの構成員の強い不安感に結びついた。さらに、一九四五年八月に始まった「勝ち負け抗争」が多くの死傷者を出すに至ると（宮尾 2003）、日本移民コミュニティに大きな混乱をもたらしたのみならず、ブラジル主流社会においても否定的な反応を引き起こした（宮尾 2003：3-85）。日本移民をめぐるブラジルの公的な評価は著しく低下し、一九四六年八月に開かれていた一四七回憲法制定議会の特別会において、日本移民を禁止する条項を憲法に加えることが議論されるほどであった(3)。

しかし、一九五〇年代に入ると、このような条件を好転させる契機がブラジル移民に与えられた。一九五一年のサンフランシスコ条約の締結は、それまで約一〇年にわたって断絶していたブラジル・日本間の国交を正常化させ(4)、再び二国間の人的交流を生み出した(5)。また、日本側では、戦後の人口問題に対する解決策として新たな海外移住政策が急速に構築されつつあった。そして、後に述べるように、日本移民の指導者たちは「サンパウロ四百年祭」や「ブラジル日本移民五十年祭」をコミュニティの連帯の契機として利用しながら、その社会的評価を大きく回復させていったのである。

この時期に生じたブラジル日本移民をめぐる条件の変容は、「移民」という主体そのものを構築する過程を不可避的にともなっていた。一九五〇年代から六〇年代までに日本とブラジルの間では複数の移民のイメージが生み出され、それらが別々の像を結んでいた。ここから論じるように、①戦後の日本政府による人口政策の中で奨励された「移住者」、②同じ時期にブラジルの文脈において形成されようとしていた集合としての「移民」、さらに③日本の移民政策の形成と並行して生み出されたあらたな政治的主体としての「日系人」という主体のイメージは、それぞれが少しずつずれを孕みながら形成していた。

「移住者」——海外移住政策と主体化

戦後の日本政府による移民政策は、一九五〇年代に入って急速にその機構を整えた。これは、アジアにおける海外植民地領土の喪失とそれにともなう本土帰還者の増大を主な要因とする人口過剰を背景として、産児制限と並ぶ人口抑制策として海外移住が企図されたためである。(6) 一九五三年から一九五五年頃までに、「財団法人日本海外協会連合会」（一九五三年）、外務省「移住局」（一九五五年）、「海外移住審議会」（一九五五年）、そして「日本海外移住振興会社」（一九五五年）という海外移住に関する中心機構が次々と設置された。(7) これらの機構の整備を通じて、外務省は、一九五五年六月当時、毎年一万人、一〇年間で五〇万人の移民をブラジルを中心とする移民受け入れ国に送出するというきわめて大規模な計画を立案していた。(8)

このような移住政策は、明確な意思を持って国家が先導したものだが、一方でそれは、人びとが自らの意志によってそれまでの生活を中断し、国境の外側へと向かう自発的移住（voluntary migration）の形態をとった。そのため、この制度は、移住者の国外輸送の制度の整備のみならず、自発的に海外へ旅立ち、現地においては期待にそぐわぬ経済状況をも堪え忍び、願わくばそのまま帰ってくることのないような主体の構築を必要とした。移民政策が一方で人口問題への対策であり、他方で長期的な開発と結びつけられる以上、移民は「帰還」をめざす一時滞在者ではなく、現地への永住者でなければならなかった。

外務省の監修による『移民読本』には、外務省移住局長の矢口麓蔵が寄せた序文が掲載されている。ここには、戦後人口問題をめぐる「国家の意思」が端的に表現されている。

海外移住の必要性については、すでに論議の時代は過ぎている。いかにして優秀な移住者を多数送出するかということが、現実的政策の目標でなければならない。それがためには移民外交の強化によって、移住者受け入れの枠を拡大し、国内においては、啓蒙、宣伝、および移住者の教育によってのみ優秀な移住者を送出できるのである。（日本海外協会連合会編 1955：1）（傍点は引用者による）

一九七一年に記された外務省の資料（外務省大臣官房領事移住部 1971：304）によれば、日本海外協会連合会の活動内容は、①海外移住に関する「啓蒙宣伝」、②移住者の「募集選考」、③「教養訓練」、④「送出輸送」、⑤「定着指導」、そして⑥海外移住に関する「調査研究」というものであった。このように見てみると、これらの一連の項目のうち、実際に人びとを国外へと「送出」し、「輸送」する仕組みは、日本海外協会連合会の業務の一部をなしていたに過ぎないことがわかる。むしろ、このような移民の「送出輸送」を可能にするために、移民を行う「主体」そのものを生み出す活動にこそ重点が置かれていた。つまり、人口調整という目的のために国民を国境の外に送出し、時にはその帰還を禁じるというきわめて特殊な任務を負った行政機関は、「啓蒙」、「訓練」、「指導」という移民の内面への働きかけを通じて達成されるような「主体化」のプロセスをその中心に据えていたのである。

実際、日本海外協会連合会は、移民の内面に働きかけ、主体を生み出すためのさまざまな「装置」を生み出した。特に、日本海外協会連合会の機関誌である『海外移住』は、これらの事業が持つ認識枠組みを強く反映していた。

この機関誌は、月ごと、年ごとの移民の「送出実績」に焦点を当て、その数的拡大を中心的な目標としていることを示唆する記事を繰り返し掲載した。海外協会連合会は、移住推進のためのポスター、パンフレット等を作成し、全国において、展示会、上映会、関係者による講演会などを開催したほか、標語などを募集した。一九五〇年代後半の時点において、移民の送出は、それ自体が目的化していたように見える。

このような主体化の装置において、移住者が持つべき道徳的資質は、最も重要なテーマの一つをなした。例えば、サンパウロ総領事を経て外務省移民参事官となっていた石黒四郎は、一九五四年に以下のような文章を『海外移住』に寄せている。

移住者の入植後における苦労は当初数年間かなり重いものであることは既によく知られている処と思うが、移住者の諸君は人生の第一歩を新しく踏みだす覚悟を持たねばこの苦しみに打ちかち、やがて成功の彼岸に到達することは仲々困難である。事実言語が違い風俗習慣法律文化を異にする国に移るのであるから言うに言えない精神的圧迫感や緊張感があるから之に対しては充分な心構えと新たな修養が必要と思う。事実海外移住は本人にとって一生をかける事業であり且つ子孫の生活に大きな影響を与えるものであることは、ここに今更言うまでもないところであるから不退転確固不抜の決意が要請されるのである。……少なくとも四、五年は同一入植地で辛棒《ママ》してもらいたいということであろう。日本人は他国移民に比し勤勉であって、またその故に各地で歓迎されるのであるが、とかく性急であせり気味である性癖は広漠たる土地、悠容迫らざる気風を持つ南米辺りでは通用しないからこの点は充分に注意しなければならない。（石黒 1954）

この文章には、外務省の海外移住関係者が、移住者に対して期待していた資質がはっきりと表れている。実際、

『海外移住』には、移住者が持つべき内面的資質をいわば道徳的な訓示として語る記事が繰り返し掲載された。

ここで重要なことは、移住者が培うべき内面的資質が、「農業者」としての徳と、「外国人」としてのそれを不可分に結びつける形で想像されていたことである。それは、一九五〇年代の移民政策において中心的な役割を果たした農林省と外務省が、それぞれ別の形で構築しようとしていた「移住者」の主体性の特殊性と共通性を表すものであった。移住者の内面はいわば、原野を開拓する農業者として相応しい資質――「農業者的徳」――と、外国に生きる市民として相応しい資質――「国際人的徳」――を同時に兼ね備えるべきものとして、理念化された。それは、一九五七年に『海外移住』に掲載された以下のような記事にもよく表れている。

> 移住することは生易しくない。自分の家族の生活を海を越えて土壌の違う彼方へごっそり移し変えるのだから、大変な仕事である。……
> まず何をおいても、絶対やり抜くという気持、これが必要だ。
> 農園で働いても、慣れぬ仕事は身体にきつい。原始林を切りひらくには大変な苦労がいる。又衣食住に亘つて入植当初は何かと不便を感ずる。
> この苦しさに負ける人は落第といえよう。僅か辛棒《ママ》は数年である、この期間を乗切れば、土地の生活に慣れるし、仕事の実績も積つて将来は明るい見通しがもてる。とにかく頑張り抜く、という気持は持つてもらいたい。又当然のことながら、如何なる労働にも堪えられる頑強な肉体の持主であること。……
> 日本と南米では衣食住生活や風習が違うのは当り前だ。南米の生活様式は南米の生活内容にぴつたり合うように作られている。だからそこで働き生活せんとする人は、そこの生活方法や風習に溶けこまなければない《ママ》。
> これは重要なことだ。

それから土地の言葉、現地人と生活を共にするのだから日本語よりも現地の言語の方が重要だ。一日も早く覚えるようつとめること。要するに〝郷に入らば郷に従う〟で、郷に従えない人は脱落の浮目《ママ》を見なければならないだろう(9)。

ここでは、「農業者的徳」と呼べる資質と「国際人的徳」と呼べる資質の必要性が同時に叫ばれている。前者は、「土壌の違う」土地、困難な「農園」での仕事、「原始林を切り開く」苦労に、打ち克ち、数年の辛抱を続けることができる「とくにかく頑張り抜く」という気持ち、そして「頑強な肉体」である。また、後者は、「衣食住生活や風習が違う」生活において、「そこの生活方法や風習に溶け込」み、「土地の言葉」を学び、「郷に入らば郷に従う」ことである(10)。このような移民の内面の形成こそが、人口調整策としての移民送出の重要な基礎となった。

ただし、戦後の海外移住政策における移住の主体形成は、移民の内面的資質に働きかけるシステムの構築しただけでなく、移民の外的なイメージに対する統制もともなっていた。一九五五年一一月、外務省移住局第一課長は、本省各局部課長、および外務省の在外公館、日本海外協会連合会、日本海外移住振興会社等に対して、「『移民』と言う呼称の代りに『移住者』とするの件」と題する回覧文書を送付し、移民に関する用語法そのものを操作しようとした。それまで外務省や在外公館において用いられていた「移民」という「呼称」が「所謂『食いつめ者』の如き印象を与え移住政策上面白からざる」響きを持つという理由から、これ以後は「凡て『移住者』の語を使用する事に統一致し法律用語としても逐次右に倣う」とするものであった(11)。それは、移住の主体に対してそれまで用いられていた「移民」という呼び名を用いることを止め、「移住者」という表現に置き換えることで、戦前までに広まったとされる移民に関する負のイメージを取り去ることを意図するものであった。移民送出の推進は、移民の呼び名＝呼称に対する政治的・法律的な統制によっても補強されたのである。

一九六〇年代に入り、移民の希望者数が低減するとともに、ドミニカ移民の失敗が明らかとなると、新設された「海外移住事業団」は、移民に関する「啓蒙」に多くの力を注ぐとともに[12]、海外移住に対する政策上の理念体系にも変更を加えていった。一九六二年の海外移住審議会の答申は、移民政策の目的を、国民に「日本とは事情を異にする海外における創造的活動の場を与え、これを通じて、直接、間接に国民の具有する潜在的能力をフロンティアにおいて開発」することとあらためた。そして「その結果相手国への開発協力と世界の福祉に対する貢献となつて、日本及び日本人の国際的声価を高める[13]」ことを理念とした。ここにおいて、人口過剰への対策としての移住政策という考え方は否定されるに至った。

このような動きの中で、〈未だ存在せざるもの〉としての「移住者」の送出を強調する政府の移民政策は、〈すでに存在しているもの〉としての移民に対する福祉へと少しずつ性格を変えていった。

「移民」――徳ある人びととして

一九五〇年代に日本における戦後海外移住政策の構築を通じて、新たに外国へと送出される「移住者」という主体がつくり出された一方、ブラジルにすでに長らく住み続けていた日本移民たちをめぐるイマジェリーもまたこれとはずれを孕む形で新たに形成した。

戦後のブラジルにおいては、一九四〇年代における臣道聯盟事件の悪化を主たる原因として大きく低下した日本移民をめぐる社会的評価を打開しようとする努力がなされた。このような試みの焦点となったのが、一九五〇年代に行われた大規模な公的祭典であった。

一九五四年、サンパウロ市は、その都市建設のきっかけとなったコレジオ・デ・サンパウロ（Colégio de São Paulo）の建立から四百周年を迎えることとなり、大規模な記念祭「サンパウロ四百年祭」（Os Festejos do IV Centenário da

Cidade de São Paulo）を通じて南米屈指の近代都市の経済的・文化的飛躍を内外に示そうとしていた（聖市四百年祭典日本人協力会 1957：100）。一九五二年、フランシスコ・マタラーゾ・ソブリーニョ（Francisco Matarrazo Sobrinho）総裁を中心とするサンパウロ市四百年祭委員会（Comissão do IV Centenário da Cidade de São Paulo）は、巨額の州債を基金として、市内に所在する広大なイビラプエラ公園における記念万国博覧会の開催を中心として、記念建造物の建立、国際見本市、学術会議、そして無数の文化行事の開催を含む、複合的な祭典の計画を発表した。計画の遂行に当たって、委員会は、各国政府に協力を打診するとともに、イタリア系、ポルトガル系、スペイン系、ドイツ系、日系などをはじめとするサンパウロに存在する移民コミュニティ（コロニア、colônia）に対しても、祭典への参加と協力を要請した（聖市四百年祭典日本人協力会 1957：31）。

山本喜誉司[14]をはじめとするブラジル日本移民コミュニティの指導者は、この国家的な祭典への協力要請を、在ブラジル邦人の分裂とブラジル国内における反日本人感情の高揚という状況を打開する好機としてみなした。一九五二年一二月に山本を中心として発足した「聖市四百年祭典日本人協力会」（Comissão Colaboradora da Colônia Japonesa pró VI Centenário de São Paulo）の趣意書には、次のように表現されている。

> サンパウロ市創設四百年祭に当って、この意義ある記念事業に協力する事は、私たちがこの地に栄え得た事を感謝すると共に、四十四年間の長きに亘る開拓苦難の跡をブラジル歴史の一頁に、綴り込む事にもなるのである。……各自の能力に応じて、この四百年祭記念事業に参加する事が、日本人の声価を高める所以であり、またブラジルに協力するという我々の誠心を表明する絶好の機会でもある。（聖市四百年祭典日本人協力会 1957：73）

このように、移民指導者たちにとって四百年祭への参加は、ブラジル社会内における移民の「声価」の向上をめざすものであり、その「誠心」を表現するためのものであった。一九五二年から五三年かけて、山本をはじめとする日本移民の有力者たちは、大規模な募金活動や日本での積極的なロビー活動を行った。この結果、日本移民は母国の支援のもとにこの祭典に大規模な協力を行い、ブラジル側から高い評価を受けることとなった。祭典実行委員会の総務部長ペドロ・クーニャ（Pedro Cunha）は、日本移民たちの献身に強い印象を受け、「日本人たちは、自発性、誠実さ、情熱をもってサンパウロ州民の心をつかみ、感謝の念を抱かせた。それはまるで、祭典がわれわれのものではなく、彼らのものであるかのようだった」(15)と評した。

さらに、サンパウロ四百年祭の一連の行事が終了すると、山本を中心とする指導者たちは、この祝典への参加によって生じた新たな契機を、一九五八年の「ブラジル日本移民五十年祭」の開催を通じて増幅させた。この「未曾有の一大祭典」（文協四十年史編纂委員会 1998：65）は、一九〇八年六月十八日の最初の移民船「笠戸丸」到着から五十年を祝うもので、ブラジル移民の独自の歴史を慶祝する初めての大規模な公的行事であった。この祭典は、日本政府およびブラジル政府の支援のもと、地方の移民集住地を動員する形で開催された。特に、三笠宮夫妻のブラジル訪問は、勝ち負け抗争以来、対立していた「信念派」と「認識派」の人びとに等しく強い感銘を与える重要な出来事となったととらえられた（サンパウロ新聞社 1960：29–38）。一九五八年の六月のブラジル各紙には、日本移民を賛嘆するさまざまな意匠を凝らした広告や移民の実情を報告する特集記事が多数発表され、ブラジルにおける日本移民に対する好意的な態度がメディア報道に溢れた。

特に重要であったことは、これらの公的な祭典への参加を通じて、日本移民という主体が、一連の道徳的資質の持ち主としてとらえなおされたことである。サンパウロ市四百年祭に際して、ブラジルの指導者たちは、日本移民たちに対して、かつてない認識的枠組みにもとづいて、評価を行った。

例えば、戦前には日本帝国とその移民に対してきびしい制限を敷いていたヴァルガス大統領は、日本移民たちに宛てた祝辞で、「サンパウロの繁栄（prosperidade）は、遠き土地よりやって来て（vindos de terras longinquas）、そこに留まり（ali se fixaram）、ブラジルに第二の故郷（uma nova pátria）を見出した者たちが持ち得る情熱（entusiasmo）をもって、仕事と土地に身を捧げた（dedicando-se ao trabalho e à terra）日本人コロノたちの労働（labor）にその多くをよっている(16)」と述べた。一見、何ら特別なものではないように見えるこの短い表現には、ブラジルの政治指導者たちの日本移民に対する新たな認識が含まれている。

このような認識は、一九三〇年代から一九四〇年代においてはほとんど見られなかったものだ。一九三三年に出版された雑誌『ブラジル――移植民と貿易』がブラジル移住二五周年記念の特集を組んだ際、メッセージを寄せたブラジルの関係者たちのほとんどは、日本移民たちに対して、形式的な挨拶文を送っただけで、このような讃辞を与えるようなことはなかった（日伯協会 1933）。もちろん、一九四一年の太平洋戦争の勃発によって、日本とブラジルの国交は断絶しており、戦時中にブラジルの政治指導者が日本移民に対して積極的な評価を下すことはなかった。

しかし、一九五四年のサンパウロ市四百年祭を境に、日本移民を移民特有のさまざまな徳と結びつけ、彼らをその体現者と見なすことが、ブラジルにおける日本移民をめぐる主流社会の言説において、重要なテーマとなっていった。一九五四年にサンパウロ市長であったジャニオ・クアドロス（Jânio Quadros）は、サンパウロにおける日本移民たちの貢献に対して以下のような讃辞を与えた。

日本人たちは土地を耕す（cultivar o solo）ためにやって来て、驚くべき一貫性（notável constância）をもってそれを成し遂げた。その努力（esfôrço）は、一九三〇年代のコーヒー産業の大きな危機の後、サンパウロ州の経済的再興を助けた棉の成功に直接結びついている。市の食料供給は、ジャガイモやトマトの豊富さに大きく寄っている。市の近郊で行われている果物の栽培の成功は、鍛錬され（disciplinado）、積極的に大地を耕した（fecundamente ativo）日本人が多く参加するイタケラ（Itaquera）における桃祭りに表れている。このコロニア（colônia）には、経済的回復のテーマともなった、かの高貴なラテン語の至言が完全に当てはまる。すなわち、「労働は全てを克服する（Labor omnia vincit）」。……その組織と訓練の精神（espírito de organização e disciplina）は農業生産の新たな分野の確立、そしてさらに重要なことに、農業のそれ自体の合理化（racionalização）と技術的進歩（progresso técnico）に顕著な形で貢献したのだった。(17)

クアドロスの言葉において、日本移民たちは、棉、ジャガイモ、トマト、桃など、彼らが栽培する農作物の名前と同時に、「一貫性」、「努力」、「鍛錬」、「組織と訓練の精神」、「合理化と技術的進歩」などといった肯定的な徳とも結びつけられていた。

さらに、リオデジャネイロの連邦議員であるロメウ・デ・カンポス・ヴェルガル（Romeu de Campos Vergal）も、以下のような言葉で日本移民を形容している。

高貴（noble）にして勤勉なる（operosa）日系コロニアの方々へ

……私は、長き年月にわたって、桜の国から来たこの善良な人びと（boa gente de país das cerejeiras）の知的、経済的、文化的、精神的発展を注意深く観察してきた。私は人並みの社会学者として、そして広い経験を持つ議会人として、一つの結論に達した。それは、日本移民が、秩序を尊び（ordeiro）、誠実で（honesto）、働き者で（trabalhador）、人間の活動のすべての分野において明らかに進歩主義的（visivelmente progressista）である人びとであるということ、そして、ブラジル人にとってなくてはならない貴重なる協力者（um precioso elemento de colaboração aos brasileiros）であるということである。[18]

デ・カンポス・ヴェルガルもまた、「高貴」、「勤勉」、「秩序」、「誠実」、「働き者」、「進歩主義的」などといった徳を日本移民に付与していた。

このように、ブラジルの指導者たちは、戦前からブラジルに移住し、農業において顕著な貢献を示していた日本移民たちを、一連の徳性の体現者として形容した。それらは、農業者としての徳、そして日本的な徳が複雑に重なり合ったものであったが、いわば移民的徳（immigrant virtues）と形容すべき一つの束をなした。一九五〇年代半ば、サンパウロ四百年祭当時において、日本移民という政治的主体は、これらの内面的な資質を核として再構築されたのである。

一九五八年の移民五十年祭になると、日本移民をめぐる徳のテーマは、さらに彩りのある小さな物語やイマジェリーへと発展した。一九五八年六月一八日、最初にブラジルへと到着した日本移民船「笠戸丸」の到着五十周年を記念したフォーリャ・ダ・マニャン（*Folha da Manhã*）誌の特集記事には、日本移民へのオマージュ＝顕彰の辞（homenagem）を含む多数の広告が掲載された。[19] その一部をここに取り上げてみよう。

ローディア・ブラジレイラ化学社（Cia. Química Rhodia Brasileira）の広告には、和服を着た日本人女性が扇子をはためかせている写真が画面の左側に置かれている。その背景には、黒字に白で富士、それを囲む松の木、たゆたう雲が刻まれている。女性はそこから画面下側に伸びている無数の花びらの小径の上をこちらに向かって歩いてきているようにも見える。そこに記されたテクストには次のように書かれている。

日本人、勤勉の模範！（exemplos de operosidade）

彼らは、遙か遠くからやって来た——桜と昇りゆく太陽の国から。ここで彼らは、農場での過酷な労働（faina rude）に身を捧げた。今日、彼らは労働を行い、成し遂げることの能力の模範（exemplos de capacidade de trabalho e de realização）である。農民として、そして、その他のいかなる活動分野においても、日本人は、先取（iniciativa）と勤勉（operosidade）の模範（exemplo）である。ブラジルへの日本移民五十周年の開催に際し、進歩をめざす我が国の努力に積極的に参加する（participante ativa do esfôrço do país）このコロニアへの私たちの敬愛を表したい[20]。

また、サンパウロ航空（Viação Aérea São Paulo, VASP）の広告では、客室乗務員の制服を着たチエコ（Thieko）というブラジル日本移民二世の女性の写真が大きく掲げられ、その背後に画面を横切る旅客機の尾翼とその軌跡が描かれている。「サンパウロ航空の若きブラジル人女性、チエコ」というコピーの下に、次のような一文が記されている。

ブラジル社会に完全に融合した（integrado completamete）日本人たちは、彼らの子どもたちを、正義心が強く（honrados）、働き者で（trabalhadores）、正直な（honestos）人間たちに育てた。リベラルな職業で、工業、商業、そして農業で、「ニセイ」たちは、有能で（eficientes）、高潔で（íntegros）、献身的で（dedicados）、頭の良いこと（inteligentes）を示してきた。チエコもその一人。彼女の両親は三〇年前に日本からやって来た。その子どもである九人のブラジル人のうち一人が、サンパウロ航空の客室乗務員（aeromoça）となった。「スカンジア号」、「ダグラス号」、そして将来的には「ヴィスコンテ号」に搭乗すれば、チエコが、彼女の両親が——他のすべての日本人たちと同様に——故郷の国から携えてきた労働の伝統（tradição de trabalho）に恥じないよう最大の努

力を払っている姿に出会うことができるだろう。(21)

さらに、マナー（Manah）社の広告には、二つの窓のような空間の一方に実を付けたコーヒーの枝が、もう一方に桜の花と富士山が描かれている。中心には日本語とポルトガル語の両語で「耕作が結ぶ友愛!!」"Seara da Fraternidade!!" と書かれている。

富士山の雄大な景色を遠く離れて、五十年前、われわれが土地を耕すのを助けに、最初の日本人家族たちがブラジルに到着した。彼らの仕事（labor）は賛嘆すべきもの（admirável）であり、多産なもの（fecundo）であった。

半世紀の間に、新たな労働の技術（nôvos métodos de trabalho）と模範的な忍耐と訓練（perseverança e disciplina exemplares）によって、彼らは、我が国の経済に不可欠な作物を届けながら、ブラジルの農業生産に素晴らしい勢いをもたらした……。(22)

戦前から何度か顔を出した反日本移民的言説は、これ以後、ブラジルにおいてほとんど姿を消す。その一方で、このような、農業、労働、あるいは同化をめぐる徳と日本人移民を結びつける言説の様式はさまざまな形で繰り返されていくことになる。

「日系人」――政治的主体として

一九五〇年代から六〇年代前半にかけて、日本とブラジルを含む中南米諸国の移民をめぐってさらに重要な展開が生じた。南北アメリカ大陸において、すでに一定の政治的・社会的地位を築きつつあったかつての「海外同胞」を、新たに「日系人」という名の下に統合し直す動きが形成されたのである。

一九五七年五月二日から、東京都千代田区丸の内の産経会館で「国連加盟記念 海外日系人親睦大会」が開かれた[23]。この行事には、アメリカ、カナダ、ブラジルをはじめとする一四ヶ国から「日系人三六四人、日本側より政官財界代表四〇〇人が出席」し、内閣総理大臣の招待による歓迎パーティ、「海外側」と国会議員、関係官庁の関係者、民間団体の代表を含む「内地側」を囲んだ懇談会、そして皇居訪問などの観光が五日間にわたって行われた（海外日系人連絡協会 1960：11）。この会合は、海外との人的交流が可能となったことを契機に在外邦人との関係が深い国会議員たちが開催した大規模な歓迎会であったが、この後、海外からの参加者による要望を受け入れる形で繰り返し開催され、日本政府による在外邦人に対する新たな認識枠組みを制度化する機構として発展したものである。

この集いは、一九四〇年一一月に東京で皇紀二六〇〇年を記念して開催された「紀元二千六百年奉祝海外同胞東京大会」を原型とするものであった。「海外同胞中央会」が発行した報告によれば、この大会は「海外同胞に対する中央の関心が余りにも乏しかりし」（海外同胞中央会 1940：43）状況に対して、日本政府と海外同胞の間の連絡を緊密化することを目的として開かれたものである。それは、急速に拡張する帝国の枠組みのもとで国境を越えて生まれつつあった在外同胞を「母国」のもとに象徴的に結びつける行事であった[24]。一九五七年の「海外日系人親睦大会」は、この「海外同胞東京大会」を戦後の新たな国際関係のもとで再構成したものにほかならない。

この大会は、戦前における在外日本人の歴史に対する認識に基礎を置き、戦後の国際体制のもとで認識された新たな役割に対する自負と結びついていた。「海外日系人親睦大会」の第二回大会プログラムに記された「大会の趣旨」には、以下のように記されている。

在外日系人は過去においては国際政治の犠牲となり内地では想像も出来ない精神的苦悩を経て今日に至ったのでありますが、過去現在を通じて彼らの変らぬ信念は、日本と居住国との間の親善の架け橋として自己の全生活を投ずることでありました。……半世紀の歴史を生きる海外日系人の経済条件は、今や安定から発展の段階に到達しその営む事業も母国業界との関係を緊密にすることにより一層発展を遂げ、一方わが実業界も又日系人との協力により海外に対する業務を拡充する好機にあるといえるのであります。（海外日系人連絡協会 1960：2-3）

ここには、海外における日本人に関する新たな認識が示されている。それは、かつて日本から海外へと渡った日本人やその子孫である日系人は、「内地では想像もできない精神的苦悩」を乗り越え、今や「安定から発展の段階」に達しつつあるというものであった。日系人は、固有の歴史的な文脈に置かれながら、独自の政治的必要性を担う主体であった。

このような新たな認識は「日系人」という新たな用語をともなった。かつて「海外同胞」と呼ばれた人びとは、今や「日系人」という新たな名称を与えられた。今日、広く使用されている「日系人」という用語は、この大会が企画される一九五七年前後にかつての「在外邦人」に代わるものとして初めて広く用いられるようになった[25]。この用語の新しさは、一九六〇年の第二回大会に出版された「大会の趣旨」という比較的短い文章にすら、「在留日本人」、「在外日本人」、「日系人」、「在外日系人」、「在留邦人」、そして「海外日系人」というさまざまな類似の用法が混在していたことに表れている[26]。

この大会が初めて開かれた当時、その目的は、海外に散在し、大きな困難に直面しながらも、日本の戦時復興に貢献した日系人に対する「歓待」の場を提供することであった。しかし、この会合は開催を繰り返す度に、徐々に、日本政府と海外日系人との間の連絡体制を強化する機能を帯びていった。一九六〇年代には、日系人たちから日本の政財界に関して多様な要望事項が挙げられ、大会における採択事項として提出されたが、それは、かつての移民政策の帰結として日本国外に住む人びとが、日本に対して政治的な要求を行う新たなチャンネルを形成しようとしたことを意味した(27)。

このような動きは、主に海外日系人との結びつきの強い国会議員らによって推進されており、外務省が主導していた海外移住政策の展開とは、若干のずれを孕んだ形で発展した。それは、移民政策が激しい勢いで生産しようとしていた〈未だ存在せざるもの〉としての移民というよりも、政治的な歴史を担った〈すでに存在するもの〉としての移民たちを、再発見するものであった。ここでは、日系人というトランスナショナルな主体を特定の道徳的資質に結びつけるような言説はあまり多く見られず、むしろ、その歴史的な貢献と政治的な可能性についての言及が頻繁に行われた(28)。

海外の移民やその子孫たちを「日系人」と呼称し、その歴史的背景に配慮しながら、母国に再接続しようとする試みは、南米における日本移民指導者たちが日本政府に対する新たな政治的態度の形成することを可能にした。一九六五年九月にサンパウロの日本文化センターで開かれた「第一回南米日系人大会」（1° Congresso Latino-Americano de Colônias Japonesas）は、自らを独自の政治的な主体としてとらえなおした南米の日系人たちが共同で開催した初めての会合である(29)。ブラジルの日本語新聞社であるサンパウロ新聞社の主催のもとに開かれたこの会合には、ペルー、アルゼンチン、パラグアイなどからの代表八〇名、ブラジル各州から八〇名、日本からの国会議員二名を含む数名の代表が出席し、一般傍聴者六〇〇名が参加する大規模な集い(30)となった（サンパウロ新聞社 1966：1）。

この「南米日系人大会」では、各国の日系人の連帯が繰り返し語られ、日本政府に対する積極的な提案が行われた。この会合で「経済」「文化」「教育」「移住」「観光」の五分野にわたって可決された大小の規模の比較的穏健な決議案の中には、「在外邦人に選挙権を与えてもらいたい[31]」という項目すら含まれていた。こうした提案は、南米の日系人たちが、単に日本政府の政治的副産物ではなく、日本との結びつきを強く持って海外に在住する者として固有の政治的主張を持つ主体であることを関係者に強く印象づけるものであった。

帝国的体制のもとで「在外臣民」として南北アメリカ大陸に散在した人びとは、一九五〇年代後半に入って、国民国家体制の中で「海外日系人」として新たに定義され、戦後日本の国際的発展にとっての有益な資源としてとらえなおされることになった。この後、定期的に開催された「海外日系人大会」は、この新たな主体に対して政治的承認を与えるとともに、これらの人びとの母国政府に対する要望を組み入れる仕組みを制度化した。しかし、この新たな枠組みは、ブラジルをはじめとする南米諸国の在外邦人やその子弟に、独自の政治的主張を日本政府に直接伝達する回路も提供した。日本政府による〈既に存在するもの〉としての日本移民の再発見は、移民たちにとっては〈未だ存在せざるもの〉としての社会の想像のための契機となったのである。

3　「エスニシティ」や「同化」の物語を超えて

以上に、戦後の日本とブラジルをめぐる条件の変化のもとで、ブラジルにおける日本移民が道徳的資質や歴史的貢献と結びつけられた政治的主体として構築されていった過程について論じた。一九四五年八月の第二次世界大戦が終結すると、日本移民たちは敗戦の事実の真偽をめぐって大きな対立状況に入った。日本側では、戦後の人口問題への対策として、新たな移民政策機構の構築が急速に行われていた。こうした過程において、農業者や外国人としてしかるべき道徳的資質＝徳と結びつけられたものとしての「移住者」という主体が形成されつつあった。一方、ブラジルでは、一連のテロ事件によって日本移民に対する評価が低下したが、山本をはじめとする移民指導層は、

「サンパウロ四百年祭」や「ブラジル日本移民五十年祭」への動員をきっかけとして、これを大きく好転させた。この結果、ブラジルにおいては、「努力」や「勤勉」などという徳と結びつけられた主体としての「移民」が想像され、日本移民に対する公的評価として定着していった。さらに、一九五〇年代後半から六〇年代にかけて、日本で行われた「海外日系人大会」やブラジルで行われた「南米日系人大会」は、戦前の「海外同胞」が「日系人」として再編成される重要な契機となった。これらの過程において、ブラジルの日本移民をめぐって互いに異なるいくつもの主体像が形成されることとなった。

二〇〇八年にブラジル日本移民が百周年を迎えた時、異郷において苦境を勝ち越えた歴史とともに、そのような達成を可能にした資質としての徳が、移民をめぐる語りの重要な対象となった。移民が過去に成し遂げた事績の記憶が、時に移民自身の所有物として成立した一方、移民が体現した徳は、他者にとっても開かれたものとして語られていたように見える。なぜなら、移民が示したさまざまな道徳的資質は、移民の直接の主体ではないその子孫や、ブラジルや日本社会の構成員によっても「何らかのかたちで見倣うことのできるもの」として語られているからである。日本移民をめぐる記憶が、ブラジル日本移民という集合的アイデンティティから切り離しづらい性質を持っているのに対して、移民が体現した徳は、アイデンティティの境界を越えて、その外側へと拡がりうるものとしてとらえられるものである。

この意味で、ブラジル日本移民という主体がどのような徳とともに語られたのかを明らかにすることは、エスニシティや同化という伝統的な枠組みを超えて、移動する人びとがその目的地において形成する独自の道徳的な行為主体性についての手がかりを与えるものかもしれない。

注

（1）ブラジル外務省（Ministério das Relações Exteriores）のウェブサイトに全文が掲載されている。Ministério das Relações Exteriores. "Discurso do Presidente da República, Luiz Inácio Lula da Silva, durante a cerimônia oficial de chegada do príncipe herdeiro do Japão, Naruhito, e entrega de medalhas alusivas ao Centenário da Imigração Japonesa no Brasil" 二〇一二年七月一一日アクセス。http://www.itamaraty.gov.br/sala-de-imprensa/discursos-artigos-entrevistas-e-outras-comunicacoes/presidente-da-republica-federativa-do-brasil/710925064161-discurso-do-presidente-da-republica-luiz-inacio/?searchterm=imigra%C3%A7%C3%A3o%20japonesa.

（2）二〇〇八年六月に用いられていたレアル銀行（Banco Real）の日本語の広告。ポルトガル語版では、栄誉（honra）、規律正しい（disciplina）、信念（determinação）、尊敬（respeito）などの単語が日本移民に結びつけられていた。

（3）ブラジル憲法制定議会における一九四六年八月二七日第一四七回議会（臨時会）議事録（República dos Estados Unidos do Brasil 1950）による。検討されたのは「いかなる年齢であれ、いかなる出身であれ、日本移民の入国を禁止する」という条項であった。この時、国民民主同盟のハミルトン・ノゲイラ（Hamilton Nogueira）議員は「われわれは皆、現在の歴史的時勢において、日本移民は好ましからざるものである（indesejável）と考えている点で一致している」（República dos Estados Unidos do Brasil 1950 : 74）と述べた。

（4）『パウリスタ新聞』一九五二年七月一七日、および七月三一日には、東山農場の関係者としてすでに移民社会内部に知られていた君塚慎の就任に対して期待感を寄せる記事が掲載されている。

（5）例えば、『パウリスタ新聞』（一九五二年九月一四日）に掲載された旅行会社「アゼンシヤ・前岡」の広告には「父の国、母の国を訪問イタシマシヲウ」という文字がプロペラ飛行機や地球儀のイラストレーションとともに掲げられている。また、一九五四年一〇月には日本航空株式会社が日本ブラジル間定期空路開設を行った。サンパウロ市の旅行会社である「ウニベルツール（UNIVERTUR）」は「日航機による第一回訪日観光團募集」という広告を出している（一九五四年八月一四日）。この観光団は、三ヶ月間の日本滞在を前提としたスケジュールを組んでいる。

（6）一九四九年五月一二日、衆議院本会議において「人口問題に関する決議案」が提出され可決している（一九四九年五月一二日第五回衆議院本会議録二七号）。この決議案は、人口過剰の緩和のために、①産業振興、国土開発、食糧増産、②人口調整に関する思想の普及、および③将来の海外移民に関する研究調査の準備を求めるものであった。特に、②は「適正なる受胎調節思想及び必要な薬品、用具等の普及」、および「優生思想及び優生保護法の普及」を含んでいた。これは、海外移住協会事務局『海外へのとびら』一九四九年七月一〇日にも報道された。

（7）一九五三年に設立された「財団法人日本海外協会連合会」は、地方の海外協会の中央機関として外務省が設置したもので、地方における海外協会の組織と連携しながら、日本国内における海外移住の斡旋、援助、および推進を図ることを目的としたものである（外務省大臣官房領事移住部 1971：304）。これに加えて、一九五五年七月には、海外移住振興に関する三つの法案が国会で可決し、移住者送出に関する機構が確立した（『海外移住』一九五五年七月二〇日付）。まず、第一に、「外務省設置法」の一部改正案が可決し、外務省「移住局」が設置された。また、第二に、同じ頃、「総理府設置法」の改正法案が可決し、「海外移住審議会」が設置された。この審議会は、移民関連分野の有識者による内閣総理大臣の諮問機関で、これ以後、二〇〇一年に「海外交流審議会」に改組されるまで、政府の海外移住政策に関する政策方針の策定および重要な決定に関する意見答申を行った。さらに、第三に、同月、「日本海外移住振興株式会社法案」が可決し、「日本海外移住振興会社」が設置されることとなった。

（8）一九五五年六月二九日 衆議院外務委員会（会議録二五号）、一九五五年七月一二日 衆議院外務委員会・農林水産委員会連合審査会（会議録一号）、一九五五年七月二一日 参議院外務委員会・農林水産委員会連合審査会（会議録一号）。また、この問題は『海外移住』一九五五年一月二〇日付にも報道されている。

（9）「海協連だより」『海外移住』一九五七年八月一日付。

（10）さらに、このような農業者としての資質と、国際人としての資質は、移民としての生活を行うために必要な携行品とも組み合わされていたことも指摘しなければならない。一九五四年一一月の『海外移住』には、「移民携行品 どんな物が必要か 選定の基準について」と題された、外務省移民事務官である中川忠による解説と携行品のリストが掲載されている（中川 1954）。ここでは、ブラジルをはじめとする南米移住者向けに、衣類、台所用品、生活用品、寝具、食品を含む詳細な項目が、実際の移民状況の中での注意書きとともに列挙されている。作業衣、大鋸、斧、鉞（まさかり）、脱穀機などの開拓用具、植物の種子、熱帯病の医療書などとともにポルトガル語の会話・文法書や辞書、ランプや蓄音機といった品々が移民が携行する道具の中で重要性を占めていたことは特筆に値しよう。素手で原野を開拓しながら、耕地を作り、電気も届かぬ場所で外国人として家族生活を続けるという様式は、戦後移民が始まった当時、多くのブラジル移民の生活の基調をなした。このような携行品の数々は、上記の内面的資質とも対応するものである。一九五〇年代において、日本から海外へ送出されるべき移民という主体は、単に一連の道徳的な資質を備えているだけでなく、一定のモノの集合とも結びつけられた存在として構築されていったのである。

（11）外務省における一九五五年一一月三〇日付の回覧「『移民』と言う呼称の代りに『移住者』とするの件」。二〇〇七年五月一四日付の『サンパウロ新聞』においてこの文書の存在が報道されたことにもとづいて、外交史料館での調査において確認した。

(12) 一九六〇年代、海外移住事業団は「青少年に移住思想を徹底」(『海外移住』一九六五年一月二〇日) するため、「高校生海外移住弁論大会」(『海外移住』一九六五年六月二〇日付) を開催したり、中学生・高校生を対象とした「海外発展懸賞論文」(『海外移住』一九七二年九月一日) を募集したほか、大学キャンパスにおける移民希望者の研究会である「学生移住連盟」の活動の奨励した (『海外移住』一九六八年四月二〇日付)。これは、潜在的な移民候補者の拡大のために青少年層を対象として本格的に海外移住への「啓蒙宣伝」を行った例である。このほかにも、移民を題材とした記録映画の上映 (『海外移住』一九六八年四月二〇日付)、沖縄での移民啓発のためのパレード (『海外移住』一九六九年八月一日付) などが行われたことが記録されている。

(13) 「海外移住審議会より答申提出」『海外移住』一九六二年一二月一五日。

(14) 山本喜誉司は、東京大学農学部を卒業後、ブラジルに渡り、カンピーナスの東山農場の総支配人となっていた。また、戦後、認識派の一角を占めながら、戦時中にブラジル政府によって凍結された日系移民資産の凍結解除を求めて奔走していた (サンパウロ新聞社 1960：34-49)。

(15) クーニャのメッセージの原文 "A Colônia que Melhor Contribuiu para as Festas do IV Centenário" (「四百年祭に最も貢献したコロニア」) からあらためて訳出した。これは当時、発表された日本語訳とは異なる。原文は、"Foi com a expontaneidade, a sinceridade e o entusiasmo com que fizeram tudo isso, como se a festa fosse sua, e não nossa." (聖市四百年祭典 日本人協力会 1957) ページ番号は記載されていない。

(16) "A prosperidade de São Paulo muito deve ao labor dos milhares de colonos nipônicos, que, vindos de terras longinquas, ali se fixaram, dedicando-se ao trabalho e à terra com o entusiasmo dos que encontraram no Brasil uma nova pàtria." 富士商事による記録写真帳 (1954) に掲載された祝辞より訳出した。ページ番号は掲載されていない。

(17) 『サンパウロ市四百年祭記念大写真帳』(1954) に掲載されたポルトガル語の原文より新たに訳出した。ページ番号は掲載されていない。

(18) 『サンパウロ市四百年祭記念大写真帳』(1954) に掲載されたポルトガル語の原文より新たに訳出した。ページ番号は掲載されていない。

(19) *Folha da Manhã, Suplemento do Cinquentenario da Imigração Japonesa*, 18 de Junho, 1958.

(20) *Folha da Manhã, Suplemento do Cinquentenario da Imigração Japonesa*, 18 de Junho, 1958.

(21) *Folha da Manhã, Suplemento do Cinquentenario da Imigração Japonesa*, 18 de Junho, 1958.

(22) *Folha da Manhã, Suplemento do Cinquentenario da Imigração Japonesa*, 18 de Junho, 1958.

(23)　海外日系人親睦大会事務局によるパンフレット『国連加盟記念 海外日系人親睦大会概要』(1957) による。

(24)　この大会にはハワイ、北米、中南米、南洋、東アジアの代表を含む一五〇〇名以上が出席し、天皇皇后・近衛文麿内閣総理大臣の臨席のもと日比谷公会堂で行われた奉祝式典、地域ごとの討議会、築地本願寺における海外物故者の法要などをはじめ、五日間にわたる一連の大規模な記念行事が行われた。ここでは、海外同胞中央会の設立、「海外同胞大会」の定期的な開催、海外物故者を祀る「海外神社」の創設などが提案された。「海外同胞中央会」は、一九四一年に「在留同胞対策委員会」と改称し、太平洋戦争勃発にともなって北米、ハワイ、中南米、インド、南洋、オーストラリア等の抑留邦人に対する支援を行ったほか、終戦後には、南北アメリカ大陸の在外邦人によって行われた物資配給協力であるLARA物資の日本側の窓口となっていた(海外日系人連絡協会 1960：14)。

(25)　戦前・戦後を通じて日本の国会で初めて「日系人」という単語が用いられたのは、一九四八年六月二三日の第二回参議院予算委員会において小野光洋が芦田均外務大臣に対して行った「南方或いは大陸におけるところの日系孤児の処理」に関する質問においてであった(第二回参議院予算委員会議事録三七号、18)。その後、再びこの概念が用いられるのは、七年後の一九五五年六月一四日の第二二回衆議院運輸委員会内の観光に関する小委員会における運輸事務次官間島大治郎による発言であった(第二二回衆議院運輸委員会観光に関する小委員会議事録二号、6)。これ以後、一九五七年の「日系人大会」開催に関する発言をきっかけに「日系人」という用語が広く用いられるようになる。

(26)　石田智恵は、「海外日系人親睦大会」において「海外同胞」という用語が避けられた経緯を詳しく説明している(石田 2012)。

(27)　海外日系人連絡協会の文書である「第三回海外日系人大会総会採択要望事項」には、大会で開催された各部会ごとの要望事項が記録されている。例えば、総会では「日系人(一世、二世)が来日する場合一般外国人観光客と同じ取扱いをするのは当を得ていない」として、海外日系人のための施設である「海外センター」(後に「海外日系人センター」)を国内に建設することを求めている。

(28)　第三回の海外日系人大会において行われた討議では、各国の代表が自らの歴史的な役割に触れながら、海外移住政策の充実を求めていた。海外日系人連絡協会の「第三回海外日系人大会総会採択要望事項」には次のような主張が述べられていた。「われら在外日系人は、われわれの先輩及び同僚の努力により、それぞれの地域において在住各国の開発、繁栄に貢献し、また祖国にたいしても寄与したところ少なからざるものありと確信する。今や世界平和に貢献し、国際協力の線に沿う海外移住事業の振興は急勢なりと認む、祖国日本の官民は一段の決意をもって、金融問題等について、抜本的な改善をはかり、もって移住に関する根本政策を確立し、海外移住事業を強力に振興せられることを望む」。

(29) サンパウロ新聞社、一九六五、「第一回南米日系人大会」パンフレット。
(30) これには、先のブラジル日本移民五十周年祭に出席した三笠宮崇仁、サンパウロ知事のアデマール・ペレイラ・デ・バーロス(Ademar Pereira de Barros)、日本の佐藤栄作首相、椎名悦三郎外務大臣をはじめとする政治家が多くのメッセージを寄せた。
(31) この会合の報告書である『南米の日系人』に所収の議事録(サンパウロ新聞社 1966:57)による。

文献

文協四十年史編纂委員会、一九九八、『文協四十年史』ブラジル日本文化協会。

富士商事、一九五四、『サンパウロ市四百年祭記念大写真帳』富士商事。

外務省大臣官房領事移住部、一九七一、『わが国民の海外発展――移住百年の歩み(本編)』外務省。

石田智恵、二〇一二、「日本人の不在証明と不在の日系人」角崎洋平・松田有紀子編『歴史から現在への学際的アプローチ』生存学研究センター報告一七、二〇八-二四一頁(http://www.arsvi.com/2010/1203ic.htm.)。

石黒四郎、一九五四、「苦言進言」『海外移住』三月二〇日。

海外同胞中央会、一九四〇、『紀元二千六百年奉祝　海外同胞東京大会画報』海外同胞中央会。

海外日系人連絡協会、一九六〇、『海外日系人大会について――海外日系人連絡協会設立』海外日系人連絡協会。

宮尾進、二〇〇三、『臣道聯盟――移民空白時代と同胞社会の混乱』サンパウロ人文科学研究所。

中川忠、一九五四、「移民携行品 どんな物が必要か 選定の基準について」『海外移住』一一月二〇日。

日本海外協会連合会編、一九五五、『外務省監修移民読本』経済往來社。

日伯協会、一九三三、『ブラジル――移植民と貿易』日伯協会。

República dos Estados Unidos do Brasil. 1950. "147a Sessão, em 27 de Agôsto de 1946 (Extraordinária)." *Anais da Assembléia Constituinte: Organizados pela Redação de Anais e Documentos Parlamentares.* Vol. XXIII, 71-76. Rio de Janeiro: Departamento de Imprensa Nacional.

サンパウロ新聞社、一九六〇、『コロニア戦後十五年史』サンパウロ新聞社。

サンパウロ新聞社、一九六六、『南米の日系人』サンパウロ新聞社。

聖市四百年祭典日本人協力会、一九五七、『サンパウロ四百年祭』聖市四百年祭典日本人協力会。

上原幸啓、二〇〇八、「先輩移住者に敬意」『ニッケイ新聞』六月二〇日。

第18章　移住・引揚・国内定住地としての福島と原子力発電所

――地元エリート・県人会移民ネットワークを中心に

浅野豊美

1　原子力発電所導入の背景としての人口流動

二〇一一年三月一一日の東日本大震災に際して、福島県の浪江町と大熊町にあった東京電力福島第一原子力発電所が津波によって機能不全に陥り、原子炉溶融事故を生じたことは、今もって現在進行形の事件となっている。福島県をいかに再建し再興するのか、この重い課題に答える一助となるべく、本章では「福島原子力発電所」の歴史的位置を移民というトランスナショナルな動きと結びつけて考察してみたい。

福島県の近世・近代の歴史は、養蚕と機織りに象徴される土地が、近代以後の再編成により、食糧・兵員基地となるのみならず、銀山と常磐炭鉱による生産基地へと編成された歴史ということができる(1)。こうした再編成の中で、さらに、福島県は移民送出県として、「戦前」と「戦後」、二つの時代にまたがる全国有数の移民県であった。戦前にはハワイ、北米、ブラジル、満洲へと移民を送出したのみならず、戦後には引揚民を受け入れ、牧畜や果樹栽培を中心とする農民としての再定住を開拓農協組織によって促し、同時に、ブラジル等南米への再移住民を送り出した。

この移民の動向は、地元の最大の産業としての炭鉱や原発というエネルギー産業といかなる関連の下にあったのか、それが本章のテーマである。国内開拓地としての福島は、農業に止まらず水力発電所や炭鉱を主体とするエネルギー開発地域としての意味をも有していた。福島県と新潟県にまたがる山間地帯で行われた只見川水力発電所建設や、海岸沿いの浜通り地域の常磐炭鉱開発がそれである。

移民と原子力の関連を解き明かすための鍵こそが、「引揚《ひきあげ》」である。移民と炭鉱に象徴される「周辺」としての福島が、高速道路、新幹線、原発に象徴される生産基地としての福島へと転換されるにあたって、大きなインパクトを及ぼしたのが、第二次世界大戦後の旧植民地からの引揚であった。福島県の白河周辺とそれに連なる那須が緊急開拓地に指定されたのみならず、県内の阿武隈山地や会津に国内開拓地が設定されていった。しかも、こうした国内開拓地は、江戸時代、さらにさかのぼっては南北朝時代から、開拓民を受け入れてきた歴史を背負っていた。例えば、東京電力福島第一原発の北西に位置する飯舘村は、江戸時代の天明の大飢饉では越中や越後の逃散してきた一向宗門徒を受け入れたし、第二次世界大戦後には満洲からの引揚民をも収容した。飯舘村では、一九四五年の世帯数二三〇〇戸のうち、七〇〇戸は国内開拓による入植者であった(2)。

こうした移民の送出と引揚の歴史は、原発の導入と不思議と重なっている。例えば、原発の作られた浪江町は、明治から移民を送出し常磐炭鉱の労働力供給地でもあった。

本章では、最初に戦後開拓の対象としての福島県が引揚者を吸収する帝国の「折りたたみ」（浅野 2008：第六編）部分としていかに機能していたのかを論じる。第二次世界大戦以前、福島県からの移民の送り出し地となったのは、ハワイ・樺太・ブラジル・満洲国、それに北海道と南洋群島であったが（福島県厚生部社会課編 1965）、それ故に日本帝国の崩壊によって分離地域から大量の引揚者が発生すると、福島県はその面積の広さや未開拓地の存在故に、有力な国内開拓地となった。

その上で、国内開拓の失敗の延長線上に東京電力福島第一原子力発電所の建設が進められていった過程について、地元の有力者に焦点を当てながら論じることとしたい。一人は、一九六一年当時に福島選出の衆議院議員でありながら、一九六四年から一九七六年に至るまで福島県知事を務めた木村守江である。もう一人は、原発導入にあたっての木村の盟友ともいうべき当時の東京電力社長で、福島県出身の木川田一隆である。後半は、この二人に焦点を当てて、移民から原発への過程をミクロにひもといてみたい。

2　引揚者定住と国内開拓地としての福島

福島県が移民県であったことを、現代において代表しているのは、二〇一五年三月現在、アメリカの上院議員をしているハワイ州選出のメイジー・ヒロノである。メイジーを語る上では、その母の存在を抜きに語ることはできない。メイジーの母は伊達郡の桑折町出身で、その両親（メイジーの祖父母、その祖母は写真花嫁）が明治時代にハワイに移住した関係からハワイで出生し他の兄弟とともに現地で育った。兄（メイジーの伯父）がハワイに戦後直後に帰還する一方、メイジーの母は戦争で日本に帰国し福島で結婚しメイジーが出生した。しかし、まもなくその夫と離婚し、一九五五年、福島で生まれたメイジーを連れ、ハワイの兄を頼って再渡航したのである[(3)]。メイジーの祖父母の出身地は、現在は伊達郡桑折町に統合されているものの、当時は「移民の成金村」と呼ばれた睦合村であった（高橋 1958）。睦合村では、一九二七年の四〇〇世帯中、二五六人もの移民を送り出しており、役場には移民斡旋窓口が設けられていたほどであった。

メイジーの出身地である伊達郡、および原発がやってきた双葉郡は、福島県の中でも特に移民を送り出した二大地域であった[(4)]。その理由は江戸時代の中期以後に用水路等によって開拓された土地が多く、そこに新潟や富山から一向宗を中心とする「新住民」が数多く移民したことが一因と考えられる。

実際、日本原子力産業会議（ＪＡＩＦ）が一九七〇年に行った調査において、原発の誘致が双葉郡で比較的簡単であった理由として、「開拓農家が主体で、生産力、定着力ともに低いという事情」が存在したこと、また、そもそも伝統的とされる部落も、せいぜい五世代程度のコミュニティでしかないため、東北の農村的な大地主制度がなく、コミュニティが不安定であったため原発を受け入れる素地があったとされる（日本原子力産業会議 1970：補論Ⅰ-五）。また、別な箇所では、「強力な本家による同族統制や、村落共同体的規制は、それほど著しいものではない。江戸時代後期以降の開村部落も少なくなく、他県からの移住者、最近の開拓農家等、まだ十分に定着していない部分もままみうけることができる」とも指摘されている（日本原子力産業会議 1970：補論Ⅰ-四）。

一七八三年から四年間にわたった天明の大飢饉の際、双葉郡のあった当時の相馬中村藩では人口の三分の一が餓死したといわれ、その人口を埋めるために移民は有力な手段となった。北陸・越中から浄土真宗大谷派・東本願寺が東福庵を開いたのみならず、一七八八年には西本願寺の光善寺も地元に誘致された。また、中村藩が譜代大名と同じ扱いを受けていたことにもより、越中・越後の一向宗門徒の百姓たちは安心して黙認された逃散をすることができた（佐々木 1986：51；浪江町教育委員会 1974：198）。こうした背景から旧中村藩の伝統的な村落共同体は不安定で、近代になって移民を大量に輩出することになったと考えられるのである。

また、第二次世界大戦後には引揚者が国内開拓民として入植したことで、その不安定さはさらに高まったといえよう。日本原子力産業会議の報告で「この地域の開発が、比較的新しい時代のものであること」が強調され、「江戸時代後期以降の開村部落」や「最近の開拓農家」により「まだ十分に定着していない」住民の存在が指摘されていたことは前述した（日本原子力産業会議：補論Ⅰ-四）。国内開拓地として新住民が多かったことが、原発への反対が強くなかった理由とされているのである。(5)

満洲や樺太等の日本が領域的コントロールを及ぼしていた地域と、南米・北米という他の主権国家が存在する地域に、福島県がどれくらいの人口を、それぞれ植民者、移民者として送り出したのか、その詳しい数字は残念ながら部分的にしかわからない。ただ、人間を送り出す村落レベルから見れば移民は植民活動への参加と大差のないものであったことは指摘できるであろう。二〇世紀初頭に移植民の対象地としてハワイと北米が行き詰まると、[6]新たに南米が注目されるようになり、さらに一九三〇年代半ば以後になると、旧満洲とフィリピンのダバオ[7]がそれに代わった。旧満洲へ福島県から組織的に移民者が送られた際、『福島県引揚援護史』によれば、福島県の地名を冠した開拓団が、「阿武隈義勇隊開拓団」（一九四四年三月三〇日、二二一人）、「会津郷開拓団」（一九四二年五月八日、一五四名）「太平信夫郡開拓団」（一九四〇年二月一一日、一三三二名）、「福島村開拓団」（一九三七年四月、六三七名）、「白河開拓団」（一九四〇年三月三〇日、一七一名）等の形で、四四隊七三九三名にわたって送出された。[8]注目すべきは、「募集範囲」が「窮迫した農村の救済、満洲に駐屯している軍隊の郷里、気候関係、その他いろいろの点を考え合わせて、青森・秋田・岩手・福島・宮城・山形・栃木・長野・新潟の東日本一一県に限られ」たことである。東北救済を目的として満洲移民は募集され、福島はその中の有力県であった（福島県厚生部社会課編 1965：169）。

第二次世界大戦が終わると、人口は福島県に逆流した。大量の引揚者が入植することで、福島県の人口流動性は頂点に達した。ちなみに帝国崩壊によって、日本全体として六〇〇万人以上の軍人と民間人が海外から引揚げたが、それは当時の人口の八～九％に及ぶものであった。

福島県の人口は、一九四四年に約一七〇万人（正確には一六九万九八二二人）であったものが、一九四五年の一一月には一気に二〇〇万人近く（一九五万七三五六人）まで上昇した。たった三ヶ月間で二五万七〇〇〇人の増加を見たのである。都会から疎開してきた児童が一気に帰ったことで、翌年の二月まで四万人近く減少したものの、約二〇〇万人という人口は一九五六年に至るまで、この引揚者の流入とベビーブームによる自然増によっておおむね維持

図18－1　福島県の人口（1879～2013年，上部の数字は増減の分岐点となった年）

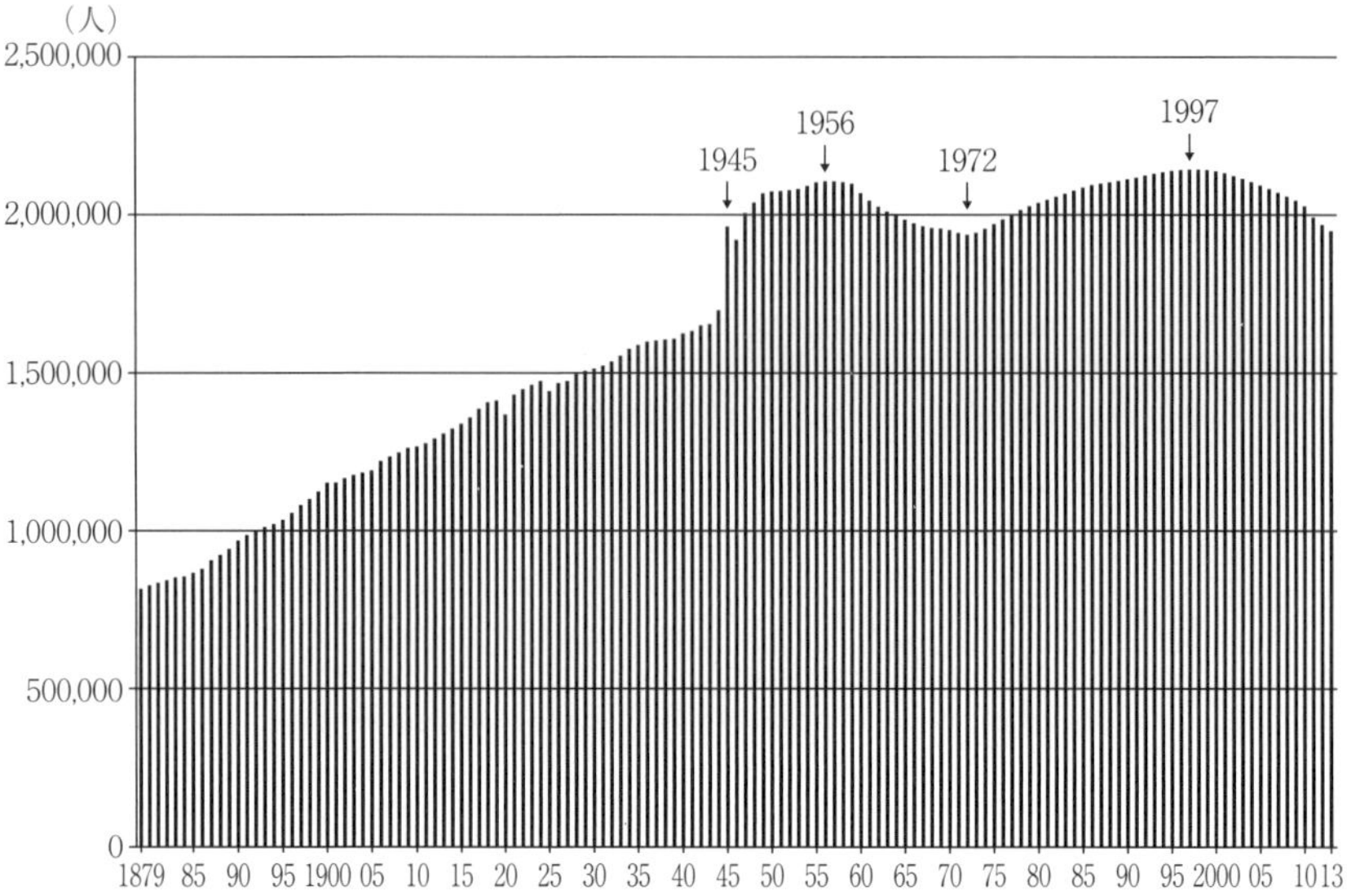

出所：福島県企画調整部統計課。詳しくは注（21）参照。

された[9]（図18-1）。福島県の人口は、出生数が一九四八年において約七万人で、死亡数が約二万であったため、約五万人のペースで自然増も起こっていた。

福島県へと帰還した民間人引揚者は、一九四六年の七月末まで約四万人（三万八九四一人）[10]、八月末で四万二五九〇人であったが[11]、最終的には七万三〇〇〇人余り（七万二六九三人）となった[12]。民間人の他に、軍人の海外からの復員者も多く、陸軍七万七〇〇〇人、海軍二万八〇〇〇人余が帰還した。本土決戦用に福島県から日本内の他地域に動員されていた七万人と合わせると、約二四万八〇〇〇人（二四万八六九九人）が福島県に流入した。これは統計から得られる二五万七〇〇〇人の人口増加という数字とよく合う[13]。一九四八年三月の福島県議会の議論でも、引揚による人口増加は一二％で全国平均を超えていることが指摘され、「在外同胞の内地帰還によって本県だけでも二十五万以上の増加人口を見るに至った」ため「食糧事情の窮迫と失業群の続出」が起こっており、「この対策」は「開墾事業によるほかに方法はない」とされた[14]。

引揚によって、引揚者をいかに定住させるかという社会問題が生み出されていた点で、福島県はまさに帝国の「折りたたみ」部分であったということができる。そもそも移住したのは、福島県に生活することができない二男坊や三男坊であった。前掲の福島県の人口グラフにおいて、人口増加が一九〇〇年を前後して、わずかながら緩やかになっているように見えるのは、こうした移民・植民送出の効果ということができよう。一九〇〇年までのやや急な人口カーブが、それ以後緩やかになるが、緩やかにならなかったとしたら続いたであろう人口増加は、一九〇〇年の人口頂点から一九四五年に急増した人口頂点に補助線を引くことで得られるであろう。

一九四六年八月末の統計によれば、福島「県人」の引揚規模は、それぞれ旧植民地等の地域別に、樺太が二〇九一人、朝鮮が八四七〇人、満洲が一万一九五一人、満洲をのぞく中国が一万六一三人、台湾が四〇三七人、南洋群島や東南アジアを意味する「南方」が四四四〇人、そしてペルーやブラジル等の南米と北米を意味する「其の他」が九八八人で、合わせると世帯数で一万四三二六世帯、四万二五九〇人であった。(15) 全引揚者が前述のように七万二六九三人であることを考えると、終戦後一年にしてその半数が引揚を終えていたことがわかる。終戦直後の福島には急速な人口の流入があった。また、世帯数を考えると、夫婦に子ども一人、もしくは母親が子ども二人を連れてくるパターンが多かったといえよう。男性が現地召集にあっていたと推測すれば、陸海の軍人として帰還した前述の約一〇万余名中にも、男性の在留邦人は含まれていたと見るべきであろう。

引揚者の定住にあたっては、職業、食糧、住宅、衣服が、とりわけ緊急に必要であったが、戦争直後の日本ではそれらが決定的に不足していた。例えば、『福島引揚新聞』の一九四六年八月二〇日付と九月五日付の紙面には、「先づ職を與へよ・すべてはそれからだ」との大見出しが踊っている。岩手に次ぐ面積を誇った福島は、引揚者の定住地という意味では最適な存在であったと考えられる。近代までの技術によっては十分に開墾できなかった未開墾地がたくさんあるため、そうした土地に大規模な灌漑・ダム建設・土壌改良・トラクター技術を用いれば、十分な定住先になると期待されたためと思われる。

福島の未開拓地は、奥羽山脈と阿武隈山地という二つの山脈に沿って存在していた[16]。実際、福島県は「県土の広いこともあって開拓者の数は最多県の一つ」であり、入植者の数は最多年で八九〇〇戸、開拓農協が終焉を迎えた一九七三年の時点でも七五〇〇戸であった（福島県農地林務部農地開拓課編 1973：序文）。会津磐梯山の下にも入植地は設けられ、南部の西郷村では戦車を改造したトラクターが開墾に使われた。また、アメリカのキリスト教団体のフレンズ奉仕団が、北塩原村の曽原地区の造成農道開通式に駆けつけて、支援物資を配った（福島県農地林務部農地開拓課編 1973）。

しかしながら、福島県の人口は、一九五七年以後になると減少を始める。これは、開拓地からの離農者が相次いだことにも一因があった。離農して都会に吸収されていく動きが強まるまで、最初に離農者を吸収したのが、ブラジル・ペルー・パラグアイ等への南米移民であった。双葉郡の近くの中村で発行されたという『海外の東北人』という新聞の一九四九年八月一五日創刊号の記事によれば、ブラジルに移住した三十数万人の日系人の中で、二万五〇〇〇人が福島県の出身であった。その記事は、四四四人の縁故訪問が認められたこと、今後技術者としての派遣が有望となるため、移民に備えるべきことが述べられている。

実際、南米への渡航を許して欲しいというアメリカへの誓願が、一九五〇年一〇月に、対日理事会のアメリカ代表シーボルト大使に宛て、赤城猛一という農業経済学者から、以下のように行われている[17]。

地球上に残されている広大な未開発地と、身動きできない程人間の溢れている日本とを対照して考えるとき、此の非生産地域を日本人の手で侵略によらずして開発し、資源供給地と化することができるならば、それは独り日本人の贖罪奉仕行為として相応しいのみならず、日本人がその能力を以て、世界人類の幸福と平和とに貢献する上に最も適切な道ではあるまいか。

引揚者が国内開拓に行き詰まった時、その目は講和条約後における海外、とりわけ南米への再移住と開拓に向けられていたといえる。赤城は植民政策学の流れを汲むかのように、開拓事業を日本人の「天職」であり、日本人が贖罪を果たすための手段と位置づけた(18)。実際には、農民のみならず、技術者も加えた移民政策が展開されるに至るが、戦後の外務省は第二次世界大戦終結後の世界的移民ブームに乗り遅れまいと、省内に移住政策課を設け、本格的な移民事業を、ドミニカ、ボリビア、ブラジルなどに向けて展開していくことになるのである（浅野 2004：311-349）。

実際、一九五〇年代は移民ブームの時代であった。北米と南米に向けて移民を送るために、ヨーロッパでも政府レベルの合同移民委員会が作られ、イタリア・オランダ・ベルギーなどの特に人口密度の高い地域からの移民が推進された。日本でも引揚者を国内に定住させる路線から平和的海外移住へ力点を移していたことは、財団法人日本海外協会連合会のパンフレットにもうかがうことができる（財団法人日本海外協会連合会 1957）。

こうした再移民ブームに乗る形で、福島県は戦後にも再び、移民を送り出す地域となるのであるが、その背後には、国内開拓の行き詰まりという状況が存在していた。

終戦直後の緊急開拓以来、一九五六年度までの間に、入植地の買収、農地造成、ため池・水路・道路建設等のインフラ整備が政府事業として行われたのみならず、開墾作業費、住宅建設費、土地改良費等の入植者への政府補助、開拓者資金融通特別会計等の特別会計からの営農・家畜・不振地区対策と機械開墾地区補助を目的とする資金貸付け、さらには農林中央金庫と農林漁業金融公庫からの貸し付け融資が行われたにもかかわらず、その成果は芳しくはなかった。開拓に投じられた直接経費累計九〇〇億円、特別会計、地方自治体予算、公務員給与を加えた経費累計が一九五六年の物価価値に直すと約二〇〇〇億円となるなど、「開拓者は至れり尽せりの助成」を受けたにもかかわらず、成果はまったく挙がらなかったと指摘されている（財団法人日本海外協会連合会 1957：4-5）。

福島県にとどまらない全国規模の数字となるが、政策目標としての開拓と農村定住は、当初の計画では、北海道以外で一二五万人（北海道は五ヶ年計画によって一六〇万人を予定）であったにもかかわらず、実際はそれを大きく下回る六〇万人、二三万戸余にすぎず、その二三万戸の中の八万戸はすでに離脱している状態であった（財団法人日本海外協会連合会 1957：4-5）。また、総開拓戸数一五万戸の中で経営の発展する見込みのあるものは一五％にすぎず、さらなる援助や協同事業の可能性があれば持ちこたえられるものが五五％、残りの三〇％は完全に脱落すると見込まれていた。また、五ヶ年に八〇〇億円の開発費を投じられて期待された北海道も過去一二年間での人口の純増は一万人にすぎず、主要食糧生産はむしろ低下している状態にあった（財団法人日本海外協会連合会 1957：6）。

こうした低迷する国内定住に代わって期待されたものこそ、移民と貿易立国としての発展であった。実際は、後者が現実の日本の高度成長を支えることとなるが、一九五七年時点では、前者と後者の路線はまだ甲乙付けがたいものであった。移民推進政策の立場からは、貿易立国には欠点があるとされていた。なぜなら、戦前のような繊維産業・軽工業主体の工業化は、中国大陸市場という安定した市場がないために不可能であったのみならず、その代わりとして期待されていた北米市場を念頭にした重化学工業への転換も、原材料が必要であるため輸入コストが増大すると懸念されたからである。かつて繊維産業の製品市場として中国大陸が占めていたような安定した市場は、貿易額で五％を占めるにすぎないアメリカ大陸以外には見つからず、北米への輸出のみでは安定した国民総生産六％以上の成長を見込むことが困難であるとされたが故に、南米への海外移住は依然として有力な選択肢として位置づけられていたのである。

本格的な移民政策を日本がとるべしとの財団法人日本海外協会連合会の主張は、世界的な移民ブームが起こっているという認識と、その一方、戦後日本が移民を軽視しているという事実認識によって支えられていた。一九五二年から五六年まで、講話条約後の五年間において、日本人の移住総数は二万人にすぎず、移住のための予算も国家予算総額の〇・〇五%に過ぎなかった。これは戦前の高橋〔是清〕財政時代の移民予算の一〇分の一、昭和初年の二〇分の一という状態であった（財団法人日本海外協会連合会 1957：6）。海外移住事業団発行の移住者名簿を使った坂口満宏氏の研究によれば、一九五三年から五六年までの福島県からの移民は一一〇三人で、全国の約二〇分の一で、やがて一九六三年までに合計で福島県からの南米移住者世帯は五八五世帯、二四二九人となるにすぎなかった。[19]

他方で、当時の世界では、南米移民が門戸を開き、北米でも移民法改正が本格化していた。一九五一年にヨーロッパと北南米諸国間に政府間欧州移民委員会という実施機関が設立され、七五〇万人もの移民が展開されていること、敗戦国イタリアが移住を最重点政策に掲げ一年平均一四万人以上を送り出していること、人口密集のオランダやベルギーもそれに続いていること等が指摘されていた。こうした指摘の上に、海外協会は「十九世紀の人口移動に乗り遅れた日本は、第二次大戦後再開された人口の国際的大移動にも再び乗り遅れようとしており、世界的な移民ブームに乗り遅れるべきではない」として戦後移住の必要性をあらためて訴えていたのであった。

実際、こうした立場に沿って、福島県からも南米への移住が本格化したと考えられる。終戦直後の福島県が増加人口二五万人を収容すべく開墾事業を推進しても、その成果は全国的な状況と同じで芳しくはなかった。県議会では、そのうまくいかない理由が「口入れ」と呼ばれたブローカーに引き回されているためと指摘されていた。ブローカーは、開拓地の選択を一任されたのをいいことに、山林原野の無償接収目当てや政府の助成金増額を目的に開拓地を選定していた。そのために、「地元民と何ら協調」をすることなく、開拓地が運営され、周囲の田畑に被害が出たりするというありさまであった。[20]実際、福島原発が立てられることとなる「長者原《ちょうじゃがはら》」という国内開拓地では製塩事業が営まれていたが（岩本 2015：235-236）、その事業が立ちゆかなくなり、そこは現西武グループの所有地となった。福島第一原発の土地の半分は西武グループから買い上げられ、残り半分が大熊町と双葉町の農民の所有地を集めたものであった(21)。原発の設置が比較的簡単に行われた理由としては、「当該地区は開拓農家が主体」で「生産力、定着力」が低かったのみならず、「一次買収地区」が「一会社の遊休地であった」ことが指摘されている。小高町などの「隣接地区などでは、精農家が多く、生産意欲が大きいための反対機運があるのとは対照」的とされた(22)。

再移民に代わる「日本の経済復興」のもう一つの選択肢である重化学工業化とリンクさせることで、その重化学工業に必要な電力を供給する電源地帯として福島県を開発していこうとする政策の萌芽を、ブローカーに頼った国内開拓の失敗に見ることができるであろう。電源地帯として福島を開発するという路線は、大正時代に福島県会津地方の奥にある只見川の水利権を福島県が獲得したことに端を発し、終戦以後の只見川ダム建設によって本格化していた。

ダム建設が本格化する前の一九四八年三月の県議会の議論では、日本の再建と福島の発展は、電気への信仰という点で結びつけられていた。この点は、後述する木川田一隆東京電力社長の言説と同じである。電気は、県議会において「農村の電化」のみならず「あらゆる方面」に「石炭の代わり」として「日本の再建」を支えるものと位置づけられ、「電気を最も多く取るところの県は必ず栄え」るとの信念が表明されていた(23)。只見川開発はその象徴となる存在であり、「日本の再建の上において、奥会津のもっております資源を開発するということがあって初めてそこに福島県の福利を増進するという結果になる」ため「電気を根幹」とする「奥会津の開発というものが福島県に取り残された唯一の資源である」と、民主党の県会議員渡邉信任は説明していた(24)。渡邉はまた、「奥会津の開発如何」が「福島県の将来に対する分かれ目になる」こと、只見川の開発によって尾瀬沼を含めた地域に「猪苗代湖の二倍ぐらいのダムが二三カ所できる」との期待を表明し、ダムが農村開発を含めた総合開発につながるものであることにも以下のように注目している。「ここに淡水漁業を営み、それから森林の調整、鉱物の採取、それから《マ》〔こ〕

の《マ》地点には炭酸水という極めて有効なものも沢山出ている場所もありますから、かかることは全部これを合わせて総合計画に移して福島県の力においてこれを解決することにしたい」と。

この総合開発計画は、福島県における産業育成を念頭に置いた点で、原発単独の設置という現実とはまったく異なるものであった。この提案に賛同した議員の山尾清海も、「電気、石炭、食糧、かつ、またこの奥会津一帯にある山林、地下資源等を有するわが福島県が常に貧困を歎かねばならなかったということは、過去の政治力の貧困を裏付けるものではないか……少なくとも数本の金の鋲《びょう》を県民のために打っていただきたいと思ふのであります」と賛成の意見を述べている(25)。「金の鋲」という言葉に込められた大型技術を中核とする地域全体の総合開発信仰への延長線上に、原発は福島県のエリート層に受け入れられたものの、その総合開発への期待は裏切られたといえるであろう。

原子力発電所は、水力発電所が淡水漁業や観光と結びついたのとは異なり、近接地域の開発へと自然には波及しないものであった。一九六六年に東京電力が原発建設に着手したのを契機に、福島県企画開発部がいかなる地域開発が可能かについての意見調査を行った際、専門家から「発電事業の関連産業というのは、原子力発電に限らず、極めて考えにくい」こと、その理由として「地域別の電力料金制度と送電の簡易さのために、電力が工業立地の主要な制約条件とならない」ことが指摘されていた。原発設置予定の双葉地区の「原子力発電の最大の立地条件は、今日の段階においては、地元の誘致ムードにある」にすぎず、「双葉地域は数十年先はともかく、その工業立地条件から見て原子力発電以外の大工場の立地という面から見て、多くを望み得ない地域」とされた。電力産業関連の専門家からは、「むしろ原子力発電地帯に徹底し、県としては只見水系の用水型発電の再開発などを含め、電力供給県としての地歩を確立するよう努めてはどうか。そして原子力地域としての開発をこの双葉地域の開発理念とすること」が最終的に福島県に答申された（双葉原子力地区調査委員会 1968：4）。つまり、「発電地帯」に特化して大都市圏に依存する発展が推奨されていたといえよう。「わが国ではほとんど未経験の部門」としての「原子力施設を中心とする地域開発」は、ブラジル移民というもう一つの選択肢が行き詰まる中で、「折りたたまれた帝国」が生み出した戦後入植地に変わる存在として、展開されていくことになるのである。

3　地元の指導者と県人移民ネットワーク

移民に代わる政策としての「原子力施設を中心とする地域開発」を推進した福島県のエリート層も、実は、移民と深いつながりを有する人物であった。

一九六四年から七六年まで四期連続当選して知事となった木村守江は、巨大なテクノロジーとそれがもたらしてくれるであろう豊かな生活への、ある種の信仰ともいうべき思いを保持していた(26)。そのきっかけは、木村のニューギニアでの軍医としての体験と、一つ前の世代で同郷の星一《はじめ》の影響にさかのぼることができる。木村の伯父であり岳父でもあった木村清治が地元選出の衆議院議員であった関係で、木村は伯父と同世代で同郷の貴族院議員でもあった星一を非常に尊敬し(27)、県知事時代には星一の銅像をいわき市に建てたのみならず、一九六七年六月にブラジルの福島県人会創立五〇周年に際してサンパウロを訪問し、また星が親しくしていた野口英世の銅像のカンピーナス市での除幕式に参加している（木村 1968：1984：180-187）。

木村の尊敬した星一が、アメリカに留学しながら台湾で阿片を原材料としたビジネスをドイツの技術を使って始めたことに象徴されるように、アメリカとアジア・日本周辺地域とを結びつけながら、近代的なテクノロジーとそれを支える資金を巧みに活用してビジネスチャンスを生み出すことこそ、星や木村をはじめとする地元エリートの行動パターンということができる。また、こうした移植民を伴う広義のビジネス展開は、帝国の外への移民と帝国内部への植民の両方を含み、テクノロジーや資金と連動しながら展開されていたといえる。

星は同じ福島県出身であることから、黄熱病研究をアメリカのロックフェラー研究所で推進していた野口英世を財政的に支援していた。星が渡米したのは二〇世紀初めであったが、ニューヨークのコロンビア大学で苦学しながら『日米週報』という雑誌を伊藤博文との縁を元に外務省の補助金を得て発行し、帰国してからは伊藤が紹介した後藤新平との縁を元に台湾総督府と結んで製薬事業を興し、製氷船事業をも手がけようとしていた（星 1978）。野口が福島県会津の出身であり、人類活動を熱帯へと拡大するために必要な医学・細菌研究に従事していたことはいうまでもなかろう。野口の支援者には同じ会津出身の事業家である松江春次がいたが、松江も一九〇三年から七年にかけてアメリカのルイジアナ大学で製糖技術を学んでいる。松江はその経験を元に東洋拓殖会社の支援を受け、朝鮮や日本内地からサイパン島に導入された移民救済を目的に南洋興発を一九二一年に設立し、資本金調達にあたっては、その東拓がアメリカで社債を発行した。また、星との直接のつながりは確認されないものの、北米に移民した後に北米から南米への移民の転換を一九二〇年代から唱えそれを自ら実践した小林美登利も福島の会津出身でブラジルを拠点に戦後の福島の復興にも活躍した人物であった（根川 2012）。

木村は、こうした星、野口、松江の三者と同様に、未開発地域に対するテクノロジーの実践としての開発と、それにともなう移民と植民の展開という、分野を超えて展開する大きな問題意識を共有した最後の世代といえよう。木村は最初の外遊を一九五五年にヘルシンキでの万国国会議員連盟会議への参加のために行っているが、その途上に立ち寄ったスイスで国連主催の「夢の原子力」博覧会に接し、最初に原子力発電を知ったという（木村 1956：29）。

戦争の武器を平和的な開発手段へと転換するところに、木村は原子力発電の魅力を感じていた。木村は、原子力発電所や原子力潜水艦の模型の傍に、「斯くて彼等はその剣をうちかえて鋤となし、その鎗をうちかえして鎌となし、国は国にむかいて剣をあげず、戦闘のことを再びまなばざるべし」と日本語で大書してあったことが印象的であったと記している。こうしたアイディアはアメリカのトルーマン大統領による原子力の平和利用宣言に由来していた（吉見 2012）。

木村もかつての星や野口と同様に、アメリカの資金と技術をテコにしながら、それを今度は郷土としての福島県の開発につなげようとした人物であったといえよう。木村の原点は第二次世界大戦中のニューギニアでの自給自足の軍隊生活に見出すことができる。(28) ニューギニアの奥地でタロイモ栽培を覚えることで部隊を自活させ生き延びた体験は、知識や技術の力が生活を改良していくことへの信仰と、故郷を開発せんとする意志の起源とも見なし得るであろう。やがて木村は、道路整備を整えつつ、郡山といわきに「新産業都市」を誘致することを中核に「南東北工業地帯構想」を発展させていくこととなるのである（木村 1984：187-195）。

開発振興の「夢」は木村知事を支えた会津出身の政治家である渡邉恒三にも共有されていた。渡邉は二〇〇九年の民主党政権誕生後に、小沢一郎にも影響力を行使し得た民主党の長老であるが、実は引揚と深いつながりがあり、会津高校生時代、引揚者救済活動を会津の駅前で行った（鈴木 1998）。のみならず、渡邉が最初に福島県の県会議員に一九五九年に当選した際、木村はいわきの衆議院議員として渡邉と同僚であった。渡邉は一九六四年から五年間、木村知事とともに、尾瀬沼の開発を構想した（木村 1981：梁取 1985）。

新たな技術を用いた故郷の開発に注がれた木村の強固な意志と信念は、幾度かの海外視察旅行によってさらに強化された。木村の一九六七年の日米知事会議によるアメリカ訪問では、ジョンソン大統領と面会した後に南米を訪れ、前述した野口博士の銅像の除幕式に参加したのみならず、ブラジル福島県人会の創立五〇周年の式典に参加し盛大な歓迎を受けた（木村 1968：37-40）。

また、一九七三年四月の日米知事会議でのアメリカ訪問の際には、シカゴのドレスデン発電所と国立アルゴンヌ研究所、ボストンのピルグリム原子力発電所など、原子力の重要施設を訪れ、原発が危険なものではないことを、自分の目で確かめた。この際に、ニクソン大統領やその国務長官・国防長官が、直々に、日本からの知事団体と面会していることは、アメリカも原発立地県の知事の訪問に注目していたことを示唆している（木村 1973：215-218）。

また、アルゴンヌ研究所には、日本からの留学生で福島県出身の渡辺章が同席していた。すでに、日本では一九五〇年代の末期から、原子力関係留学生の渡米の必要が、木川田一隆によって指摘されていたが、この渡辺はその第一世代ともいうべき人物である。渡辺のみならず、福島県人コミュニティは、ハワイ、デンバー、そしてブラジルにおいて木村知事を大歓迎した。木村の活動は、こうしたトランスナショナルな県人ネットワークによって支えられていた。この点でも、木村は二〇世紀初頭にアメリカで活躍しながら、植民地の開発で事業を興した星一のスタイルを受け継いでいたといえよう。ただし、木村がめざした開発対象は、植民地ではなく、植民地からの帰還者によって人口が溢れた故郷の開発へと変わっていたのである。

木村は、このアメリカ訪問を終えた後に、原発の安全への配慮が訪問の目的であったことを記しているが(29)、木村の原子力行政への取り組みについてはここでは述べる余裕はない。ただ、木村こそが、移民の福島と現代の福島を架橋する重要な人物であることは間違いない。

また、もう一人の福島出身の指導者で、一九六一年から一〇年間東京電力社長をつとめた木川田一隆もまた電力への「信仰」を中核とする開発への夢を木村と共有していた。木川田は、伊達郡の梁川町の出身で、若い時は軍人をめざしたが帝大を出て東京電燈株式会社に入社した。終戦については、自伝の中で、「焼けただれた」東京が爆撃されない山間地帯の発電所と電線でつながっていたために、「電球をとりつけ、電熱線をまきつけ」ると、それが「光となり熱源」となったことを記している。そうした意味で、電気は「都民のそして国民の『希望の灯』」であり、「人間生活の最も原始的な要素としての文明の原点」であった。木川田にとって、日本の未来は「灯を限りなく輝かせていくこと」にあり、そこへ進んでいくことが、「わたくしに課せられた使命」であった（日本経済新聞社 1980：25）。敗戦体験の上に、電気と文明は等価なものとイメージされ、復興そのものと位置づけられていた。

この点で、木川田も巨大テクノロジーへの信仰と、それを使った生活の変革を文明や復興と等価なものと見なし、そのために電気事業という自己のビジネスを国家と協力して展開するいう思想を有していた。木川田は、日本原子力産業会議主催の団体ツアーでアメリカの原発を一九五七年に視察し、民間主導の原発導入を前提とした官民協調を受け入れていたが、その思想的な背景には電力への信仰があったといえよう（日本原子力産業会議 1957：73）。木川田は「核燃料の自給ができない以上」「原子力協定等の国家間取極が必要」であるために、「国家の意思を尊重」しながらも、「学者や実業人の創意工夫を絶対に必要」とする原子力は「技術の進歩を敏感に取り入れ」、「国際競争で敗北を喫」しないように推進すべしとした。つまり、国際関係、基礎調査、保安を国家が管理し、能率的な運営は民間が行うという形の、官民協力体制を提唱したのであった。これが現在の原子力開発体制の原型であり、東京電力と政府との関係の起源がそこにあるといえよう。

こうした木川田の官民協調主義は、「『新しい民族主義』の立場から〔の〕開発」の必要性に根ざしていた。留学生のアメリカへの派遣もこの時期から唱えられていたが、「先進諸国の成果」を「無批判的」に取り入れるのではなしに、「管理方式、燃料の選択などの技術問題、国際的協力の方法、保健対策」、そして金融対策などに、独自の工夫を凝らすべしとされていた。東京電力による独自の原子力開発方式の起源ともいえよう。

こうしたことを考えると、一九六一年秋の福島県議会で原発用地が内定したのは、きわめて早期の決定であり、県のエリート達のリーダーシップの存在なくして、誘致が行われなかったことは明白である。当時、原子力発電に最もふさわしい原子炉については、加圧水型、沸騰水型、ナトリウム冷却炉、三つのタイプの長所短所が議論されていた段階であり、商業炉開発のモデルは依然定まってはいなかったし（日本原子力産業会議 1957：16）、大都市近郊に原子力発電所を置くことさえ模索されていた（日本原子力産業会議 1959：52–82）。カナダでのピカリング発電所や、アメリカ・ロサンゼルス市のマリブ計画はその現れとされ、「大都市近郊への原子力発電所設置計画、各国いずれもその必要性を痛感」している段階にあった（日本原子力産業会議 1959：11）。しかも、一九五〇年代末期の日本では、ビキニ水爆実験により魚の風評被害が起こっており、原子力発電所に対しては未知なるものへの不安が向けられている状態にあった(30)。

国内での開拓が進まず、その住民も南米へと去ってしまったであろう双葉郡の長者原の土地は、反対する住民コミュニティが弱く、東京に近接していたという点で理想的なものであったことであろう。実際、双葉郡の南のいわき地区には常磐炭鉱が六〇年代半ばまで採掘を続けていたが、それは質が悪いにもかかわらず東京に近接する炭鉱という交通の便によって採掘されてきた炭鉱であった。炭鉱が閉山を迎えた時期、東京からの近接性と住民コミュニティの流動性を理由として、原発は福島に誘致されたといえよう。

一九六一年秋、すでに原発誘致の実質的な内定を県レベルでは実現していたが、二人がいなければ、福島県への原発誘致は行われなかったか、あったとしてもずっと遅れた時期となっていたことであろう。

4　移民・植民の根幹にあるもの——郷土の意味

福島は戦前戦後にわたる移民県であった。江戸時代以来の人口の流動性ゆえに、福島県は戦前から移民を送り出したのみならず、国内開拓地として十分な地理的環境を保持したために、戦後にも南米再移民を送り出した。しかし、そうした特異な移民県としての性格は、移民に代わる選択肢としての電源開発と、その延長としての原発によって覆い隠されたといえよう。実際、再移民が本格化する一九五六年は、福島県の人口が一時減少に転じた時期の始まりであり、その人口減少は原発が稼働した一九七二年から再び増加に転じたのである。しかし、植民・移民、引揚、国内開拓、再移民というヒトの移動の歴史的延長線に、原発が積極的に福島の地元のリーダーによって招き入れられたことは疑い得ない。その背後には、技術がもたらす豊かさへの信仰があった。技術とともに移動する移民に代わる選択肢として、原発は移民する必要のない郷土を支える「夢の技術」として受け入れられたということができる。二〇一一年以後の原子力発電所をめぐる事件の下に埋められているのは、そうした技術への信仰にもとづいて、移民や植民として展開されたヒトの移動の意味である。ヒトの移動を「連結」させてとらえていく上で、その原点に技術が生み出す新しい産業への期待があったことは注目されるべきであろう。福島原発は、そうした技術による郷土そのものの改造を目的に導入されたということができる。移動の終着点としての未開の荒れ地に原発が立地し、もう移動する必要のない郷土を支えると期待された点で、原発は国内開拓と再移民の歴史を封じたフタともいうべき存在であった。シンボリックに言えば、原発はアメリカのプレゼンスとともに、「折りたたまれた帝国」のフタとなったのである。

こうした文脈から、原発は準国産エネルギーとして位置づけられた。全国の国土開発は純国産エネルギーとしての原発と結びつき、各地の孤立した新産業都市を結ぶ形で行われ、それを通じて、戦後日本は、移民に頼ることなく経済発展を遂げるための、新しいモデルを確立したということができる。それを象徴する言葉こそが、現在福島の復興に関してよく使われる「故郷」「郷土」という言葉であり、それは移民しなくてもよい空間に他ならないのである。

「二〇〇万県民」は、「ふるさと福島」の象徴の言葉となってきたが、その二〇〇万県民は、引揚によって最初に達成された数字であることも忘れてはいけないであろう。そして震災以後、福島県の人口二〇〇万人の内、県内には一八万人、県外に八万人が、二〇一四年現在も避難を続けている。この避難者数二六万人が第二次世界大戦後に急速に流入した人口数二五万人と不思議と一致することは歴史の偶然であろうか。人口が確実に減少することが予想される今、故郷や復興の意味を埋もれたヒトの移動と合わせて解釈することで、ひろく東アジアとの関係や日米関係をはじめとするグローバルな次元で、この福島への原発導入をめぐる問題を考え、その復興に興味・関心を抱き、自分の問題として共有する視点を、本章が提供できていることを願わずにはいられない。

付記
本章の執筆にあたっては、日文研の支援により、会津市といわき市の調査を行った。また、福島市への調査を行うにあたっては、トヨタ財団研究助成プログラム「放射能汚染地域の文化保全と避難者の心の救済――チェルノブイリと福島」（代表：家田修北海道大学教授）の支援を受けた。

注

（1）代表的な著作に以下がある。庄司（1981：1982：1986）。

（2）国内開拓の放棄・離農・Ｊターンなどの現象の中で、飯舘村は東日本大震災前に一七〇〇世帯となり、震災により三一〇〇世帯へ分裂したという。それでも、「開拓精神」による飯舘村の復興は、現在でも復興を支える生きた言葉となっており、裸一貫からの再建経験への自負は「までいの思想」という言葉とともに「仮の町」建設への意欲を支えている。農村計画学会の報告書、浅野による飯舘村村民である開沼家のインタビュー二〇一三年六月八日、菅野哲氏の紹介による。

（3）Dan Boylan, "The Immigrant Congresswoman," Midweek; 2007-03-21, 二〇一五年三月一〇日閲覧 http://archives.midweek.com/content/story/midweek_coverstory/the_immigrant_congresswoman/P1

（4）この点は、本書の第19章参照。

（5）各部落ごとの原発に対する態度も解説されている（日本原子力産業会議 1970：補論Ⅰ-47-60）。

（6）ハワイと北米移民と福島県との関わりについては以下。高橋（1958）、佐藤（1929）。

（7）ダバオは、マニラ麻の栽培がさかんな地域で、フィリピンの独立が決定した頃から、日本人移民が入植し、福島県人の名前も有力者に散見される（蒲原 1938）。

（8）その申し込み資格は、すでに兵役を終えた在郷軍人で三〇歳以下が対象で、拓務省が各県庁と帝国在郷軍人会と協力して行ったという（福島県厚生部社会課編 1965：166-167）。
（9）昭和二〇年は一一月一日の現在人口、昭和二一年・二二年は二月一日現在。
（10）『福島引揚者新聞』（ブランゲ文庫）一九四六年八月二〇日。
（11）『福島引揚者新聞』（ブランゲ文庫）一九四六年九月二〇日。
（12）福島県厚生部社会課編（1965：8-9）。
（13）福島県企画調整部統計課主事の鴫原大氏より、亀岡義尚県会議員の紹介によって人口統計データを受領（二〇一四年三月一七日）させていただいた。資料として用いられたのは、総務省統計局「国勢調査報告」「人口調査」、および、福島県統計課「福島県現住人口調査結果表」「福島県の人口」「福島県の推計人口」であるという。お二人に厚く感謝申し上げる。
（14）『昭和二三年度　福島県会二月定例会議事速記録』（福島県立図書館所蔵）昭和二三年三月三日、一四七頁。意見を述べたのは、鎌田直右衛門県会議員。
（15）『福島引揚者新聞』（ブランゲ文庫）一九四六年九月二〇日。
（16）福島県農地林務部農地開拓課編（1973）は、戦後の開拓事業の経過と概要を整理記録する目的で編纂されたもので、第一編開拓行政の変遷、第二編推移と実績、第三編成果と一般農政移行、第四編論評と回想からなり、入植者に関わる記述や開拓農業協同組合についての記述が多数ある。なお、この本が出版された一九七三年に開拓農協は一般農協と統合され消滅した。
（17）赤城猛一『講和条約と日本人口問題』自費出版（「対日理事会シーボルト大使殿　昭和二十五年十月三十日」と日本文で記されている）、RG84 Entry Japan（Tokyo）office of the U.S. Political Advisor for Japan, General Records, 1950-52, Location:360/62/2, Box5, Folder:320.1 Peace Treaty.National Archive of the US at college Park.
（18）なぜなら、日本人には技術があるから、その技術による開拓を通じて贖罪を果たすことができると主張されたのであった。具体的には、「基本的開発計画から始まって、道路、橋梁、港湾、鉄道の開設、家屋の建築、灌漑、排水、河川整備、発電工事、治療、衛生、気象、子弟教育、慰安、宗教、文化対策、伐採、開墾、植載、収穫、其の他各種の生産、加工等々」において、日本人が国内での集約農業を通じて技術を身につけており、日本人は「技術的な民族」であるが故に、「熱帯風土病の蔓延する灼熱地」や「不便な交通、極端に不満足な生活」においても開拓を進め、人類に貢献できるとされたのである。
（19）坂口満宏氏提供のデータによる。典拠は海外移住事業団（1966：343-456）。本書第19章参照。
（20）『昭和二三年度　福島県会二月定例会議事速記録』昭和二三年三月三日。
（21）発電所建設に必要な用地として、所要総面積九六万坪のうち国土計画興業株式会社所有地（旧陸軍航空基地跡）の約三〇万坪については東京電力が直接手配を行い、一般民有地約六六万坪分（第一期分三〇万坪、第二期分三六万坪）の取得については、昭和三八年一〇月東京電力から福島県に対し斡旋方が依頼され、業務は福島県開発公社が実施することとなった（日本原子力産業会議 1970）。国土計画興業の土地は、西武グループ堤康次郎が管理しており、民地と同価格で買収する手はずが整っていた。用地買収費は、発電所用地全体の約三二〇万平方メートル＝九六万坪で、約五億円であった。（http://d.hatena.ne.jp/chamuchamu/20110501/1304206589）

(22) 日本原子力産業会議（1970：1-17）「補論Ⅰ　住民意識と社会構造の変化に関する実態調査の結果、（執筆者気象庁予報部主任酒井俊二、高崎市立経済大学助教授大津昭一郎）」によれば、当時の浪江町では、「昭和35-40年にかけて、一次産業就業者数が減少したが特に林業部門の減少率が高かった。二次産業では、両町とも35-40年に建設業が減少、製造業が増加した。三次産業では、サービス業、校務が増加している」状態にあった。五〇年代後半の開拓事業の放棄から、六七年に実際に東京電力に売却されるまでの、土地の状態についてはほとんど資料がなく、地元の歴史の中でも、あえて触れられない部分となっているように看取される。わずかな手がかりを元に記述したものとしては岩本（2015：234-237）。

(23)『昭和二三年度　福島県会二月定例会議事速記録』昭和二三年三月三日、渡邉信任議員の発言（提案者）。

(24)『昭和二三年度　福島県会二月定例会議事速記録』昭和二三年三月三日、三二頁上段。

(25)『昭和二三年度　福島県会二月定例会議事速記録』昭和二三年三月三日、一一九頁。

(26) 例えば、木村は一九七三年二月の県議会での施政演説で以下のように語っている。「これからの社会においては、高度な技術、高度な機械が比重を高める結果、人間疎外感が深まり、人間の精神的な飢餓と貧困の産出に拍車をかけることが予想されます。このような社会の中では、特に自由と創造性に満ちあふれた人間社会の形成に努力しなければなりません」。また、こうした開発の延長線上に自らの県政の課題を以下のように、ひずみの調整に求めている。「戦後の日本は、経済的な大発展を遂げ、政治の目標も開発と躍進にあった。明治以来の後進性を脱却するためにも、開発と成長は本県の課題であり、歴代知事はそれぞれの課題に取り組み、大きな功績を残した。石原知事は戦後の混乱を乗り切り、大竹知事は県庁舎新築と只見川電源開発をやってのけ、佐藤知事は常磐・郡山地区新産業都市を実現した」（木村 1984：235-237）。

(27) 詳しい経緯は木村（1984：73）。木村が一九五〇年六月、自由党公認で参議院議員に当選した際、伯父であり岳父でもあった清治は、「政友会の直流」として、「医業ばかりでなく、政界での後継者ができたと大喜びであった」という。木村清治は、東京の順天堂大学で医師資格試験に合格し大学病院に勤務した後に故郷に帰り、明治二六年に四倉町に開業した。「太っ腹で世話好きな性格なので繁栄し、地域の信望を集め」明治四四年以来県会議員に当選し県議三期をつとめた後に、昭和三年の田中内閣の普選第一回の総選挙に出馬し、四倉を含む「浜三郡」で比佐昌平、松本孫右衛門とならんで当選し、同五年の浜口内閣の選挙にも当選し、ドイツで開かれた万国議員会議に日本の代表として出席したこともあるという。

(28) 木村のつくった「木村農園」では、芋を一坪あたり七～八キロ収穫することができ、芋のカロリーは米の三分の一であったため一日、五～六回の食事をすることで、一〇〇坪で兵士四、五人の食糧を確保したという。焼き芋、芋雑炊、芋きんとん、芋団子、芋とツルの煮付け、そして芋を刻んで天日に干して乾燥して「芋そば」をもつくったという。木村農園は最終的に一万坪に拡張され、「ニューギニアに何年でもがんばることが出来る食糧の自給体制」を木村はつくった。兵士から戦局について質問された木村は、以下のように生活の重要性について応えている。「戦局のことはわからんよ。しかし、日本人がしっかり生きている限り、日本が敗けて滅びるということはないよ。……われわれはいずれの日かきっと日本に帰るのだ。その時に日本の要求しているものは健康な労働力なんだ。そのためには健康を保っていることが大切だよ」（木村 1981：371-392）。

(29) 木村は以下のように双葉開発を考えていた（木村 1973：215-218）。「双葉地区へ原子力発電所を誘致したい、という考えは、同地方が長く『福島県のチベット』といわれ、なんとかそこから脱出したいという地域住民の強い希望もあって、十五年ほど前に考えたことである。／当時、元衆議院議長の堤康次郎氏と会う機会が多かったので、同氏が所有していた双葉海岸の長者ケ原という荒廃していた製塩場跡（飛行場になったこともある）が太平洋に面し、敷地も広く、人家も少なかったから原子力発電所によいと判断し、その話をすすめた。／当時の佐藤知事も大乗気で話が進み、東京電力の進出が決まったのである。しかし、実際、ここにわが国最大の原子力発電基地ができるとなるとやはり心配である。加えて、東北電力の進出が計画され、相つぐ企業立地に住民の一部から反対の声があがっている。／こんどの、アメリカ各地の原発視察はそれらの不安に答を出すためであった。もし、地域の方々が心配するような健康を害し、地域のためにならぬものなら増設は中止すべきであるとの決意の下に視察に出かけたのであった。／原子力の平和利用は、今や世界のすう勢である。……／とにかく、原子力発電はいますぐわれわれの身近な重要な問題として取り組まなければならぬものであり、いかにして安全性を保ちながらこれを利用すべきかは人類全体の問題である。／かかる時に原子力に対する知識を少しでもかち取ることができたことはまことによろこばしい。こんごおおいに活用し、安心して住める、豊かな県土作りを推進したい。／まず、六月県議会には、県独自の原子力センター建設の予算を計上、提出した。／また、双葉地区の発生電力は、国全体の発展のために使われるものであるから、国に対しても、これが安全確保にいっそう積極的にとり組まれるよう要望している」。

(30) ビキニ水爆事件が新聞で報道され始めてから、東京の築地市場では競り値が暴落した。第五福竜丸が水揚げしたメバチマグロやキハダマグロから高濃度の放射能が検出され、他の魚介類全体も敬遠された。厚生省は三月一八日、「入荷する鮮魚は食用として不安がない」との大臣声明を発表したが、値崩れは止まらず、全国の鮮魚店やすし店は休業に追い込まれた。四月二日には、築地市場で東京都内の鮮魚店主ら五〇〇人が怒りの声を上げ、東京都の鮮魚店主らによって政府や米大使館に原水爆禁止を求める署名活動が始められるという状況であった（吉見 2012）。

文献

浅野豊美、二〇〇四、「第二次大戦後米国施政権下沖縄人の移民・国籍問題に関する基本資料」愛知大学国際問題研究所『国際問題研究所紀要』一二三号、三一一-三四九頁。

浅野豊美、二〇〇八、『帝国日本の植民地法制』名古屋大学出版会。

福島県厚生部社会課編、一九六五、『福島県引揚援護史』福島県厚生部社会課。

福島県農地林務部農地開拓課編、一九七三、『福島県戦後開拓史』福島県農地林務部農地開拓課。

双葉原子力地区調査委員会、一九六八、『双葉原子力地区の開発ビジョン』（早稲田大学教授松井達夫委員長、他、電力関係者が審議委員）。

星新一、一九七八、『明治・父・アメリカ』新潮文庫。

岩本由輝、二〇一五、「東北開発と原発事故をめぐって」松本武祝編『東北地方「開発」の系譜――近代の産業振興政策から東日本大震災まで』明石書店。

蒲原廣二、一九三八、『ダバオ邦人開拓史』日比新聞社。

海外移住事業団、一九六六、『海外移住者名簿（出身県別）Ⅰ』（「福島県」は三四三～四五六頁所収）。

木村守江、一九五六、『わが西方見聞録』内政図書出版。

木村守江、一九六八、『北南米一ヶ月』自費出版。

木村守江、一九七三、『訪米日記』自費出版
木村守江、一九八一、『突進半世紀』彩光社。

木村守江、一九八四、『続突進半世紀』彩光社。

浪江町教育委員会、一九七四、『浪江町史』浪江町教育委員会。

根川幸男、二〇一二、「近代における一日本人キリスト者の越境ネットワーク形成――小林美登利の移動・遍歴を事例として」『日本研究』四六集、一二五-一五〇頁。

日本原子力産業会議、一九五七、『原子力産業使節団報告』（土光俊夫が石川島重工業株式会社社長で団長となっている）。

日本原子力産業会議、一九五九、『アメリカの原子力事情 原子力産業経営視察団報告書』。

日本原子力産業会議、一九七〇、「補論Ⅰ　住民意識と社会構造の変化に関する実態調査の結果、（執筆者）気象庁予報部主任酒井俊二、高崎市立経済大学助教授大津昭一郎（第1部東京電力福島原子力発電所周辺地区、第2部関西電力美浜原子力発電所周辺地区）」日本原子力産業会議『原子力発電所と地域社会　地域調査専門委員会報告書（各論）』（http：//www.lib.jaif.or.jp/library/book/pa/pa8024.pdf）。

日本経済新聞社、一九八〇、『私の履歴書経済人一三』日本経済新聞社。

佐々木武、一九八六、「浄土真宗信徒の移民」浪江町郷土史研究会『浪江町近代百年史　第二集』。

佐藤安治、一九二九、『加州と福島縣人――南加篇 上巻、南加篇 南加福島縣人物史傳 下巻』ロスアンゼルス：加州福島縣人發展史編纂所（奥泉栄三郎監修『初期在北米日本人の記録　北米編』第12冊所収、文生書院、二〇〇三年）。

庄司吉之助、一九八一、『庄司吉之助著作集一――近代福島県農業史：福島県農会史』歴史春秋社。

庄司吉之助、一九八二、『庄司吉之助著作集二――半田銀山史』歴史春秋社。

庄司吉之助、一九八六、『庄司吉之助著作集四――近代福島県養蚕・製糸業史』歴史春秋社。

鈴木源英、一九九八、「在外同胞救出学生同盟の回想」『戦後復興期の体験並びに友の会10年のあゆみ』福島県立博物館友の会。

高橋莞治、一九五八、『福島移民史――ハワイ帰還者の巻』福島ハワイ会。

梁取三義、一九八五、『人間木村守江』彩光社。

吉見俊哉、二〇一二、『夢の原子力――Atoms for Dream』ちくま新書。

財団法人日本海外協会連合会、一九五七、『日本と移住――何故移住は促進されねばならないのか』。

補注

本章を脱稿して以後、以下の書籍が発行されていたことを教えていただいた。あわせて参照いただきたい。

中島久人、二〇一四、『戦後史のなかの福島原発』大月書店（特に第二章では、電源開発計画と福島県の工業化構想、佐藤善一郎知事による原発誘致活動、用地買収、漁業権補償等が論じられている、八七－一二六頁）。

第19章　一九三〇年代の福島県に在留した日系二世

坂口満宏

1　移民卓越県における日系二世の存在状況を把握する取り組み

本章は、一九三〇年代の日本に在留した日系二世の存在状況を統計の上から把握しようという目的のもと、一九三三年八月に公表された福島県海外協会の資料を紹介し、来日日系二世研究の基礎資料を提示するものである。同資料にさきだち、筆者は広島県を事例とした統計資料とその解説を提示していることから、本資料は当該研究の第二弾となる（坂口 2011）。

ここに紹介する統計資料の典拠は、福島県海外協会の『会報』第二八号（一九三三年八月号）の「附録」として公表された『日系米国・（布哇）英領加奈陀市民県下滞在住所録』である。福島県海外協会は、一九二八年五月に設立された移植民奨励団体で、一九三四年の時点で、ハワイに二つ、アメリカ本土に三つの支部を持ち、フィリピンとブラジルにも支部を置くなど、移住した人びとと出身地福島県とを結びつける役割を果たす団体であった。

ハワイやアメリカ本土の日本人移民社会（移民地）では、一九二〇年代末から三〇年代初めにかけて、移民第一世代の高齢化と二世の成長にともない、世代交代が始まりだしていた。そして移民地の活力を維持し、よりいっそうの発展を図るためには日本に在留している若者たちを移民地に呼び戻すことが必要だとする声が高まってきた。そうして展開されたのが「帰米・帰布運動」である。

移民地からの要請を受けた日本各地の海外協会は、それぞれの県内にどれほどの数の二世が在留し、どのような生活をしているのかという在地調査とともに、アメリカやハワイに帰る意志はあるのかという意識調査に乗り出した。そうした調査の成果をまとめた代表例が、一万一〇〇〇人余りの二世名簿を作成した広島県海外協会による『広島県滞在米布出世者名簿』（『大広島県』臨時号、一九三二年九月）であり、「昭和六年二月調」として一八七〇人分の名簿をまとめた福岡県海外協会による『日系米国・（布哇）英領加奈陀市民県下滞在住居録』であった。(1)

ここに紹介する福島県海外協会『会報』第二八号の「附録」『日系米国・（布哇）英領加奈陀市民県下滞在住所録』（以下、『住所録』と略）もまた、こうした移民卓越県における日系二世の存在状況を把握する取り組みの一つに位置づけられるものである。(2) その題名からも明らかなように、これは福岡県海外協会の『住居録』を参照し、同一の記載項目を立てることで調査・作成したものと思われるが、未だ福島県海外協会の『会報』第二八号の本編を見出していないため、この『住所録』がどのようにして作成され、公刊されたのかという情報を得るには至っていない。わずかに「附録」の冒頭に記された以下の「緒言」を知るのみである。

緒　　言

本附録ハ米国合衆国（布哇ヲ含ム）及英領加奈陀ニ於テ出生シタル日本人所謂日系市民ニシテ目下人口、食糧問題、就職難ノ叫バレ、行詰マレル母国殊ニ県下ニ諸種ノ事由ニ依リ滞在スル者相当多数ニ上ルヲ甚ダ遺憾トシ国家移植民政策上将又民族発展上之ガ帰米、加ノ勧誘運動ニ資セン為メ刊行シタルモノデアル。因ニ本附録ハ割合ニ長時日ヲ要シ正確ヲ期シタル為メ遺憾ナキコト、存ズルモ移民ト異リ渡航、帰国ニ際シ届出等ノ規則ナキ為メ誤謬脱漏ナキヲ保シ難キニ付御発見ノ節ハ御通知次第訂正ス。

昭和八年八月二十日　　　　　　　　　　　　　　編者識

編者名は定かではないが、同「附録」の奥付には「昭和八年九月一日発行　福島県庁社会課内　福島県海外協会」とあった。

全一一五ページからなるこの『住所録』は、まず福島市、郡山市、若松市、信夫郡、伊達郡、安達郡、安積郡、北会津郡、田村郡、石城郡、双葉郡、東京市、北海道の一三地域に分けられ、ついで地域別に一人一人の掲載事項として氏名、生年月日、現住所、出生地、帰朝年月日、帰米加意志ノ有無、戸主氏名、職業が記されている。こうした日系二世たちの存在状況をどのような言葉で規定するのかという点については、滞在なのか、居住なのかと意見の分かれるところである。本章では他の資料と同様に、日系二世の日本での存在状況を表記するあたり、法律用語である「在留」という言葉を用いることにした（坂口 2011）。

以下では、この『住所録』を典拠として作成した各種統計について、その特徴を解説することとしたい。

2　一九三〇年代の福島県に在留した日系二世

本『住所録』には総計三一三人の情報が記載されていた（表19-1）。それを出生地別に見るとアメリカ本土生まれ一一五人、ハワイ生まれが一九五人で、その割合はほぼ一対二となった。そして出生地不詳とするものが二人、日本生まれとするものが一人いた。父が日本国籍者で、日本で生まれたものであればアメリカの市民権を有するものとはならないが、一八九七年に生まれたこの女性は一九三一年に兄妹とともに来日していることから、在米期間

表 19－1　アメリカ本土・ハワイ出生福島県在留者数（1933年８月現在）

（人）

出生地	15歳以上			15歳未満			生年月日不詳			計		
	男	女	計	男	女	計	男	女	計	男	女	計
本土	21	18	39	42	31	73	2	1	3	65	50	115
ハワイ	43	55	98	53	43	96	1	0	1	97	98	195
不詳	0	0	0	1	1	2	0	0	0	1	1	2
日本	0	1	1	0	0	0	0	0	0	0	1	1
計	64	74	138	96	75	171	3	1	4	163	150	313

出所：福島県海外協会『日系米国・（布哇）英領加奈陀市民県下滞在住所録』（1933年，『海外協会々報』第28号（８月号）付録）より算出。以下，『住所録』と略記する。なお，年齢については1933年（昭和８）を０歳とし，1917年以前に生まれたものを15歳以上，1918年以降に生まれたものを15歳未満として換算した。男女の別については名前より推定した。

表 19－2　アメリカ本土・ハワイ出生広島県在留者数（1932年１月現在）

（人）

出生地	15歳以上			15歳未満			計		
	男	女	計	男	女	計	男	女	計
本土	696	840	1,536	2,249	2,413	4,662	2,945	3,253	6,198
ハワイ	1,301	1,083	2,384	1,324	1,411	2,735	2,625	2,494	5,119
計	1,997	1,923	3,920	3,573	3,824	7,397	5,570	5,747	11,317

出所：『広島県移住史』通史編（広島県，1993年）表108（399ページ）による。

は相当長期に及んだものとして兄妹とともに本『住所録』に含められたものと思われる（呼寄せ時期は不明である）。

なお、この『住所録』の題名には「英領加奈陀」との記載があるが、本資料にカナダ生まれは一人も含まれていなかった。一九三〇年当時、カナダに在留していた福島県出身者数はわずかに一九七人、三二年にあっては一八三人だったといわれている。カナダから福島に二世を送り出すものもいなかったようである。これに対してアメリカ本土とハワイに在留していた福島県出身者は、一九三〇年の時点でそれぞれ一三一二人と二六三八人、三二年のそれは一六六二人と三一六二人と報告されていた(3)。その比率は概ね一対二となり、福島出身の移民はハワイに多く、アメリカ本土の二倍近く在留していたこととなる。福島県に在留していた日系二世の出生地もこうした海外移民の分布状況を反映していたといえ

表19－3　出生地別福島県在留者数（1933年8月現在）

（人）

出生地（州）	人数		
	男	女	計
ハワイ	97	98	195
カリフォルニア	43	32	75
ワシントン	6	9	15
ユタ	8	2	10
オレゴン	4	2	6
ワイオミング	2	3	5
コロラド	2	2	4
不詳	1	1	2
日本	0	1	1
合計	163	150	313

注：男女の別については名前より推定した。
出所：筆者作成。

るだろう。

なお、表19－1では広島県の統計資料（表19－2）と比較できるように、一五歳以上と一五歳未満の別ならびに名前より推定した男女の数値を加えてみた。表19－2に見るように、広島県の場合、総数ではアメリカ本土生まれの方がハワイ生まれより若干多かったが、一五歳以上に限ってみればハワイ生まれが多いという傾向にあった。これに対して福島県ではいずれの年齢層でもハワイ生まれが多くを占めていた。福島県はアメリカ本土よりハワイとの結びつきの強い地域であったといえそうである。

表19－3は『住所録』に記載されていた州ごとの出生地を集計したものである。ハワイ州一九五人（六二％）、カリフォルニア州七五人（二三％）、ワシントン州一五人（五％）、ユタ州一〇人（三％）という内訳となった。さらにハワイの島別出生地で集計するとオアフ島一一七人、マウイ島四七人、モロカイ島三人、ヒロ島一人となり、圧倒的にオアフ島出生者が多いことがわかった。カリフォルニア州ではロサンゼルス生まれが三〇人、サクラメント生まれ一〇人、ワシントン州ではシアトル生まれが一〇人であった。

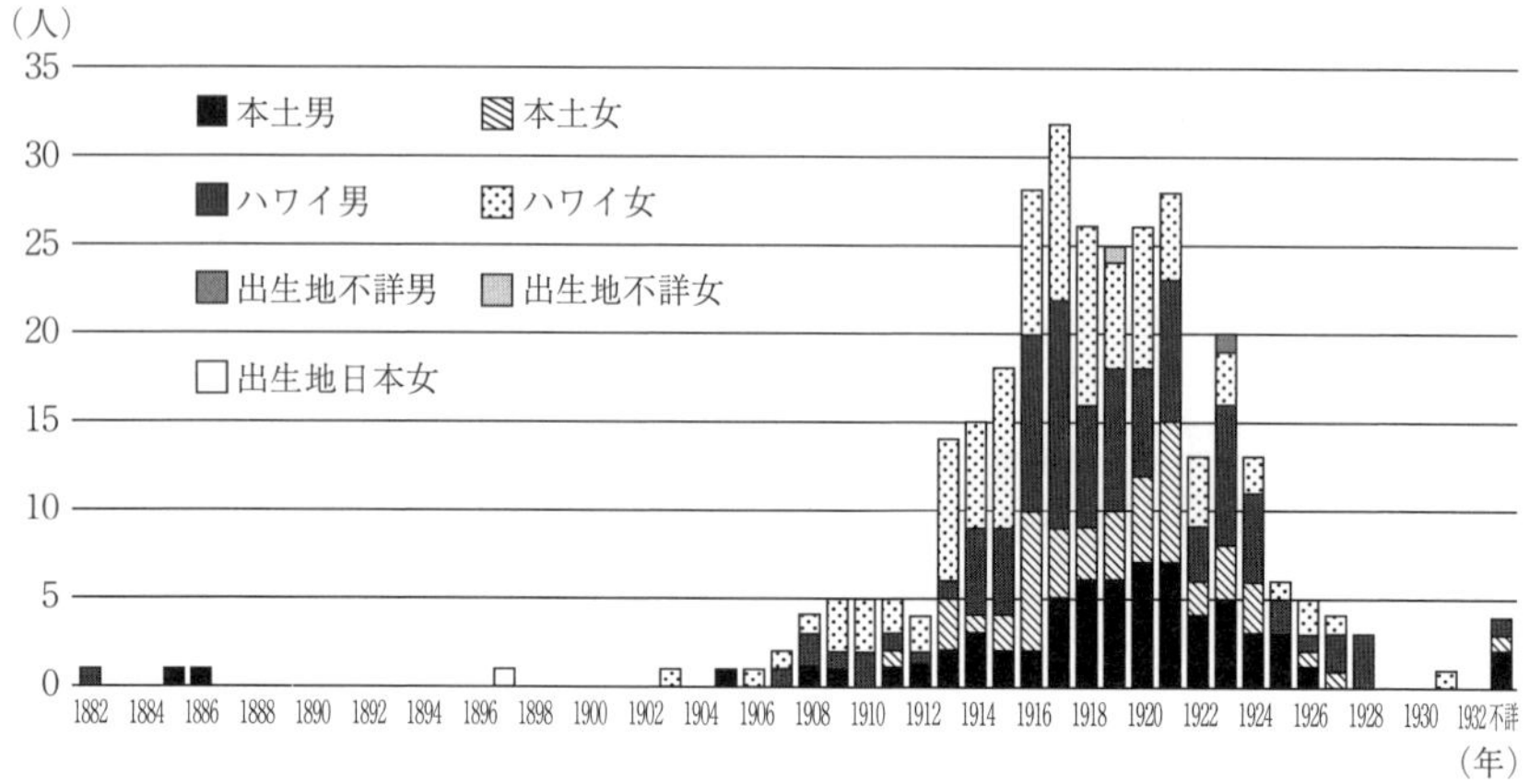

図19-1　生年・出生地別人数の推移と分布（1933年8月現在）

注：1932年の右に出生年不詳者4名を配置した。

出所：筆者作成。

図19-1は生年別人数の分布状況を出生地別・男女別に積み上げて示したものである。これによれば、一九三三年現在福島県に在留していた日系市民は一九一六年から二一年までの六年間に生まれたものが多く、その合計は一六五人で全体の五二％におよぶことになる。このうち一九一七年生まれのものが最も多く、三二人（そのうちハワイ生まれ二三人）であった。また一九一〇年代後半になるとアメリカ本土生まれの男子の数が増えてくる傾向にあった。

ハワイやアメリカ本土で生まれた二世たちがいつ来日したのかということを明らかにしたのが図19-2である。一九二一年と二七年の二つにピークがあったことがわかる。一九二一年では男女ともにハワイ生まれが多く、二七年ではアメリカ本土生まれの男が多くなっていた。

ハワイのオアフ島では一九二〇年にサトウキビ耕地で大規模なストライキがあり、それを機に日本人を排斥する機運が高まっていった。ハワイでの出稼ぎに区切りをつけて帰国した父母とともに来日した二世が多かったことを示している。一九二七年の増加要因は定かではないが、ドル通貨に比べて円の価値が安かったという当時の経済状況を背景に、日本で教育を受けさ

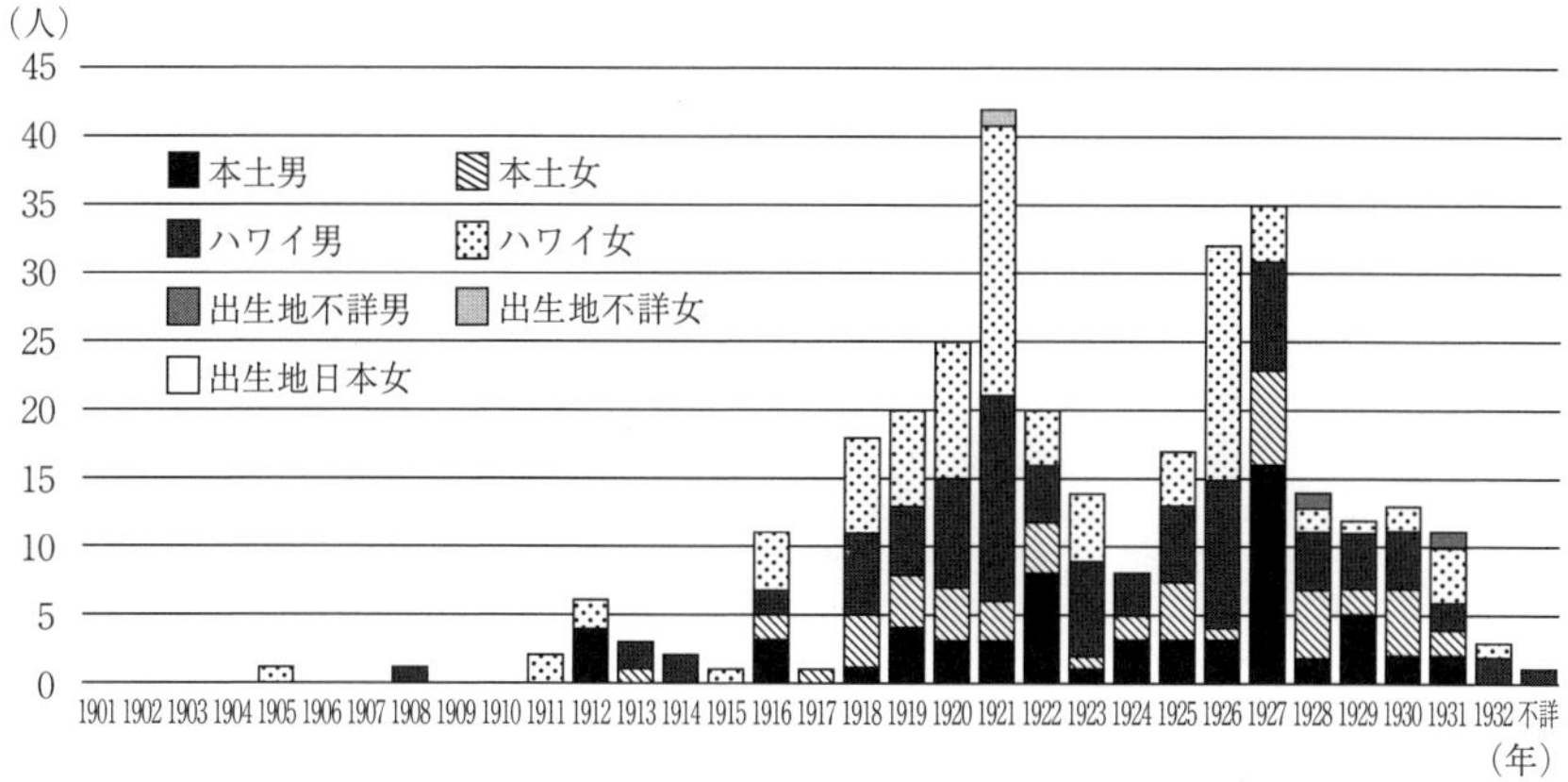

図19－2　来日年・出生地別人数の推移と分布（1933年８月現在）

注：1932年の右に帰国年不詳の１名を配置した。
出所：筆者作成。

せようとしたことによるものかもしれない。

　では彼らは何歳の時来日したのだろうか。『住所録』には来日時の年齢記載がないため、来日年から生年を差し引いた数を来日時満年齢とした。そうすると図19-3に見るように、三歳で来日したものが四三人と最も多く、ついで二歳の三五人、四歳の三二人となった。全体の九割が〇歳から一〇歳までに来日したことになる。

　では、こうした幼い子どもたちはどのようにして日本にやってきたのだろうか。後年の記録ではあるが、高橋莞治『福島県移民史　ハワイ帰還者の巻』（高橋 1958）の中から二人の事例を示しておこう。

　田村郡の厚海勇は、一九一四年にハワイ・オアフ島のワイパフ耕地に生まれたが、ハワイ在留一四年におよんだ両親の帰国にともない、一九二〇年、六歳のとき来日したという（高橋 1958：29）。一方、伊達郡の東海林弘は、一九一四年にオアフ島のワヒアワ耕地にて長男として生まれたが、生後まもなく生母が死去したため、同地から日本に帰る広島県人の腕に抱かれて帰国し、祖父母に迎えられたという（高橋 1958：174）。いずれにしても幼くしての来日であり、本人の意思の入る余地のない

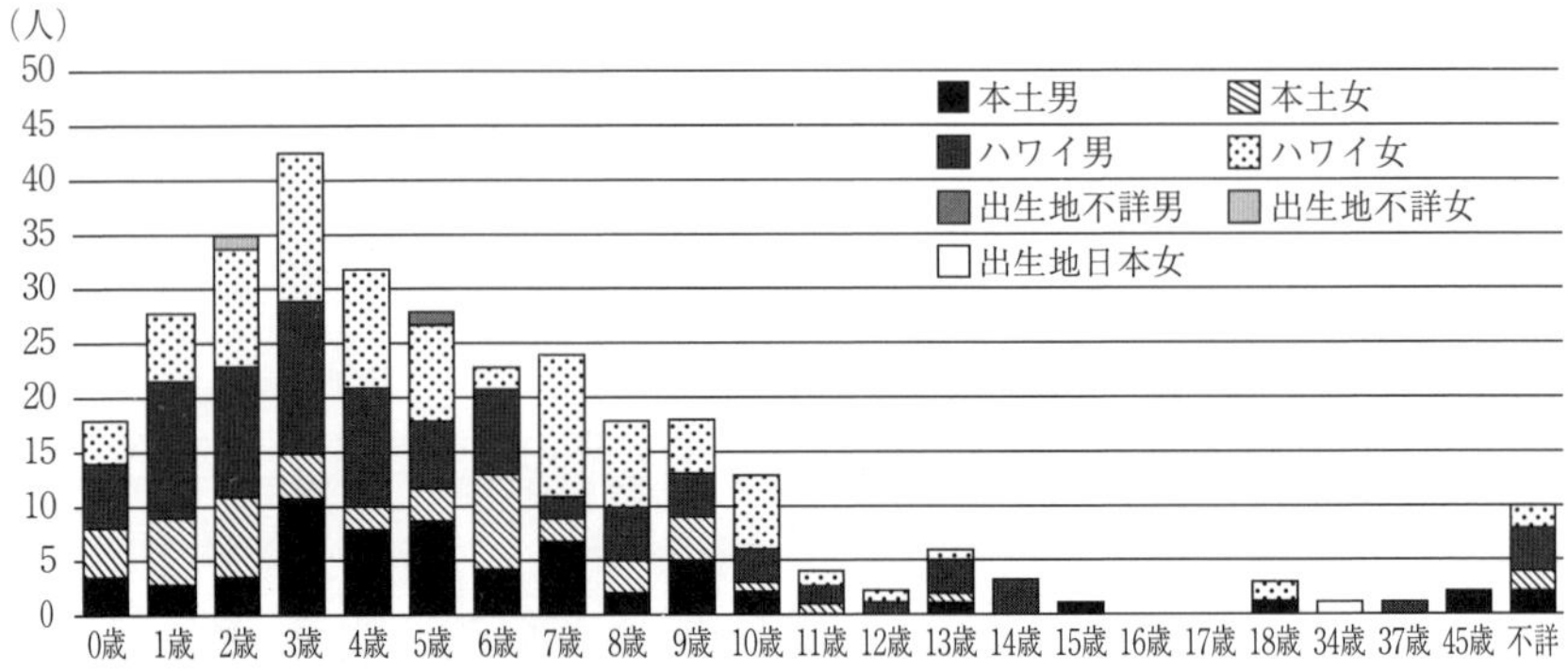

図 19-3　出生地別来日時の満年齢（1933年8月現在）

注：ただし，（帰国年－生年）＝帰国時満年齢として算出した。
出所：筆者作成。

表 19-4　福島県在留アメリカ本土・ハワイ出生者市・郡別人数（1933年8月現在）

（人）

市・郡	アメリカ本土出生			ハワイ出生			日本または出生地不詳		計
	男	女	小計	男	女	小計	男	女	
信夫郡	16	11	27	36	36	72	1	0	100
伊達郡	20	15	35	35	29	64	0	0	99
安達郡	12	10	22	17	24	41	0	1	64
双葉郡	10	3	13	3	2	5	0	1	19
田村郡	4	0	4	3	2	5	0	0	9
東京市	1	2	3	1	3	4	0	0	7
安積郡	1	5	6	0	0	0	0	0	6
若松市	1	1	2	0	1	1	0	0	3
福島市	0	1	1	1	0	1	0	0	2
石城郡	0	0	0	0	1	1	0	0	1
北会津郡	0	1	1	0	0	0	0	0	1
郡山市	0	0	0	1	0	1	0	0	1
北海道	0	1	1	0	0	0	0	0	1
合計	65	50	115	97	98	195	1	2	313

出所：筆者作成。

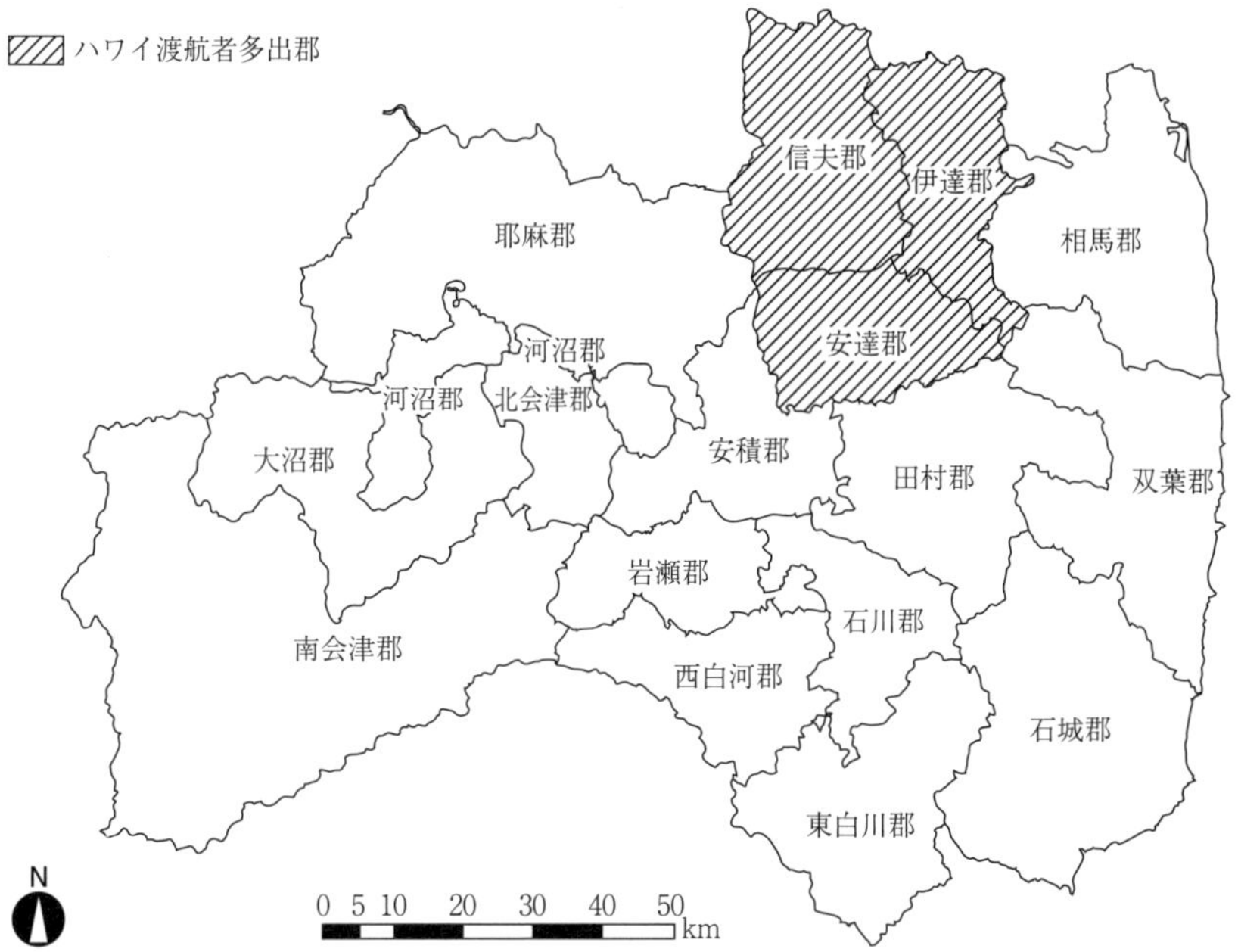

図19－4　福島県の郡界地図

来日であった。

では、幼くして来日した日系市民たちは、福島県内のどこに滞在していたのだろうか。表19－4に見るように、二世の八割は信夫・伊達・安達の三郡に集中していたことがわかる。この三郡は、福島県からハワイへの渡航者を最も多く出していた地域であった（図19－4参照）。

福島県に在留した日系二世の住所を町村別に集計したものが表19－5である。郡別の合計人数では信夫郡が最多であったが、町村別にすると安達郡の玉井村に居住するものが最も多く、一六家族四一人いたことがわかった。ついで信夫郡の佐倉村に二一家族三六人、伊達郡睦合村に一六家族三六人居住したいたことになる。なかには五～六人からなる兄弟姉妹で暮らしているものが数組あった。いずれもいくつかの大字地域に集住しており、字番地も近接していた。出移民の地縁的・血縁的つながりを知る重要な記録といえるだろう。

では、こうした日系二世たちは、どのような職

表 19－5　福島県在留日系市民の町村別・出生地別人数（1933年 8 月現在）

（人）

郡名	町村名	人数	アメリカ本土出生			ハワイ出生			日本または出生地不詳	
			男	女	小計	男	女	小計	男	女
安達郡	玉井村	41	2	3	5	14	21	35	0	1
信夫郡	佐倉村	36	7	2	9	11	15	26	1	0
伊達郡	睦合村	36	7	4	11	12	13	25	0	0
伊達郡	長岡村	15	0	1	1	8	6	14	0	0
信夫郡	水保村	15	5	3	8	6	1	7	0	0
安積郡	富田村	14	5	9	14	0	0	0	0	0
伊達郡	伏黒村	14	2	2	4	5	5	10	0	0
信夫郡	大森村	12	3	3	6	3	3	6	0	0
信夫郡	鳥川村	11	1	2	3	4	4	8	0	0
双葉郡	浪江町	11	5	2	7	1	2	3	0	1
信夫郡	荒井村	7	0	0	0	3	4	7	0	0
信夫郡	余目村	7	0	0	0	4	3	7	0	0
安達郡	和木澤村	7	3	3	6	0	1	1	0	0
安達郡	大平村	5	1	2	3	2	0	2	0	0
双葉郡	大堀村	5	4	1	5	0	0	0	0	0
伊達郡	掛田町	5	2	0	2	3	0	3	0	0
信夫郡	鎌田村	5	0	0	0	2	3	5	0	0
伊達郡	月舘町	5	0	0	0	4	1	5	0	0
信夫郡	庭坂村	5	0	0	0	3	2	5	0	0
田村郡	逢隈村	4	0	0	0	3	1	4	0	0
安達郡	上川崎村	4	2	2	4	0	0	0	0	0
田村郡	瀬川村	4	4	0	4	0	0	0	0	0
伊達郡	富成村	4	0	0	0	0	4	4	0	0
伊達郡	大綱木村	3	2	1	3	0	0	0	0	0
伊達郡	小坂村	3	2	0	2	1	0	1	0	0
東京市	世田谷区	3	1	2	3	0	0	0	0	0
東京市	板橋区	2	0	0	0	0	2	2	0	0
双葉郡	請戸村	2	0	0	0	2	0	2	0	0
若松市	栄町	2	1	1	2	0	0	0	0	0
信夫郡	杉妻村	2	0	0	0	1	1	2	0	0

伊達郡	伊達崎村	2	0	0	0	2	0	2	0	0
安達郡	二本松町	2	2	0	2	0	0	0	0	0
安達郡	油井村	1	1	0	1	0	0	0	0	0
北会津郡	一箕村	1	0	1	1	0	0	0	0	0
北海道	上川郡	1	0	1	1	0	0	0	0	0
石城郡	大浦村	1	0	0	0	0	1	1	0	0
伊達郡	大木戸村	1	0	1	1	0	0	0	0	0
安達郡	大槻村	1	0	0	0	0	1	1	0	0
安達郡	小濱町	1	0	0	0	0	1	1	0	0
郡山市	北町	1	0	0	0	1	0	1	0	0
伊達郡	桑折町	1	0	1	1	0	0	0	0	0
東京市	小石川区	1	0	0	0	1	0	1	0	0
福島市	陣馬町	1	0	1	1	0	0	0	0	0
東京市	円谷区	1	0	0	0	0	1	1	0	0
若松市	中川原町	1	0	0	0	0	1	1	0	0
双葉郡	新山町	1	1	0	1	0	0	0	0	0
伊達郡	半田村	1	0	1	1	0	0	0	0	0
信夫郡	平野村	1	0	1	1	0	0	0	0	0
伊達郡	藤田町	1	1	0	1	0	0	0	0	0
田村郡	三春町	1	0	0	0	0	1	1	0	0
福島市	柳町	1	0	0	0	1	0	1	0	0
不明	不明	1	1	0	1	0	0	0	0	0
合計		313	65	50	115	97	98	195	1	2

出所：筆者作成。

についていたのだろうか。全体の半数近くが一九一六年から二二年までに生まれたものであったことから、一九三三年現在の年齢に換算すると一一歳から一七歳という、小学校教育を終えた年齢層になる。そのため表19-6に見るように、尋常小学校に在籍中としたとするものは一九人（六％）と少なく、それより上の中学校や女学校の「学生」が八八人（二八％）、農業に従事するもの八七人（二八％）となった。その一方で職業は「無」であるとするものが九五人（三〇％）と最も多いのが現状で、小学校を

表19-6　職業別人数（1933年8月現在）

（人）

職業	人数	職業	人数
無	95	教員	1
学生	88	酒店女給	1
農業	87	事務員	1
小学児童	19	小学教員	1
不詳	12	染工	1
湯屋業	3	味噌工	1
菓子職工	1	役場収入役	1
看護婦見習	1	合計	313

注：ただし，職業分類については典拠文献の表記を用いたが，
「小学児童」と「小学生」は一括して「小学児童」とした。
出所：筆者作成。

表19-7　出生地別職業（1933年8月現在）

（人）

	職業　無		学生		農業		小学児童		不詳		その他	
	95（31%）		88（28%）		87（28%）		19（6%）		12（4%）		12（4%）	
出生地	男	女	男	女	男	女	男	女	男	女	男	女
本土	23	23	22	12	8	8	5	3	3	3	4	1
ハワイ	17	31	31	21	36	35	7	4	3	3	3	4
不詳	0	0	1	1	0	0	0	0	0	0	0	0
日本	0	1	0	0	0	0	0	0	0	0	0	0
計	40	55	54	34	44	43	12	7	6	6	7	5

出所：筆者作成。3人以下の職業については一括して「その他」とした。

終了したものの特定の進路についていなかったとするものが三分の一におよんでいたようである。

出生地別に有職状況を見たのが表19-7である。これによれば、農業に従事しているものの八割余りはハワイ生まれであったことがわかる。この傾向は、ハワイ生まれがアメリカ本土出生者より一〇歳前後年長であったことによるものだろう。他方、女子に職業「無」とするものが多かった。

では、福島県在留の日系二世たちはどの程度、アメリカ本土、ハワイへの帰国意思を持っていたのだろうか。表19-8によれば六四%にあたる二〇〇人が帰

表19－8　出生地別帰国意思の有無（1933年8月現在）

（人）

	帰国意思　有		帰国意思　無		帰国意思　不詳		計
	200（64%）		88（28%）		25（8%）		313（100%）
出生地	男	女	男	女	男	女	男女合計
本土	46	28	15	20	4	2	115
ハワイ	68	57	19	32	10	9	195
不詳	1	0	0	1	0	0	2
日本	0	0	0	1	0	0	1
計	115	85	34	54	14	11	313

出所：筆者作成。

表19－9　広島県における1929年現在での再渡航の希望有無

（人）

	アメリカ本土出生者	ハワイ出生者
再渡航を希望する	755（27.4%）	346（24.7%）
再渡航を希望しない	2,004（72.6%）	1,055（75.3%）

出所：広島県保安課および広島県海外協会による調査（『大広島県』第14巻5月号，1929年5月）による。アメリカ本土出生者で1～30歳までの2,759人，ハワイ出生者は1～35歳までの1,401人の男女に対して本人またはその父兄について調べたもの。

国の意思「有」としていたことがわかる。出生地別に見ると、アメリカ本土生まれでは男女合計七四人で全体の二三％、本土生まれ一一五人だけで見れば六五％が帰国意思「有」としていた。ハワイ生まれでは男女合計の一二五人（全体の四〇％）が、そしてハワイ生まれだけの一九五人では六四％が帰国の意思「有」としていた。

この数値の意味を考えるために参考資料として表19-9を掲げておこう。これは広島県が一九二九年一月末現在で一歳から三〇歳のアメリカ本土出生者二七五九人、一歳から三五歳のハワイ生まれ一四〇一人を対象に、本人またはその父兄に再渡航の希望があるか否かを尋ねたもので、「再渡航を希望しない」としたものがアメリカ本土、ハワイのいずれにおいても七割を超えていたという統計である。

調査の年月や集団数に大きな開きがあるため安易な比較はできないが、福島県とは対照的な結果となっていた。福島県の場合は帰国を希望するものの方が多数を占めていたことは明白である。東北地方で

表 19－10　福島県在留日系市民の町村別帰国意思の有無（1933年 8 月現在）

（人）

郡名	町村名	人数	帰国意思有	帰国意思無	帰国意思不明
安達郡	玉井村	41	35	6	0
信夫郡	佐倉村	36	14	17	5
伊達郡	睦合村	36	28	3	5
伊達郡	長岡村	15	11	4	0
信夫郡	水保村	15	12	3	0
安積郡	富田村	14	8	6	0
伊達郡	伏黒村	14	10	4	0
信夫郡	大森村	12	11	0	1
信夫郡	鳥川村	11	10	0	1
双葉郡	浪江町	11	0	11	0
信夫郡	荒井村	7	1	0	6
信夫郡	余目村	7	7	0	0
安達郡	和木澤村	7	7	0	0
安達郡	大平村	5	1	4	0
双葉郡	大堀村	5	5	0	0
伊達郡	掛田町	5	5	0	0
信夫郡	鎌田村	5	5	0	0
伊達郡	月舘町	5	3	0	2
信夫郡	庭坂村	5	0	5	0
田村郡	逢隈村	4	4	0	0
安達郡	上川崎村	4	3	1	0
田村郡	瀬川村	4	4	0	0
伊達郡	富成村	4	0	4	0
伊達郡	大綱木村	3	0	0	3
伊達郡	小坂村	3	3	0	0
東京市	世田谷区	3	0	3	0
東京市	板橋区	2	0	2	0
双葉郡	請戸村	2	0	2	0
若松市	栄町	2	0	2	0
信夫郡	杉妻村	2	2	0	0
伊達郡	伊達崎村	2	2	0	0

安達郡	二本松町	2	0	2	0
安達郡	油井村	1	1	0	0
北会津郡	一箕村	1	0	1	0
北海道	上川郡	1	1	0	0
石城郡	大浦村	1	1	0	0
伊達郡	大木戸村	1	1	0	0
安達郡	大槻村	1	1	0	0
安達郡	小濱町	1	1	0	0
郡山市	北町	1	0	0	1
伊達郡	桑折町	1	0	1	0
東京市	小石川区	1	1	0	0
福島市	陣馬町	1	1	0	0
東京市	円谷区	1	0	1	0
若松市	中川原町	1	0	1	0
双葉郡	新山町	1	1	0	0
伊達郡	半田村	1	0	1	0
信夫郡	平野村	1	0	1	0
伊達郡	藤田町	1	0	0	1
田村郡	三春町	1	0	1	0
福島市	柳町	1	0	1	0
不明	不明	1	0	1	0
合計		313	200	88	25

出所：筆者作成。

は厳しい冷害による凶作が続き、飯米にも事欠く状況となっていただけに、福島を離れ、アメリカに帰りたいという思いを持つものが多くなったのかもしれない。

表19-10に日系市民の多い町村から順に帰国意思の有無を表示してみたが、地域の違いによって帰国意思の「有無」を区分しうるほどの傾向は見出せていない。双葉郡の浪江町や東京市、安達郡の二本松市に在留するものに帰国の意思「無」とするものが多いといえそうだが、この資料だけではその要因を説明することはできない。

また福島県では帰国の意思「有」としたものが六割を超え

ていたが、実際にその後どれだけの二世が帰米したのかという点については定かでない。先に例示した田村郡の厚海勇の場合、帰国の意思「有」としていたが、実際は青年期を村内で過ごしたのち徴兵に応じ、三たび朝鮮や満洲方面へ出征し、終戦後郷里に復員して村役場に就職したと記録されている（高橋 1958：29）。同様に伊達郡の東海林弘も帰国の意思「有」としていたが、農業の傍ら洋服の仕立てなどをしながら治療のため日本に帰ってきた実父の看護にあたったとされている（高橋 1958：175）。

第二次世界大戦中さらには戦後において福島県に在留していた日系市民はいかなる境遇にあったのか、さらなる検討が求められる。

注

（1）福岡県海外協会『八紘』第三五号（一九三〇年四月一〇日）には「日系市民名簿」作成の報告が掲載されているが、この名簿の所在は確認できていない。ここでは廣畑恒五郎の『在米福岡県人史』に採録されたものを参照した。また岡山県海外協会は「米国及布哇出世者調査結果」として総計二三七四人（アメリカ出生者二二〇二人、ハワイ出生者一七二人）の「郡市別」人数の集計結果を公表していた（山口生「米国及布哇出世者調査結果」、岡山県海外協会『会報』第一二巻第四号、一九三一年七月一五日）。ただしこれは集計結果の一覧を表示したもので、名簿は含まれていない。そしてやや遅れて熊本海外協会もその『会報』に「昭和一〇年一二月調」とする「在郷日系米人」名簿の連載を始めた。今のところ、熊本海外協会『会報』第一九一号（一九三六年一月一三日）所収の「在郷日系米人（一）　玉名郡ノ部」から同第一九八号（一九三六年一〇月一五日）所有「在郷日系米人（八）　上益城郡ノ部（続）」までの所在を確認しているが、それ以降の記事は未見である。

（2）ここでは国文学研究資料館が所蔵する福島県海外協会『会報』第一八号（一九三三年八月号）の「附録」を典拠として用いている。

（3）外務省記録（J120J8-2）『移民ニ関スル統計及調査関係雑件　在外本邦人々員並送金調査』第一巻～第六巻。

文献

廣畑恒五郎、一九三一、『在米福岡県人史』在米福岡県人史編纂事務所（羅府）。

坂口満宏、二〇一一、「統計資料・1930年代の広島県に在留した日系二世」『史窓』第六八号、九五-一〇九頁。

高橋莞治、一九五八、『福島県移民史　ハワイ帰還者の巻』福島ハワイ会。

資料　移民関係事務担当局課の変遷

――戦前期外務省機構図

柳下宙子

本資料は、外務省設立から終戦に至るまでの機構変遷を示した。外務省において移民や海外渡航に関する業務を担当した部署の変遷について以下に簡単に述べる。

明治五年一一月に設置された「弁事局」の中に「免状課」があるが詳しい所掌事務は不明である。翌六年一一月弁事局の再編成により、「官記課」が設置され、その所掌事務には「海外行人員明細表（海外行人名属等を記載す）、勘合帳（海外行免許割章を捺す）」とあり、渡航に関する事務を所掌していたことがわかるが、この時期、移民送出が行われていなかったためか、外務省の中に移民担当部署はなかった。その後明治一三年一二月から旅券業務は庶務局儀式課が担当した。

明治一九年二月に設置された「総務局政務課」は「在外我が国民に関する事項及外国旅行券に関する事項」をその所掌事務の一部としており、ハワイ官約移民の開始がその背景にあることがわかる。その後、明治二四年七月、大臣官房の中に「海外出稼及移住民に関する一切の事項」を所掌事務とする「移民課」が設けられた。

移民課は明治二六年には廃止となるが、その業務は通商局第二課が引き継ぎその所掌事務は、「海外出稼人及び移民に関する事項。旅券に関する事項。在外帝国臣民救助に関する事項。外国に漂着したる帝国臣民に関する事項。

移民に関する諸報告及びその編纂刊行に関する事項」であった。

明治四一年の組織改正で通商局第一課、第二課が地域別の担当となったことから移民・旅券業務「移民に関する事項、旅券及び戸籍に関する事項」は通商局第三課の担当となる。

大正一〇年八月には通商局内に移民課が設置され、「移民旅券戸籍及び国籍並在外帝国臣民の保護に関する事項及び外国人の出入国に関する事務を掌る」が所掌事務であり、移民を取り扱う専門部署であった。三年後大正一三年には移民課の廃止により再び通商局第三課になるが、所掌事務には大きな変化はない（移民、旅券及び外国渡航に関する事項及び戸籍、国籍、彙纂及び在外帝国臣民の保護に関する事項。外国人の出入国に関する事項）。ただし、その後戦前期には移民が課名となる部署は設置されなかった。

昭和九年には外務省で大きな機構改正が行われ、従来の「通商局」は「通商」そのものに特化し、移民に関する業務については地域的に考え、「亜米利加局」の中に編入される。第一課がアメリカ、第二課がそれ以外のアメリカ関連地域の外交と移民を担当し、第三課が旅券業務を担当することとなる。

太平洋戦争開戦後、昭和一七年一一月「亜米利加局」は廃止となり、政務局第二課が「大東亜地域に関する外交政策の樹立、一般外交事務移植民及び海外拓殖事業に関する事務を掌る」、第七課が「第二課、第三課、第四課、第五課及第六課所管の地域以外の地域に関する上記事務を掌」り、旅券関連は通商局第三課が担当したが、昭和一八年一一月通商局が廃止された後は大臣官房文書課がその事務を担当した。

終戦を迎え、昭和二〇年八月二六日の編成では政務局各課から移民に関する事務はなくなり、管理局内に中国や満州、南方における「帝国臣民及諸施設に関する業務」の一文はあるが、その他の地域については、この文面はない。なお、旅券事務は、経済局第三課へ移る。

以下の表中ゴシックで表した箇所が戦前期外務省において移民業務及び旅券関連業務を所掌した部署である。

資料　移民関係事務担当局課の変遷

明治６年11月７日	明治５年11月26日	明治４年８月12日	明治３年５月７日	明治３年４月14日
弁事局 官記課 受付課 編輯課 秘書史	弁事局 編輯課 往復課 免状課 電信課 書庫課 秘書史	文書司　８月14日 廃止	文書司　翻訳通弁 外交書翰 記録編輯	書簡掛 編輯掛 官省掛 府藩県掛 応接掛 貿易掛 公事訴訟掛 出納掛 公使館延遼館掛 省中庶務掛
外事左局	外事左局	職務課		
外事右局	外事右局	官省課		
考法局	考法局	公書課		
庶務局	庶務局	法書翻訳課		
翻訳局	翻訳局	編輯課　第一課 第二課 第三課 （画図課）		
		各港課		
		語学課		
		庶務課		

明治15年11月	
公信局	修好課 通商課 庶務部 審査部 翻訳部
取調局	
記録局	受付課 編輯課
庶務局	儀式課 用度課
会計局	支給課 出納課
	検査課

明治13年12月1日	
本局	廃止
公信局	修好課 通信課 雑務課
取調局	
翻訳局	廃止
記録局	受付課 編輯課
庶務局	儀式課 用度課
会計局	支給課 出納課
	検査課
	書記課　明治14年4月廃止

明治10年9月5日	
本局	受付課 清書謄写課 官記課
公信局	公使課 領事課 会計課
翻訳局	
記録局	
庶務局	出納課 用度課

明治7年6月24日	
弁事局	廃止
本局	翻訳課 公信課
秘書史	受付課 本課 謄写 往復
庶務局	弁事局事務を継承
記録局	庶務課
外事左局	廃止
外事右局	廃止
考法局	廃止
翻訳局	廃止

資料　移民関係事務担当局課の変遷

明治19年2月27日公布	明治17年7月30日	明治16年8月10日	明治16年2月
大臣官房 総務局　文書課 往復課 報告課 **政務課** 人事課 電信課 通商局 取調局　第一課 第二課 翻訳局 会計局　用度課 出納課 検査課 記録局	公信局　亜細亜部 欧亜部 翻訳部 庶務部 審査部 秘書部 取調局 記録局（明治16年10月より）　受付課 編輯課 図書保管係 公文保管係 縦文・横文書籍保管係 画図係 附電信分局 庶務局　**儀式課** 会計局　検査課 総務課 出納課 整理課 用度課	公信局　亜細亜部 欧亜部 反訳部 庶務部 審査部 秘書課 取調局 記録局　受付課 編輯課 庶務局　**儀式課** 用度課 会計局　支給課 出納課	公信局　修好課 通商課 庶務課 審査部 翻訳部 取調局 記録局　受付課 編輯課 庶務局　**儀式課** 用度課 会計局　支給課 出納課

明治33年５月19日公布 ５月20日施行	明治26年10月22日公布 11月10日施行	明治24年７月27日公布 ８月16日施行	明治23年６月28日公布
大臣官房	大臣官房　秘書課 記録課 庶務課 会計課 翻訳課 電信課	大臣官房　秘書課 移民課 記録課 庶務課 会計課	大臣官房　廃止
総務局　人事課 文書課 記録課 会計課 翻訳課 電信課 取調課	政務局	総務局　廃止	総務局　政務課 人事課 記録課 報告課 往復課 電信課
政務局	通商局　第一課 第二課	政務局	通商局
通商局	取調局　廃止	通商局	取調局
	翻訳局　廃止	取調局	翻訳局
		翻訳局	会計局　出納課 検査課 用度課
		会計局　廃止	記録局　廃止

資料　移民関係事務担当局課の変遷

大正9年10月23日公布施行	大正8年7月2日公布施行	大正2年6月13日公布施行	明治44年7月29日公布施行	明治41年12月16日施行
大臣官房　人事課 文書課 会計課 翻訳課 電信課	大臣官房　人事課 文書課 会計課 翻訳課 電信課	大臣官房　人事課 文書課 会計課 翻訳課 電信課	大臣官房　人事課 文書課 会計課 記録課 翻訳課 電信課 報告課	大臣官房（明治36年12月より）　人事課 文書課 会計課 記録課 翻訳課 電信課 取調課 報告課
政務局　廃止	政務局　第一課 第二課 第三課	政務局　第一課 第二課	政務局　第一課 第二課 第三課	政務局　第一課 第二課 第三課
亜細亜局　第一課 第二課 第三課	通商局　第一課 第二課 **第三課** 通商広報係	通商局　第一課 **第二課**	通商局　第一課 第二課 **第三課**	通商局　第一課 第二課 **第三課**
欧米局　第一課 第二課 第三課	条約局　第一課 第二課 第三課	取調局　廃止	取調局	
通商局　第一課 第二課 **第三課** 通商広報係				
条約局　第一課 第二課 第三課				

昭和９年６月１日 公布施行	昭和９年１月６日 公布施行	昭和２年６月23日 公布施行	大正13年12月20日 公布施行	大正10年８月13日 公布施行
大臣官房　人事課 文書課 会計課 翻訳課 電信課	大臣官房　人事課 文書課 会計課 翻訳課 電信課	大臣官房　人事課 文書課 会計課 翻訳課 電信課	大臣官房　人事課 文書課 会計課 翻訳課 電信課	大臣官房　人事課 文書課 会計課 翻訳課 電信課
東亜局　第一課 第二課 第三課	亜細亜局　第一課 第二課 第三課	亜細亜局　第一課 第二課 第三課	亜細亜局　第一課 第二課 第三課 文化事業部	亜細亜局　第一課 第二課 第三課
欧米局　廃止	欧米局　第一課 第二課	欧米局　第一課 第二課	欧米局　第一課 第二課	欧米局　第一課 第二課 第三課
欧亜局　第一課 第二課	通商局　第一課 第二課 **第三課**	通商局　第一課 第二課 **第三課**	通商局　第一課 第二課 **第三課**	通商局　総務課 管理課 商報課 **移民課**
亜米利加局　第一課 第二課 **第三課**	条約局　第一課 第二課 第三課	条約局　第一課 第二課 第三課	条約局　第一課 第二課 第三課	条約局　第一課 第二課 第三課
通商局　第一課 第二課 第三課	情報部　第一課 第二課 第三課	情報部　第一課 第二課 第三課	情報部　第一課 第二課 第三課	情報部　第一課 第二課 第三課
条約局　第一課 第二課 第三課	文化事業部　第一課 第二課	文化事業部　第一課 第二課		
情報部　第一課 第二課 第三課	調査部　第一課 第二課 第三課 第四課 第五課			
文化事業部　第一課 第二課				
調査部　第一課 第二課 第三課 第四課 第五課				

資料　移民関係事務担当局課の変遷

昭和13年７月１日 公布施行	昭和12年７月１日 公布施行	昭和11年９月24日 施行	昭和11年８月１日 施行	昭和10年８月１日 公布施行
大臣官房　人事課 儀典課 文書課 会計課 翻訳課 電信課	大臣官房　人事課 儀典課 文書課 会計課 翻訳課 電信課	大臣官房　人事課 文書課 会計課 翻訳課 電信課	大臣官房　人事課 文書課 会計課 翻訳課 電信課	大臣官房　人事課 文書課 会計課 翻訳課 電信課
東亜局　第一課 第二課 第三課	東亜局　第一課 第二課 第三課	東亜局　第一課 第二課 第三課	東亜局　第一課 第二課 第三課	東亜局　第一課 第二課 第三課
欧亜局　第一課 第二課 第三課	欧亜局　第一課 第二課 第三課	欧亜局　第一課 第二課 第三課	欧亜局　第一課 第二課	欧亜局　第一課 第二課
亜米利加局　第一課 第二課 **第三課**	亜米利加局　第一課 第二課 **第三課**	亜米利加局　第一課 第二課 **第三課**	亜米利加局　第一課 第二課 **第三課**	亜米利加局　第一課 第二課 **第三課**
通商局　第一課 第二課 第三課 第四課 第五課 第六課	通商局　総務課 第一課 第二課 第三課	通商局　総務課 第一課 第二課 第三課	通商局　総務課 第一課 第二課 第三課	通商局　第一課 第二課 第三課
条約局　第一課 第二課 第三課	条約局　第一課 第二課 第三課	条約局　第一課 第二課 第三課	条約局　第一課 第二課 第三課	条約局　第一課 第二課 第三課
情報部　第一課 第二課 第三課	情報部　第一課 第二課 第三課	情報部　第一課 第二課 第三課	情報部　第一課 第二課 第三課	情報部　第一課 第二課 第三課
文化事業部　第一課 第二課 第三課	文化事業部　第一課 第二課 第三課	文化事業部　第一課 第二課 第三課	文化事業部　第一課 第二課 第三課	文化事業部　第一課 第二課 第三課
調査部　第一課 第二課 第三課 第四課 第五課	調査部　第一課 第二課 第三課 第四課 第五課	調査部　第一課 第二課 第三課 第四課 第五課	調査部　第一課 第二課 第三課 第四課 第五課	調査部　第一課 第二課 第三課 第四課 第五課

昭和15年12月6日公布施行	昭和15年11月13日公布施行	昭和14年7月12日公布施行	昭和13年12月16日公布施行
大臣官房　人事課 儀典課 文書課 会計課 電信課	大臣官房　人事課 儀典課 文書課 会計課 翻訳課 電信課	大臣官房　人事課 儀典課 文書課 会計課 翻訳課 電信課	大臣官房　人事課 儀典課 文書課 会計課 翻訳課 電信課
東亜局　第一課 第二課 第三課 第四課	東亜局　第一課 第二課 第三課	東亜局　第一課 第二課 第三課	東亜局　第一課 第二課 第三課
欧亜局　第一課 第二課 第三課	欧亜局　第一課 第二課 第三課	欧亜局　第一課 第二課 第三課	欧亜局　第一課 第二課 第三課
亜米利加局　第一課 第二課 第三課	亜米利加局　第一課 第二課 第三課	亜米利加局　第一課 第二課 第三課	亜米利加局　第一課 第二課 第三課
南洋局　第一課 第二課	南洋局　第一課 第二課	通商局　第一課 第二課 第三課 第四課 第五課 第六課	通商局　第一課 第二課 第三課 第四課 第五課 第六課
通商局　第一課 第二課 第三課 第四課 第五課 第六課	通商局　第一課 第二課 第三課 第四課 第五課 第六課	条約局　第一課 第二課 第三課	条約局　第一課 第二課 第三課
条約局　第一課 第二課 第三課	条約局　第一課 第二課 第三課	情報部　第一課 第二課 第三課	情報部　第一課 第二課 第三課
情報部　廃止	情報部　第一課 第二課 第三課	文化事業部　第一課 第二課	文化事業部　第一課 第二課
文化事業部　廃止	文化事業部　第一課 第二課	調査部　第一課 第二課 第三課 第四課	調査部　第一課 第二課 第三課 第四課 第五課
調査部　第一課 第二課 第三課 第四課 第五課 第六課	調査部　第一課 第二課 第三課 第四課		

資料　移民関係事務担当局課の変遷

昭和17年12月１日施行	昭和17年11月１日公布施行	昭和17年１月24日施行	昭和16年５月１日公布施行
大臣官房　人事課 儀典課 文書課 会計課 電信課 考査課	大臣官房　人事課 儀典課 文書課 会計課 電信課 考査課	大臣官房　人事課 儀典課 文書課 会計課 電信課 考査課	大臣官房　人事課 儀典課 文書課 会計課 電信課
政務局　第一課 第二課 第三課 第四課 第五課 第六課 第七課	東亜局　廃止（純外交を除いて大東亜省へ）	東亜局　第一課 第二課 第三課	東亜局　第一課 第二課 第三課
通商局　第一課 第二課 **第三課**	欧亜局　廃止	欧亜局　第一課 第二課 第三課	欧亜局　第一課 第二課 第三課
条約局　第一課 第二課	亜米利加局　廃止	亜米利加局　第一課 第二課 **第三課**	亜米利加局　第一課 第二課 **第三課**
調査局　第一課 第二課 第三課 第四課	南洋局　廃止（純外交を除いて大東亜省へ）	南洋局　第一課 第二課	南洋局　第一課 第二課
	政務局　第一課 第二課 第三課 第四課 第五課 第六課 第七課	通商局　第一課 第二課 第三課 第四課 第五課 第六課	通商局　第一課 第二課 第三課 第四課 第五課 第六課
	通商局　第一課 第二課 **第三課**	条約局　第一課 第二課 第三課	条約局　第一課 第二課 第三課
	条約局　第一課 第二課	調査部　第一課 第二課 第三課 第四課 第五課 第六課	調査部　第一課 第二課 第三課 第四課 第五課 第六課
	調査局　第一課 第二課 第三課 第四課		

昭和20年8月26日公布施行	昭和18年11月1日公布施行	昭和18年5月20日施行
大臣官房　人事課 儀典課 文書課 会計課 電信課	大臣官房　人事課 儀典課 文書課 会計課 電信課	大臣官房　人事課 儀典課 文書課 会計課 電信課 考査課
政務局　第一課 第二課 第三課 第四課 第五課	政務局　第一課 第二課 第三課 第四課 第五課 第六課	政務局　第一課 第二課 第三課 第四課 第五課 第六課
経済局　第一課 第二課 第三課	戦時経済局　第一課 第二課	通商局　第一課 第二課 第三課
条約局　第一課 第二課 第三課	通商局　廃止	条約局　第一課 第二課
調査局　第一課 第二課 第三課	条約局　第一課 第二課	調査局　第一課 第二課 第三課 第四課
管理局　第一部 第二部 第三部 第四部	調査局　第一課 第二課 第三課	

（注1）外務省記録「外務省行政組織関係雑件　外務省機構図関係（事務分担表）　在外本邦公館事務分担及び職員配置関係」（分類番号：M'.1.3.1.1-13-1）を参考に作成。

（注2）本稿の論旨は個人の見解であって所属する機関の見解ではない。

あとがき——身体と建築

ベッドで靴をぬがないで

二〇〇四年に、私はブラジルのリオデジャネイロで、二ヶ月ほどくらしたことがある。その滞在中に、小さからぬ怪我をした。部位は顎《あご》で、ひらいた傷口を十数針ほどぬいあわせる破目に、おちいっている。

怪我に至ったのは、前へつんのめり、地面に顎をうちつけてしまったせいである。足がもつれ、姿勢がたもてなくなったためだと言うしかない。当時は自分のにぶさと、それから老いをかみしめたものである。

さいわい、現地の人からいい病院を紹介され、適切な処置をほどこしてもらえた。今は、傷のあともきえている。あとで聞けば、ブラジルの外科医は縫合後の美容にも、最大限の配慮をほどこすらしい。ありがたいことだと、思っている。

病院で私の治療にあたってくれたのは、日系人の医師であった。ひょっとしたら、病院側が日本人である私に、気をつかったのかもしれない。同じ民族だから、話もしやすかろう、と。とはいえ、くだんの医師は、日本語をまったくしゃべらない。意志の疎通は、もっぱら英語ではかられた。

縫合手術は私をベッドに寝かせた上で、ほどこされている。医師から、ベッドで横になれとつげられた私は、靴をぬぎ、その指示にしたがおうとした。

ちょうど、その時である。医師はやや声をあらげ、私をたしなめた。

「靴はぬぐな。」

靴をはいたままベッドに上がったことのない私は、一瞬とまどった。ほんとうに、そういう無礼な振舞へおよんでもいいのか。医師に、そのことをたずねかけ、思いとどまったことをおぼえている。

ややためらった私も、すぐに欧米の映画で見かけた光景を、想いだすことができた。靴をぬがずにベッドへ横たわる人物は、あちらの映画によくでてくる。西洋では、それも日常的におこりうる振舞であることへ、想いをはせられた。なるほど、ここブラジルも西洋文明圏、郷に入れば郷にしたがおうと思ったものである。

ふたたび靴をはきだした私へ、こんどは少しおだやかに、医師はこう語りかけている。

「どうして、靴なんかぬいだんだ。床へおかれたら、じゃまになるだろう。」

日本の病院ではありえない、まず聞こえてこない物言いである。この時、私は自分が日本人であることを、思い知った。家の中、ましてや寝所では、ぜったい靴などはかぬように、しつけられている。そんな身であることを、痛感させられたしだいである。

と同時に、この日系人医師が、すっかり西洋化されていることも、見きわめられた。

ブラジルでくらす日系人には、いくらかなりとも日本文化が、のこっているだろう。しかし、ベッドの上では靴をぬぐという作法に関するかぎり、とだえているらしい。

そう言えば、ブラジルの日系人たちは、たいてい家の中でも靴をはいている。玄関口で靴を脚からはずして、床へあがるという人は、まず見ない。家屋そのものも、そういうくらしとなじむようには、こしらえられていないのである。

ただ、いわゆる成功者の中には、邸内の一画へ茶室などをかまえるむきもいる。床へ畳をしき、壁や天井を網代《あじろ》にしあげ、数寄屋らしくととのえる。そんな部屋もどこかにはほしいと考える日系人が、いないわけではない。そして、そういう部屋では、さすがに彼らも靴をぬぐこととなる。

とはいえ、土足禁止の日本的な生活が、彼らのなかに息づいているとは、言いがたい。基本的には、うしなわれているとみなすべきだろう。功なった者が、回帰をこころみることもある、例外的な生活の形に、それはなっている。

さらに、こういうくらしぶりが、記憶の中で生きつづけているとも、思いにくい。成功者の一部が、後天的に日本文化をまなび、あらためて発見する。数寄屋をはじめとする和風のしつらいも、彼らにとっては、そういう記号でしかありえない。

私はリオの病院につとめる日系人の医師から、ベッドでも靴をぬぐなと、注意された。成功者のひとりとおぼしき彼の脳裏でも、土足禁止の日本的な生活は、死にたえている。私が、時に彼地で見かけるそこへの回帰を、後天的な学習の所産だとみなすゆえんである。

学校でも、タブーになっている

家の中では、靴をぬぐようにと、たいていの日本人は、まず家庭でおそわる。そして、このしつけは、かなりの高い比率で、日本人にゆきわたっている。自邸ですごす時も靴をはきつづけるという人だって、もちろんいなくはないだろう。しかし、それはよほどの少数派であろうと、考える。

そして、この作法を子どもへたたきこむのは、家庭だけにかぎらない。日本では多くの小中学校、そして高等学校が、学舎内での下足ばきを禁じている。屋内ではスリッパ状の、いわゆる上靴《うわぐつ》にはきかえさせるのが、ふつうである。家庭内の作法とも通じあう、上下足分離のきまりを、生徒にはおしつけてきた。

一九世紀のいわゆる開国以後、日本は西洋の影響を大きく受けるようになる。衣食住にまつわる風俗も、いちじるしく西洋化していった。その波は、公共的な場から始まり、今は私的な生活空間にもおよびだしている。

オフィスで靴をはきつづける勤務のあり方は、西洋式の行政庁舎から始まった。やがては、民間のオフィスにもひろまっていく。二〇世紀の初頭には、消費者が下足のまま入店できる百貨店が、成立した。そして、今はたいていの店舗が、この西洋流にしたがっている。

だが、そんな今日になっても、家庭や学校は下足をうけつけない。洋服や洋食はとりいれているのに、屋内を下足で歩くことは、はねつけつづけている。床材もずいぶん洋風化されているのに、下足歩行という西洋流はしりぞけきってきた。まあ、大学の校舎は、そこまで含め西洋化されてしまったが。

家庭が屋内での下足をいやがり、学校もそこに歩調をあわせている。どうやら、靴をうけつけない背景には、そうとう根深い文化が、ありそうである。

いずれにせよ、この禁忌をたもたせる点では、学校も家庭と手をたずさえている。教育の世界も、保守的な日本文化を温存することに、加担してきたのである。その意味で、上下足分離を生徒に強要したことも、日本的教育のひとつだと、みなしうる。

そういえば、日本の学校は、生徒たちに掃除の当番を、あててきた。大学以外の小中高校では、床をふき窓をみがくことが、日課になっている。これも、諸外国ではあまり見られない、日本的な教育のひとつに位置づけられるだろう。

その根は、おそらく寺の修行にある。明治以後に近代教育の普及する前は、寺こそが人民への訓育役を、になっていた。

周知の通り、寺では掃除が修行のひとつとして、日課にくみこまれている。そんな先輩格の寺で行われてきたいとなみを、後継者の学校もひきついだのだろう。男児に坊主刈りを奨励してきたひところの慣行も、寺から継承されたのだと考える。

言うまでもないが、寺の床を僧たちが下足で歩いたりは、ふつうしない。掃除が日課となる寺の床を、下足がもたらす屋外の塵芥《ちりあくた》でよごすことは、さけられた。修行である掃除と、下足をさけるきまりは、裏腹の関係にあったと思う。

学校教育は、くりかえすが、掃除の当番制を今でも生徒に課している。上下足分離に、ほかの公共施設よりこだわりつづけたのは、そのこととも通じあおう。寺の精神がもちこまれたことも、このならわしをささえているのではないか。

いずれにせよ、上靴と下靴をはっきり分ける学校教育には、日本的な背景がある。しかし、それを教育史の研究者は、日本的な教育の一例として、あまり論じてこなかった。その出自をさぐる先行研究も、それほどなさそうな気がする。さきほどは、寺からの継承面を強調したが、これも私の想いつきでしかありえない。

近代教育のはらむイデオロギー的な側面については、ずいぶん研究もなされていよう。大日本帝国時代にふりかざされた忠君愛国教育などは、分析課題の定番になってきた。あるいは、いわゆる「二宮金次郎主義」のおよぼした感化なども。もちろん、戦後民主主義と教育のかかわりも、大きな課題になりつづけると思う。

くらべれば、靴などは即物的でありすぎるテーマだと、うけとめられているだろうか。いや、そもそも、テーマたりうると意識されることじたいが、ないのかもしれない。唯物史観に親近感を持つ研究者でさえ、物より精神を重んじてきたような気がする。

靴にパンツに脚さばき

ブラジルには、日系人子弟をかよわせた学校が、早くからできていた。そこでは、移民社会の要請もあり、日本的な価値観がさずけられている。

地域や時代によって、その度合いには、さまざまなゆらぎがあったろう。大日本帝国時代には、教育勅語がしめす世界観の維持も、大なり小なり各地で検討された。ブラジル精神の高唱された時代には、それができにくくなっている。それでも、その継承をこころみるうごきが、きえさったわけではない。そのいきさつは、この本をまとめる根川幸男氏が、たんねんにおいかけてきた。

だが、上下足分離の日本的な教育方針に、日系人の学校がこだわった形跡はない。この点では、いともたやすく現地のならわしに、あわせている。学校の床を土足で歩くのは失礼だとする感覚も、早くに一掃された。まあ、初期のまずしい移民たちは、靴を買うことさえできなかったのだが。

ベッドの上で靴をはきつづけることも、いとわない。床上にのこされた靴が、歩行のじゃまになることを思えば、ぬがないほうを良しとする。日本にすむ日本人ではめずらしいそんな考え方も、ブラジルの日系人にはひろがった。学校が上下足分離のしつけをすてたことも、そこには感化をおよぼしているだろう。

移民をアメリカ大陸へおくりこんだ組織は、移民たちの西洋化にも、力をつくしていた。西洋世界では野蛮だとみなされかねない日本人の習慣を、なくさせるようつとめている。

たとえば、二〇世紀の前半期を生きた日本の成人女性は、下着のパンツをはかないことが多い。股間を下から直接ふさぐ下穿きには、なじんでこなかった。たいていの女性は、腰巻を着用し、腰部をおおうだけですませている。股間へじかに布をあてようとは、しなかったのである。

この日本的なならわしが、移民の渡航をうけおう組織には、いとわしく見えた。だから、船へのりこむ前に西洋式のパンツをあたえ、股間をかくすようすすめている。西洋社会に入っても、恥をかかないよう、風俗改良にはつとめてきたのである。

股間にこだわるが、日本の男性たちは褌、下帯《したおび》でそれをおさえてきた。

大日本帝国陸海軍は、男たちへ洋装をおしつけた組織として、風俗史上に位置づけうる。洋服は、軍隊で最初に着用したという時代が、日本ではながらくつづいていた。そんな洋装の推進母体でもあったのに、軍隊は褌の着用を義務づけている。他は洋風でも、股間にだけは伝統的な褌をおしつけた。まるで、そこだけは大和魂のよりどころであると、みなしたかのように。

学校でだって、戦後も含め、二〇世紀のなかごろまでは、褌が愛用されていた。一九五〇年代の水泳風景などを、ためしに往時の写真などで、ふりかえってみてほしい。女児は洋風のスクール水着で、男児は褌という映像が、思いのほかたくさんある。男の褌に、すくなからぬ民族的なこだわりのあったことが、よくわかる。

だが、そんな褌のことも、渡航のあっせんにたずさわった人びとは、いやがった。これをぬがせ、洋風のパンツ、サルマタ状の下穿きにかえさせている。西洋世界で見くびられることのないよう、彼らのよそおいをとりつくろわせた。そういった点には、小さからぬ努力をそそいできたのである。

学校では、しばしば学童たちの記念写真をとることがある。ブラジルの学校でも、もちろんそういった写真は、よくうつされる。私は、両大戦間期の日系学童（男児）がおさめられたものを、いくつかながめてきた。

印象的な判断だが、行儀が悪く見えてしまう男児の姿に、よくでくわす。イスに腰かけ正面を向き、ひらいた片脚をもう片方の脚へのせながら、被写体となる。上から鳥瞰的に見おろせば、脚をアラビア数字の「4」めいた形にくんで、うつっている。そういう男児の写真を、まま見かける。

スナップでの姿勢ではない。彼らは、かしこまった記念写真に、そんな姿でおさまっている。日本人の私が、いやおうなく無礼だと感じてしまう脚さばきで、撮影されているのである。

日本の学校でなら、たしなめる教師もでてこよう。そんなかっこうで記念撮影にのぞむのは、よくない、と。それは、まちがいなく日本的な作法の規範を、ふみにじっている。

だが、おそらく当時のブラジルでは、それを礼儀にかなう姿勢だと、みなしていた。大人の男めいて見える、りりしいかまえとしてうけとめていたかもしれない。いずれにせよ、それなりにコードをわきまえたかっこうだと、みとめられてはいただろう。でなければ、記念写真で「4」の字にかまえる男児の多さは、説明がつかなくなる。

こういう立居振舞まで、渡航業務の従事者がおしえこんだのかどうかは、わからない。ただ、日系人の学童は、日本的な身体動作の規範から、ぬけだし始めていた。ブラジルのそれにあわせだしていたのである。今の日系人たちも、所作はブラジル的になっているが、その起点はここにあるのだろうか。

靴、下着、しぐさなどは、ブラジル化されていく。ある面では渡航の前から、そしてべつの面では、現地での生活をとおしつつ。身体の規律に関しては、日本的なそれを、彼らはおきざりにしていった。

精神面での日本的教育がさぐられたのは、その反動形成であったかもしれない。身体のうごきでは、現地にあわせることを、余儀なくされている。家の中でも靴をはきだした。潜在意識のどこかで、そのうめあわせめいた対応が、求められた可能性はある。身体規律がブラジル化されていくからこそ、せめて心だけは日本をたもちたい、と。

ざんねんながら、今の私にその論証へおもむく準備はない。ただ、精神面とかかわる研究報告に数多く接し、反骨心が頭をもたげてきた。靴やパンツもあなどれないという想いが強くなり、そうここへも書きつけたしだいである。

大連では、ロシアとはりあって

こんどは、同じ大日本帝国時代の東アジアへ、なかでもその建築史に目を向けたい。この分野では、大陸での支配地にもうけられた神社の分析が、近年ふえている。植民地へ日本的な信仰をもちこんだことも、批判的な検討の対象となってきた。

しかし、こうした神社群が、植民地における建築活動を代表していたわけではない。じじつ、日本人は自分たちが進出した場所に、けっこうりっぱな近代建築をたてている。古典系のもの、ゴシック系のもの、それからモダンデザインの建築を、もうけてきた。西洋からつたえられた建築の形を、そのまま大陸へおくりとどけてもいたのである。

数と規模をくらべれば、和風をとどめる宗教建築より、そちらのほうがずっと多く大きい。日本は、近代化、そして西洋化に成功した已《おの》れの姿を、現地の人びとに見せつけていた。そう論じたほうが、東アジアにおける建築活動の大局を、とらえていると思う。

もちろん、和風のおしつけめいた事態も、なかったわけではない。しかし、そこばかりを強調するのは、ひかえたほうがいいだろう。日本の勝ちとった近代化、西洋化が、建築という形で顕示されてきた。そちらのいやらしさにも、植民地文化研究では光があてられるべきだと、私は考える。

本家の西洋とくらべても見おとりのしない建築群を、日本人の手でたてていく。そんないとなみに、いちばん力瘤がはいっていたのは、まちがいなく大連であった。

大連はロシア帝国がこしらえだした都市である。日露戦争後に日本がここを獲得する前から、ロシア人たちは都市建設をすすめていた。ここに貧相な建築をたてれば、ロシア時代の遺構とくらべ、日本が現地で見下される。戦争のみならず、建築の見事さでも、日本はロシアに負けられない。そんな想いも、ここを占拠した満鉄当局を、つきうごかした。

たとえば、今もある大連ヤマトホテル（一九一四年竣工）を、見てほしい。正統的なクラシックの、じつにおりめただしい建築である。満鉄設計部の仕事だが、これならばヨーロッパの街へおいても、ひけ目はとらないだろう。

そして、満鉄はそういう建築に、ヤマトの名をそえていた。この西洋的なたたずまいこそが、ヤマトつまり日本の姿をあらわしているのだ、と。

大連市の行政当局は、入植してきた日本人に、住居面でも制約をしいている。いわゆる日本家屋をたてることは、ゆるさなかった。そういう建物を、強制的にうちこわしたこともある。

ここでは、レンガか石でできた住居が、奨励された。木造でも、しっくいでぬりこめることが、もとめられている。不燃化がもくろまれたのだが、それ以上に西洋的な街区の演出も、期待されていただろう。

上下足分離の問題が、この街でどう扱われたのかは、まだしらべきれていない。今後の課題にしておく。

神社については、木造の社殿も例外的にみとめられている。あと、芸者たちとたわむれあう施設も、和風の意匠をとどめていた。日本の待合や茶屋にあたる建築だが、これらは表面に日本的なかまえをおしだしている。大連で見かける日本建築風の建物は、おおむね風俗営業の店であった。

もちろん、芸者たちも日本髪をゆった和服姿で、男たちをもてなすことになる。三味線で長唄などを、聞かせながら。

そして、そこへは、西洋化をおしすすめた満鉄の幹部も、でむいていただろう。そういうおりには、洋服などぬいで、和のもてなしに心をとろかせたかもしれない。同衾におよべば、襦袢と腰巻の芸者を、褌だけになって、いだいたりもしたろうか。

西洋化がすすむ大連で、和風の意匠はひそかな遊興に、供されてもいたのである。急進的な西洋化を、かたくるしい近代化へのつとめを、一時《ひととき》なりともわすれるために。あるいは、息抜きのためと言うべきか。

大日本帝国時代の日本人が、日本的な何かに、いつも自尊心をいだいていたわけではない。外地でそれをたもつことに、民族的な誇りをいだきつづけもしなかった。西洋的であろうとするところに、自負心をいだいたことも、けっこうある。自分たちは、もう国際化されているのだ、と。

外地で移民たちがこだわった日本的なものは、そこだけを見ていても、つかめない。彼らの外地における振舞を、その全体像において、とらえる必要がある。そして、その中で、〝日本〟はどう位置づけられているのかを、見きわめねばならない。あるいは、どういった社会的な役割が、期待されているのかも。

研究会へ顔をだし、自分の中にそんな視座のはぐくめたことを、私はよろこびたい。

井上章一

人名索引

あ行

アオキ，T.（Aoki, Ted）　165，166
青木佑夫　267
青木英夫　234
アオヤギ（イダ），チヨコ（Aoyagi, Chiyoko Edith）　21，191-199，201-205
アオヤギ，D.（Aoyagi, Dick）　195，196，202
アオヤギ，H. D.（Aoyagi, Haruo Daniel）　192，196，197，199，201-203，205
青柳春雄　→　アオヤギ，ハルオ　196
アオヤギ夫妻　202-204
赤城猛一　394，408
アキスリング，W.（Axling William）　140，141，143
秋知文吾　273
朝河貫一　119
東栄一郎（アズマ）　7，8
厚海勇　419，428
姉川正治　119
アメミヤ，G.（Amemiya, Grace）　199-201，206
アメリコ，J.（Américo, José A.）　327
蘭信三　3
粟屋萬衛　130
家永豊吉　119
井口朝生　154
池田信治　346，349，350
石井繁美　299，310，315
石黒四郎　366
石原和三郎　58
泉正太郎　270
イタイ，ジェーン　205
市橋倭　120
乾精末　120-122，125
井上ひろし　197
今井三郎　133，139
入江寅次　309
ヴァルガス，G.（Vargas, Getúlio D.）　23，283，304，305，319，320，322-338，363，372
ヴィラ＝ロボス，H.（Villa-Lobos, Heitor）　336，338
ウエハラ，コウケイ（Kokei, Uehara）　361
ウエハラ，マサジ（Uehara, Masaji）　196，197
上原敏　196，200
ヴェルガル，R.（Vergal, Romeu de C.）　373，374
内田美和　58
ウラタ，ハリー（Urata, Harry）　192，201，202，205
海老沢亮　143
近江俊郎　197
王作光　141
大久保正明　262
大河内辰夫　268
オオシロ，ジョージ（Oshiro, George M.）　154
大竹知事　409
大谷光瑞　135
大森瀼治　259，268
岡川秀春　263，266，273
小川龍造　268
奥原文雄　271
奥村多喜衛　141，142，278，281
小崎弘道　136
小沢一郎　402
小野直一　268
小野安一　268

か 行

賀川豊彦　134, 141
嘉納治五郎　268
カパネーマ，G.（Capanema, Gustavo F.）　330
鎌田直右衛門　408
亀岡義尚　408
カルドーゾ，F. E.（Cardoso, Fernando H.）　334
河井酔名　58
河上清　121
川崎寅雄　142
カンポス，F.（Campos, Francisco L.）　330
木川田一隆　389, 398, 403, 404
菊地英二　264, 268
岸本英夫　119
キタハラ高野聡美　159
北原白秋　58
木村健二　7
木村清治　400, 409
木村守江　389, 400, 401
クアドロス，J.（Quadros, Jánio）　372, 373
クーニャ，P.（Cunha, Pedro）　371
楠本安子　138, 142, 143
楠本六一　143
甲賀綏一　134
香山六郎　258
コート，M.（Couto, Miguel O.）　5
小鹿新三郎　272
小平国雄　133, 134
近衛文麿　132, 135
小林誠　134, 135
小林美登利　259, 264, 269, 270, 281, 401
コンデ・コマ　→　前田光代

さ 行

サーレス，A.（Sales, Armando O.）　327, 328
西郷隆治　268, 269
西條八十　58
齊藤末松　135
坂本義和　120
坂本義孝　120-122, 125
櫻田松麿　268, 270
佐々木英治　268
佐々木重夫　270
佐々木敏二　152
佐々木松吉　268
佐竹信四郎　259
佐藤知事　409, 410
佐藤伝　152, 154
ザナミ，F.（Zanami, Francis）　197, 200
サラザール，A. O.（Salazar, António O.）　328
サルガード，P.（Salgado, Plinio）　327, 328
シーボルト　394
ジェオ・オモリ　→　大森讓治
志賀重昂　34
重清壮助　268
島崎藤村　47
島野好平　112, 113, 116, 117
シマブクロ，ジョージ（Shimabukuro, George）　192
東海林太郎　196
東海林弘　419, 428
ジョンソン大統領　402
シラー，N.（Schiller, Nina G.）　8
菅野哲　407
杉野千治　272
スプルーアンス総司令官　353-355
相賀安太郎　141, 142
ソブリーニョ，F.（Sobrinho, Matarrazo F.）　370

た 行

ダ・クーニャ，F.（Da Cunha, Flores）　327, 328
ダ・シルヴァ，L.（Da Silva, Luiz I. Lula）　361
高橋莞治　419
高橋是清　397

高山樗牛　47
竹澤萬次　258
タケダ，ドリス（Takeda, Doris）　199, 205
タツミ，ヘンリー，S.（Tatsumi, Henry S.）　120
谷宗兵衛　268
田村清　141
千葉豊治　130, 134
チラデンテス（Tiradentes）　336
辻小太郎　336
堤康次郎　409, 410
坪内雄蔵　47
ディクソン，J.（Dixon, James M.）　120
ドゥトラ，G.（Dutra, Eurico G.）　321, 328
遠山則之　112, 116, 117
富川富與　268, 270
トルーマン大統領　195, 402
ドン・ペドロ二世（Pedro II）　258

な　行

内藤克俊　268
中澤健　120, 122, 123, 125
中島五十治　35, 40, 41, 44
中島文彦　343-346, 350, 351
中山晋平　180, 183
中山博道　268
ニクソン大統領　403
ニシカワ，トオル（Nishikawa, Toru）　197, 200, 201
新渡戸稲造　151, 153, 154
納所弁次郎　58
野口雨情　58
野口英世　400, 401
ノゲイラ，H.（Hamilton, Nogueira）　382

は　行

バーバラ川上（Kawakami, Barbara F.）　233, 234
芳我徳太郎　258
芳賀矢一　47
橋本国彦　175, 180, 183
橋本俊次　272
畑一　135
服部逸郎（レイモンド服部）　197, 200
早川忠蔵　273
林久義　268, 272
原田譲二　172
半田知雄　236, 283, 284, 314
東徹　201
比佐昌平　410
日疋信亮　132, 133
日比野雷風　268
平生釟三郎　173
広井良典　159
広田弘毅　97
ヒロノ，メイジー（Hirono, Maize K.）　389
廣畑恒五郎　428
フェルナンデス，F.（Fernandes, Florestan）　334
福岡茂次郎　268
福田闒正　135
普久原朝喜　210, 213, 214, 216, 217, 223, 224
藤井整　116, 117
藤岡紫朗　112, 116, 117
藤田嗣治　175, 176
藤原義江　21, 171-187
古本シズ　268, 270
古屋孫次郎　130, 131, 133, 135-140, 142, 143, 145
フレイレ，G.（Gilberto Freyre M.）　333
プレステス，L. C.（Prestes, Carlos L.）　321, 327
ペソア，J.（Pessoa, João C. A.）　323
星一　400, 403
ポルティナリ，C.（Portinari, Candido T.）　336

ま　行

マイア，S.（Maia, César）　332
前田光世　259, 268
前山隆　299
松江春次　401

松原安太郎　336
松本孫右衛門　410
松山常次郎　133
馬見塚竹蔵　259
三浦鑿　258, 268
三笠宮崇仁　371, 386
宮越千葉太　299, 309, 310, 315, 316
宮寺美彦　272
三好務　141
ミラー，R.（Miller, Robin L.）　158
ムック将校（Mook, H. Telfer）　348-350
村上龍助　259
毛利伊賀　141
モース，M.　234
モンテイロ，ゴエス（Monteiro, Góes）　325, 328

や　行

矢口麓蔵　365
山尾清海　399
山口淑子　198
山田耕作　175, 180, 183
山室軍平　133
山本喜誉司　370, 384
山本善造　272
山本忠興　141
山本水光　132
芳田善作　272
吉松貢　268

ら・わ行

李恵徳　143
渡辺章　403
渡邉恒三　402
渡邉信任　398, 409

事項索引

あ　行

愛国主義　173
アイデンティティ　158,159,162,164,278,299,313,314,381
曙楽団　200
アダルト・スクール　202
あるぜんちな丸　182
飯舘村　388,407
イェール大学　75,119,125
為我流　268
異国趣味　175
移住
　——教養所　249
　——局　15,364,368,383
移植民
　——事業　23,298,307
　——審議会　329
椅子　239,240,247,248
イタリア　142,174,182,319,321,325,326,329,330,395,397
移動・定着圏　7
「愛しの出征」　200
衣服　86,235,236,240,393
異文化
　——学習　81,85
　——教育　20,74
　——空間　87
　——社会　20,74,76,84,85,87,88
　——適応　22
　——に適応する　72,73,81
　——を学ぶ　73
イマジェリー　361,369,374
移民
　——収容所　247
　——的徳　374
　——法　122,305,309
イメージ　362,364,368
イングリッシュ・ネーム　193
インターカルチュラル　158,162,165
陰部　233,236
ヴァルガス政権　15,16,320,321,328,334,338
英語教育　83,349-351,354,355,357
「AJA 行進曲」　200
エスニシティ　158,300,381
エスニック　158,159
越境
　——移動　1,5,6
　——移民　8
　——エージェント　21,145
　——形態　4
　——性　8,125,277,283
越境教育　19,21,22,131
　——ネットワーク　8
越境史　8-10,26
　——研究　21,129
　——的方法　8
越中褌　238,239
LARA 物資　385
大熊町　24,387,398
岡山県海外協会　428
沖縄
　——系二世　197
　——人　23,343,345,351,352,355
　——併合（琉球処分）　16
　——民謡　209,217,222,225,226,228
尾瀬沼　398,402
帯　86,239
オランダ　395,397

音楽
——取調掛　56
——ユニオン　201
——歴　21, 193

か　行

カーニバル　332, 336, 338
海外移住
——事業団　369, 384, 397, 408
——審議会　364, 369, 383
——政策　23, 362, 363, 368, 369, 379, 383, 385
海外興業（株式）会社（海興）　23, 298, 299, 302, 314-316
海外同胞
——大会　385
——中央会　377, 385
海外日系人
——親睦大会　377, 385
——大会　380, 381, 385
——連絡協会　385
『海外の東北人』　394
海外発展懸賞論文　384
海軍　37-39, 258, 349, 392
戒厳令　321, 327, 328
外国移民二分制限法　10, 14, 16, 18, 23, 97, 101, 282, 320
外国語学校
——取締法　17, 35, 49, 116, 129
——法案　40
外国人入国法　283, 305, 311
海賊盤　22, 209, 211, 212, 218-221, 223-229
開拓者資金融通特別会計　395
開拓農協　394, 408
踞（かが）む　245
学習指導要領　257
学生移住連盟　384
学生連盟　310, 315
架け橋　21, 109, 151-153, 155-157, 160-162, 164-166, 378
笠戸丸　258, 371, 374
鹿島神揚流　268
型（habitus）　235
勝ち組　26, 309, 314, 346
勝ち負け抗争　363, 371
学校教育法　61
カフェ・コン・レイテ　324, 337
神の国運動　141
カラオケ　165, 191-193, 202, 204, 205
——教室　189, 192, 202, 204
——・グループ　189, 190, 202
——・コンテスト　190, 191, 202, 203
——・ショー　189, 204
——・パーティ　189, 190, 202
樺太　2, 3, 13, 25, 37-39, 98, 99, 106, 107, 388, 391, 393
カリフォルニア大学バークレー校　120, 125, 126
『加州日本語讀本』　19, 33, 37, 40-42, 45-49
「元年者」移民　11, 12, 17
カンピーナス市　400
紀元二千六百年奉祝海外同胞東京大会　377
寄宿舎　73, 281, 302, 303
北加基督教同盟　143, 144
帰米・帰布運動　414
着物　233, 252
旧移民　244, 298, 301
教育
——基本法　61, 257
——事務機関　301, 307, 315
——勅語　26, 111, 297, 448
——補助費　304
境界　9, 24, 277, 283, 381
——線　6, 152, 164
強制移動　156
暁星学園　262, 270
極東研究機関　139
基督教聯盟　134, 141
銀座楽団　196
熊本海外協会　428
クラブ二世楽団　195, 196, 206
グローバル化　4, 7, 25, 26

グローバル・ヒストリー　2,24
「軍人花嫁」　200,201
継承語　55,63,152,155,158,164,165
啓発運動　114,133
啓発活動　119,121
ケーズー・カラオケ・コンテスト　191,203
原子力発電　399,401,404,410
高校生海外移住弁論大会　384
広告　10,78,79,249,270,361,371,374-376,382
『高等女學校讀本』　47
『高等小學讀本』　46,47
皇民　6,298,314
　——化教育　23,35,309,312,313
公立学校　109,114,154,301,309
コーエン計画　328
コーヒー　322,323,333,337,376
コーポラティズム　326
桑折町　389,423,427
跨境史　8-10
国語　20,54-56,62,65,92,101,105
　——教科書　42,54,91,100,104-106
『國語讀本』　47
国際結婚　152,157,158
国際人的徳　367,368
国際日系研究プロジェクト(INRP)　1,2,25
国粋主義　171,297,298,311
国土計画興業株式会社　408,409
国民国家論　2,11
国立アルゴンヌ研究所　402,403
護憲革命　305,321,324,334,338
腰巻　233-236,244,247,448,452
コリアン　200
コルセット　249
コロニア　291,370,373,375,384
崑山孤児院　143
崑山中日小児園　135,138,143
コンビナソン　236,250

さ　行

最遠隔の周縁　6
『西國立志編』　47
在伯同胞　262,309,313
在伯邦人　297,300,301,303,313,314
サイパン島　341-343,349,351,354,355,401
在米日本人会　34,121
在米日本人教育者大会　110
裁縫　249,252
サイヤ　236,240
サッカー　262,331,332,336
猿股／サルマタ（又）／申又　238,239,249
サンバ　178,214,215,331,332,336
サンパウロ（市）　26,53,174-175,178-183,187,243,259,262,269,270,273,275,279,281,282,285,287,291,292,303,315,319,320,323-325,327,331,333,334,372,379,400
　——女学院　270
　——四百年祭　363,369,371,372,374,381
聖市日本人学生聯盟　269,270
桑港　35,83,97
サンフランシスコ講和条約　14-16,19
ジェローム収容所　199
四海同胞主義　297
シカゴ大学　119
時期区分　12,13,15,16,27
下帯　244
下着　22,233-236,239,240,242,244,245,247,249-252,448,450
児童用歌曲　20,54,57,58,63
シミーズ　249
社会局　301,303
しゃがむ／しゃがみ／しゃがまない　236,240,241,244,246
写真花嫁　129,193,389
シャツ　85,238,239,250,326
ジャパニーズ・ルンバ　192
ジャパンナイト　122
シャンソン　200
上海基督教青年会　138
上海中日組合教会　130,143
銃後運動　6,284,321

銃後支援　131,139,143,144
集住地（日系コミュニティ）　291,299,301,302,304,305,311,371
柔術　258
羞恥心　234
自由同盟　321,322,324
主体化　312,365,366
襦袢　239,452
準国産エネルギー　406
唱歌　20,54-59,61,62,64,202,272
小学校維持費　300,304
浄土真宗　390
常磐炭鉱　387,388,405
小便　245
　立――　242-244,246
私立外國語學校及教授取締法　35
素人競演会　195-197,199
新一世　151,189,193
神陰流　268
新興楽団　201
人口問題に関する決議案　382
新国家　329
　――体制（エスタード・ノヴォ）　283,305,321,323,327-329,332,333
新産業都市　402,406,409
人種差別撤廃提案　5
真珠湾攻撃　194
『尋常小學国語讀本』　37,42,46-48
『尋常小學讀本』　33,35-37,39,42,44-48
『尋常小學校唱歌』　46,47
寝台　247
身体技法　1,6,22,233-236,238,240-244,247,248,252,253
人的資源　22,23
神刀流　268
臣道連盟　23,26,369
スイス　64,401
スカート　191,233,234,236
ススッペ収容所　341,342,349,355
スタンダードな英語　194
スタンフォード大学　112,120,126
ステージ・ショー　192,197-201
ズボン　234,239,244
ズボン下　244
ズロース／ヅロース　234,241,242,249,251
製塩事業　397
声楽　195,196,199
生活史　236,297,298,314
正坐　248
政治経済的連動　1,22
聖州義塾　18,262,269,270,281-283,291
青年週　119
青年大運動会　119
西武グループ　397,398,409
世界システム　15,16
繊維産業　396
戦時令　321,327
宣撫活動　131,133,135,136
宣撫工作　138-140
全米日系人博物館　1
全南加日本語學園連合運動会　48
総動員体制　6

た　行

第一次（世界）大戦　4,17,35,93,103
大正小学校　17,53,179,184,279,281,282,285-287,302
大正ボーイズ　192
大東亜共栄圏　6,95
　――思想　103
第二次世界大戦　120,151,153,155,192,205,321,330,332,380,391,395
第二世問題　109
対日理事会　394
対米啓発運動　123
太平洋戦争　6,9,14,16,19,95,98,101,103,106,123,259,261,277,285,372,385,432
第四四二連隊　195,201
大連教会　141
台湾　3,6,14,16,25,54,55,93,94,106,107,152,161,299,393,400
拓務省　18,303,407

只見川ダム　398
ダバオ　18,391,407
多文化主義　156,164
多様文化主義　157
淡水漁業　398,399
蓄音機（器）　194,196,227,228,252
乳房　244,246
中央集権　305,324,325
中支宗教大同聯盟　130,131,134,135,138,143
紐帯　151,161,165
中日組合教会
——基督教会　136
——幼稚園　135
中日組合基督教会　138
チューロ収容所　23,341-343,349,353-355
朝鮮　2,3,5-7,14,16,25,54,55,92,94,106,107,141,299,393,401,428
——人　23,343,346-349,351,352,355
『蝶々夫人』　172,185
地理　20,44,92,96,102,105,106,301,348
——教科書　93,98,100,103,104,106
ツールレイク収容所　199
辻移民・松原移民　16,23,321,336
蓄楽団　196
帝国
——臣民　6,48,49,431,432
——の形成をめぐる四重構造　7
——のネットワーク　6
出来合品　253
テニアン島　23,341-343,349,353-355
テネンティズム　324,337
寺子（小）屋　304,312,315
転移民　5,10,129,130
——地　21,129
デンバー　403
天明の大飢饉　388,390
東亜伝道　144
——会　21,130,131,133,135,139,144
——部　142
同化　63,114,115,178,246,376,381
——主義　297
東京電力　387,399,404,409,410
道徳的（な）資質　24,361,362,366,371,379-381,383
「討匪行」　180
東北電力　410
童謡　58,59,61,64,179,194,196,202
東洋
——科　20,110,112,120-125
——教化団　136
——研究　119,124
——拓殖会社　401
東山農場　382,384
徳　24,274,362,367,372-374,376,380,381
徳育　64,111,154,283,284,289-291
徳性　374
渡航案内　20
——書　73,74,89
渡航費支給　301,303
ドミニカ　395
——移民　369
ドレスデン発電所　402
Tropic　197,227

な　行

ナイト・クラブ　201
ナイフ　247,248
内面的（な）資質　361,362,367,368,374,383
ナショナリズム　10,17,22,106,144,266,283,285,289,305,319,320,329
遠隔地——　144,289
那須　388
懐メロ
——大会　203
——・ブーム　192,203,204
浪江町　24,387,388,409,422,426,427
南米日系人大会　379,381
南洋
——群島　393
——興発　401

――伝道団　136
西本願寺　390
二重国籍　5,6,109
二世　5,6,18,20,22,23,44,49,54,72,88,109,111,115,116,118-120,122,125,129,139,140,143,151,155,156,158,159,191,192,194,195,197,199,200-202,205
――楽団　192,196-198,201-205,206
――歌手　21,22,205
――教育　20,109-111,114-118,121,123,125
――部隊　200
日主伯従　297,308
日米学生会議　122
日米紳士協約　5,10,17,92,97,105
『日曜讀本』　47
日露戦争　4,14,16,17,98,124,154,451
日貨ボイコット運動　139
日基富士見町教会　132
日系
――コミュニティ　57,63,159,278,299,307,313
――市民　48,49,414,418,421,427,428
――素人競演会　197
――人　376-380
――二世　21,24,191,192,204
――四世　191
日系子弟　23,155,262,278,281,283,285,297,299,300,304,309,311,314
――教育　19,22,278,279,284,290,291,299,300,312
日中戦争　6,95,98,137,139,140,143,144,321
二分制限　305
日本移民学会　2
日本海外移住振興会社　364,368,383
日本海外協会連合会　364-366,368,383,395,396
日本楽団　197,201
日本着　236
日本着物　244
日本基督教会　132
日本基督教聯盟　141,144
日本原子力産業会議　390,404
日本語
――・日本文化の解釈共同体　7
――解釈共同体　7
――學園協会　48
――學園教科書編纂委員会　42
――学校　18,33,35,48,49,109,111,114,151-160,164,165,199,266,281,311,313,329
――教育　7,17,20,22,23,49,54,55,57,58,62,63,72,92,106,115,132,152,154,155,160,162,165,264,267,271,277,283-285,289,291,292,300,307,308,310-312,314,315
――教科書　19,33,54,92,114,307
『日本語讀(読)本』　18,20,33,48,49,54,64,66,109
『日本實業讀本』　47
日本人移民　2,5,6,8,10-14,16-19,23,24,44,45,92,97,101,105,109,114,115,121,123,125,129,131,139,144,153,163,164,238,260,271,278-280,282,284,301,304,305,307,321,333,376,407
――・日系人研究　1,2
日本精神　26,62,266,308-310,312,345
日本政府　57,71,109,110,119,120,123,125,184,297-302,304,305,364,371,377,379,380
日本の歌　21,175,189,190,192-196,200-202
ハワイの――　193,204
日本の衝撃　14-17
日本服　245
ニューギニア　400,402,410
入国制限　305,307,308,310,313
認識派　26,309,371,384
ヌアヌ YMCA　142
農業者的徳　367,368
農林漁業金融公庫　395

農林中央金庫　395

は　行

ハーバード大学　119, 125
ハーフ　158
ハーモニカ教室　197
バイカルチュラル　155, 164
排日
　——移民法　10, 14, 15, 18, 92, 97, 101, 133
　——運動　6, 10, 14, 16, 21, 110, 115, 118, 123, 124, 133
　——予防啓発運動　10
バイリンガル　155, 160, 164
ハオレ　193, 194
伯主日従　302, 308
白人優越主義　136
裸　245
肌着　239, 249
肌襦袢　239
パラグアイ　379, 394
パリ講和会議　93, 98, 100
ハレイワ劇場　200
ハワイ
　——官約移民　12, 14, 17, 431
　——松竹オーケストラ　205
　——松竹楽団　192, 195-203, 205, 206
　——松竹の三人娘　199
　——日系音楽界　204
布哇松竹音楽団　205
ハワイアン　192, 194, 199, 200, 202
バンクーバー日本人合同教会　144
万国国会議員連盟会議　401
パンツ　233-237, 239, 241, 247, 250, 448-450
バンド　239
東日本大震災　24, 387, 407
東本願寺　390
引揚（げ）　4, 5, 14, 19, 25, 55, 341, 343, 345, 346, 351-353, 388, 392, 393, 402, 406
引揚（げ）者　4, 14-16, 24, 352, 388, 390-393, 395
ビキニ水爆実験　405, 410
非常時委員会　139
「100％アメリカ化」運動　114
ピルグリム原子力発電所　402
広島県海外協会　414, 425
フィリピン移民　10
風俗　240, 243-246, 445
ブエノスアイレス　171, 173, 175, 184, 186, 187
フォーク　247, 248
福岡県海外協会　414, 428
福島県　14, 24, 387-389, 391-403, 405-407, 413, 416-418, 421, 422, 425, 427, 428
　——海外協会　24, 413, 414-416, 428
　——開発公社　409
　——議会　392, 404
『福島引揚新聞』　393
複数文化
　——習得　8
　——体験　1, 6, 9, 11, 19, 22
婦人服　239
双葉町（郡）　398, 405
武道　21, 22, 257-269, 271-273, 275, 284, 290, 292
布団　252
フラ　198, 199
ブラジリダーデ　319, 320, 331, 332
『ブラジル』　22, 235, 237, 239, 240, 245, 247, 250, 251
ブラジル
　——・ナショナリズム　10, 22, 23, 283, 285
　——移民　7, 10, 14, 15, 17, 19, 97, 101, 234-236, 252, 299, 300, 303, 305, 312, 320, 363, 383, 400
　——共産党　319, 321, 326-328
　——統一行動党　319, 326-328
　——福島県人会　402
伯剌西爾時報（社）　22, 235, 287, 308
伯國（国）柔剣道聯盟　259, 260, 264, 266, 273, 282

ブラジル日本移民五十（周）年祭　363, 371, 374, 381, 386
ブラジル日本移民百周年　24, 361, 381
ブラジル日本人移民二十五周年　282, 284, 285
（ブラジル日本人）教育普及会　54, 286, 307, 315
（ブラジル日本人）文教普及会　271, 290, 307, 311, 315
ブルーザ　236
故郷　406
フレンズ奉仕団　394
風呂　236, 246
褌　238, 239, 449, 452
米化　114, 115
米化運動（アメリカニゼーション）　17, 18, 35, 114, 119, 121, 122, 125
米化主義　114
『米國加州教育局検定　日本語讀本』→『加州日本語讀本』
米国市民　35, 117
兵務者会　139
ペルー　2, 19, 26, 55, 96, 226, 379, 393, 394
ベルギー　395, 397
Bell Records　197
便所　236, 243
ボーイスカウト　352
ボーイスカウト（の）活動　346, 347, 349, 351, 355
ポーツマス条約　93, 95, 98, 101
北米移民　7, 75, 130, 407
保護奨励策　303
北海道　13, 26, 94, 388, 396, 415, 420, 423, 427
——大学スラブ研究センター　9
北海道開拓　16
——移民　13
ポップカルチャー　161, 162, 165
ホノルル銀座　194
ボリビア　226, 395
ホレホレ節　192

ま　行

マッキンレー高校　200
マルタカ・レコード　210
マルフク・レコード　210
満洲
——（東亜）伝道　21, 131, 142, 143, 145
——移民　7, 15, 391
——開拓移民推進計画　93, 97, 101, 103
——見学団　139
——事変　16, 18, 93, 98-101, 106, 124, 131, 136-138, 140, 142, 180, 320
——宣教会　142
——中会　132
満洲基督教開拓村　130, 131, 134
満洲伝道　21, 131, 133, 134, 140-142, 144, 145
——会　21, 131-133, 141, 143
満鉄 → 南満洲鉄道
ミシン　252
南加學園協会　48
南加基教婦人同盟　142
南加基督教聯盟　142, 143
——年会　140
南カリフォルニア大学　112, 113, 120-122, 124, 126
——東洋科　120, 121, 124, 125
南加中央日本人会　20, 110, 111, 114, 116, 121
——教育部　110-112, 114, 119
——青年部　117-119
——定期代表者会議　111
南加日本人会教育部　111
南満洲鉄道　17, 96, 101, 103, 130, 134, 451, 452
ミュージカル　200
民族解放同盟　321, 326, 327
睦合村　389, 421, 422, 426

や 行

野球　22, 181, 265, 277–281, 283–285, 287–291
浴衣　242
夢の原子力　401
洋食　247, 446
洋装　236–239, 242, 247, 248, 449
　——化　237, 238, 251
洋風　236, 248, 449
　——化　239, 446
洋服　236–239, 242, 248, 249, 251, 252, 428
　——裁縫　249
四重構造の帝国　7, 11, 24

ら 行

ラジオ KGU 素人競演会　200
ラジオ日本語放送　196
裸体　86, 88, 246, 254
『羅府新報』　36, 37, 40
リオデジャネイロ　171, 176, 178, 182, 183, 229, 323, 324, 331, 332, 334, 338, 373, 443
陸軍　325, 328, 392
琉球古典音楽　209, 217
流行歌　180, 194–196
龍土会　309, 310, 315
領事館　111, 123–125, 186, 287, 297, 298, 301, 302, 311, 314, 315
ルイジアナ大学　401
ルミュー協約　10, 17, 97
歴史
　——学　3, 7, 9, 331
　——学界　2
　——観　9–11
　——教科書　98, 100
　——研究　3, 8, 11, 25
レディメイド　237, 238, 253
連鎖視点　4, 8–11
連動史観　11
連動性　1, 3, 6, 11, 20, 106
労働移民　298, 304
労働組合　330, 332
　——法　326
労働法　321, 330
ローカル　189
六尺褌　239
盧溝橋事件　124
ロサンゼルス　111, 121, 134, 135, 140, 143, 200, 227, 405

わ 行

ワイシャツ　239
「別れの磯千鳥」　197
ワシントン大学　120
和装　237, 238, 242
和服　234, 238, 242, 251, 252, 374
湾東（オークランド，バークレー等）　35

主　著　『「国民国家」日本と移民の軌跡——沖縄・フィリピン移民教育史』学文社，2010年。
「開戦前後におけるマニラ日本人学校にみる教育活動の変容——発行された副読本と児童文集を手がかりに」『日本研究』第50集，2014年。

佐々木剛二（ささき・こうじ）第17章

1980年　生まれ
2011年　東京大学大学院総合文化研究科単位取得退学，博士（学術）
現　在　慶應義塾大学大学院政策・メディア研究科特任助教
主　著　「統合と再帰性——ブラジル日系社会の形成と移民知識人」『移民研究年報』第17号，2011年。
Return: Nationalizing Transnational Mobility in Asia,（共著）Duke University Press, 2013.

浅野豊美（あさの・とよみ）第18章

1964年　生まれ
1998年　東京大学大学院総合文化研究科博士課程修了，博士（学術）
現　在　早稲田大学政治経済学術院教授
主　著　『帝国日本の植民地法制——法域統合と帝国秩序』名古屋大学出版会，2008年。
『戦後日本の賠償問題と東アジア地域再編——請求権と歴史認識問題の起源』慈学社，2013年。

坂口満宏（さかぐち・みつひろ）第19章

1958年　生まれ
1990年　同志社大学大学院文学研究科博士後期課程満期退学，博士（文化史学）
現　在　京都女子大学文学部史学科教授
主　著　「日本におけるブラジル国策移民事業の特質——熊本県と北海道を事例に」『史林』第97巻第１号，2014年。
『日本人の国際移動と太平洋世界——日系移民の近現代史』（共著）文理閣，2015年。

柳下宙子（やぎした・ひろこ）資料

1955年　生まれ
1978年　国際基督教大学教養学部社会科学科卒業
現　在　元外務省外交史料館課長補佐
主　著　『ブラジル日本移民——百年の軌跡』（共著）明石書店，2010年。
『越境とアイデンティフィケーション——国籍・パスポート・IDカード』（共著）新曜社，2012年。

＊井上章一（いのうえ・しょういち）あとがき

1955年　生まれ
1980年　京都大学大学院工学研究科修士課程修了
現　在　国際日本文化研究センター教授
主　著　『愛の空間』角川書店，1999年。
『伊勢神宮』講談社，2009年。

高橋美樹（たかはし・みき）第10章

1967年　生まれ
2005年　沖縄県立芸術大学大学院後期博士課程修了，博士（芸術学）
現　在　高知大学人文社会科学系教育学部門准教授
主　著　「〈しまうた／島唄〉をめぐる再創造とボーダーレス現象――BEGIN と THE BOOM の音楽活動を中心に」『JASPM ワーキングペーパーシリーズ』NO.9，2007年。
『沖縄ポピュラー音楽史――知名定男の史的研究・楽曲分析を通して』ひつじ書房，2010年。

西村大志（にしむら・ひろし）第11章

1973年　生まれ
2000年　京都大学大学院文学研究科博士後期課程研究指導認定退学，博士（文学）
現　在　広島大学大学院教育学研究科准教授
主　著　『小学校で椅子に座ること』日文研叢書，2005年
『夜食の文化誌』（編著）青弓社，2010年

小林ルイス（こばやし・るいす）第12章

1979年　サンパウロ州サンパウロ市生まれ
2007年　サンパウロ大学大学院博士課程後期過程修了，博士（工学）
現　在　サンパウロ人文科学研究所理事
主　著　*Peregrinos do Sol - A Arte da Espada Samurai,* Editora Estacao Liberdade, 2010.
「ブラジルの剣道――日伯剣道百年の絆」『剣道日本』02-03, 2010年。

飯窪秀樹（いいくぼ・ひでき）第14章

1966年　生まれ
2001年　横浜市立大学大学院経済学研究科博士課程単位修得退学
現　在　外務省大臣官房総務課外交記録・情報公開室外交記録審査員
主　著　「1920年代における内務省社会局の海外移民奨励策」『歴史と経済』181，2003年。
「海外興業株式会社と海外移住組合連合会――1920-40年代における海外移植民取扱機関の変遷」『横浜市立大学論叢（社会科学系列）』61（1・2・3），2010年。

住田育法（すみだ・いくのり）第15章

1949年　生まれ
1975年　京都外国語大学大学院修士課程修了，修士（文学）
現　在　京都外国語大学外国語学部教授
主　著　『ブラジル学を学ぶ人のために』（共編著）世界思想社，2002年。
『ブラジルの都市問題――貧困と格差を越えて』（監修）春風社，2009年。

小林茂子（こばやし・しげこ）第16章

1956年　生まれ
2006年　中央大学大学院文学研究科博士後期課程修了，博士（教育学）
現　在　中央大学非常勤講師

主　著　『東アジアにおける旅の表象』（共著）勉誠出版，2015年。
「馬の文化手帖」『週刊 Gallop』10～連載中，産業経済新聞社，2015年。

松盛美紀子（まつもり・みきこ）第５章

1978年　生まれ
2014年　同志社大学大学院アメリカ研究科博士後期課程単位取得満期退学
現　在　関西外国語大学非常勤講師
主　著　『エスニシティを問いなおす』（共著）関西学院大学出版会，2012年。
「在米日本人移民社会における高等教育推奨の動き――南カリフォルニア地域を中心に」『中・四国アメリカ研究』第６号，2013年。

吉田　亮（よしだ　りょう）第６章

1957年　生まれ
1988年　Graduate Theological Union, Berkeley, California 修了，Ph.D.
現　在　同志社大学社会学部教授
主　著　『アメリカ日本人移民とキリスト教社会』日本図書センター，1995年。
『ハワイ日系２世とキリスト教移民教育』学術出版会，2008年。

野呂博子（のろ・ひろこ）第７章

1954年　生まれ
1987年　トロント大学大学院教育学部　博士課程修了，博士（教育学）
現　在　カナダビクトリア大学人文学部太平洋アジア学科准教授／日本研究プログラムアドバイザー兼コーディネーター
主　著　“A Tale of Two Cities: Japanese Ethnolinguistic Landscapes in Canada,” *International Journal of the Sociology of Language* Volume: 2006 | Issue: 182, November 2006, pp. 87-99.
“The Role of Japanese as a heritage language in construction ethnic identity among Hapa Japanese Canadian Children,” *Journal of Multilingual and Multicultural Development,* Vol. 30, No. 1, Feb., 2009, pp. 1-18.

細川周平（ほそかわ・しゅうへい）第８章

1955年　生まれ
1988年　東京藝術大学大学院博士課程後期課程修了，博士（人文学）
現　在　国際日本文化研究センター教授
主　著　『遠きにありてつくるもの――日系ブラジル人の思い・ことば・芸能』みすず書房，2008年
『日系ブラジル移民文学』（全２巻）みすず書房，2011-2012年

中原ゆかり（なかはら・ゆかり）第９章

1959年　生まれ
1996年　総合研究大学院大学文化科学研究科博士課程修了，博士（文学）。
現　在　愛媛大学法文学部教授
主　著　『奄美の「シマの歌」』弘文堂，1997年。
『ハワイに響くニッポンの歌――ホレホレ節から懐メロ・ブームまで』人文書院，2014年。

《執筆者紹介》（＊は編著者・執筆順）

＊根川幸男（ねがわ・さちお）はしがき・序章・第13章

1963年　生まれ
2001年　サンパウロ大学哲学・文学・人間科学部大学院修士課程修了，博士（学術）（総合研究大学院大学）
現　在　同志社大学日本語・日本文化教育センター嘱託講師・京都外国語大学非常勤講師
主　著　『トランスナショナルな「日系人」の教育・言語・文化――過去から未来に向って』（共編著）明石書店，2012年。
「海を渡った修学旅行――戦前期ブラジルにおける日系子弟の離郷体験」『移民研究年報』第21号，2015年。

森本豊富（もりもと・とよとみ）第１章

1956年　生まれ
1989年　カリフォルニア大学ロサンゼルス校博士課程修了，Ph.D.（UCLA）
現　在　早稲田大学人間科学学術院教授
主　著　*Japanese Americans and Cultural Continuity: Maintaining Language and Heritage*, Routledge, 1997.
「日本における移民研究の動向と展望――『移住研究』と『移民研究年報』の分析を中心に」『移民研究年報』第14号，2008年。

伊志嶺安博（いしみね・やすひろ）第２章

1968年　生まれ
2011年　広島大学大学院国際協力研究科教育文化専攻博士課程後期修了，博士（教育学）
現　在　長崎外国語大学・長崎県立大学非常勤講師
主　著　「黒石清作の日本語教育論――伯剌西爾時報の日本語教育関係記事」日本語教育史研究会『日本語教育史論考第二輯』冬至書房，2011年。
「ブラジルの『日本語読本　教授参考書』における唱歌教育」『中国赴日本国留学生予備学校日本語教育研究会　日本語教育論集――国際シンポジウム篇』８，2012年。

東　悦子（ひがし・えつこ）第３章

1960年　生まれ
2000年　京都女子大学大学院文学研究科教育学専攻（心理学分野）博士課程単位取得退学
現　在　和歌山大学観光学部教授
主　著　「移民用英語教材――筋師千代市『英語獨案内』――再考」『和歌山大学紀州経済史文化史研究所紀要』第26号，2005年。
「和歌山県における移民をめぐる取組み――移民資料の保存・継承のための装置としての展示とシンポジウム」『移民研究年報』第21号，2015年。

石川　肇（いしかわ・はじめ）第４章

1970年　生まれ
2006年　総合研究大学院大学文化科学研究科国際日本研究専攻博士課程単位取得退学，博士（学術）
現　在　国際日本文化研究センターインスティテューショナル・リサーチ室助教

越境と連動の日系移民教育史
——複数文化体験の視座——

2016年 6 月20日　初版第 1 刷発行　〈検印省略〉

定価はカバーに
表示しています

編著者　根川幸男
　　　　井上章一
発行者　杉田啓三
印刷者　田中雅博

発行所　株式会社　ミネルヴァ書房
607-8494　京都市山科区日ノ岡堤谷町 1
電話代表　(075) 581-5191
振替口座　01020-0-8076

創栄図書印刷・新生製本

ISBN978-4-623-07544-7
Printed in Japan